SAINT POL-AURÉLIEN

ET

SES PREMIERS SUCCESSEURS

PAR

L'Abbé Alexandre THOMAS

Aumônier du Lycée de Quimper

> Nul parmi les apôtres monastiques de notre petite Bretagne ne passe pour avoir exercé sur les animaux les plus féroces un empire plus absolu, plus secourable aux populations, que ce Paul qui a laissé son nom à la ville et au diocèse de Saint-Pol-de-Léon.
>
> (MONTALEMBERT, *Les Moines d'Occident*, livre VII.)

QUIMPER

TYPOGRAPHIE ARSÈNE DE KERANGAL

IMPRIMEUR DE L'ÉVÊCHÉ

—

1890

SAINT POL-AURÉLIEN

ET

SES PREMIERS SUCCESSEURS

SAINT POL-AURÉLIEN

ET

SES PREMIERS SUCCESSEURS

PAR

L'Abbé Alexandre THOMAS

Aumônier du Lycée de Quimper

> Nul parmi les apôtres monastiques de notre petite Bretagne ne passe pour avoir exercé sur les animaux les plus féroces un empire plus absolu, plus secourable aux populations, que ce Paul qui a laissé son nom à la ville et au diocèse de Saint-Pol-de-Léon.
>
> (MONTALEMBERT, *Les Moines d'Occident*, livre VII.)

QUIMPER

TYPOGRAPHIE ARSÈNE DE KERANGAL

IMPRIMEUR DE L'ÉVÊCHÉ

1889

AUX OUVRIERS DES CERCLES CATHOLIQUES

DU DIOCÈSE DE QUIMPER ET DE LÉON

MES CHERS AMIS,

Ceux d'entre vous qui n'habitent pas Quimper et entre les mains desquels viendraient à tomber ces pages, ne verront pas sans un certain étonnement que l'histoire de saint Pol leur est particulièrement adressée. Je vous l'offre cependant à tous, et en le faisant je me propose de vous témoigner, non-seulement mon affectueux dévouement, mais aussi ma reconnaissance.

C'est seulement au mois d'octobre 1886 que j'ai commencé à publier mes études sur les Saints qui ont constitué l'Église de Bretagne ; mais, depuis dix ans déjà, j'avais pris la parole pour faire connaître nos apôtres et leurs collaborateurs, les princes chrétiens. Mes premiers auditeurs étaient les ouvriers du Cercle de Notre-Dame de Roscudon, à Pont-Croix, et je me souviendrai toujours de l'attention bienveillante avec laquelle ils écoutaient mes récits sur saint Corentin et les Saints de Cornouailles, saint Pol et les Saints de Léon. Un peu plus tard, la Providence m'amenait à Quimper ; le directeur du Cercle Saint-Corentin était un de mes amis les plus chers ; il me demanda de parler non-seulement à ses chers ouvriers, mais aux dames patronesses et aux hommes dévoués qui faisaient partie de notre association. Je ne pouvais prendre un sujet autre que celui qui, entre tous, m'avait toujours passionné : l'évangélisation de la péninsule armoricaine, mais surtout de notre diocèse dans les deux parties qui le constituent actuellement. Tout en m'adressant à un auditoire exclusivement cornouaillais (ou du moins il s'en fallait de bien peu), je n'avais pas le droit d'oublier que Dieu a réuni sous une seule houlette les brebis de deux troupeaux ; voici bientôt un siècle qu'elles vivent paisiblement dans le même bercail, et puisse cette union subsister toujours et devenir encore plus étroite !

Les agneaux du troupeau de saint Corentin accueillaient avec une visible sympathie l'histoire du premier pasteur du Léon ; j'espère que cette même histoire, lue le soir au retour de l'atelier, ne sera pas toujours sans charme, lorsque le père la fera connaître à ses enfants ou que le grand frère apprenti la lira devant les petits qui fréquentent l'école. Mes récits sont donc bien à vous ; je les renvoie simplement à leur source.

AL.-M. THOMAS, Prêtre.

Quimper, le 13 juin, fête de saint Antoine de Padoue, patron des potiers (1888).

INTRODUCTION

L'étude dont je commence aujourd'hui la publication, je la ferai dans le même esprit que l'histoire de saint Corentin, n'écartant pas la légende, ne l'imposant pas à la croyance du lecteur. Je la ferai avec amour ; je puis dire que je n'ai jamais été exclusif dans mon admiration pour les Saints de Cornouailles ; à mon sens les Saints du pays de Léon présentent tous les caractères voulus pour exciter l'enthousiasme populaire ; il est même à noter que les premiers successeurs de saint Pol sont mieux connus que les premiers successeurs de saint Corentin. Nous ne savons rien de saint Alor, rien de saint Alain et peu de choses même de l'épiscopat de saint Conogan, tandis que nous avons des détails charmants sur la vie de saint Joévin, saint Ténénan, saint Gouesnou et saint Goulven. Le lecteur en jugera.

Ce n'est pas cependant sans un certain scrupule que je prends cette nouvelle tâche. Parmi les prêtres ou les fidèles originaires du Léon, il en est plus d'un qui aurait mené semblable travail à bonne fin, et par le droit de leur naissance ils étaient mieux désignés que moi pour accomplir une œuvre de filiale dévotion. Si je ne me suis point laissé arrêter par une raison aussi sérieuse, c'est qu'il m'a semblé désirable que la vie de saint Corentin et celle de saint Pol fussent tracées d'après le même plan, écrites par la même plume.

Désireux d'arriver à ce résultat, j'ai compté sur le zèle des Léonards pour la gloire de leur patron. J'ai donc fait appel à la complaisance et surtout à la piété de tous ceux qui pouvaient me renseigner sur l'histoire du culte de saint Pol. Je ne demandais rien sur *sa vie*, ni sur la liturgie ; à cet égard je possédais tous les éléments désirables ; mais ayant toujours vécu en Cornouailles, je n'étais pas ici aussi bien renseigné sur les reliques, les images, les dévotions et les croyances populaires que je l'étais sur les mêmes objets, quand il s'agissait de saint Corentin.

L'histoire de la vie de saint Pol est belle en elle-même, elle a surtout des débuts charmants ; elle offre aussi un autre avantage : les faits s'y présentent généralement avec un caractère de certitude qui ne se rencontre pas toujours dans l'histoire des Saints ; donc, peu de discussions et d'études critiques.

Il n'y en aura pas non plus pour la chronologie.

Publiant en 1882 la vie de saint Pol, par Wormonoc, ouvrage inédit jusque là, dom Plaine disait : « La chronologie de saint Pol de Léon n'a jamais été éclaircie jusqu'ici et parait difficile à établir avec précision et exactitude. Nous croyons cependant avoir trouvé quelques points de repère ou jalons qui pourront tracer la route dans ce labyrinthe. » Et en donnant son tableau chronologique le savant auteur y a joint un exposé des motifs qui lui font adopter ces dates ; or, ces motifs m'ont semblé concluants.

L'étude que je commence aujourd'hui aura pour base la vie de saint Pol par Wormonoc, ainsi que je l'ai déjà suffisamment indiqué ; j'y joindrai tout ce qui dans le texte d'Albert-le-Grand et de Dom Lobineau, dans les notes de M. de Kerdanet et de l'abbé Tresvaux, mais surtout dans les éclaircissements de Dom Plaine, pourrait faire la lumière sur les points obscurs, ajouter du charme au récit, et surtout édifier les lecteurs.

J'emprunterai à différents auteurs les lignes ou même les pages qui nous feront mieux connaître l'époque où vécut saint Pol ; toutefois ce genre de documents trouvera moins ici sa place que dans la vie de saint Corentin, car je voudrais éviter toute redite qui ne serait pas utile.

La publication de ce travail dans la *Semaine religieuse* s'imposait encore plus que l'histoire de saint Corentin. En faisant paraître la vie du premier évêque de Quimper par un auteur anonyme du IXe siècle, Dom Plaine en a donné la traduction ; la vie du même Saint, extraite d'Albert-le-Grand, a été publiée à la fin de 1887 ; au contraire, en nous donnant la vie de saint Pol, par Wormonoc, Dom Plaine n'a publié que le texte latin avec des notes assez restreintes ; les exemplaires des ouvrages généraux sur les Saints de Bretagne deviennent de plus en plus rares, j'ai donc conçu l'espérance d'être agréable aux fidèles du diocèse de Quimper et de Léon en leur présentant l'histoire de celui qui répandit la bonne semence sur une terre déjà bien préparée, semence qui a donné et donne encore une moisson si belle.

Je ne me propose pas cependant de faire connaître seulement saint Pol, et le titre même que j'ai choisi le dit suffisamment. Pour saint Corentin, une indication de ce genre ne s'imposait point. L'histoire des deux premiers évêques de Cornouailles et de leurs principaux collaborateurs, les deux premiers abbés de Landévennec, constitue un ensemble tel qu'il est impossible de parler des uns sans parler des autres ; au contraire, l'histoire de saint Ténénan, de saint Gouesnou et de saint Goulven, quoiqu'étant le complément obligé de l'histoire de saint Pol, en reste parfaitement distincte.

Il me reste à dire ce qu'est l'œuvre de Wormonoc, et ce qui donne une réelle importance à la publication de ce précieux document. Je ne puis ici que citer Dom Plaine :

« La vie plus angélique qu'humaine de l'admirable pontife saint Paul fut retracée de bonne heure et probablement par un de ses nombreux disciples ; mais cet écrit, comme tant d'autres de l'époque primitive, n'est point arrivé jusqu'à nous. Par bonheur, un moine de la pieuse et savante école de Landvennec (1) reprit le travail en sous-œuvre au ixe siècle, avant l'occupation du pays par les Normands, à une époque où le texte de la première rédaction de la vie de saint Paul était encore conservé, ainsi que les titres originaux des donations et des autres faveurs qui avaient été octroyées au Saint par le roi franc Childebert, par le roi breton Judual, par le comte Withur. Or, ce fut en s'inspirant de ces vénérables documents que le moine de Landvennec, Wrmonoc, composa la seconde Vie de l'Evêque de Léon ; par conséquent, ses assertions ne pouvaient qu'inspirer créance, elles avaient droit de faire autorité. Mais il n'en est pas moins arrivé, par le fait de circonstances regrettables, que ni les Bollandistes, ni Dom Lobineau, ni aucun hagiographe ou historien breton n'ont eu à leur disposition un texte qu'il leur semblait cependant indispensable de consulter et d'étudier à loisir pour répondre au but de leurs savants ouvrages. L'écrit de Wrmonoc avait échappé à toutes leurs recherches. Ils n'avaient eu pour le remplacer que celui d'un ano-

____

(1) Landévennec.

nyme de Fleury, d'une date assez douteuse et d'une autorité encore plus problématique, car le livre de cet anonyme tient à la fois de l'*abréviateur* et de l'*interpolateur*. La Providence nous réservait un meilleur sort. Elle nous a procuré le bonheur de retrouver un document si avidement recherché depuis plus de deux siècles, et nous nous hâtons d'en faire jouir le public, ami des études hagiographiques et historiques. »

A ces *éclaircissements*, rédigés en langue française, Dom Plaine a ajouté une préface latine que je crois devoir traduire ici :

« Dans la seconde moitié du xᵉ siècle un moine de Fleury écrivant la Vie de saint Paul, évêque de Léon au vıᵉ siècle (c'est celle qui a été éditée par les Bollandistes), disait dans sa préface qu'il en avait emprunté les éléments à un écrivain plus ancien. C'est celui-ci qu'a indiqué depuis longtemps déjà Jean Mabillon, en citant la fin d'un prologue où l'auteur déclare lui-même et son nom et l'époque où il vivait. Il dit donc qu'il est prêtre et moine de Landvennec, disciple de l'abbé Wurdistein, qu'il achève son opuscule en 884, qu'il le dédie à l'évêque Hinworet. Mabillon suppose que cet évêque Hinworet occupait le siége de Léon; mais, il ne s'appuie pas sur d'autres documents que le prologue lui-même où il n'y a aucune indication sur le siège du prélat ; or, il n'existait point par ailleurs d'autres pièces mentionnant un évêque de Léon qui ait porté ce nom. De là on aura pu facilement conclure qu'il s'agit plutôt ici de l'évêque de Quimper ou de Cornouailles, qui dans les anciens catalogues des évêques de ce siége, ou dans les signatures d'actes publics de 853 à 860, est désigné sous le nom d'Haroguethen, Huarnethen ou Aneweten (1) ; or, c'est dans ce diocèse de Quimper qu'était située l'abbaye de Landvennec. Je crois cependant qu'il faut s'en rapporter au sentiment de Mabillon, parce que le culte de saint Paul n'était alors en vigueur que dans le diocèse de Léon.

« La Vie écrite par Wrmonoc était encore inédite. On la recherchait, mais en vain, depuis bien longtemps, quand je la trouvai enfin à Paris (bibliothèque nationale), parmi les manuscrits latins, elle portait le nᵒ 12,942; à la bibliothèque de l'abbaye de Saint-Germain elle avait porté le nᵒ 953 ; mais elle avait appartenu primitivement à l'abbaye de Cluny. . . . . .

---

(1) Le *Cartulaire de Quimper* porte : *Anaweten ;* l'abbé Trévaux dit : *Anauveten* ou *Anawefen.*

« Bien que le moine de Fleury ne se soit pas plaint sans raison
(on ne peut le méconnaître) de la prolixité et du langage incor-
rect de l'hagiographe de Landvennec, on aime mieux cependant
puiser à la source qu'au ruisseau, d'autant plus que l'abréviateur
s'est surtout proposé d'écarter de la Vie de saint Paul les noms
bretons qu'il regardait comme barbares et qui sonnaient mal à son
oreille, — et les noms de lieux et de personnes, sont nombreux
dans ces pages. — Or, c'est le souvenir même de ces noms qui
d'ordinaire importe le plus aux érudits. »

« Avant Wrmonoc, on possédait déjà un récit de la Vie de
saint Paul, récit peut-être composé par un disciple même du
Saint. On déplore encore la perte de cet ouvrage, dont je ne
trouve le souvenir rappelé par aucun écrivain, soit ancien, soit
moderne.

« Quant au volume dont nous avons extrait, à Paris, l'écrit de
Wrmonoc, il est de parchemin ; c'est un petit in-folio (de trente-
et-un sur vingt centimètres) ; les caractères, les abréviations
assez peu fréquentes, le mode de ponctuation indiquent un travail fait au onzième siècle ou au commencement du douzième.
Ainsi que l'a indiqué M. L. Delisle, dans l'inventaire des manuscrits de Saint-Germain-des-Prés, il commence par l'Histoire
ecclésiastique d'Angleterre, œuvre du Vénérable Bède ; vient
ensuite (fol. 107) la Vie de saint Léonard de Limoges ; puis, du
folio 113 au folio 127, la Vie de saint Paul ; le reste du volume
a particulièrement trait au droit canonique ou à la théologie ascé-
tique.

Maintenant renseignés sur le précieux manuscrit, nos lecteurs
se demanderont peut-être ce qu'était l'auteur de l'ouvrage. La
réponse sera malheureusement trop brève : « L'auteur de la Vie
de saint Paul-Aurélien n'a pas de biographie. Les *Annales de
l'Ordre de saint Benoît* et l'*Histoire littéraire de la France* ne lui
consacrent que quelques lignes. Tout ce que nous savons de lui
et par son propre témoignage, c'est qu'il s'appelait Wrmonoc, qu'il
était prêtre et moine, et qu'il avait pour supérieur le célèbre
Wrdisten, abbé de Landvennec. Il y a lieu de croire, en outre,
qu'il était originaire du pays de Léon, peut-être même de l'ile de
Batz. On peut, du moins, ce nous semble, tirer cette conjecture
de la vénération particulière qu'il avait pour saint Paul et des

localités qu'il mentionne dans le cours de son récit comme les ayant vues de ses yeux (1) ».

L'orthographe de ce nom *Wrmonoc,* telle que la donne Dom Plaine, aura semblé étrange à plus d'un lecteur. C'est bien cependant ainsi que le moine de Landévennec se désignait lui-même, et il écrivait d'une façon analogue le nom de son abbé *Wrdisten.*

Toutefois ces rencontres de trois consonnes étant bien faites pour effrayer nos oreilles françaises, je me conformerai à l'usage qui a prévalu et je dirai désormais : *Wormonoc* (2).

C'est encore aux *Eclaircissements* fournis par Dom Plaine que j'aurai recours pour établir les qualités et les défauts du vieil écrivain breton, et dire quelle est son autorité en histoire et en hagiographie :

« En ce qui concerne le talent d'écrire et les agréments du style, Wrmonoc laisse souvent à désirer, et le moine de Fleury pouvait invoquer plus d'un prétexte pour lui chercher noise à cet égard. Cependant tous les reproches que lui adressait le nouvel Aristarque, n'étaient pas également fondés, ni également dignes d'être pris en considération.

« Ainsi, le critique appelait en premier lieu, l'attention sur les bavardages de l'écrivain breton (*garrulitas britannica*), ce qui voulait dire, dans sa pensée, que son devancier eut mieux fait d'être plus concis sur les noms de lieux et de personnes, pour s'étendre davantage sur les moralités. Or, on en juge aujourd'hui bien autrement. Ce sont les renseignements personnels ou locaux dont on est surtout curieux et avide.

« L'anonyme de Fleury reprochait en second lieu à Wrmonoc le mauvais choix de ses mots (*inauditum locutionis genus*). Nous croyons toutefois que la diction de Wrmonoc ne manque pas ordinairement d'élégance. Les néologismes et les mots semi-barbares sont peut-être plus rares chez lui que chez la plupart de ses contemporains. Mais quant à ce qui concerne le désordre des phrases, leur enchevêtrement inextricable, la longueur démesurée des périodes, il faut convenir que Wrmonoc a largement ici payé tribut au mauvais goût de son époque. C'est ce qui rend sa narration

---

(1) Dom Plaine, *Eclaircissements,* § 1.
(2) En réalité cependant, la lettre W n'est pas une consonne dans la langue bretonne ; j'aurais donc conservé l'orthographe vraie si j'avais écrit en breton. En écrivant *Wormonoc,* j'enlève même tout sens à un nom qui signifie originairement *homme moine.*

parfois obscure, inintelligible même, et parfois rebutante pour le lecteur....

« Nous devons ajouter que Wrmonoc parle et écrit en théologien nourri de la lecture de l'Écriture sainte et des Pères. Il possédait à fond les vies des Saints, et les poètes profanes ne lui étaient point inconnus.

« Nous avons déjà indiqué, d'autre part, qu'il s'était préparé à entreprendre son travail par une étude assidue de la première Vie de saint Paul, ainsi que des chartes et des documents anciens, item par la recherche des souvenirs traditionnels que l'Apôtre avait laissés dans le pays, et qui n'avaient pas dû se perdre avant les invasions normandes. Quant à la bonne foi et au zèle de la vérité dont était animé le second biographe de saint Pol Aurélien, ils n'ont jamais fait l'objet du moindre doute. La simplicité et la naïveté même de certains récits nous sont un sûr garant que Wrmonoc n'est point un faussaire et un trompeur.

« Conclusion. — On trouvera dans la Vie de saint Paul Aurélien que nous donnons au public, *la source* dans toute sa pureté et son abondance, tandis que l'écrit du moine de Fleury ne représentait qu'un *ruisseau* assez mal approvisionné, et plus ou moins mélangé d'alliage. »

Ayant l'intention de m'appuyer sur l'autorité de Wormonoc pour établir les faits historiques, j'ose m'approprier dans une certaine mesure la conclusion qui précède. Toutefois en raison du charme que revêt toujours le récit d'Albert-le-Grand, toutes les fois qu'il sera d'accord avec le vieil écrivain, j'emprunterai au moins quelques lignes à ce narrateur inimitable, dussé-je être compté parmi ses serviles copistes.

Dans les *éclaircissements*, Dom Plaine passe ensuite à la chronologie, et il établit comme premier jalon, pour tracer la route au milieu de difficultés, la présence de Gildas-le-Sage au *miracle des oiseaux*; pour second, le nom du roi franc Childebert (511-558), qui exerçait l'autorité souveraine dans le pays de Léon à l'époque où notre Saint débarqua sur la côte occidentale de l'Armorique ; pour troisième, la mort de saint Hervé, arrivée au plus tard en 610 et postérieure à celle de saint Paul. De l'aveu de tous les critiques, Gildas-le-Sage est né en 492 ou 494 ; or, s'il a été acteur dans le *miracle des oiseaux* au même titre que saint Paul de Léon, c'est-à-dire comme disciple d'Iltut, il devait avoir atteint, à cette

date, au moins huit ou dix ans. Ceci posé, voici comment nous
croyons pouvoir établir la chronologie de notre évêque de Léon :

1° Naissance.   vers 490

2° Il est mis sous la discipline de saint Iltut . . .   vers 500

3° Il embrasse la vie érémitique à l'âge de 16 ans.   vers 506

4° Il reçoit des disciples dont il devient l'abbé, est
    promu au sacerdoce, exerce l'apostolat dans
    le royaume du roi Marc   506-520

5° Passage en Armorique, premiers rapports avec
    le comte Withur . . . .   vers 525

6° Il fonde plusieurs monastères dans le pays.

7° Il est envoyé à Childebert et élevé à l'épiscopat   vers 540 (?)

8° Relations avec saint Tugdual et saint Corentin ;
    il préside une réunion à laquelle ces deux
    évêques assistent à l'occasion d'une grande
    peste dont il s'agit de conjurer les suites (1).   vers 550 (?)

9° Il reçoit la visite du roi Judual (date de la mort
    du tyran Conmore). . . . .   après 561

10° Il se choisit pour successeur d'abord saint
    Jaoua, puis saint Tiarmail et enfin saint
    Cetomerin . . . .   vers 590

11° Sa mort. . . . .   vers 600

« L'auteur lui donne 140 années de vie, mais il ne présente la
chose que comme problématique. Dès le ixᵉ siècle cette longévité
extraordinaire ne reposait donc sur aucun témoignage écrit : rien,
par conséquent, n'oblige de l'accepter d'une manière absolue.
Quand Paul Aurélien n'aurait atteint que 110 ans, comme nous le
supposons ici, ce serait déjà un âge fort respectable (2). »

Nous croyons maintenant le lecteur suffisamment préparé au
récit de la *Vie* de saint Pol ; il nous reste simplement à lui dire
pourquoi l'œuvre de Wormonoc fut reprise en sous-œuvre par le
moine de Fleury, dont nous avons plusieurs fois parlé.

L'illustre abbaye de Fleury ou de Saint-Benoît-sur-Loire avait
le bonheur de posséder le corps du Patriarche des moines d'Occi-

---

(1) Ce n'est pas la *Vie* de saint Pol par Wormonoc, mais la *Vie* encore
inédite de saint Tugdual, qui parle de cette rencontre des trois Saints ; j'ai
déjà parlé de ce fait. (*Saint Corentin*, page 137.)

(2) *Eclaircissements*, § 2. Nous ne transcrirons rien ici de ce qui appartient au § 3 et au § 4, les sujets qui y sont traités prendront naturellement
leur place dans le corps même du récit.

dent. Pour des motifs restés inconnus, Mabbon, évêque de Léon y transporta le corps de son premier prédécesseur, vers le milieu du xe siècle, c'est-à-dire cinquante ou soixante ans après que Wormonoc eut composé son écrit. Une copie de l'œuvre du moine armoricain dut accompagner les saintes reliques, de même que la *Vie de saint Corentin,* par un clerc anonyme de Quimper, avait été déposée à Montreuil pour perpétuer le souvenir du premier évêque de Cornouailles au lieu où allait reposer une partie de ses restes ; on comprendra donc que saint Pol étant devenu à Fleury l'objet d'un culte spécial, un moine de l'abbaye ait modifié l'œuvre d'un premier écrivain pour la mettre d'accord avec le goût de l'époque et du pays où il écrivait.

SAINT POL-AURÉLIEN

ET SES PREMIERS SUCCESSEURS

CHAPITRE Ier

L'ÉCOLE DE SAINT HILTUT

Des traditions respectables, trop longtemps dédaignées par une critique qui doute de tout excepté d'elle-même, affirment que la Grande-Bretagne avait reçu la foi dès le premier siècle. Le Prince des Apôtres, ayant établi son siège à Rome, aurait visité lui-même les immenses contrées qui devaient former le patriarcat d'Occident, et comme depuis l'expédition de Plautius, la grande île du Nord était devenue d'un accès facile ainsi que toute autre province de l'Empire, saint Pierre serait venu consacrer par sa présence la terre qui devait s'appeler l'*Ile des Saints.* Si le Vénérable Bède était seul à le dire, on pourrait l'accuser d'être rendu crédule par orgueil national ; mais le docte Dom Guéranger a soin de constater qu'un biographe grec du huitième siècle (reproduit par les Bollandistes), et un auteur syriaque du sixième (publié par le cardinal Maï), ont affirmé le même fait. Si nous admettons cette croyance, nous comprendrons mieux le mot d'Eusèbe :

« Pierre étant le vaillant chef de la milice divine, couvert de « l'armure céleste, était venu apporter de l'Orient à ceux qui habi- « taient vers le Couchant, la lumière précieuse des intelligences. »

Mais ni Pierre, ni les hommes apostoliques, qui vinrent précher Jésus-Christ aux Bretons-insulaires (1), ne constituèrent une église florissante, et ce fut seulement dans le siècle suivant qu'on put saluer dans la Bretagne une contrée chrétienne.

Le roi Lucius, dont le nom romain désigne évidemment un de ces princes que la puissance impériale établissait dans les pays de conquête, s'adressa à saint Éleuthère, qui occupait alors la chaire de saint Pierre (177-192) ; il lui envoya une ambassade solennelle, lui demandant des missionnaires pour l'instruire dans la foi et lui administrer les mystères sacrés. Éleuthère reçut avec joie les envoyés du roi breton, et donna mission à quelques prêtres d'aller soumettre à Jésus-Christ le royaume de Lucius. Leur parole fut entendue, car lorsque peu d'années après Tertullien écrivait contre les Juifs, la croix avait été arborée déjà dans les parties de l'île jusqu'alors inaccessibles aux légions romaines.

C'est ainsi que le Tout-Puissant consolait, par des conquêtes au-delà des mers, l'Église persécutée sur le continent. L'œuvre de saint Lucius et de saint Éleuthère fut donc couronnée d'un réel succès, et si plus tard d'autres conquérants pacifiques durent achever ou renouveler l'œuvre du pontife et du roi, il y eut des chrétiens dans la Grande-Bretagne pendant les 400 ans qui devaient s'écouler, en attendant le jour où saint Grégoire y enverrait saint Augustin.

A vrai dire, les superstitions païennes restaient vivaces chez cette race celtique qui a horreur du changement ; puis l'arrivée des Saxons et de cette tribu des Angles, qui devait donner son nouveau nom à la partie méridionale de l'île, avait été le signal de guerres désastreuses dans lesquelles bien des chrétiens avaient péri, tandis que les païens vainqueurs envahissaient le territoire.

---

(1) Nous voulons indiquer ici Drennalus et Joseph d'Arimathie. Les Bollandistes n'ont parlé de leur mission qu'avec une certaine hésitation, faute de documents. Depuis lors, des études intéressantes ont été faites en Angleterre sur l'apostolat de Joseph d'Arimathie dans la Grande-Bretagne. De ces données, il résulte que le courageux centurion aurait accompagné saint Jacques en Espagne, serait venu à Rome conférer avec saint Pierre, puis le Prince des Apôtres l'aurait envoyé en Grande-Bretagne. Joseph d'Arimathie obéit, opéra de grands miracles, fit de nombreuses conversions, et quand l'âge ne lui permit plus les courses apostoliques, il se retira dans la solitude et préluda ainsi au développement de la vie monastique, qui devait si bien se développer dans l'*Ile des Saints* (L'abbé Cahour).

Vers la fin du cinquième siècle, c'est-à-dire trois cents ans après le martyre de saint Éleuthère, on pouvait trouver dans certaines familles de la Bretagne, non-seulement la foi dans son intégrité (1), mais la vie chrétienne dans son plus complet épanouissement.

Dans l'histoire du pays qui nous occupe, c'est une grande époque que cette fin du cinquième siècle. En 480, naissait saint Benoît, destiné à devenir le père de cette grande famille de moines qui donnerait à l'Église saint Grégoire, et par lui, à l'Angleterre, saint Augustin. Mais, en attendant l'arrivée des religieux étrangers, l'Angleterre enfantait des Saints.

L'an 490, un comte breton, nommé Perphius, vit sa demeure réjouie par la naissance d'un petit enfant qui reçut le nom de l'apôtre Paul, et le surnom d'Aurélien. Le nom du père, comme celui du fils, dit assez que leur famille avait adopté la langue et probablement les usages du peuple vainqueur. Perphius (2) n'était pas seulement noble et riche, mais, au dire de Wormonoc, il occupait un rang très élevé.

Le lieu où il vivait s'appelait en langue bretonne *Penn-Ohen*, c'est-à-dire *tête de bœuf* (nom qui viendrait de la forme sous laquelle les gens de ces parages adoraient leur divinité nationale). L'on ne sait quel était précisément ce lieu ; mais comme, pour des raisons que nous verrons plus tard, le domaine de Perphius était situé au bord de la mer, nous devons croire que saint Pol naquit dans la Cornouailles insulaire plutôt que sur le territoire de la Cambrie, éloigné du littoral. Penn-Ohen était dans une contrée appelée *Brehant,* mais ce nom lui-même ne peut nous aider dans nos recherches, car l'endroit qui s'appelle aujourd'hui *Brant,* près de Plymouth et d'Exeter, ne correspond nullement aux données que nous avons par ailleurs.

Paul Aurélien, que nous appellerons Pol, du nom qui a prévalu et que le Saint a laissé à la ville illustrée par son siége épis-

---

(1) L'unité de la foi avait disparu dans l'île par l'enseignement hérétique du moine breton Pélage. (Ses premiers livres avaient paru en 405.) En 429, saint Germain d'Auxerre et saint Loup de Troyes furent envoyés par le Pape en Grande-Bretagne, où ils combattirent victorieusement l'erreur.

(2) *Porphius,* d'après Albert-le-Grand, Dom Lobineau et l'abbé Tresvaux.

copal, ne fut pas le seul enfant de Perphius ; le noble comte eut neuf fils, et Wormonoc n'oublie pas de constater que ce nombre rappelle celui des chœurs angéliques ; les noms de six d'entre eux sont restés inconnus ; nous savons seulement que, parmi les frères de saint Pol, il en était un qui s'appelait *Notalius* et un autre *Potolius* ; ils avaient trois sœurs, dont l'une se nommait Sicofolla.

Oubli regrettable des premiers historiens, le nom de l'épouse de Perphius n'a pas été conservé. Cependant le père et la mère de ces douze enfants étaient dignes de l'honneur que Dieu leur avait fait en leur confiant le trésor de cette jeune famille : ils les élevaient d'une manière conforme, non seulement à leur foi de chrétiens, mais à la distinction de leur naissance.

Entre ces douze enfants à la vie pieuse et pure, Pol s'était distingué dès l'âge le plus tendre, non seulement par cette innocence charmante qui s'ignore elle-même, mais par des dispositions saintes qui lui attiraient les grâces les plus choisies de l'Esprit-Saint ; elles coulaient sur lui comme une rosée, elles le pénétraient comme une huile parfumée.

Il vint un jour trouver son père et s'adressant à lui avec la plus humble soumission, il le supplia de le conduire à un homme qui communiquerait à son cœur la flamme de la charité, à son esprit la lumière de la science ; il voulait un maître qui l'appliquerait à l'étude des Saintes Lettres et prendrait soin de son salut et de celui de beaucoup d'autres. Perphius répondit à cette demande par un refus formel. C'était en cet enfant qu'il avait surtout placé son espérance. Fils d'illustres aïeux, il voulait que leurs glorieuses traditions fussent continuées par sa descendance ; c'était surtout à Pol qu'il désirait laisser cet héritage de gloire avec l'héritage de sa fortune. Mais l'enfant ne se rebuta point ; il revint et revint encore à la charge, il amena tout un bataillon de ses jeunes amis à joindre leurs prières aux siennes, si bien qu'avec leur concours il vainquit l'obstination de son père.

Dieu ne se laisse pas vaincre en générosité. Quand le comte eut enfin donné son consentement, non seulement il n'en éprouva point de regret, mais au sortir de ce combat entre sa foi de chrétien et son amour de père, il se sentit pénétré d'une joie profonde, et s'adressant à Celui dont la puissance infinie dispose de toutes choses, il lui fit cette prière : « O Seigneur, mon Dieu et mon Roi, toi qui peux tout, toi qui d'un signe de ta volonté règles et gouvernes toutes choses, avec bonheur je te rends grâces, à toi qui m'a donné pour fils ce cher enfant, à toi qui l'as choisi pour détourner de moi et des miens tous les maux par ses prières, pour prendre les intérêts de sa patrie, pour éloigner d'elle les calamités, enfin pour servir ton nom. »

C'est vraiment par une disposition de la divine Sagesse que ce seigneur laissa si complètement de côté ses vifs désirs de voir sa descendance se perpétuer dans la vie du siècle. Désormais, il ne pensa plus aux choses du monde, mais aux choses de Dieu ; son unique souci c'était, non plus son épouse et ses enfants selon la chair, les richesses et les honneurs de ce monde, mais bien le service du Seigneur ; méprisant la vaine gloire d'ici bas et se donnant tout entier à son Créateur, il s'immolait lui-même comme une victime de louange (1).

Celui dont la Providence dispose tout avec une bonté égale à son infinie sagesse, avait merveilleusement choisi l'homme qui allait cultiver la nature exquise du fils de Perphius, nature embellie déjà de tant de grâces.

Bien des écoles monastiques du cinquième siècle ont laissé de glorieux souvenirs, mais nulle n'a été plus florissante et n'est restée plus célèbre que celle de saint Hiltut. Elle était établie dans une île appelée Pyrus (2). Quant au saint abbé, il était, comme son nouveau disciple, le fils d'une noble race ; son père s'appelait Bican ; sa mère Riemguilid était fille d'un roi de Cambrie ou peut-être (mais c'est moins probable) d'un roi de la Petite-Bretagne.

D'après le *Propre de Quimper*, qui est ici l'écho des anciens

---

(1) Voulant donner au lecteur une idée de la manière dont Wormonoc traite son sujet, j'ai suivi jusqu'ici de très près le récit du moine de Landévenec.

(2) Dom Plaine fait remarquer qu'ici et ailleurs encore Wormonoc appelle *île*, toute terre isolée du territoire adjacent, par n'importe quel obstacle (mer, fleuve ou montagne). L'*île* de Pyrus était située à la frontière d'un pays que notre auteur appelle *patria Demetiarum,* et les actes de saint Cadoc *Demetia.* D'après Dom Lobineau et l'abbé Tresvaux, le pays des Demètes comprenait le Cardiganshire, le comté de Pembrock et la Southwale.

hagiographes, il embrassa d'abord le métier des armes ; jeune
encore, il obtint un rang élevé dans l'armée du roi de Clamorgan,
et devint même, dit-on, son principal ministre ; puis réfléchissant
aux conseils que lui avaient donnés Cadoc, le plus doux des Saints
de la Bretagne insulaire, il comprit que la richesse n'est rien, que
la faveur des rois n'est rien, et n'ayant plus d'autre but que de
développer en lui-même et chez les autres la divine charité, il se
fit moine.

Au moment même où il choisissait ce genre de vie, saint Germain d'Auxerre, l'homme admirable dont la vie rappelait celle de
saint Martin de Tours, venait d'aborder pour la seconde fois en
Grande-Bretagne afin d'achever ce que dans un premier voyage il
avait si heureusement commencé en combattant l'hérésie de
Pélage. Hiltut se mit sous sa direction, et travailla avec tant d'ardeur et de succès qu'il eut bientôt acquis une science étendue
et solide.

Bien qu'on ne puisse l'affirmer, on peut admettre (d'après une
très ancienne Vie de saint Samson) que saint Germain lui-même
lui conféra le sacerdoce ; on ne saurait non plus préciser la durée
du temps qu'il passa sous la conduite du saint évêque d'Auxerre,
mais du moins l'on peut dire qu'il profita des leçons reçues pendant cette période, car, devenu maître à son tour, il ne se contentait pas d'enseigner à ses élèves la science sacrée dans ce qu'elle a
de plus sublime, il les instruisait dans les lettres humaines et les
arts libéraux, la poésie, la rhétorique, la philosophie et les ma-
thématiques (1). Nous avons dit que l'*île* de saint Hiltut s'appelait
Pyrus ; l'auteur de la Vie de saint Samson dit que le monastère
s'appelait Merchiau ; c'était une maison magnifique construite sur
le patrimoine de l'abbé ; Hiltut n'avait pas seulement donné pour
la fondation le terrain nécessaire, mais il avait consacré à cette
œuvre tout son héritage. Saint Dubric, évêque de Landaff, l'avait
beaucoup aidé par ses conseils à mener cette entreprise à bonne
fin. Une particularité qui justifiait le choix de l'emplacement du
nouveau monastère, c'est qu'il était à peu de distance de l'admi-

----

(1) Dom Lobineau.

rable abbaye de Lancarvan où, sous la conduite de saint Cadoc, une multitude de moines et d'écoliers s'étaient voués à chanter, comme les anges du ciel, les divines louanges.

Wormonoc nous a dit ce qu'était saint Hiltut et ce qu'étaient les enfants groupés autour de lui : « On oubliait la splendeur de son origine pour ne penser qu'à la gloire qu'il s'était acquise dans la science des saintes lettres ; guidé par le véritable esprit du christianisme, il avait pris le chemin qui mène aux portes de la vie céleste ; toutes ses démarches étaient pures, ses pensées ne s'égaraient jamais à droite ou à gauche sur la voie tortueuse, glissante et dangereuse qui, à travers mille obstacles, conduit aux portes de la mort. » Ces éloges du vieux narrateur s'appliquent à toute la vie du saint abbé ; mais l'on voit par ce qui précède que ses admirables vertus n'étaient pas ignorées du monde : c'était pour le bien d'un grand nombre que Dieu avait dispensé tous ses dons à son serviteur, et pour que ce but fut atteint, il voulut « que les ailes d'argent de la renommée portassent en tout lieu sur la surface de la Bretagne, la haute opinion qu'on devait avoir de lui, que son Esprit-Saint lui communiquât la science des Saintes-Ecritures, et que de son cœur qui en serait comme le réservoir, cette science se répandît par d'innombrables canaux sur tous ses disciples qui en étaient saintement altérés. » Mais surtout Dieu voulut qu'entre beaucoup d'autres, l'enfant qui nous occupe, Pol Aurélien, fut conduit à Hiltut et prit rang parmi ses écoliers.

Dans ce nouveau milieu, le fils de Perphius débuta par l'étude de la science la plus élémentaire : l'historien prend de grands détours et use du style oratoire pour l'avouer ; nous dirons simplement que saint Pol apprit à lire et à écrire. Ceci n'exclurait pas nécessairement chez le nouveau disciple la connaissance des caractères de l'écriture ; les Bretons avaient probablement encore à cette époque leur alphabet particulier, dont l'étude devait être familière aux enfants ; mais dans les écoles monastiques, l'alphabet latin avait une spéciale importance, puisque la langue des vainqueurs était en même temps et la langue de l'Église et la langue officielle de la classe élevée. Nous croyons donc que pour

donner à cette affirmation sa véritable valeur, il faut dire ici que
Pol-Aurélien apprit à connaître et à tracer les caractères de la
langue latine. Cela fait, il fut immédiatement appliqué par son
maître à l'étude du texte sacré dans l'ancien et le nouveau Testa-
ment ; il en approfondit le sens, non-seulement par l'interprétation orale et par la méditation, mais par la lecture assidue des
commentaires que les Saints Pères avaient tant multipliés dès cette
époque.

Or, dans ce travail, l'enfant ne cultivait pas seulement sa mémoire et les autres facultés de l'esprit, son cœur aussi s'éprenait
d'amour pour la loi de Dieu ; la foi, l'espérance, la charité gran-
dissaient en lui.avec la science, tellement qu'il eut bientôt atteint
les sommets de la perfection et qu'on le vit dépasser dans la voie
de la sainteté, non-seulement ceux qui avaient débuté avec lui,
mais ceux qui l'avaient précédé dans la carrière.

Des nombreux disciples de saint Hiltut, l'histoire et la légende
ne nous ont guère conservé que cinq noms, mais, chose admirable, ces noms sont ceux de cinq enfants qui, dès leurs débuts,
rivalisèrent de sainteté et furent chacun comme une vivante image
des vertus de leur maître.

Après saint Pol, nous trouvons saint David (1). D'un vase d'igno-
minie le Tout-Puissant avait fait un vase d'élection. Comme sainte
Brigitte d'Irlande, comme le jeune Adéodat, si cher à sainte Moni-
que, David était, suivant l'humble expression de saint Augustin,
le fils du péché. Sa mère Mélarie, après l'avoir confié à saint Hiltut,
avait quitté la Cambrie et, comme sa sœur sainte Ninnoc, avait
émigré en Armorique ; mais au lieu d'aller vivre au milieu des
vierges que dirigeait la sainte abbesse de Plœmeur (2),elle demeurait solitaire aux confins de la Cornouailles et du Léon. Dans son
héroïque pénitence elle s'était privée de tout ce qui pouvait être

---

(1) Wormonoc l'appelle *Devius* ; en Angleterre on l'appelle saint *Dewy* ;
près de Landerneau saint *Divy*. Il est encore patron de l'église de Ponscorff
et de la chapelle du cimetière de Quimperlé, comme il l'était de l'ancienne
paroisse de *Bodivit* entre Plomelin et Combrit, comme il l'est, probablement,
de la paroisse de *Saint-Yvi* près de Rosporden. Son nom se retrouve également
ment dans celui de trois autres lieux où il est honoré : Pontivy (diocèse de
Vannes) et les deux paroisses de Loguivy (diocèse de Saint-Brieuc).
(2) Près de l'endroit où s'élève aujourd'hui la ville de Lorient.

un soulagement pour la nature : fille de roi elle laissait ignorer
son nom, on ne l'appelait plus que la *nonne* ; habituée au bien-
être, elle ne mangeait que du pain et ne buvait que de l'eau, mais
surtout, de son amour maternel elle n'avait gardé que la tristesse
d'une cruelle séparation, et pendant que saint David grandissait
sous la tutelle de son bon maître et dans la société de ses angéliques compagnons, sainte Nonne consacrait par sa pénitence et par
sa mort le lieu qui de son surnom allait s'appeler *Dirinon*.

Quant à l'enfant, lorsqu'il eut grandi, il quitta l'abbaye où
s'étaient écoulées ses jeunes années et fonda douze monastères
dans le pays de Galles, puis il fut sacré évêque métropolitain du
siège de Ménévie (cette ville prit plus tard le nom de Saint-David).
C'est dans ses fonctions épiscopales qu'il acheva de se sanctifier,
et jusqu'à la Réforme, l'Angleterre honora en lui l'un de ses pontifes les plus illustres et les plus populaires.

A côté de saint Pol et de saint David, nous trouvons saint Samson. Lui aussi devait ceindre un jour la couronne des pontifes. Il
n'avait que cinq ans lorsqu'il fut confié aux soins de saint Hiltut ;
c'était sur l'ordre formel d'un ange que son père l'avait mené au
monastère, car il voulait l'élever pour le monde, tandis que la
pieuse mère de l'enfant voulait déjà le consacrer à Dieu.

En le recevant, saint Hiltut l'avait embrassé avec une grande ten-
dresse, et tout animé de cet esprit prophétique qui dictait souvent
ses paroles, il avait dit : « Soyez béni, ô Dieu, de ce que vous
avez fait paraître en notre pays ce soleil qui doit éclairer tant de
peuples dans cette île et au delà des mers ; soyez béni d'avoir fait
naître cet enfant qui procurera le salut d'une multitude de pré-
destinés ! Voici le docteur de plusieurs nations, le père spirituel
d'un grand nombre de saints, le pasteur qui gouvernera plusieurs
églises ; voici l'honneur des Bretons et de toute la famille chrétienne ! » Et tout ceci devait se réaliser, car Samson avant de quitter la Grande-Bretagne reçut la consécration épiscopale (1), fonda
en Armorique l'évêché de Dol, et il compte parmi les plus illus-

---

(1) On a même prétendu qu'il aurait occupé le siège d'York, mais c'est là
une hypothèse toute gratuite.

tres des Saints de la Petite-Bretagne. Wormonoc fait suffisamment son éloge en disant que depuis les saints Apôtres on trouverait à peine quelqu'un qui l'ait égalé en sainteté, tellement qu'il vaut mieux ne pas parler de lui que de s'exposer à rester au dessous de la vérité.

A côté de ces noms aimés, de saint David et de saint Samson, il nous faut maintenant en inscrire un troisième plus illustre encore, le nom du saint abbé de Rhuys, de saint Gildas le Sage, le Jérémie de la Bretagne (1). Et si, par son ardent patriotisme, par la force de ses reproches et la charité de ses conseils, Gildas rappelle le prophète *des lamentations,* l'ardeur de son zèle pour la gloire du Seigneur le fait aussi ressembler à Elie, le grand défenseur des intérêts divins.

Nous avons parlé de cinq disciples d'Hiltut ; Wormonoc ne cite que les quatre noms qui précèdent, mais un manuscrit du x⁰ siècle dit formellement que saint Magloire fut confié au même maître que saint Samson, et ceci s'explique facilement, car les deux saints enfants étaient unis par une étroite parenté. Ammon, père de Samson, était le frère aîné d'Umbrafel, père de Magloire ; Anne, épouse d'Ammon, était sœur d'Asffelle, épouse d'Umbrafel ; les deux disciples du saint abbé étaient donc doublement cousins-germains, et les demeures de leurs parents n'étaient qu'à deux journées de marche du monastère auquel ils voulurent les confier ; puisque leurs parents voulaient les consacrer à Dieu, il était donc pour eux tout naturel de les réunir sous la même discipline. Notre *Propre* de Quimper donne à saint Magloire ce glorieux titre de disciple de saint Hiltut ; si Wormonoc ne revendique pas pour le maître de saint Pol l'honneur d'avoir formé Magloire à la sainteté, c'est peut-être parce que la célébrité de ce dernier pâlit près de la gloire des premiers évêques de Léon et de Dol et du premier abbé de Rhuys.

---

(1) Stevenson et beaucoup d'autres ont supposé deux Gildas différents, l'un surnommé le Sage (c'est celui qui nous occupe ici), l'autre Gildas l'Albanien. Mais, comme l'observe fort bien Dom Plaine, on n'a aucune raison sérieuse de supposer que Wormonoc et les autres moines de Landévennec aient jamais eu entre les mains le livre de ce Gildas d'Albanie, eux qui ne connaissaient certainement pas les livres du Vénérable Bède ou d'aucun auteur d'outre-mer.

Si maintenant nous voulons nous rendre compte de ce qui caractérisait chacun de ces saints enfants, et si pour cela nous anticipons sur ce que doit être leur vie, nous pouvons dire qu'en saint Pol, avec une merveilleuse aptitude pour l'étude des sciences sacrées, nous voyons paraître la plus aimable candeur ; chez saint David, une complète mortification des sens, comme sa mère, le saint enfant ne buvait que de l'eau ; chez saint Samson, une charmante gaieté ; chez saint Gildas, la force et l'énergie du caractère ; chez saint Magloire, une touchante humilité qui le portera sans cesse à s'effacer, à se tenir au second rang, surtout à disparaître derrière le jeune parent qu'il aime comme un frère, mais qu'il suit déjà comme un guide.

Nous connaissons désormais saint Hiltut et son école ; maintenant voyons à l'œuvre, non plus seulement le maître et ses disciples, mais Dieu agissant en eux et par eux.

Le fait que nous allons raconter a été exposé de deux manières différentes : Wormonoc dit que dans le monastère de saint Hiltut le terrain faisait défaut ; il laisse surtout supposer que la joyeuse troupe des enfants manquait un peu d'espace pour se livrer à ses ébats ; mais que la mer eut à se retirer, ou simplement à cesser d'envahir un lieu sur lequel elle empiétait journellement, il fallait d'un côté la foi et la prière, et de l'autre cette bonté paternelle qui ne refuse rien à la confiance. « La classe où saint Hiltut (1) faisoit ses leçons estoit si proche du rivage de la mer, qu'aux hautes marées l'eau y entroit, ce qui contraignoit le maistre et ses disciples de luy céder ; ce que voyant, saint Pol et ses condisciples prièrent leur maistre qu'il fist en sorte, par ses oraisons, que Dieu les délivrast de l'importunité de cet élément. Saint Hiltut les mena à l'église, et tous ensemble, ayant fait oraison, marchèrent contre la mer, le saint abbé tenant un baton en sa main, laquelle, comme si elle eust redouté le coup, à mesure qu'ils avançoient, s'enfuyoit devant eux, jusqu'à ce qu'ayant laissé à sec une grande campagne, le saint abbé luy deffendit, de la part

---

(1) Albert-le-Grand, auquel j'emprunte ce récit, appelle le saint abbé *Hydultus.* J'ai cru devoir garder ici à ce nom la forme que je lui ai donnée précédemment, en me conformant à l'usage le plus général.

de son Créateur, de s'épandre plus avant, crainte d'infester le lieu destiné pour l'instruction de saints enfans ; ce que la mer depuis inviolablement observe. »

Celui qui a créé toutes choses et qui a imposé ses lois à la nature est le seul qui puisse en modifier le cours ; il veut bien toutefois choisir pour instruments de sa puissance les serviteurs qui l'honorent par la sainteté de leur vie ; on peut même dire qu'il entre dans l'ordre habituel de sa Providence d'employer le miracle à manifester l'héroïque vertu de ses serviteurs ; et, si c'est là le but du Dieu Tout-Puissant, il est bon qu'en rencontrant dans l'histoire le récit d'un prodige, nous nous demandions quel est le Saint dont tel ou tel fait nous prouve la merveilleuse puissance, puissance déléguée, comme je l'ai dit, mais puissance bien réelle néanmoins.

Or, saint Hiltut avait pris son bâton, il ne s'en était pas servi seulement pour l'élever dans sa main et commander aux flots ; de la pointe même de cette crosse abbatiale, il avait tracé un sillon pour séparer les eaux de ce qui devait désormais former le rivage ; une voix intérieure lui disait que la mer devait pour toujours obéir à l'ordre qu'il avait formulé. Alors le maître éleva la voix pour remercier le Seigneur du miracle dont il avait récompensé les mérites de ses jeunes disciples, mais les enfants lui répondirent : « Non certes ! nous savons bien que ce don miraculeux vient d'être opéré bien plustôt par votre vertu que par la nôtre. » Et entre eux s'éleva une contestation qui rappelle celle de saint Benoît et de son disciple Maure, lorsque ce saint enfant arracha à la mort un de ses frères qui était tombé dans un fleuve (1).

Wormonoc, après avoir exposé cette lutte d'humilité et de mutuelle admiration, ajoute à propos de saint Benoit, le patriarche dont il suivait la règle : « Celui qui voudra prendre de ce fait une connaissance plus complète, en trouvera facilement le récit dans le livre de sa vie. »

Si cela était si aisé, c'est donc qu'au ix⁰ siècle la Vie de saint Benoît, par saint Grégoire-le-Grand, était entre toutes les mains. Aujourd'hui que cette admirable partie des Dialogues de saint

---

(1) Comme on le verra tout-à-l'heure, ce n'est pas dans un fleuve, mais bien dans un lac, qu'était tombé cet enfant.

Grégoire a été traduite dans notre langue avec autant de fidélité que d'élégance, nous pourrions aussi renvoyer nos lecteurs à la lecture du petit livre publié par M. Cartier, l'ami des moines de Solesmes, et pendant plusieurs années le gardien de leur abbaye déserte ; mais nous préférons encore le citer intégralement : « Un jour, le vénérable Benoit était dans sa cellule, et le petit Placide, que le saint homme s'était attaché, sortit pour aller au lac puiser de l'eau ; mais, en y plongeant sans précaution le vase qu'il tenait, il y tomba lui-même et fut entraîné par l'eau si rapidement qu'il fut bientôt éloigné du bord, presqu'à la portée d'une flèche. L'homme de Dieu, renfermé dans sa cellule, connut aussitôt l'accident et se hâta d'appeler Maur, en lui disant : « Frère Maur, cours vite, car l'enfant qui était allé puiser de l'eau est tombé dans le lac, et l'eau l'a entraîné déjà bien loin. » Chose étonnante et qui ne s'était pas vue depuis l'apôtre saint Pierre, après avoir demandé et reçu la bénédiction de son abbé, Maur courut exécuter son ordre et parvint jusqu'à l'endroit où l'eau avait entraîné l'enfant ; s'imaginant toujours marcher sur la terre, il le prit par les cheveux et le ramena rapidement au bord. A peine y fut-il arrivé que, regardant derrière lui, il s'aperçut qu'il venait de courir sur l'eau, ce qu'il n'aurait jamais pensé pouvoir faire. Il fut tout saisi du miracle accompli et retourna le raconter à l'abbé. Le vénérable Benoit ne l'attribua pas à ses mérites, mais bien à l'obéissance de son disciple. Maur, au contraire, soutenait qu'il n'avait fait qu'exécuter ses ordres, et qu'il n'était pour rien dans une chose qu'il avait faite sans y penser. L'enfant sauvé fut l'arbitre de ce touchant conflit d'humilité entre le maître et le disciple : « Moi, dit-il, quand j'ai été tiré de l'eau, j'ai aperçu au-dessus de ma tête le vêtement de peau du père abbé, et je voyais bien que c'était lui qui me tirait de l'eau (1). »

Ce qui précède ne pourrait donner la solution du problème qui s'est naturellement posé : Pour qui Dieu a-t-il fait ce prodige ? Entre toutes les prières qui sont montées vers le ciel pour de-

---

(1) *Vie de saint Benoit*, par saint Grégoire-le-Grand, traduction de M. E. Cartier, ch. VIII, page 22.

mander cette faveur, laquelle a été la plus puissante ? Wormonoc
ne l'a point dit ; je ne serai pas plus hardi qu'il l'a été.

Sur l'espace que la mer avait ainsi laissé à découvert (notre
auteur dit qu'il s'agissait d'une étendue de huit stades ou d'un
mille), l'abbé fit semer du blé pour pourvoir aux besoins du monastère ; cette terre, qui était encore très fertile au temps de
de Wormonoc, donna grande abondance de froment, mais la première récolte ne se fit pas sans incidents dignes de mémoire. Le
blé prenait déjà sa belle teinte d'or, et le temps n'était pas loin où
il allait tomber sous la faucille, quand des quantités d'oiseaux de
mer, d'espèce différente et d'égale rapacité, vinrent fondre sur le
nouveau champ de l'abbaye. Saint Hiltut chargea ses écoliers de
défendre la moisson contre ces pillards, et chacun des saints enfants avait son jour pour faire la garde. Or, un jour que Pol-Aurélien était chargé de veiller ainsi, les oiseaux de mer s'abattirent
par légions sur le champ à lui confié, et y firent de tels ravages
qu'à peine sur les tiges restaient encore des épis vides de tout
grain. Albert-le-Grand dit que le fait se passa pendant la nuit et
que saint Pol dormait ; notre vieux narrateur, au contraire, dit
que les oiseaux voleurs firent leur invasion pendant le jour, et ne
recherche nullement pour son héros l'excuse du sommeil, excuse
bien valable pour un gardien de cet âge ; mais il se pose une
question : « Faut-il attribuer ce malheur à la négligence de l'enfant?
Ne vaut-il pas mieux penser que Dieu disposa lui-même les choses
pour que la vertu de son jeune serviteur, encore inconnue aux
hommes, put briller bien loin à tous les regards ? »

Et il fournit lui-même la réponse : « Oui, je le crois, ceci n'arriva que par une disposition de la divine Providence. »

Quoi qu'il en soit, la confusion du pauvre petit gardien était
extrême ; il avait une crainte vraiment excessive de paraître devant l'abbé. Tout le reste du jour et pendant la nuit qui suivit,
il ne se laissa voir à personne ; s'étant retiré dans un lieu écarté,
il s'entretenait avec Dieu et le suppliait de venir au secours de sa
misère ; mais la prière elle-même ne pouvait dissiper tout son
chagrin. A la pensée de sa négligence, il était tout haletant ; son
jeune visage, aux joues vermeilles, était baigné de larmes. Cette

désolation dura toute la nuit. Dès que vint à briller l'aurore, il
sentit renaître la confiance et l'espoir, il comprit que Dieu, touché par ses prières, venait à son secours.

Le premier objet qui frappa les regards de Pol-Aurélien sous
la brillante lumière du soleil levant, ce fut une innombrable
armée d'oiseaux de toutes sortes qui venait de s'abattre sur le
champ ravagé ; des débris de la moisson, objet de leurs pillages,
ils essayaient encore d'assouvir leur rapacité ; or, voici que sur-
viennent les jeunes disciples de saint Hiltut, et leur maître n'est
pas avec eux ; le saint enfant réclame aussitôt le concours de ses
amis : « Venez vite, leur dit-il ; le Seigneur qui a dit : Tout
ce que vous demanderez à mon Père en mon nom il vous le donnera, va se rendre à votre prière ; nous allons faire prisonniers
les méchants oiseaux qui hier, vous le savez bien, ont dévoré et
réduit à néant la moisson de notre maître ; unissons-nous, cour-
rons après eux, et formons-en un grand troupeau que nous mène-
rons jusqu'au monastère, à un endroit où le père Abbé pourra traiter les captifs comme il le voudra et suivant la peine due à leur
crime. »

Tous ses compagnons se rendent à son désir, et les pillards,
semblables à des brebis qui se dirigent sans hésitation vers leur
étable accoutumée, marchent jusqu'à l'abbaye, suivis des enfants
qui les poussent devant eux ; on dirait que ces hôtes de l'air ont
perdu leurs ailes.

Le monastère possédait une très vaste bergerie où les oiseaux
se précipitèrent ; elle en fut bientôt remplie, et la prison retentit
de cris et de chants plaintifs.

Le maître apprend sans retard ce qui se passe, il arrive, mais
déjà beaucoup d'autres sont accourus pour contempler ce spectacle.
Le père abbé et tous les religieux rassemblés sont dans l'étonnement en entendant cette musique inusitée ; ils demandent ce que
tout cela signifie ; alors Pol répond d'un ton bien humble : « Ce
bataillon d'oiseaux que vous voyez emprisonnés a dévoré la moisson dont vous m'aviez confié la garde ; Dieu vient de me permettre d'en faire la capture, et si vous le voulez bien les voleurs ne
sortiront point d'ici avant d'avoir entièrement payé l'équivalent de

leurs dégâts. » C'était merveille que de voir avec quelle simplicité
l'enfant disait ces paroles. Le saint vieillard Hiltut les ayant enten-
dues, se prosterna le visage contre terre, puis ses disciples se joigni-
rent à lui pour chanter les louanges de Dieu, qui, par un serviteur
dans un âge encore si tendre, venait d'opérer un tel prodige. Wormonoc après ce récit donne, dans des vers qui sont évidemment de
sa composition, le sens des actions de grâces qui retentirent alors :

```
          Te, Deus, humani generis, benedicimus, auctor,
              Nobis per Paulum qui miserator ades.
          Te superesse poli fastigia mira regentem,
              Nunc et in orbe tui pingit opus famuli :
          Concrepitans paret densis exercitus alis.
              Indomitas volucres qui quasi claudit oves,
          Imperitans verbo cœlis, amor omnia flectens,
              Nos dignetur et hic perpetuo foveat.
          O genitor, fidis solatia reddere alumnis
              Donis per famulum fixa tuis jubeas.
          Tuque tibi trifidis positum ne desine sertis
              Alme, sacrum Domini comere, Paule, gregem.
          Hydrea non fundens, famulos ructante veneno
              Doctiloquo serpens ne vertere valeat.
          Inspirans septena tuis sed flumina Sanctus
              Cœlo demisso Spiritus adveniat.
          Semper et in nostri maneat templo quoque cordis,
              Cordis ut in gremio floreat alma fides.
          Corpore cum mentem tulerit sors, ut mereamur
              Læta frui semper pascua cum Domino.
                      Amen.
```

Cependant tout ceci constituait pour l'écolier thaumaturge une
nouvelle épreuve plus cruelle que celle qui avait miraculeusement
cessé le matin. Le maître et les enfants avaient fini de chanter,
mais ils restaient toujours prosternés. Pol craignait que ce ne fut
là une marque de vénération pour sa personne ; il les pressait
donc de se relever ; bien qu'il fût le principal acteur dans tout
ce qui était arrivé, il répétait que c'était là l'œuvre de leurs mérites à tous et surtout des mérites de leur père. Craignant que
tous les témoins accourus à ce spectacle ne vissent dans la présence même des oiseaux un vivant témoignage du miracle accompli tout-à-l'heure, il suppliait son maître de délivrer les pauvres
captifs et de les renvoyer voler dans les airs et sur l'eau. Saint
Hiltut lui dit : « Allons, mon cher enfant, pas d'affliction, pas
d'abattement ; le don de Dieu vous a été accordé à cause de votre
humilité ; gardez-vous de l'enfouir dans la terre. » Et lui rappe-

lant la parabole des talents, celle de la lumière sur le chandelier, et d'autres enseignements évangéliques, il le consola avec une bonté toute paternelle. Enfin il termina ainsi : « Non-seulement je vous permets de renvoyer ces oiseaux à leurs nids dans les rochers, et cela sans les punir, puisqu'il est défendu de rendre le mal pour le mal, mais je vous offre en irrévocable possession ce monastère où, par mes enseignements et plus encore par une grâce toute divine qui s'insinuait dans votre cœur, vous avez appris la science des Écritures de telle sorte qu'en cette connaissance vous êtes sans égal. Après vous, que ce même monastère appartienne à ceux que vous aurez abreuvés et enivrés des fleuves de la sagesse. J'espère avec confiance que Dieu me fera trouver lui-même le lieu où je pourrai le servir, suivant sa volonté, le reste de ma vie. »

Ces paroles avaient été dites avec tant de bonté que l'enfant se jeta ou plutôt tomba aux pieds de son vieux maître, et parlant avec une égale affection, commença par prier Dieu de récompenser son bienfaiteur, puis s'adressant directement à saint Hiltut, il ajouta : « C'est avec joie que j'accepte votre proposition pour les oiseaux prisonniers, et je vous en remercie vivement. Quant au monastère, gardez-le, et je voudrais qu'il fut à vous toujours. » Puis il fit observer humblement que s'il avait laissé son propre héritage, ce n'était point pour accepter un autre bien terrestre de quelque provenance ou de quelque nature qu'il fut, puisqu'il avait renoncé à toutes choses afin d'arriver, par la persévérance finale, à la possession des biens célestes.

Ses condisciples l'écoutaient, ils étaient dans l'admiration en voyant l'intelligence et l'énergie de son langage. Lorsque l'entretien fut fini, Pol-Aurélien alla délivrer les oiseaux captifs qui s'envolèrent joyeusement vers le rivage et, de concert avec ses amis, il bénit Dieu qui par la main de ses serviteurs ne cesse d'accomplir des merveilles.

Après le récit de ces événements (1), qui manifestaient déjà d'une manière si éclatante la sainteté du futur apôtre du Léon, ne

---

(1) *Wormonoc,* ch. IV et V.

sied-il pas d'admirer l'empire que le pieux enfant commence à
exercer sur la nature ? Maintenant il se fait suivre par les oiseaux
sauvages, plus tard il soumettra les monstres.

N'abordons pas non plus le récit d'autres évènements avant
d'avoir constaté, d'après ce qui précède, que l'agriculture était en
grand honneur au monastère de saint Hiltut. Le livre des Tryades
dit que l'introduction de la charrue dans le pays de Galles est due
au saint abbé (1).

Avec l'histoire des oiseaux pillards se termine, dans le récit
de Wormonoc et dans celui d'Albert-le-Grand, l'exposé de la vie
de saint Pol au monastère de saint Hiltut.

Naturellement Dom Lobineau n'a pas raconté ce prodige, non
plus que celui du rivage abandonné et mis à découvert par les
flots ; il se contente de dire, en parlant des compagnons d'étude
du pieux enfant : « Ce fut un bonheur à cette sainte jeunesse
d'avoir un condisciple tel que Paul, qui ne leur était inférieur en
rien, et qui semblait même les surpasser dans cette simplicité
d'âme qu'on appelle candeur. On en rapporte quelques preuves
miraculeuses dans sa légende, mais il n'en faut point d'autre
que l'estime extraordinaire qu'en faisait son maître. »

Rarement les exagérations du vieux critique sont allées aussi
loin ; il n'admet guère le caractère historique des miracles de nos
Saints bretons ; au moins en donne-t-il le récit, quitte à se
venger en montrant toute sa mauvaise humeur ; mais ici les faits
paraissent vraiment trop puérils pour le grave écrivain, et il se
contente d'une indication sommaire, qui ne pourra le compro-
mettre auprès des incrédules. Oubliait-il donc les promesses du
Sauveur à ceux qui auraient de la foi gros comme un grain de
sénevé ? Au fond de son cœur, accusait-il de démence les vieux
narrateurs qui nous ont montré la puissance surnaturelle des
amis de Dieu ?

On n'accusera pas l'auteur des *Moines d'Occident* d'avoir dédaigné ou ignoré les lois de la critique ; voici comment, après
avoir raconté lui-même des prodiges, il fixe le devoir de l'histo-

____

(1) Note de M. de Kerdanet, *Albert-le-Grand*, p. 652.

rien qui rencontre de semblables faits dans la vie de ses héros :
« Les anciens auteurs qui racontent ces divers traits et bien
d'autres du même ordre, sont unanimes à reconnaître que cet
empire surnaturel des saints moines sur la créature animale
s'expliquait par l'innocence primitive qu'avaient reconquise ces
héros de la pénitence et de la pureté, et qui les replaçait au
niveau d'Adam et d'Ève dans le paradis terrestre (1). La rage
des bêtes féroces, dit l'un, obéit à celui qui mène la vie des anges,
comme elle obéissait à nos premiers parents avant leur chute. La
dignité, dit un autre, que nous avons perdue par la transgression
d'Adam, est récupérée par l'obéissance des Saints, bien que la
terre ne soit plus pour eux un Éden et qu'ils demeurent sous le
poids de toutes ses misères. Notre premier père avait reçu du
Créateur le droit de nommer tous les êtres vivants et de les soumettre à ses volontés : *Dominamini piscibus maris, et volatilibus
cœli, et bestiis.* N'en est-il pas de même de ces saints hommes à qui
les bêtes s'attachent et obéissent comme d'humbles disciples ?
Faut-il s'étonner, dit Bède, si celui qui obéit loyalement et fidèlement au Créateur de l'univers voit à son tour les créatures
obéir à ses ordres et à ses vœux ? Deux mille ans avant la Ré-
demption, dans les solitudes de l'Idumée, il avait été prédit au
Juste, réconcilié avec Dieu, qu'il vivrait en paix avec les bêtes
fauves : *Et bestiœ terrœ pacificœ erunt tibi.*

« La dignité de l'histoire n'a rien à perdre en s'arrêtant à ces
récits et aux pieuses croyances qu'elles entretenaient. Écrite par
un chrétien et pour des chrétiens, l'histoire mentirait à elle-
même si elle affectait de nier ou d'ignorer l'intervention surnaturelle de la Providence dans la vie des Saints choisis par Dieu pour
guider, pour consoler, pour édifier les peuples fidèles, pour les
élever par leur exemple au-dessus des biens et des besoins de la
vie terrestre. Sans doute, la fable s'est quelquefois mêlée à la vé-

----

(1) Au moyen-âge, cette idée était tellement entrée dans les esprits qu'elle
a été exprimée bien des fois par les sculpteurs et les peintres-verriers. Le
type le plus populaire de l'homme régénéré et réconcilié avec les êtres
vivants était saint Jean-Baptiste, sanctifié dès avant sa naissance. La cathédrale de Quimper possède une remarquable statue d'albâtre qui représente
le saint Précurseur entouré de quadrupèdes et d'oiseaux de toute sorte.

rité, l'imagination s'est alliée à la tradition authentique, pour l'altérer ou la remplacer ; il a pu même arriver que de coupables supercheries aient abusé de la foi et de la piété de nos ancêtres ; mais aussi, justice en a été faite par la critique jalouse et savante de ces grands maîtres de la science historique que les ordres religieux ont fourni au monde, bien avant que les dédains systématiques et les théories aventureuses de nos docteurs contemporains eussent profité de quelques inexactitudes et de quelques exagérations pour reléguer toute la tradition catholique au rang des mythologies semi-historiques et semi-poétiques, qui précèdent toutes les civilisations incomplètes. » (1)

Plus loin, le même auteur dit encore : « L'Église ne saurait, du reste, répondre des erreurs ou des mensonges qui se sont glissés dans quelques légendes. Elle n'oblige de croire à aucun des prodiges, même les mieux avérés, dont on y trouve le récit. Mais lorsque de pareils faits sont rapportés par des auteurs graves et surtout contemporains, l'Église, qui est elle-même fondée sur les miracles, fait profession de les reconnaître et de les recommander à l'admiration des chrétiens, comme une preuve de la fidélité des promesses de Celui qui a dit de lui-même : « Qu'il était admirable en ses Saints, » et ailleurs : « Qui croit en moi fera aussi des prodiges, et plus grands que les miens : *majora horum faciet.* »

Loin de nous, donc, le doute et même la surprise quand nous voyons saint Pol Aurélien commander aux flots, à l'imitation du Sauveur, ou se faire obéir des oiseaux, ainsi que devait s'en faire obéir saint François d'Assise, bien des siècles plus tard.

Mais, avant d'aborder le récit de la séparation du disciple et du maître, ne convient-il pas de jeter un regard sur la communauté où, après les premières années de l'enfance, se sont écoulés les jours heureux de saint Pol et de ses angéliques compagnons ?

Ce que je voudrais envisager ici, ce n'est pas l'existence qu'on menait dans les grandes abbayes, qui étaient en même temps écoles et monastères. Tout ce qui serait à dire à ce sujet, je l'ai déjà exposé

---

(1) M. le comte de Montalembert, *les Moines d'Occident,* tom. II, p. 370 et suivantes.

ailleurs. Je crois cependant avoir encore une lacune à combler.

Quand on veut aujourd'hui étudier l'histoire d'un peuple, non-seulement l'érudit, mais l'écolier, ne saurait se contenter d'une nomenclature de batailles ou de faits éclatants ; on aime à pénétrer jusque dans l'intime de la vie quotidienne. Combien de voyageurs, passionnés pour les souvenirs du passé, en ont plus appris sur le caractère des Romains, au temps de Titus, dans la visite des ruines de Pompéï que dans la lecture et la méditation de volumineux ouvrages ! Nous vivons à une époque où de consciencieuses recherches archéologiques ont jeté une vive lumière sur l'histoire ; on ne voudrait pas être soupçonné d'ignorer les dispositions, les arrangements d'une maison romaine, la destination de chacune de ses parties. Et nous, fils d'un peuple qui doit tant à l'ordre monastique, qu'avons-nous appris des demeures sanctifiées où, dès le sixième siècle et même avant, les religieux de la Bretagne ou de la Gaule venaient chercher un avant-goût du ciel ? On s'imagine trop facilement qu'en ce temps-là tout, dans la société européenne, portait l'empreinte de la barbarie, et que le christianisme devait mettre bien du temps pour faire perdre leur rudesse aux descendants des Celtes comme à la race des Francs. Certes, si nous considérons l'un des grands centres de la vie monastique au temps de saint Hiltut, et si nous étudions ensuite ce que pouvaient être Marmoutiers, Cluny, Citeaux, à l'époque du roi saint Louis, nous trouvons que du sixième au treizième siècle un immense progrès s'est accompli, et en particulier, la demeure des serviteurs de Dieu, tout en gardant une physionomie austère, s'est revêtue d'une beauté à laquelle tous les arts ont apporté leur concours, et cependant déjà, quand saint Pol Aurélien allait quitter son vieux maître, elles étaient belles aussi les tentes d'Israël, ils étaient beaux les pavillons de Jacob !

Le cardinal Pitra a trouvé dans la description de l'abbaye de Jumièges (Vie de saint Philibert) et de l'abbaye de Manlieu (Vie de saint Bonet), comme le type des grandes églises monastiques à une époque assez peu éloignée de celle qui nous occupe. Je ne puis mieux faire que de citer ici ce que l'éminent historien a puisé à des sources aussi sûres.

« Le cloître ramena l'homme chez soi et réhabilita la vie de famille en la plaçant sous l'abri de la plus pure idée chrétienne, le dévouement surnaturel. Aussi, dès le principe, la croix était plantée au centre et comme à l'axe de ce monde céleste. L'*Ædes sacra* des anciens (1), avec ses lares enfumés, était refoulée par delà toute l'habitation, au milieu des enfants et des esclaves : le monastère en fait son frontispice et son point de communication avec le monde, comme la prière lie le ciel à la terre. L'église, placée au nord, s'étend de l'Occident à l'Orient ; une croix en dessine les grandes lignes ; le *Tau* sacré porte les autels, les tombeaux, les prières, les sacrifices, et s'élève sur la tour qui annonce au loin la maison de Dieu. L'autel, éclatant d'or, d'argent et de pierreries, représente le cœur du Christ ; il est à l'Orient, vis-à-vis le point précis où le soleil se lève ; un ciborium (2), soutenu par quatre colonnes, le couronne ; quatre voiles cachent les mystères ; des cancels l'environnent, et trois degrés y conduisent ; au-dessous est creusée une crypte où repose un martyr, un saint fondateur ; trois, ou sept, ou douze autels sont placés dans l'abside et le long des parois de l'édifice. Déjà des voûtes s'élancent avec hardiesse ; le plus souvent, l'uniforme *solfito* (3) déploie ses médaillons et ses lambris d'or sur un fond d'azur, semblable à la voûte étoilée du firmament ; trois rangs de colonnes figurent les trois états de l'Église ; douze piliers ou vingt-quatre arcades, ou cent vingt colonnes rappellent les douze fondements apostoliques, les portes et les pierres précieuses de la cité de Dieu. Au côté du midi, des récits évangéliques sont peints sur les murailles ; au nord, ce sont les grandes scènes de l'Apocalypse ; au fond de l'abside sont rangées les images de la Vierge et des douze apôtres. Des tentures couvertes d'ornements symboliques, des fenêtres garnies de verres (4), de vastes peintures dissimulent la nudité des murs,

---

(1) L'oratoire ou sanctuaire domestique.
(2) Un baldaquin.
(3) Plafond.
(4)   *Sub versicoloribus figuris vernans herbida crusta*
           Sapphiratos flectit per prasinum vitrum lapillos.   (Sid Apoll.)

L'art de la fabrication du verre était très florissant en Gaule. C'est de là que saint Benoît Biscop tira les artistes verriers qui introduisirent en Angleterre cet art inconnu des Bretons.
           (*Vie de s. Léger.* Introduction, p. 76, par le cardinal Pitra).

instruisent le peuple et rappellent les traditions. Là, les mosaïques historiques couvrent de leurs reflets la couronne des moines rangés en chœur à droite et à gauche de l'Abbé, qui porte le nom et l'image du Père céleste. Quand tous ces fronts couronnés s'inclinent sous sa bénédiction paternelle, quand ces deux chœurs se renvoient leurs chants, se détachent, se partagent en groupes pour exécuter les prostrations, les génuflexions, les encensements, les processions de la liturgie catholique, alors surtout le ciel s'abaisse, alors se révèlent le Saint des Saints, l'autel de l'Agneau, les vingt-quatre vieillards jetant des couronnes, les sept esprits de la prière, les sept églises primitives, tous les mystères de la Jérusalem céleste. »

Si nous admettons les dates précédemment données comme probables, il y avait six ans que Pol contemplait chaque jour les grandes fonctions qui s'accomplissaient dans l'église abbatiale. Bien des fois, sans doute, il avait goûté la joie, si pure et si douce, qu'ont éprouvé toujours les enfants pieux en remplissant à l'autel les fonctions des ministres inférieurs. Pendant ce temps, la discipline paternelle de saint Hiltut, les saintes rivalités de perfection avec Gildas et David, Samson et Magloire, les grâces journalières et si variées que Dieu communiquait à son âme par les solennités du cycle liturgique, avaient fait de cet adolescent un maître dans les choses spirituelles. Pol était arrivé à ce degré de détachement où les joies mêmes de la vie monastique lui semblaient trop douces pour le disciple d'un Maître crucifié. Peut-être, aussi, l'estime dont il était l'objet lui était-elle à charge, quand il songeait à son Sauveur insulté, couvert de crachats et couronné d'un diadème dérisoire. Il n'aspira plus qu'à la vie érémitique. C'est pendant une nuit que cette pensée lui vint pour la première fois. Le temps qui s'était écoulé depuis le miracle des oiseaux n'était pas encore bien considérable. Fatigué des travaux du jour, le jeune homme s'était endormi, mais son sommeil avait été de courte durée ; à son réveil, une parole des psaumes se présenta à son esprit : « *Ecce elongavi fugiens et mansi in solitudine :* J'ai pris la fuite, je me suis éloigné, et je suis demeuré dans la solitude » (1). Il lui sembla que c'était là une prophétie le regardant lui-même, et qu'il

____

(1) Ps. LIV, 8.

devait se l'appliquer. Le désert c'était la rupture avec le monde ; c'était la vie pure et sans tache s'écoulant pieusement sous le seul regard de Dieu ; plus il s'éloignerait des hommes plus il se rendrait digne, par la contemplation, d'approcher le Seigneur et ses anges. Il se souvenait aussi de cette autre parole du psalmiste : « *Factus sum similis pelicano solitudinis* : Je suis devenu semblable au pélican solitaire » (1). Mais il n'osait encore se l'appliquer, il la croyait dite pour ces ermites qui, sous l'impulsion de la crainte de Dieu, ont déjà rompu toute relation avec le monde pour crucifier leur corps à l'exemple de l'admirable saint Antoine, le patriarche des cénobites. Il se rappelait, enfin, que Marthe travaillant avec une pieuse sollicitude pour servir le Seigneur et ses apôtres et réclamant à ce sujet le concours de sa sœur, Jésus lui avait fait comprendre que la plus grande perfection n'est pas dans la vie active, bien qu'elle soit louable et fructueuse, mais bien dans la vie contemplative, toute improductive qu'elle paraisse. Lui aussi, comme Marie, voulait choisir la meilleure part. Toutes ces réflexions se pressaient dans son esprit ; avec l'ardeur de ses seize ans, il avait hâte déjà de répondre à ce qu'il croyait être l'appel divin, car dès l'aurore il était aux pieds de son maître et il lui ouvrait toute son âme. Le vénérable Abbé l'écouta en silence, et même quand l'enfant eut fini de parler il se tut encore pendant quelques instants ; puis, avec toute l'affection dont il ne s'était jamais départi pour son disciple, il répondit : « Frère, il ne faut pas omettre d'observer qu'il y a trois sources d'où peuvent provenir nos pensées : elles viennent de Dieu, ou du Diable, ou de nous-mêmes. Elles viennent de Dieu, lorsque le Saint-Esprit daigne répandre sa grâce dans nos cœurs, nous avertissant de travailler à rendre notre vie plus céleste, notre volonté plus conforme à la sienne ; or il me semble vraiment que ce divin Esprit a daigné mettre en vous ces sentiments ; cela est même manifeste à mes yeux... »

Le saint vieillard, ayant ensuite indiqué les signes auxquels on reconnaît qu'une pensée procède du Démon ou procède de l'homme, termina par ces sages conseils : « Il nous faut donc bien observer

______

(1) Ps. CI, 7.

toutes ces choses et discerner les pensées qui viennent nous frapper ; voyons quels en sont les origines, les causes, les instigateurs, et quel compte nous devons en tenir, en raison même de celui qui nous les a suggérées. Nous agirons ainsi si nous estimons à sa valeur la parole de l'Apôtre : « Ne croyez pas à tout esprit, « mais faites d'abord la preuve et voyez si vous avez affaire à « l'Esprit de Dieu. » Tout ceci, je vous l'ai dit pour vous prouver jusqu'à l'évidence que la conviction si profondément entrée dans votre esprit n'est pas une imagination mensongère, mais une inspiration divine. Ainsi donc, ô mon fils, vous que j'aime et qui êtes aimé de Dieu, il vous faut prier pour que vos pieux desseins s'accomplissent et que vous y persévériez jusqu'à la fin... ». Il continua en montrant la folie de ceux qui rêvent d'œuvres sublimes, mais n'achèvent pas ce qu'ils ont heureusement commencé.

Le lendemain, l'entretien reprit ; il fut long ; le maître attachait une importance spéciale aux derniers conseils qui allaient affermir dans ses saints désirs l'enfant formé à son école. Quand il eut tout dit, il l'embrassa ; puis, ayant reçu à son tour son baiser filial, il mit toute son affection dans une bénédiction dernière, et laissa partir celui qu'il croyait fermement appelé de Dieu lui-même.

Ni Wormonoc, qui nous a fourni tout ce récit, ni les deux hagiographes des Saints de Bretagne, ne nous parlent des adieux de Pol et de ses jeunes compagnons ; cependant l'héroïque adolescent était, comme ses amis, à l'âge où les premières et les plus pures affections sont dans toute leur vigueur.

Si saint Hiltut souffrit en voyant s'éloigner celui auquel il avait offert le gouvernement de son monastère, combien les saints jeunes gens qui avaient grandi avec Pol durent regretter et pleurer leur compagnon ! Pour lui, il était déjà en chemin, et sans doute, il se disait que celui qui a mis la main à la charrue ne doit pas retourner en arrière ; que celui qui, pour le Seigneur, ne sait pas renoncer à son père et à ses frères, n'est pas digne du Seigneur, et il s'éloignait de sa seconde famille, résigné, courageux, comme au jour où il avait quitté, pour le monastère, le château du comte Perphius.

CHAPITRE II

LA SOLITUDE

Ce que faisait saint Pol en s'éloignant de l'abbaye était, il faut bien le reconnaître, peu conforme aux traditions de la vie du cloître. Sans doute, d'anciennes règles donnent aux religieux la faculté de quitter, pour la solitude, la vie commune du monastère, que ce soit momentanément ou définitivement. Rien, par exemple, n'est plus connu que la retraite de saint François d'Assise sur le mont Alverne ; mais ce qui est inouï, c'est le fait d'un jeune homme de seize ans renonçant de son propre mouvement à tous les secours spirituels qu'il trouvait dans un monastère admirablement ordonné, dirigé par un homme d'une intelligence supérieure, d'une science consommée et d'une sainteté reconnue ; cependant, c'était cet homme même, ce conseiller si autorisé, qui avait été juge en cette circonstance, avait cru son disciple appelé à une vie plus parfaite, et avait attribué cette perfection plus grande à une vie plus solitaire. En cela, saint Hiltut allait à l'encontre de ce qui se produit le plus ordinairement dans la vie des Saints. Ce saint Antoine, que Pol lui-même voulait en ce moment prendre pour modèle, avait d'abord vécu en ermite, puis, s'entourant de disciples, avait inauguré en Orient la vie cénobitique. Dans la Petite-Bretagne il n'en était guère autrement : nous savons déjà que saint Corentin débuta comme ermite et ne refusa point la société de ceux qui voulurent vivre d'après ses exemples et ses leçons. Et cependant, nous croyons que saint Pol, en quittant l'abbaye où il avait pris vis-à-vis de Dieu ses premiers engagements, obéissait à une inspiration céleste, de même que saint Hiltut était assisté, dans ses conseils, par l'Esprit d'en Haut ; mais le jeune aspirant à la vie solitaire allait voir bientôt combien peu les desseins du Seigneur sont conformes aux nôtres. Ce qu'il voulait, c'était la vie cachée en Dieu avec Jésus-Christ, c'était la contemplation pure, la meilleure part, autrefois choisie par Marie-Magdeleine ; il ne put trouver cela complètement, ou du moins, s'il le trouva, ce ne fut pas pour une durée bien longue. Il rencontra cependant un lieu assez désert pour paraître convenable à la méditation silencieuse : c'était tout près du domaine de son père. Il se sentait donc assez dégagé des liens de la chair et du sang pour n'avoir rien à craindre du côté des affections de famille ; peut-être même voyait-il une consolation à donner aux siens par ce voisinage librement choisi.

Il ne tarda pas à y construire quelques cabanes et un petit oratoire. Au temps de Wormonoc, la modeste communauté était remplacée par de vastes constructions, édifiées par les frères de saint Pol, et elles subsistaient encore après plus de cinq siècles ; mais les premiers édifices, tout pauvres qu'ils étaient, avaient constitué déjà un monastère et non un ermitage, car celui qui avait voulu vivre seul fut bientôt entouré de douze compagnons, tous revêtus du caractère sacerdotal ; lui-même reçut, dans son propre monastère, l'ordre de prêtrise. Pendant le peu de temps que Pol-Aurélien demeura en ce lieu, ses douze religieux menèrent la vie monastique dans toute sa perfection, et rivalisèrent d'obéissance à l'autorité de celui qui leur commandait en dépit de sa jeunesse.

Il ne faudrait pas prendre ce dernier mot pour une exagération. Ce qui vient d'être dit de saint Pol se rapporte à un temps qui suivit d'assez près sa séparation d'avec saint Hiltut. Le mot *prêtre* d'après son étymologie, indiquerait la vieillesse comme l'âge naturel du sacerdoce ; cependant nous voyons que l'apôtre saint Paul parle de la jeunesse de Timothée qu'il avait déjà choisi pour l'épiscopat ; c'est donc que, si dans la primitive Église les prêtres étaient le plus souvent avancés en âge, le contraire se voyait au moins à l'état d'exception. Le Saint-Esprit l'avait dit depuis longtemps : « L'honneur que le vieillard trouve dans les cheveux blancs,

le jeune homme le trouve dans une vie sans tache. » C'est pourquoi dans les temps où l'Eglise a joui de la plus grande liberté, elle
n'a pas craint de conférer à des adolescents, d'une sainteté reconnue, une dignité qui peut en réalité se passer de la majesté de l'âge
bien plus que des vertus éminentes. Au treizième siècle, saint
Louis d'Anjou et saint Pierre de Luxembourg deviendront évêques
à vingt-deux ans, à seize ans ; au XVIe siècle, saint Charles Bor-
romée sera archevêque de Milan à vingt-trois ans. On peut croire
que saint Pol n'avait guère dépassé la vingtième année quand il
reçut la consécration sacerdotale. Ceci ne s'écarterait guère du
dire d'Albert-le-Grand : « Ayant atteint l'âge de vingt et deux ans,
il fut consacré prestre (ayant préalablement reçu les autres ordres),
par l'évesque de Guic-Castel (les Anglais l'appellent à présent
Winchester), son diocésain, et chanta messe, l'an 514, et ses douze
compagnons aussi. »

Wormonoc, lui, ne dit pas quel évêque eut la joie de conférer
au saint jeune homme l'ordination sacerdotale ; mais, il dit que
cette ordination eut lieu dans l'endroit même où vivait saint Pol,
ce qui laisse supposer qu'elle fut faite par l'évêque diocésain, car
c'était un point de discipline auquel on tenait rigoureusement en
ce temps-là.

Le vieil historien omet également de dire, du moins d'une
manière précise, si les compagnons de Pol étaient déjà prêtres ou
s'ils le devinrent en même temps que lui.

Quant au genre de vie que menait le chef de la communauté
naissante, c'était celle d'un homme qui a déclaré la guerre à son
propre corps. Contre le soulèvement des passions mêmes de la
jeunesse, il n'employait pas seulement la lecture des Saintes Écritures, la méditation, la prière, mais les jeûnes de deux et trois
jours. Quand il mangeait, il se contentait d'une petite quantité de
pain qu'il pesait scrupuleusement, il y joignait du sel qu'il prenait
à l'état naturel, ou fondu dans l'eau dont il trempait son pain. Aux
repas de fêtes, il s'accordait le luxe de quelques petits poissons,
et encore en bien minime quantité.

Quant à la viande, il n'en usait jamais ; il s'abstenait aussi
rigoureusement de toute liqueur enivrante, et il ne but jamais de

vin si ce n'est pour la célébration du sacrifice eucharistique. Il ne buvait même d'eau qu'autant qu'il était indispensable pour ne pas être consumé par la soif.

On s'imagine assez généralement que, parmi les Saints, les plus austères causent une sorte d'effroi aux hommes qui vivent de la vie commune. C'est cependant presque toujours le contraire qui arrive. Si nous nous reportons aux débuts de la liberté du christianisme, nous voyons saint Antoine entouré de milliers de disciples ; au Moyen-Age, saint Bernard soulèvera le monde entier et sera suivi en tout lieu par des foules enthousiastes ; enfin, dans notre siècle un pauvre presbytère et une modeste église verront des pèlerins venir de tout pays écouter les conseils d'un curé de campagne ; or, comme saint Antoine et comme saint Bernard, Jean-Baptiste Vianney était l'homme de la mortification. N'est-ce pas là en partie la réalisation de la promesse : « Cherchez d'abord le royaume de Dieu et sa justice, et tout le reste vous sera donné comme par surcroît. » Dans ce surcroît, ce qu'il y a de plus beau, c'est l'empire sur les âmes, du moins quand celui qui le possède n'en use que pour la gloire de Dieu et le salut de ses frères. Albert-le-Grand nous dit que, dans son nouveau monastère, saint Pol « mena une vie si austère et si sainte, que, dans peu de temps, tout le pays circonvoisin y affluoit pour le consulter et se recommander à ses saintes prières. » Cependant Dieu réservait à son serviteur une action plus efficace encore. Ce ne furent pas seulement les laboureurs et les pêcheurs du voisinage qui connurent la sainteté de Pol.

En ce temps, la Bretagne insulaire obéissait à plusieurs princes dont les royaumes étaient bien inégaux, et dont l'autorité était quelquefois purement nominale, quelquefois aussi très étendue et rigoureusement acceptée. Quelques-uns de ces rois pouvaient être de simples chefs militaires, d'autres commandaient au nom de la puissance romaine dans les pays de conquête, y faisaient pénétrer la civilisation, et pour arriver à ce but, favorisaient une religion qui était désormais celle de l'Empire.

La renommée du prêtre qui, en dépit de sa jeunesse, dirigeait si sagement son monastère, arriva jusqu'aux oreilles du roi Marc.

Son nom romain et chrétien dit assez que, fut-il Breton par l'origine et roi par la naissance, il exerçait son pouvoir au nom des vainqueurs ; mais dans un pays si parfaitement isolé et tant éloigné de la métropole, ce pouvoir était très réel ; il s'étendait à quatre provinces de langues différentes. Wormonoc dit aussi que le roi Marc était encore désigné sous le nom de *Quonomonus*. Dom Plaine observe qu'aucun autre document historique ne nous fait connaître ce *Quonomonus* ou *Conomonus* (1), mais qu'on est en droit de voir dans ce personnage un roi des Pictes australiens, peuple récemment converti à la foi par la prédication de saint Ninian. On serait d'autant mieux admis à accepter cette hypothèse que le culte de saint Ninian a existé dans le diocèse de Léon. Saint Pol ne l'y aurait-il pas introduit lui-même ? On voit à Roscoff les murs, encore debout, d'une chapelle qui porte le nom de ce saint évêque ; c'est dans ce lieu, aujourd'hui ruiné, que Marie Stuart, de si triste et si doux souvenir, vint s'agenouiller quand elle débarqua en France pour venir épouser le jeune roi François II. Si des mains pieuses rendaient un jour ces débris au culte de Dieu et de saint Ninian, elles ne feraient peut-être que consacrer la reconnaissance vouée par le premier évêque de Léon à l'apôtre de son peuple au delà des mers.

Mais, pour en revenir au roi Marc, ajoutons, toujours d'après Dom Plaine, qu'il pouvait fort bien avoir sous sa domination, outre les Pictes, les Bretons proprement dits, les Scots et les Angles. Il aurait ainsi régné sur quatre peuples parlant vraiment quatre langues différentes. Il se pourrait même que notre prince soit ce roi des Scots qui, converti naguère et baptisé par saint Téliau, s'empara du pays de Ménévie et y construisit un palais. Ceci ne serait nullement en contradiction avec ce qui va suivre, car s'il est vrai de dire que saint Pol convertit le roi Marc, cela doit s'entendre d'un changement qui aurait amené ce prince à une

---

(1) Ce nom n'est pas sans offrir quelqu'analogie avec celui de *Conomor* ou *Comorre*, comte de Cornouailles, qui figure dans la vie de saint Gildas, et d'un autre Conomor, comte de Léon. qui eut quelques reletions avec saint Gonesnou ; plusieurs se sont demandé si cette dénomination de *Conomor* n'était pas comme le nom de *Conan* un nom commun signifiant chef ou prince.

vie plus chrétienne, mais nullement d'une première prédication
qui aurait produit la foi et amené le baptême (1).

Quoi qu'il en soit de ses antécédents et de la manière dont lui
et son peuple avaient embrassé le christianisme, il trouvait que
cette foi à laquelle ses sujets n'avaient donné leur adhésion qu'à
une époque récente, était chez eux chancelante encore ; or, il
voulait qu'elle fut ferme, inébranlable comme une voûte solidement assise ; pour cela, il députa à tous les grands de son
royaume et leur intima l'ordre de se réunir à un lieu qu'il leur
indiqua. Il leur faisait connaître en même temps le but de cette
réunion : c'était, disait-il, par une disposition de la Providence
divine qu'ils l'avaient choisi lui-même pour leur guide et leur
maître, lui conférant ainsi la puissance ici-bas ; ils devaient maintenant appeler un prêtre du nom de Pol qu'il savait être de sainte
vie et de grande science ; de concert avec leur roi, ce prêtre
deviendrait leur guide et leur porte-étendard ; il ferait d'eux une
milice céleste ; devant le roi et devant tout le peuple il célébrerait
solennellement les saints mystères, et distribuerait à tous le corps
et le sang du Seigneur.

Cette royale communication ne fut pas seulement bien accueillie, elle excita l'admiration : un tel dessein, disait-on, n'avait pu
être inspiré au prince que par Dieu lui-même ; évidemment
l'Esprit-Saint reposait sur lui. Ceux qui avaient reçu les ordres
du roi Marc firent donc connaître à saint Pol ce qu'on attendait
de son zèle. Ils l'invitèrent à faire honneur au commandement du
prince, et ajoutèrent que si, d'ailleurs, la parole de celui-ci ne
suffisait pas pour le déterminer, sa résistance ne servirait de rien
et que le roi le ferait prendre de vive force.

A bien d'autres qu'à saint Pol, l'invitation du roi Marc aurait
pu sembler être une contrainte inacceptable ; pour lui, loin de la
repousser, il n'y vit que l'expression de la volonté de Dieu et de
sa suprême autorité. Ce n'était pas que les objections lui fissent
défaut ; bien au contraire, il voyait plus d'un motif de refus ; mais

---

(1) Une verrière de la cathédrale de Quimper représente saint Pol bapti-
sant le roi Marc ; c'est une faute historique qui s'explique facilement, la
composition de ce vitrail ayant été faite d'après le récit d'Albert-le-Grand.

il craignait d'aller à l'encontre de cette parole de l'Écriture :
« Celui qui résiste aux puissances résiste à Dieu » (1). Il se dit
donc que l'Esprit-Saint lui indiquait la conduite à tenir, comme il
avait dirigé le roi et le peuple entier dans la respectueuse confiance qu'ils lui témoignaient à lui-même en l'appelant ainsi. Or,
ses douze prêtres étaient tout disposés à l'aider dans ses travaux
apostoliques ; ils mirent donc à le suivre un réel empressement.
Dans la conduite du maître et des disciples, plus encore que dans
le nombre de ceux qui composaient la pieuse troupe, on ne pouvait
s'empêcher de trouver le souvenir du Divin Maître et de ses apôtres.

Ainsi entouré, Pol vint jusqu'au lieu qui, dans la langue de ce
pays, s'appelait alors *Caer Banhed,* et que dans le latin du temps
de Wormonoc, on appelait *Villa Banhedos.* C'était probablement
le lieu où le roi Marc tenait d'ordinaire sa cour. Au XIᵉ siècle on y
voyait le tombeau où ce prince attendait la résurrection. Là, saint
Pol eut bientôt fait connaître par la prédication, et plus encore par
l'exemple, les lois et le vrai esprit du christianisme. Il y demeura
assez longtemps pour achever l'éducation religieuse du roi et de
son peuple, renseignant chacun sur la manière dont il unissait la
vie active et la vie contemplative, et montrant comment il fallait
s'y prendre pour réaliser cet idéal. Pendant que les jours s'écoulaient ainsi, saint Pol n'en laissant passer aucun sans travailler à
son ministère, le roi Marc admirait l'action de la grâce dans le
serviteur de Dieu ; le résultat fut qu'il adressa à Pol-Aurélien une
instante prière : qu'il voulut bien recevoir la consécration épiscopale, pour étendre ensuite sa juridiction sur le pays adjacent.
L'humble prêtre ne crut point devoir se rendre à ce désir.

Le prince ne se laissa pas vaincre par un premier refus ; il
choisit parmi ses plus nobles sujets ceux dont il croyait l'influence
assez grande pour triompher de toutes les répugnances ; mais les
serviteurs ne furent pas plus heureux que le maître, et pour
donner ici la réponse de saint Pol, d'après la pensée de Wormonoc
et l'expression d'un vieux légendaire, il dit aux envoyés du roi :
« Je désire plus d'achever le reste de ma pauvre vie à voltiger

____

(1) Rom. XIII, 2.

sur mer, essuyer tous ses dangers et m'exposer à tous ses flots, que de me charger du pesant fardeau d'épiscopat. »

La singulière énergie de cette réponse montre suffisamment combien saint Pol redoutait d'avoir à rendre compte, comme pasteur, d'un troupeau qui lui serait confié. Après les propositions qu'il avait repoussées, il était trop désigné à l'attention universelle pour ne pas avoir à craindre des instances nouvelles, auxquelles il serait de plus en plus pénible d'opposer de constants refus. Il était donc tout naturel pour lui de songer à une nouvelle émigration, et c'est ce qui eut lieu en effet. Il lui parut même que les circonstances exigeaient de lui un exil plus complet; il pensait à quitter non-seulement la contrée, mais la grande île où il avait vu le jour ; et cependant combien de retraites paisibles il aurait pu y trouver ! Mais, non, il lui fallait mettre les flots entre lui et ceux qui voulaient l'élever au rang des pontifes; il s'embarquerait, il se donnerait à un peuple étranger, il irait à la garde de la Providence chercher une terre où il serait inconnu du monde, connu de Dieu seul ; là, dans une perpétuelle vigilance, dans une ferveur plus facile, il vivrait de la vie parfaite. Tel était désormais le vœu de son cœur. Cependant une considération l'arrêtait. Comme tout prêtre animé du véritable esprit sacerdotal, il ne voulait pas donner prise à la critique, sachant qu'en tombant sur lui elle tombait sur l'Église. Or, il craignait de s'attirer par son départ la réputation d'homme d'humeur capricieuse et changeante. Notre historien ne dit pas combien de temps durèrent ces hésitations; mais voici la manière merveilleuse dont elles prirent fin. Pol dormait, quand il vit un ange briller au milieu des astres qui scintillaient dans le ciel. De ces hauteurs, il descendit jusqu'à lui, et le bienheureux Esprit lui fit connaître la volonté divine : il ne devait pas tarder davantage, mais il lui fallait se diriger vers le pays que le Seigneur son Dieu lui donnerait au-delà des mers. Là, selon son saint désir, il se fixerait pour mener une vie pieuse et sans tache. En tout ce qu'il avait résolu d'accomplir, le Seigneur serait avec lui ; il ne devait pas en douter.

L'ange disparut et Pol-Aurélien s'éveilla. Son cœur était plein ; il rendit grâce au Maître toujours prêt à éclairer ceux qui lui demandent la lumière, ainsi qu'autrefois il éclairait, à Emmaüs, les deux disciples avec qui il s'était entretenu dans le chemin.

Le lendemain saint Pol fit connaître au roi la vision dont il avait été favorisé, mais il ne la lui raconta pas lui-même ; les nobles qui lui avaient déjà servi d'intermédiaires, transmirent à leur maître la communication du Saint et demandèrent pour lui la faculté de s'éloigner. Il ne pouvait, disait-il, différer d'obéir à l'ordre du messager céleste, par crainte de subir la colère de Celui dont il avait éprouvé la touchante bienveillance. Enfin, saint Pol reçut congé, mais ce ne fut que sur les instances réitérées d'une foule de nobles personnages. On peut se demander s'il faut blâmer le roi Marc d'une telle obstination, ou l'admirer pour le zèle jaloux avec lequel il voulait conserver à son peuple un si digne pasteur.

Le pieux émigrant voulut, avant son départ, obtenir une autre faveur ; peut-être y tenait-il d'autant plus, qu'en l'accordant le roi montrerait qu'il ne lui tenait pas rancune. A la cour du prince breton il était d'usage d'appeler, par le son de sept clochettes, les personnages invités à s'asseoir à la table royale ; ces clochettes étaient remarquables entre toutes ; notre auteur ne dit pas si c'était par la sonorité ou par le prix du métal ; saint Pol désirait très vivement en posséder une, et il la fit demander, mais le prince, qui n'avait consenti qu'avec tant de peine à son départ, répondit par un refus formel.

Il nous sera donné de voir ce qu'il advint de la clochette tant convoitée par saint Pol ; mais il nous faut suivre tout d'abord notre émigrant dans la première étape de son voyage. S'il fut faire visite aux siens dans le château paternel, dont son monastère était rapproché ; si même il retourna au monastère, l'historien ne nous le dit pas ; toutefois, ce qui va suivre, nous montrant Pol-Aurélien toujours fidèle aux affections de famille, nous conduit à supposer qu'il dit à son père, à sa mère et à ses frères un éternel adieu. Mais ce que nous savons par le récit de Wormonoc, c'est que le jeune moine, avant de s'embarquer, se rendit à un endroit où s'élevait sur le rivage de la mer un monastère de vierges. Sa sœur y était abbesse, ou si du moins elle ne portait pas ce titre, elle avait dans la communauté l'autorité principale. N'oublions pas

que le Saint avait trois sœurs, celle dont il s'agit ici est la seule
dont notre auteur nous ait conservé le nom : c'était Sicofolla (1).
Le voyage de Pol fut heureux ; l'entrevue du frère et de la sœur
était bien faite pour les combler de joie l'un et l'autre. Il est difficile d'y songer sans reporter sa pensée sur la dernière entrevue
de saint Benoît et de sainte Scolastique, et cependant la situation
était bien différente ; ici nous ne voyons pas un moine et une
pieuse vierge approchant du terme de leur carrière ; la colombe
ne va pas encore s'envoler vers le ciel ; la séparation sur la terre
sera longue et irrévocable ; un même tombeau ne réunira point
leurs dépouilles ; entre les lieux de leur repos la mer Britannique
roulera ses ondes, mais les âmes se rencontrent au ciel !

Sicofolla ne reçut pas seulement son frère avec joie ; voyant en
lui le ministre de Dieu, le serviteur fidèle, puissant en paroles et
en œuvres, elle voulut qu'il trouvât dans sa communauté l'hospitalité la plus honorable. Saint Pol, d'ailleurs, ne précipita point
son départ. La situation de l'abbaye lui permettait d'y prendre la
mer ; c'est là qu'il résolut de s'embarquer, mais cela même exigeait des préparatifs ; il donna donc à sa sœur tout le temps que
les circonstances lui permirent de lui consacrer, tandis qu'on disposait ainsi toutes choses. Il faut l'avouer, la pieuse abbesse n'ap-
portait à ces soins qu'une activité médiocre ; on le comprendra facilement ; en dépit de toutes ses lenteurs, l'armement était cependant à peu près terminé, le navire était à l'ancre ; il était évident
que le jour du départ ne pourrait plus être longtemps différé. Le
frère et la sœur avaient dirigé leurs pas vers l'endroit où mouil-
lait l'embarcation ; là ils avaient prié ensemble ; il se mirent à
s'entretenir, et cet entretien fut long. Sicofolla était accablée de
douleur à la pensée du prochain départ de Pol-Aurélien ; elle se
lamentait, elle pleurait, enfin elle osa adresser une demande : que
son frère prolongeât d'une semaine au moins son séjour auprès
d'elle ; d'ailleurs, ce ne serait pas trop, disait-elle, pour se procurer tous les objets encore nécessaires sur le navire. Mais les réso-

____

(1) Ni son nom, ni les noms de ses parents et de ses frères ne se trouvent
dans les martyrologes bretons ou anglais. *(Note de dom Plaine.)*

lutions de l'homme apostolique ne furent point ébranlées. Il ne pouvait ni ne voulait désormais différer son départ au-delà du lendemain, ou de deux jours tout au plus, encore était-ce une concession faite aux supplications de sa sœur. Celle-ci vit bien alors que toute nouvelle instance serait en pure perte, et ses larmes coulèrent plus abondamment que jamais ; au milieu de ses sanglots elle put toutefois lui dire : « Pol, mon frère, vous que j'aime tant et qui êtes si cher à Dieu, puisque vous avez résolu de quitter notre pays, nos parents, nos frères et nos sœurs, de fuir loin de votre peuple et de tous ceux que le sang ou le voisinage vous avait unis, laissez du moins à nous et aux habitants de ce lieu un précieux souvenir de votre bonté comme de votre puissance auprès du Seigneur ; ce que je vais vous demander, d'ailleurs, sera grandement utile dès maintenant et toujours même. Je sais qu'en toutes choses, vous avez suivi le précepte du Seigneur, et que, par conséquent, tout ce que vous demanderez à Dieu, il vous l'accordera aussitôt. — « Chère sœur, répondit Pol ; je ferai volontiers ce que vous me demandez, mais à la condition que la chose soit en notre pouvoir. Si ce que vous me priez d'accomplir est au-dessus de nos forces, recourons à Celui qui exauce quiconque le prie comme il faut ; plus nous sommes faibles et plus nous devons lui demander qu'il vienne au secours de notre impuissance. Dites-moi bien vite ce que vous désirez. »

L'abbesse comprit que c'était là une réponse favorable, et elle en fut grandement consolée. Le sentiment qui l'animait n'était nullement le désir de son bien propre ; elle voulait un miracle qui profitât aux habitants du pays tout en excitant l'admiration des siècles. Elle exprima donc son désir : « Ce lieu où vous avez bien voulu, pendant des heures trop courtes, accepter l'hospitalité, vous voyez combien il est éloigné de toute habitation des gens du monde, comme il convient à celles qui veulent ne trouver que Dieu et vaquer à son service. D'un côté il est borné par les terres de méchants compétiteurs, de l'autre par les flots ; non-seulement notre petite possession est insuffisante, mais nous ne pouvons l'étendre ; ce qui est propre à la culture est vraiment trop restreint. Vous, mon frère, qui êtes si bon, quand vous aurez prié et supplié le Dieu tout-puissant, vous obtiendrez, je le crois, j'en suis même certaine, que la mer mette fin à ses envahissements et qu'elle nous laisse l'espace dont nous avons besoin. » Ce que sa sœur souhaitait, saint Pol le désira aussi et d'une ardeur non moins vive. Le motif même qui avait dicté cette demande était trop pieux pour qu'il pût y rester sourd. Il se mit à prier du plus profond de son cœur, mais cette supplication muette ne lui sembla pas suffisante ; d'ailleurs, il ne voulait pas qu'on pût attribuer à ses mérites le prodige qu'il allait demander. Il dit donc à l'abbesse de prier de son côté pendant que lui aussi implorerait le secours divin ; il espérait qu'ainsi le don de Dieu semblerait accordé non pas seulement à sa demande, mais aux supplications de la servante du Seigneur.

Il était donc là, seul, prosterné près du rivage, il se servait de la prière comme de la clef qui ouvre le ciel, et il disait à Dieu, qui lui était présent : « Seigneur, roi tout-puissant, vous qui avez créé tout ce qui fait notre étonnement et notre admiration, mais qui nous ravissez bien plus que les merveilles, œuvres de vos mains ; vous qui êtes digne de nos louanges dans la création, mais plus encore dans votre essence ; vous qui avez dit à vos disciples : « Si vous observez mes commandements, vous ferez les prodiges « que je fais, vous en ferez même de plus grands » ; je vous supplie de ne pas tenir compte de mes péchés, mais d'avoir égard à la foi de votre servante ; c'est du fond du cœur qu'elle implore votre secours ; ordonnez au territoire dont elle vous demande l'accroissement d'étendre ses limites ; ordonnez à la mer qui en restreint les bornes, de rentrer dans son lit sans jamais plus empiéter sur ce rivage. » Ayant dit, il s'avança vers les flots, ses disciples le suivirent, sa sœur aussi l'accompagnait ; or, c'était l'heure où la mer se retirait. Plus les eaux s'avançaient au flux, envahissant le rivage et inondant les terres, plus aussi elles se retiraient au reflux. Tandis que la pieuse troupe s'avançait sur le sable que la mer venait de quitter, Pol dit à sa sœur : « Prenez des graviers dans les mains, puis jetez-les un à un, à droite et à gauche, c'est-à-dire les uns du côté de la mer, les autres du côté du rivage, en ayant soin de laisser un intervalle entre ces deux séries de graviers. » L'abbesse exécuta l'ordre de son frère ; pour lui, il continuait à marcher avec ses religieux vers les eaux qui baissaient toujours ; ils arrivèrent ainsi jusqu'à l'endroit où elles s'arrêtaient aux plus basses marées. Là, ils s'agenouillèrent sur la grève et Pol dit en s'adressant à la mer : « Ces graviers que j'ai fait déposer sur tes bords, sont le signe d'un pacte éternel entre toi et moi, jamais tu ne le franchiras désormais, jamais tu n'envahiras pour le dévaster le territoire que nous possédons au-delà de cette limite. »

Et il fut fait comme il l'avait ordonné ; depuis ce jour-là, la mer respecta les dépendances du monastère de Sicofolla. Comme les moines revenaient tout joyeux en bénissant le Seigneur, ils virent les graviers semés par la pieuse fille se transformer en d'immenses pierres qui s'élevaient droites comme des colonnes et qui, du temps de Wormonoc, étaient toujours debout comme un témoignage de la sainteté et de la merveilleuse puissance de Pol-Aurélien.

Notre bon narrateur a soin d'observer qu'ici furent accomplis deux prodiges distincts, bien que Sicofolla n'en eut demandé qu'un, et il ajoute : « C'était pour que ceux qui n'auraient pas été témoins du premier de ces miracles, en eussent cependant une preuve permanente par le monument qui perpétuerait le souvenir du second. En effet le rivage abandonné par la mer fut cultivé par les soins des religieuses et devint un terrain riche et fertile. La voie par où Pol et sa sœur s'avançèrent avec leurs compagnons, bornée maintenant par les colonnes dont j'ai parlé, est appelée par les gens d'outre-mer *le chemin de saint Pol.* »

Ici Wormonoc se regarde comme ayant accompli la moitié de sa tâche : il a raconté les débuts de son héros ; il l'a montré menant de l'enfance à la jeunesse une vie qui fait déjà de lui l'objet de la vénération universelle, et il se recueille avant de nous faire connaître la vie de saint Pol-Aurélien, quand il eut franchi la mer pour venir en Armorique combattre jusqu'à la mort les combats du Seigneur.

Avant de le suivre, revenons un peu sur ce qui vient d'être raconté. Dom Lobineau n'a pas dédaigné de narrer tout au long ce dernier miracle, mais il a eu soin de terminer son récit en venant en aide à notre foi... et à la sienne : « On peut croire, dit-il, qu'il conseilla de construire une digue, pour empêcher la mer d'inonder un terrain bas. » Ah, vraiment !

J'avoue qu'à cette belle explication je préfère encore le curieux embellissement ajouté à la légende par le bon Père carme F. Bernard du Saint-Esprit : « Pol donna à la mer de nouvelles bornes naturelles en arrangeant des bigorneaux qui devinrent sur le champ des rochers escarpés, digue sacrée où l'on connait encore aujourd'hui un sentier qui porte le nom de sentier de Saint-Pol. » (1)

Remarquons enfin que, d'après ce qui nous est dit de Sicofolla, de la situation de son monastère si parfaitement isolé du monde, les femmes en ce temps là menaient la vie religieuse proprement dite ; que si l'âge de quarante ans était l'âge où elles pouvaient prendre solennellement le voile, d'après les décrets de saint Léon et de l'empereur Majorien, ce n'était là qu'une formalité impliquant les vœux perpétuels et solennels, mais, la plupart du temps les vierges n'attendaient pas cette époque de la vie pour s'offrir à Dieu par une première consécration.

---

(1) *Doctrinal ar C'hristenien, e Brezonec, ha buez sant Paol. escop ha patron euz a Leon* (imprimé à Quimper chez Gualler Buitingh, 1689). La traduction française de cet opuscule sur saint Pol est extraite d'un manuscrit de M. Pascal de Kerenveyer, mestre de camp et général de division. Quand il m'arrivera encore de citer F. Bernard du Saint-Esprit, ce sera toujours d'après la traduction du général de Kerenveyer ; c'est à l'obligeance de son arrière-petit-fils que je dois la communication de ce curieux document.

CHAPITRE III

LA NOUVELLE PATRIE

En commençant la publication de la *Vie de saint Pol*, je ne pouvais ignorer que ce travail aurait pour base le récit de Wormonoc, le vieux moine de Landévennec ; mais n'en ayant lu qu'une seule fois le texte latin, dont l'intelligence est parfois fort difficile, même avec le secours des excellentes notes de dom Plaine, je n'avais pu saisir tout le charme que le bon narrateur met dans son récit, le ton de foi et de véracité avec lequel il expose sa conviction intime. C'est bien à fond qu'il a étudié son sujet, et c'est à bon droit qu'il expose sans l'ombre d'une hésitation ou d'un doute les actions les plus merveilleuses du Saint dont il a voulu être l'historiographe. Je n'ai donc pu jusqu'ici m'écarter de l'opuscule auquel je ne comptais faire que des emprunts ; en y prenant chaque page en particulier j'y ai trouvé plus de charme que dans le récit même d'Albert-le-Grand ; j'ai donc traduit, non pas servilement, mais fidèlement, je crois. Si ce qui a été raconté jusqu'au point où nous en sommes a intéressé le lecteur, le mérite en revient au vénérable moine du IXe siècle et ensuite à celui qui du lieu de son exil a bien voulu faire revivre les pages qu'écrivait, il y a mille ans, un autre fils de saint Benoit.

Et maintenant, à la suite de Wormonoc, abordons la seconde partie de son ouvrage. « Dans ses saintes aspirations vers le royaume du ciel, Pol-Aurélien, cet homme vénérable dont nous exposons les actes, allait donc abandonner son pays et sa famille. Après toutes les rigueurs d'une vie de pénitence, après les innombrables nuits passées dans les saintes veilles, après les longs jeûnes où il avait éprouvé les tortures de la soif et de la faim, après les nombreux miracles accomplis par un pouvoir acquis dans ces cruelles mortifications, il se préparait à l'exil. Il s'en allait avec Dieu pour guide là où le vent le pousserait, où le pilote le conduirait. Le navire, pourvu de tout ce qui était nécessaire, était lui-même bien en état de fournir un long voyage, et assez vaste pour recevoir avec l'équipage toute la troupe des pieux voyageurs. Or, Pol était accompagné de douze prêtres, de douze laïques de grande noblesse ; ceux-ci lui étaient tous unis par le sang, les uns à titre de neveux, les autres à titre de cousins. Ils étaient suivis d'un nombre suffisant de serviteurs. »

Ce n'est pas ainsi que partent aujourd'hui nos missionnaires ; il ne nous coûte nullement de l'avouer ; d'ailleurs, dans ce que nous avons dit jusqu'ici rien n'indique que le but spécial de Pol-Aurélien, quittant la Grande pour la Petite-Bretagne, fut d'exercer l'apostolat dans ce dernier pays. Il y a une bien vieille maxime que l'on répète souvent et dont nous ne comprendrons jamais toute la vérité : « L'homme s'agite et Dieu le mène. » Cette parole peut s'appliquer même aux Saints. En quittant saint Hiltut, saint Pol avait voulu trouver l'oubli, et si non le mépris, au moins l'indifférence. Nous avons vu qu'il avait trouvé au lieu de cela la confiance des douze prêtres qui s'étaient mis sous sa direction, la respectueuse admiration du roi Marc, et la reconnaissance de tout un peuple. Nous avons d'autant moins à nous en étonner que c'est là un fait ordinaire dans la vie des serviteurs de Dieu : amis de la paix et de la douceur que le divin Maître préconisait autrefois sur la montagne, ils possèdent la terre et ils y règnent sur les cœurs ; or, il est dans l'ordre que cet empire, non recherché mais redouté au contraire, alarme leur humilité et leur impose quelquefois la fuite. Pol fuyait donc.

Après avoir vu quelle touchante intimité l'unissait à sa sœur, nous pouvons en conclure que le départ fut nécessairement douloureux ; le Saint donna à la prière toute la nuit qui précéda

l'embarquement. Était-ce pour fortifier son cœur ? En quittant la
pieuse abbesse il la bénit ; il bénit aussi les vierges qui remplis-
saient le monastère (1), puis il obéit à l'appel divin. Il ne savait où
le vaisseau allait le transporter, mais il comptait sur la direction
providentielle que l'ange lui avait fait entrevoir dans le songe qui
avait déterminé son exil. L'incertitude où il était ne devait guère
être une souffrance ni pour lui ni pour ses compagnons de route ;
comme plus tard les Anglo-Saxons et, comme les Anglais de nos
jours, les Bretons insulaires avaient l'humeur voyageuse, et ce ne
furent pas seulement les invasions de leurs barbares vainqueurs
qui jetèrent sur les plages armoricaines les grandes colonies qui
nous sont venues d'outre-mer. Dieu est l'auteur de la nature
comme il est l'auteur de la grâce ; ces instincts généraux qu'il
donne à chaque peuple ont un but qui doit conduire toute race à
sa vocation générale ; les Bretons de l'Ile obéissant à ce goût inné
furent pendant trois siècles des colonisateurs, des civilisateurs, et
surtout des hérauts de l'Évangile. Ah ! qu'un jour le pays de saint
Pol et de tant d'autres missionnaires recouvre l'intégrité de la foi,
quelles merveilles s'accompliront quand l'humeur voyageuse de
ses habitants ne sera plus stimulée par l'appât de la richesse ou le
dégoût du repos, mais par le zèle de l'apostolat ressuscitant dans
la vieille *Ile des Saints !*

Le vent qui poussa le vaisseau de nos émigrants fut un vent
doux et favorable. Après une heureuse traversée ils abordèrent dans
une île que Wormonoc appelle *Ossa ;* en langue bretonne nous
l'appelons encore d'un nom qui ne s'éloigne guère de celui-ci, du
moins dans la prononciation : c'est *Enez-Heussa.* Antonin la nommait *Uxantis,* et Pline *Axantos.* M. de Kerdanet dit que saint Pol
ayant converti la peuplade qui l'habitait, appela cette terre
jusque là païenne, l'île du Dieu Saint, *Doue Sant,* d'où lui serait
venu son nom français *d'Ouessant.* Si la vérité de cette étymologie
est possible, elle n'est pas de celles dont l'évidence s'impose.
D'après Wormonoc, Ouessant serait à un peu plus de seize milles
de la côte armoricaine ; Albert-le-Grand parle d'une distance de

---

(1) Dom Lombineau.

sept lieues de Bretagne, tandis que dom Lobineau et Ogée marquent un éloignement de quatre à cinq lieues.

L'endroit où vint aborder saint Pol s'appelait le *Port des Bœufs* (1) ; il s'appelle maintenant *Porz-Pol.*

Dès que la pieuse troupe eut quitté le navire, Pol se mit à parcourir toute l'île. Sur cette terre battue des vents et où les arbres font défaut, il trouva cependant un endroit, dont notre narrateur fait une description charmante ; la végétation, il est vrai, ne devait pas y être bien riche, mais une source abondante jaillissait d'un rocher ; l'eau en était très limpide ; l'humidité qu'elle communiquait au voisinage y avait fait pousser une grande quantité de roseaux ; cette verdure, la seule peut-être du pays, si nous exceptons l'herbe abondante qui bordait le ruisseau, avait valu son nom à l'endroit même (2). Après un voyage sur mer, quoi de plus agréable que l'eau fraîche et pure ! puis, quand on s'est senti ballotté sur les flots pendant des jours et des jours, quoi de plus doux que de goûter un peu de repos sur la terre ferme ! Pol se complut dans la vue de ce lieu où le sol était fertile, où l'eau dans sa course vers la mer faisait entendre une douce chanson ; c'est là qu'il goûta son premier sommeil sur une terre armoricaine ; là aussi qu'il se fixa tout d'abord. Il y bâtit un petit oratoire et y érigea un autel de pierre. Qu'il devait y avoir loin des modestes ornements de ce pauvre sanctuaire aux splendeurs de l'église abbatiale de saint Hiltut, mais il était déjà loin le temps où il y avait librement renoncé ! Autour de son église improvisée il construisit quelques cabanes (3) ; ce fut là la communauté dans laquelle il s'établit avec ses compagnons et il y séjourna un certain temps, qui ne fut pas fort long, mais dont l'historien ne précise point la durée ; Albert-le-Grand et Bernard du Saint-Esprit parlent d'une période de six mois.

Ici Wormonoc, avant de poursuivre son récit, nous dit ce qu'était

---

(1) *Porz-Ejein* ou *Porz-Ezumet* selon les Mémoires du P. du Paz. (Note de l'abbé Tresvaux.)

(2) Wormonoc n'en donne que la traduction latine : *Arundinetum,* lieu où croissent les roseaux.

(3) Bernard du Saint-Esprit dit qu'elles furent construites en gazon et couvertes de genêt.

la société ecclésiastique au milieu de laquelle vivait saint Pol. Déplorant que les siècles d'une part, mais aussi une négligence coupable, nous aient fait perdre la connaissance de leur vie et le caractère spécial de leurs vertus, il affirme qu'ils ont tous acquis de grands mérites auprès de Dieu ; il compare l'illustration de leurs noms à l'éclat des pierres les plus précieuses ; il dit que de nombreuses églises ont été bâties en leur honneur ; il parle même d'autres monuments (probablement des chapelles, des autels, des statues), destinés à perpétuer leur souvenir.

Dans des notes, fruits de laborieuses recherches, dom Plaine a établi de quelles églises ces saints personnages ont été originairement les patrons ; comme on le verra, la trace des noms primitifs se retrouve encore dans les appellations usitées aujourd'hui.

Parmi les prêtres compagnons de saint Pol nous trouvons :

1° *Jahoevie* ; c'est saint *Joévin* ou *Jaoua* ou *Jaouen* (cette dernière forme est devenue le nom de beaucoup de familles bretonnes).

2° *Tigernmagle* ; c'est saint *Tiarmail* ou *Tiernmaël*. Ces deux prêtres occupèrent successivement le siége épiscopal, lorsque saint Pol l'eut quitté.

3° *Toséoc*, appelé aussi *Sittred* (1).

4° *Wohednovie*, appelé aussi *Towoédoc* (2).

5° Gelloc.

6° *Bretowenn* (3).

7° *Boïe*.

8° *Wirman* (4).

9° *Lowenan* (5).

10° *Toech* ou *Tochic*.

11° *Chiel* (6).

---

(1) Il paraît avoir donné son nom aux paroisses de *Plouazec'h* et *Plouézoc'h* (Plebs Toseoci).

(2) D'où *Plouzévédé* (*Plebs Toweodoci*).

(3) D'où *Broennou* (?) autrefois paroisse, mais faisant aujourd'hui partie de Landéda.

(4) D'où *Plougerneau* (Plebs Wirmani).

(5) D'où *Trefflaouénan* (?).

(6) D'où *Plouquiel* (?) (Plebs Chieli), près de la ville de Tréguier.

12° *Hercan* ou *Herculan* (1).

Outre les noms des douze prêtres compagnons de saint Pol, notre auteur nous a encore transmis ceux de deux autres membres de sa communauté : *Quonoc* et *Décan*.

De l'autre côté du détroit *Quonoc* a été aussi appelé *Coquonoc* (2).

Celui qu'on appelait ainsi était arrivé à un tel degré de vertu, de sagesse et de science, que Pol-Aurélien lui avait confié la direction de l'enseignement dans sa famille religieuse (3).

Quant à *Décan* (4), il avait été promu à l'ordre du diaconat, dont il devait exercer les fonctions.

Wormonoc ne dit ici rien de particulier sur les douze laïques et sur les serviteurs qui avaient passé la mer avec Pol-Aurélien. Il ne nous fournit pas de renseignements sur les travaux de la pieuse communauté ou de son chef, à Ouessant. L'île était-elle habitée par des païens, ou le christianisme y avait-il pénétré ? Notre auteur est encore muet sur ce point, et ce silence me semble bien significatif. S'expliquerait-il si saint Pol avait vraiment converti cette peuplade ? Un tel titre de gloire aurait-il pu être oublié par un écrivain si jaloux d'exposer tout ce qui est à l'honneur de son héros ? Dois-je dire, une fois de plus, que rien dans nos anciens légendaires ne nous permet de voir dans les premiers Saints de notre pays des apôtres selon le vrai sens du mot ? Ne serait-ce pas là une preuve évidente d'un apostolat beaucoup plus ancien dont les résultats subsistaient toujours ? Si j'insiste sur ce point, c'est qu'il a une importance capitale dans le sujet qui nous occupe : toute la vie de saint Pol Aurélien, change d'aspect, suivant qu'il doit convertir des païens ou améliorer, transformer même des populations déjà croyantes et baptisées. Il est bien certain d'ailleurs que le paganisme avait subsisté à l'île d'Ouessant.

---

(1) D'où *Plouénan* (?), près de la ville de Saint-Pol.

(2) Il paraît que ce redoublement de syllabes était en usage chez les Bretons insulaires.

(3) *Quonoc* aurait donné son nom à la paroisse de *Plougaznou (Plebs Ganoc)*. (?)

(4) Il paraît avoir laissé son nom à la paroisse de *Ploudihen*. (Ainsi qu'il a été dit, ces interprétations appartiennent à dom Plaine. C'est lui aussi qui a fait suivre quelques hypothèses de points d'interrogation).

On a prétendu que saint Pol y aurait détruit un temple ; cela est admissible même dans l'hypothèse que nous soutenons. Si l'Armorique avait encore des sectateurs du druidisme au xviie siècle, à plus forte raison y devait-on en rencontrer un certain nombre au commencement du vi^e. L'amiral Thévenard a fait la description des ruines d'un temple qui ne serait autre que celui autrefois détruit par saint Pol.

Dans ce paisible séjour de l'île d'Heussa, une pensée préoccupait plus particulièrement le chef de la petite colonie : Était-ce bien là que Dieu le voulait, lui et les siens ? ou bien fallait-il encore parcourir l'Océan et chercher la terre que le Seigneur lui avait promise ? Ce n'est pas tout de procurer la gloire de Dieu ; quand nous avons du zèle et de bons désirs, nous y arrivons toujours avec la grâce d'En-Haut ; mais il est des âmes parfaites à qui cela ne saurait suffire ; elles aspirent à ce que leur Maître soit honoré comme il le veut et là où il le veut, même quand le résultat devrait en apparence être moindre pour la gloire divine. Un des plus estimables écrivains de la *Compagnie de Jésus* (1) a dit : « Je voudrais qu'on parlât un peu moins de procurer la gloire de Dieu et un peu plus de faire sa volonté » ; et le Père Faber, citant cette belle parole, ajoute : « A quelle hauteur n'arriverait pas une âme dont la vie spirituelle serait basée sur cette maxime ! » Or, jusqu'ici nous avons vu saint Pol n'aspirer qu'à faire ce que Dieu voulait et comme il le voulait. Il priait chaque jour à cette fin et il demandait au Seigneur de lui envoyer le même ange qui, déjà, lui avait ordonné de quitter la Grande-Bretagne ; il souhaitait apprendre de ce céleste messager s'il lui fallait rester dans l'île ou s'il devait aller chercher une autre contrée.

Un soir, il s'était endormi, fatigué par la longueur de ses prières et par ses jeûnes ; il reposait depuis quelque temps déjà, quand l'ange tant désiré se montra à ses regards et lui communiqua les ordres du Seigneur. « De son glorieux séjour, le Roi du ciel et de la terre m'envoie vers toi, lui dit-il, et voici ce que j'ai

______

(1) Le Père Rigoleuc.

à te dire de sa part : Que veux-tu faire ici ? A quoi bon cette vie inactive sur un espace si resserré et borné de tout côté par les flots ? Ce n'est pas ici que tu devras te reposer ; la terre que tu désires, elle te désire aussi, mais ce n'est pas cette île ; une autre patrie t'attend donc, elle va t'accueillir avec joie, mais aussi donner la joie à ton cœur. Il y a sur cette terre un grand peuple auquel tu vas porter la doctrine, la foi, le salut ; c'est par toi qu'il aura tout cela et qu'il acquerra une gloire éternelle. Autant tu en auras conduit dans la voie de la vérité pendant que tu seras sur la terre, autant tu auras de sujets dans le ciel. Pars donc sans retard, Dieu est avec toi ; c'est lui qui te tracera la route et te conduira au lieu qu'il t'a préparé, au lieu où tu devras trouver le repos ; mais pars d'ici. »

A un ordre aussi formel, Pol répondit par une prompte obéissance ; il s'était éveillé à l'instant même où l'ange avait disparu. Rassemblant en toute hâte ses compagnons, il leur dit de quelle visite il vient d'être honoré, quels ordres lui ont été transmis ; il dit qu'on prépare tout pour le voyage et qu'on fasse au navire les changements et les réparations nécessaires. Toutes ces recommandations furent promptement suivies, et le navire fut bientôt à l'ancre dans le port même où naguère ils avaient débarqué. Il y monta suivi de tous les siens ; lui-même tantôt tenait le gouvernail, tantôt faisait manœuvrer les mâts et les voiles, tout en chantant des hymnes, tandis que le vaisseau s'avançait en pleine mer, laissant derrière lui un long sillon d'écume. Les pieux voyageurs ne s'éloignèrent cependant jamais assez des côtes pour les perdre de vue (1) ; ils arrivèrent à un rocher appelé alors *Amachdu*, et aujourd'hui *Karrec-ar-Mac'h* ou *Karrec-ar-Mac'h-Du* (roche du cheval ou du cheval noir) ; ce roc touchait à l'île *Médiona*.

Qu'était-ce que cette île ? Albert-le-Grand n'en parle pas, Dom Lobineau n'en traduit pas le nom latin ; l'abbé Tresvaux donne le choix entre *Molène* et *Mélon* ; Dom Plaine donne aussi ces deux

---

(1) Albert-le-Grand et Bernard du Saint-Esprit : celui-ci suppose un séjour de saint Pol à *Mediona*, qui pour lui est l'île Molène, et il y place l'épisode du *buffle*, que nous verrons bientôt se produire ailleurs.

noms, sans trancher la difficulté. Cependant, si nous admettons, avec le docte bénédictin, que la roche *Amachdu,* de Wormonoc, doit être celle qu'on nomme actuellement *Karrec-ar-Mac'h-Du,* nous avons un point de repère qui pourrait nous fixer. Voici ce qu'un juge très compétent a bien voulu nous dire à ce sujet : « Lorsqu'on va de Porspoder à Lanildut en longeant la grève, on traverse un village nommé *Melon,* qui comprend une petite baie décorée du titre de *port de Melon,* où stationnent des bateaux de pêche. Cette baie est fermée à l'ouest par une petite île que l'on nomme *île de Melon.* A la pointe de cette île, on montre une roche appelée encore aujourd'hui *Roc'h-ar-Marc'h-Du* et où, dit-on, aurait débarqué saint Pol.... L'île de *Melon* se trouve en face d'Ouessant, et c'est même une des pointes les plus rapprochées. Au temps de saint Pol, ce n'était probablement même pas une île, car elle n'est séparée de la terre ferme que par un canal qui n'a pas trente mètres de largeur. Saint Pol a pu laisser son navire dans le petit port qui se trouve à côté, ou bien il a pu mouiller à Laberildut, qui n'est qu'à quinze cents mètres de l'île de Mélon. A supposer qu'il ait laissé son navire à Mélon même, il lui était très-facile d'arriver en peu de temps à Lanildut, qui en est très-rapproché, et on s'explique ainsi facilement ses pérégrinations dans le pays de Talmédonie, qui en est très-rapproché » (1).

Nous trouvons donc ici : 1° le nom très-caractéristique du rocher désigné par Wormonoc ; 2° un nom breton, *Melon,* qui ne s'éloigne pas du nom latinisé *Mediona;* 3° la tradition locale, disant que c'est bien là l'endroit précis du débarquement de saint Pol ; 4° la proximité du pays où l'apôtre allait commencer ses travaux. En effet, saint Pol savait désormais que Dieu le destinait à travailler sur le continent, au milieu d'un grand peuple, et ces îles, où ses collaborateurs et ses successeurs devaient exercer leur zèle, ne pouvaient le retenir longtemps. Mais il y a quelque chose de touchant à voir leurs populations pauvres et isolées obtenir, ne serait-ce qu'en passant, les prémices de son apostolat.

On aurait voulu connaître d'une manière précise le point du

______

(1) Lettre de M. Milin, recteur de Landunvez.

littoral où les émigrants s'arrêtèrent en quittant *Mediona*. Albert-le-Grand dit que ce fut au port de Kernic, en Plounévez ; Dom Lobineau donne également ceci comme une tradition accréditée, mais il ajoute : « Tous les noms ont changé depuis, et l'on ne peut s'assurer de deviner juste. » Dom Plaine pense que saint Pol prit terre à Lan-Iltud ou à Lampaul-Plouarzel. Si la première de ces hypothèses était la vraie, n'y aurait-il pas toute une révélation dans le nom de saint Hiltut donné par saint Pol à la première terre qu'il ait foulée sur la péninsule armoricaine ; ce qu'il venait prêcher dans nos contrées, qu'était-ce donc autre chose que les préceptes et les conseils du vieux maître qui avait dirigé son enfance et son adolescence ?

Pol-Aurélien, suivi de tous ses compagnons de voyage, se mit à parcourir le littoral ; il voulait connaître sans plus tarder ce que son historien appelle « sa nouvelle patrie ». Il arriva à l'endroit que Wormonoc appelle de son ancien nom, c'est-à-dire de son nom latin, *Telmedovia* ; dans ce nom, dom Plaine reconnaît celui de *Ploudalmézeau*. Ce point de l'antique Domnonée est dans la partie occidentale et il appartient au pays d'Ach ou d'Aginense, c'est-à-dire à la contrée qui allait être le premier théâtre des grands travaux de saint Pol. Sur cette partie du Léon, M. Miorcec de Kerdanet a publié une notice détaillée et très intéressante, à laquelle je ne puis m'abstenir de faire quelques emprunts.

Ce n'est pas seulement l'Histoire qui a rendu célèbre le pays d'Ach, et parmi les traditions anciennes, les légendes chrétiennes et bretonnes ne sont venues qu'après d'autres souvenirs bien plus anciens ajouter à l'illustration de ces terres éloignées. Si nous en croyons non-seulement M. de Kerdanet, mais nos vieux écrivains bretons, nous sommes ici dans le pays que les anciens regardaient comme l'extrémité du monde. Plutarque plaçait dans les îles voisines de ces côtes la demeure des génies ; Démétrius en faisait le séjour des héros, l'Elysée de la mythologie ; Artémidore assure que dans une de ces îles, la plus voisine de la pointe extrême du territoire léonnais, aujourd'hui *Enez-ar-Verc'hez*, l'île de la Vierge, on rendait à Cérès et à Proserpine (à la Terre et à la Lune) le même culte que dans la Samothrace. Une autre divinité était honorée à Ouessant : c'était Saturne (le Ciel). Et, non-seulement, d'après la Fable, ce dieu recevait là des hommages, mais il y était détenu prisonnier par Jupiter, qui avait commis à sa garde le géant Briarée (1), et député pour le servir toute une armée de génies.

S'il est vrai que les habitants du pays d'Ach s'appelaient les *Agnautes* et qu'ils tiraient leur nom des *Argonautes,* ce que M. de Kerdanet avance sans grande hésitation, on comprendra que ces fameux navigateurs avaient importé dans ce pays le culte de Saturne, c'est-à-dire de l'abominable divinité que les druides appelèrent Eusus et que l'Écriture appelle Moloch. Or, la tradition apprend que l'usage de sacrifier les enfants à une fausse divinité existait sur les rivages de l'Abervrac'h, de l'Aberbéniguet, et dans l'île d'Ouessant. Le P. Grégoire de Rostrenen dit que ces horribles sacrifices se renouvelaient tous les mois. D'après les dires du même auteur, dom Le Pelletier remarque qu'auprès de l'Abervrac'h il y a un endroit appelé *Keinanen,* c'est-à-dire lamentation, « et que la tradition du pays est que l'on y sacrifiait autrefois à une fausse divinité de petits enfants qui comme leurs mères présentes gémissaient, se lamentaient aussi avec elles. »

Pierre Le Bault, parlant de la même coutume, ajoute un détail qui ferait croire que chaque famille devait payer à Saturne ce cruel tribut : « Les enfants de chascune maison estoient immolés au port nommé Kaynnen, qui signifie lamentation, pour ce que là faisoient les meres complaintes de leurs enfants departis d'elles. »

Sur les croyances superstitieuses qui s'attachaient au pays d'Ach, nous avons un témoignage d'autant plus curieux qu'il nous vient d'un écrivain contemporain de saint Pol ; c'est l'historien grec Procope. D'après son récit, le lieu dont il nous parle était soumis aux Francs ; or, nous savons par Wormonoc et par le cartulaire de Landévénec que le pays d'Aginense était alors sous la domination de Childebert :

---

(1) Ou *Ogygius ;* c'est d'après le nom de ce fabuleux personnage que Plutarque appelle l'île d'Ouessant *Ogygie ;* Homère parle aussi d'une île Ogygie.

« On prétend, dans cette contrée, que les âmes des morts sont portées dans les îles de la Bretagne. Je vais rapporter la chose de la manière que les gens du pays me l'ont racontée fort souvent et fort sérieusement, quoique j'aie beaucoup de penchant à croire que la chose ne se passe qu'en rêve. Le long de la côte opposée à ces îles, il y a plusieurs villages occupés par des pêcheurs, par des laboureurs et par des marchands. Soumis aux Francs, ils ne leur paient aucun tribut et on ne leur en a jamais imposé. Ils prétendent en avoir été exemptés parce qu'ils sont obligés de conduire tour-à-tour les âmes dans ces îles. Ceux qui doivent faire cet office la nuit suivante se retirent dans leurs maisons, d'abord qu'il fait obscur, et se couchent tranquillement, en attendant les ordres de celui qui a la direction du trajet. Vers minuit, ils entendent quelqu'un qui frappe à leur porte et qui les appelle tout bas. Sur-le-champ, ils sortent de leurs lits et courent vers la côte, sans savoir quelle est la cause secrète qui les y entraîne. Là, ils trouvent des barques vides, et cependant si chargées, qu'elles s'élèvent à peine au-dessus de l'eau d'un travers de doigt. En moins d'une heure, ils ont conduit ces âmes dans les îles. Ils se retirent aussitôt que les âmes sont descendues des barques, lesquelles deviennent alors si légères, qu'elles effleurent à peine la surface de l'eau. Ils ne voient personne, ni pendant le trajet, ni dans le débarquement, mais ils entendent, à ce qu'ils disent, une voix qui articule à ceux qui reçoivent les âmes, le nom des personnes qui étaient sur les barques, avec le nom de leurs parents et l'indication des charges dont ces personnes avaient été revêtues » (1).

On voit qu'au temps de Procope la croyance païenne s'est sensiblement modifiée ; il n'est plus ici question du vieux Caron et de sa sinistre barque ; et cependant, comment ne pas voir dans ces récits une réminiscence des fables de la Grèce ?

Aujourd'hui le pays d'Aginense ne garde guère le souvenir des superstitions qui avaient cours au temps de Childebert ; ce que l'on disait alors sur les côtes de Léon ne se dit plus qu'aux abords de la baie des Trépassés, tout à l'extrémité de la Cornouailles, et seule

______

(1) *De bello goth*, lib. IV, c. 20.

désormais l'île des druidesses passe pour donner asile aux défunts.

Brizeux a recueilli cette légende, au milieu de tant d'autres, dans son *Poème des Bretons* : un prêtre, des jeunes gens, des matelots échappés au naufrage entrent dans le bourg de Plogoff ; ils ont le visage voilé en accomplissement d'un vœu, et quand ils entrent dans l'église on les interroge ainsi :

> « Vous-mêmes, dites-nous si vous êtes des morts ?
> Hélas ! dans tous les temps ils ont aimé ces bords.
> Autrefois, un Esprit venait, d'une voix forte,
> Appeler chaque nuit un pêcheur sur sa porte :
> Arrivé dans la baie, on trouvait un bateau
> Si lourd et si chargé de morts qu'il faisait eau ;
> Et pourtant il fallait, malgré vent et marée,
> Les mener jusqu'à Sein, jusqu'à l'île sacrée...
> Aujourd'hui sur la mer, ils flottent tout meurtris,
> Et l'horrible vent d'Est nous apporte leurs cris ;
> Sur le cap on les voit errer jusqu'à l'aurore,
> Mais jamais en plein jour on ne les vit encore.
> Faut-il prier pour vous ? Nous prirons : mais, hélas !
> Si vous êtes des morts ne nous effrayez pas... »

Or, si nous voulons savoir comment s'étaient établies ces croyances sur les côtes armoricaines, nous trouvons qu'elles étaient déjà bien vieilles au temps où Procope en signalait l'existence. Dans une de nos îles armoricaines, au dire de Camden et de notre vieil historien d'Argentré (il est fâcheux qu'ils n'aient pas donné le nom précis de l'île elle-même),on a trouvé un autel portant une inscription disant qu'Ulysse, pendant ses courses errantes, était venu aborder en ces lieux. Ceci serait d'ailleurs en parfait accord avec les dires de Tacite, de Solin, de Claudien. Le roi d'Ithaque aurait reconnu qu'il était dans le voisinage du séjour des mânes, et là il aurait célébré les sacrifices du culte hellénique :

> « Est locus extremum qua pandit Gallia littus,
> Oceani prætentus aquis, ubi fertur Ulysses,
> Sanguine libato, populum movisse silentûm.
> Illic umbrarum tenui stridore volantûm.
> Flebilis auditur questus, simulacra coloni
> Pallida, defunctasque vident migrare figuras.
> Hinc dea prosiliit, Phœbique egressa serenos
> Infecit radios, ululatuque æthera rupit
> Terrifico, sensit ferale Britannia murmur,
> Et Senonum quatit arva fragor ; revolutaque Thetis
> Substitit. . . . . »

« C'est sur les bords lointains où la Gaule voit expirer les flots de l'Océan et mourir ses rivages, qu'Ulysse vint jadis et troubla

par de sanglantes libations le silence des ombres... Dans ces lieux
le laboureur entend sans cesse les accents plaintifs, les frémisse-
ments légers des mânes dont le vol sillonne les airs ; à ses regards
éperdus s'offrent, à chaque instant, de pâles fantômes, des spec-
tres hideux ; c'est de là qu'une déesse infernale a pris son essor...
soudain sa vue a terni les rayons sereins du soleil ; ses hurlements
sinistres ont déchiré la voûte céleste ; dans ses repaires lointains
la Bretagne a frémi ; la terre s'est ébranlée sous les pieds du
Sénonnais ; la mer repliée sur elle-même a fixé sa mobile surface. . . . » (1).

Vous trouverez peut-être quelque difficulté à admettre les pérégrinations des Argonautes et d'Ulysse, en dehors de la grande
mer Intérieure, à travers les écueils de notre Océan ; cependant
il nous faut ajouter qu'un personnage plus merveilleux que les
conquérants de la Toison d'or et que le père de Télémaque, a foulé
le sol du pays d'Ach. Le géographe Samuel Bochart, s'appuyant
sur un texte d'Ammien-Marcellin, nous représente Hercule venant
de Cadix jusque fort avant dans l'Océan ; Plutarque, plus explicite encore, dit que le héros se mit en rapport avec la colonie
grecque des Agnautes, établie sur la côte armoricaine depuis un
petit nombre d'années et tombée quelque peu dans les mœurs
sauvages par suite de ses rapports avec la population indigène. Hercule aurait laissé à ces émigrés quelques-uns de ses compagnons,
et bientôt la peuplade grecque aurait repris les coutumes de la
terre natale et acquis par cela même une splendeur qu'elle ne
devait plus jamais perdre. « Aussi, depuis cette époque, ajoute
Plutarque, Hercule est, de tous les dieux, celui qu'ils honorent le
plus après Saturne. »

A propos de tous ces navigateurs, si célèbres dans les fastes
de la Grèce et qui auraient visité nos vieilles plages bretonnes,
M. de Kerdanet s'écrie : « Quel honneur donc pour nos bateliers
d'avoir tant de demi-dieux pour compagnons de leur profession ! »
J'ignore si nos bateliers sont bien sensibles à cet honneur.

---

(1) Claudian. *In Rufinum*. — Traduction de M. de Kerdanet (sauf quelques légers changements).

Ce ne furent pas seulement les Hellènes qui vinrent aborder au pays d'Aginense : les Phéniciens y auraient apporté les caractères de leur écriture. Mille ans avant notre ère, un navigateur carthaginois aurait débarqué sur ces côtes et, si nous ne possédons pas le récit original de son expédition, nous en avons du moins le sens dans les vers d'Avienus, qui se dit lui-même renseigné par les *Annales carthaginoises*. Or, ce poète latin nous parle de la hardiesse des navigateurs habitant les îles OEstrymnides. « Ils sont courageux, dit-il, altiers, industrieux et fort adonnés au commerce ; ils franchissent dans des barques les abîmes de l'Océan et le détroit qui les sépare des autres terres. Ils ne construisent pas leurs bateaux avec le pin, l'érable ou le sapin, mais avec des peaux qu'ils cousent ensemble. Au moyen de ces faibles nacelles, ils parcourent souvent de grands espaces de mer... Les Carthaginois venaient négocier sur les côtes des OEstrymniens, en passant les Colonnes d'Hercule » (1).

Ce nom d'OEstrymniens ne suffirait pas pour nous faire reconnaître la peuplade qui nous occupe, si l'éloge que César fait des Armoricains ne parlait pas dans des termes identiques des Vénètes et des Ossismiens. Il est difficile de ne pas voir, dans les OEstrymniens d'Himilcon et d'Avienus, les Tymiens de Pythéas, les Ostyens de Tacite, les Ossismiens de Strabon, de Pomponius Mela, de Pline, de Ptolémée et de César.

Il me reste à demander pardon au lecteur pour tant d'érudition classique ; la chose n'est guère plus de mode, je le sais. Encore si cette érudition m'appartenait ! Mais elle est tout entière à M. de Kerdanet.

Au temps de Wormonoc, le territoire de cent *tribus* différentes avait été donné à perpétuité à saint Pol, et restait en la possession de ses successeurs. Ces *tribus* étaient probablement de ces agglomérations peu considérables que le latin des vieilles chartes et des cartulaires appelle généralement *plebs,* et qui dans la composition des noms bretons sont si souvent caractérisés par le préfixe *Plou.*

Il est à croire que plusieurs de ces hameaux ou villages arri-

---

(1) Le détroit de Gibraltar.

vèrent à être possessions épiscopales, parce que quelque fait particulier les rattachait à l'histoire de l'apôtre du pays. C'est du moins
ce qui eut lieu pour l'endroit dont nous allons parler. Lamber,
près de Ploumoguer, doit son nom à l'un des cousins de saint Pol
qui s'appelait Pierre et faisait partie de sa pieuse troupe ; ce
n'était pas un de ses douze prêtres. A Lamber donc, saint Pol
s'arrêta dès son entrée dans le pays de Telmédovie ; l'endroit lui
parut favorable pour un séjour, qui d'ailleurs ne se prolongea
guère ; ce fut encore une fontaine qui le détermina à se fixer ici :
l'eau était claire, abondante, agréable au goût. Dans le voisinage
de la source, le Saint construisit un petit oratoire et quelques
cellules, dont notre auteur n'indique pas cette fois le nombre.

C'est que la société venue d'outre-mer avec saint Pol était déjà
en partie dispersée ; les solitudes ne manquaient pas dans le voisinage, et par la séparation des compagnons de saint Pol elles
devinrent bientôt des ermitages, peut-être même de petits monastères. D'ailleurs, comme nous allons le voir, les relations étaient
loin d'être interrompues entre les émigrés de la Bretagne insulaire.

Un de ceux qui s'étaient le plus éloignés de leur maître s'appelait *Vivehinus* qu'on pourrait traduire par Vivien (1). Sa vie était
tellement austère, son ermitage si reculé, qu'entre tous les autres
religieux il fut unanimement surnommé *le moine*. En cherchant
l'endroit où il devait s'établir, il traversa des bois épais au milieu
desquels il trouva une vaste clairière. Ici encore, une source au
doux murmure, et sur les bords du ruisseau du sable très blanc
et très fin. Aussitôt l'ermite se met à l'œuvre et construit une
toute petite cabane. Mais le vieil ennemi du genre humain (du
moins notre auteur ne doute pas de son intervention en cette
circonstance) trouve aussitôt un instrument pour exercer sa haine
contre le saint solitaire. Dans la clairière, il y avait d'excellents
pâturages, donc

> La faim, l'occasion, l'herbe tendre, et je pense
> Quelque diable aussi le poussant

---

(1) Il a donné son nom à la paroisse de Plouvien près de Lesneven (*Note
de Dom Plaine*).

un grand buffle vint brouter l'herbe épaisse et boire l'eau du ruisseau. A vrai dire, Wormonoc se fâche un peu plus que de raison
contre le désagréable visiteur de l'ermite. Il dit que ce buffle
venait là « pour assouvir la voracité d'un ventre bien digne d'une
bête fauve (1). » Il est certain que si cet hôte incommode avait
pour lui le droit du premier occupant, le solitaire dut toutefois
être péniblement surpris en le voyant paraître ; l'animal avait d'ailleurs un aspect terrible, et c'étaient précisément ses visites quoti-
diennes à la clairière qui, en terrifiant ceux qui le rencontraient,
avaient fait un désert d'un endroit charmant. Le buffle vit qu'il
n'était plus seul possesseur de ces lieux ; il se rua sur la pauvre
cabane, la renversa, et des pieds et des cornes il en dispersa au
loin les débris ; puis, après avoir d'abord dirigé en tout sens sa
course folle et poussé d'horribles mugissements, il gagna sa
retraite accoutumée.

Le serviteur de Dieu vit, dans le malheur qui lui arrivait,
l'intervention du démon et il se garda bien de céder à son ennemi.
Le lendemain, la cabane reconstruite était de nouveau renversée,
et il en fut ainsi le troisième et le quatrième jour.

Pourrions-nous, avant de poursuivre notre récit, ne pas saluer
ces hommes énergiques qui, sur un sol où florissait naguère la
civilisation gallo-romaine, ne rencontraient que la barbarie ; au
lieu de trouver le secours des animaux que Dieu a donnés à
l'homme pour l'aider dans sa tâche, ils avaient à combattre ou
les bêtes féroces de leur nature, ou les troupeaux qui, désormais
sans maître, n'étaient pas moins sauvages et moins nuisibles que
les fauves. Un des bienfaits des moines et des ermites qui cou-
vrirent le sol non-seulement de l'Armorique, mais de la Gaule
entière, fut de ramener à l'étable, de réduire à l'obéissance, ces
auxiliaires naturels à qui incombe le soin de traîner la charrue.

Cependant, ce ne fut pas par lui-même que Vivien changea en
douceur la férocité du buffle son ennemi. Il fit connaître à son
maître saint Pol le cruel embarras dans lequel il se trouvait, et
il lui demanda formellement de venir et de le secourir. Tou-

---

(1) Pinguibus pascuis ferini ventris ingluviem replens. . . .

chante confiance ! car le Saint n'avait point d'autre arme que la
prière. Le solitaire n'avait pas trop présumé de la bonté de son
père spirituel. Pol vint, et dès qu'il eut contemplé ce lieu charmant, il se mit à l'aimer aussi : « Frère, dit-il à Vivien, si tu veux
bien y consentir, ce lieu sera à moi désormais et ma demeure
deviendra la tienne. — O mon bon maître, dit le disciple, tout ce
qui est ou peut être à moi n'est-il pas à vous, de même que tout
ce qui vous appartient m'appartient ? En toutes choses, je veux
faire ce que vous voulez. — Ce n'est à ma volonté mais bien à
celle de Dieu qu'il faut obéir. — Oui, mais je sais bien aussi
qu'entre votre volonté et celle de Dieu il n'y a point de désaccord,
et c'est pour cela même que vos ordres doivent être exécutés
comme des ordres divins. »

Pendant qu'ils s'entretenaient ainsi, le buffle arriva comme
les jours précédents et comme toujours d'ailleurs. Saint Pol était
en ce moment devant la porte du pauvre ermitage relevé pour
la cinquième fois ; l'animal, encore à une certaine distance quand
il l'aperçut, prit peur et se mit à trembler, mais il avança néanmoins et vint par trois fois se coucher à ses pieds en ployant les
genoux et en touchant la terre de son grand front cornu. On aurait dit qu'il demandait pardon de ses méfaits ; toutes ces marques de déférence et de regret, il les offrait si bien qu'on aurait
cru la pauvre bête accoutumée à ces exercices depuis bien des
années. Saint Pol n'attendit pas un instant pour formuler sa sentence : « Je te pardonne, dit-il au buffle, retire-toi paisiblement,
mais garde-toi de jamais revenir ici. » L'animal courba encore la
tête comme pour lui dire adieu, et regagna l'endroit caché de la
forêt voisine où il avait sa retraite accoutumée ; dès lors on ne le
revit plus aux abords de l'ermitage.

Le Saint ayant délivré le pays de cet hôte terrible, y fixa sa
demeure pour un peu de temps, tandis que ses disciples continuaient à vivre dispersés çà et là. Il bénit ce lieu, il bénit en particulier la fontaine, et se construisit, comme dans ses établisse-
ments antérieurs, un oratoire et une petite cellule.

Wormonoc, après ce récit, ajoute : « Cet endroit est celui qui
s'appelle encore *Lanna* ou *Monastère de Pol,* dans la *plebs* (ou

plou) de Telmédovie » ; c'est-à-dire que cet endroit s'appelait, au temps de notre auteur, et d'ailleurs s'appelle encore aujourd'hui *Lampaul-Ploudalmézeau*. Dom Plaine a eu soin de faire remarquer au lecteur comment Wormonoc attire l'attention sur le sens du mot breton *lanna*, qui nous a légué le préfixe *lan*. Il y aurait donc eu dans dans les différents lieux dont le nom commence ainsi, un monastère ou du moins un ermitage dont, trop souvent, il ne s'est pas gardé même un souvenir.

Si nous envisageons dans son ensemble la vie de saint Pol-Aurélien depuis son arrivée en Armorique, nous voyons que jusqu'ici elle n'a été en apparence qu'indécision. Ce n'est pas un fait rare dans la vie des Saints. Dieu donne la lumière à ceux qui veulent faire son œuvre, mais bien souvent il ne la donne qu'à l'heure même où le besoin s'en fait sentir ; dans cette obscurité partielle et passagère l'homme sent mieux quel faible instrument il est entre les mains de son Créateur, et s'il reste humble, son humilité devient sa force.

Ainsi, saint Pol a fait un premier séjour dans l'île d'Ouessant ; il a sanctifié par sa présence l'île *Mediona* et le *Roc'h-ar-Marc'h-du* ; il a établi un premier ermitage à Lamber, un second à Lampaul-Ploudalmézeau ; ici, il a manifesté d'une façon toute spéciale l'autorité que Dieu lui a donnée sur les animaux les plus féroces, autorité dont nous le verrons se servir encore en plusieurs circonstances. Et remarquons qu'elle était particulièrement propre à préparer sa mission. Pourquoi ne pas le reconnaître ? la race des Celtes aime le merveilleux ; sans doute, ses fils peuvent être convertis par la parole de Dieu, parole puissante, efficace en elle-même, mais Celui qui a tant multiplié les prodiges dans la Judée, dans la Galilée, chez les Samaritains et les Chananéens, n'a point voulu les refuser aux populations de l'Irlande ou des deux Bretagnes. Dieu prend les peuples par les moyens les mieux adaptés à leurs qualités natives. Si les miracles sont plus nombreux dans l'hagiographie bretonne que dans les vies des Saints de tout autre pays, est-ce parce que notre imagination plus vive, notre reconnaissance plus enthousiaste pour nos Saints a brodé plus d'ornements sur un fond véridique ? ou bien est-ce parce que Dieu, nous prenant tels que nous sommes, a bien voulu se regarder comme nous devant plus qu'à d'autres la démonstration puissante entre toutes sur les âmes touchées par la grâce ?

C'est une question, mais les populations qui voyaient dans Pol-Aurélien un bienfaiteur qui les délivrait déjà de fléaux redoutables, étaient bien mieux préparées à écouter sa parole, à embrasser la vie chrétienne, lorsqu'elles s'en étaient écartées, ou même à renoncer aux superstitions paiennes, là où elles pouvaient exister encore.

Quant aux changements de résidence accomplis à de courts intervalles, ils n'étaient pas sans produire d'heureux résultats. L'action de l'apôtre et de ses auxiliaires serait nécessairement plus puissante à mesure que d'une chaumière à l'autre on se serait entretenu des vertus, de la bonté de ces émigrés, et de tout ce que le Seigneur accomplissait par leur entremise.

Or, maintenant ces préliminaires sont posés : un ange avait dit à Pol de quitter la Grande-Bretagne, mais en le laissant dans l'ignorance sur le point précis où il devait s'établir. L'ange vint le trouver encore dans la clairière où il vivait près de sa fontaine et des grands arbres de la forêt. Quand il eut reçu cette visite céleste, il résolut d'aller trouver le prince ou seigneur de la contrée, de combiner avec lui les moyens d'action qu'il pourrait employer, de l'interroger sur les mœurs et sur les lois du pays, enfin de chercher un lieu où il put se soustraire à toutes les relations avec les gens du monde. Il devait laisser quelques-uns des siens dans son monastère de Lampaul, mais les autres en plus grand nombre le suivraient dans sa nouvelle retraite.

La marche de Pol et de ses compagnons ressemblait bien à celle de gens qui vont à l'aventure ; cependant Dieu dirigeait leurs pas ; ils traversèrent le territoire de Tréglonou, Landéda, Lannilis, et arrivèrent à une contrée où le sol était couvert de pierres, si bien qu'elle avait reçu son nom de cette particularité. Notre historien appliquant cette dénomination, non-seulement au pays, mais aussi au peuple qui l'habitait, intitule son chapitre XIVᵉ: *De ejus comitatu ad plebem lapideam* ; quant au pays lui-même, il l'appelle *Amcinis lapidea*. Dom Plaine désigne ce terrain pierreux par un nom qui, dans notre langue bretonne, doit être toujours le nom d'autrefois : *Grouanec,* d'où le nom du peuple qui l'habite : *Ar Grouanekis.* Dans l'*Amcinis lapidea* de Wormonoc, il ne faudrait pas voir seulement le village actuel du *Grouanec,* mais tout le territoire qui dépendait de son église, autrefois trève et maintenant chapelle. Il s'étend depuis le bord de la mer à l'entrée de la Manche, jusqu'à l'endroit où un bras de mer marque la séparation entre le pays d'Ach et le pays du Léon proprement dit ; notre auteur, précisant davantage, ajoute : « jusqu'au lieu qui s'appelle *Caër Wiorman* (maintenant Plouguerneau : c'est ici, en effet, que le pays d'Ach vient finir). Le point précis où saint Pol arriva dans cette partie pierreuse de la paroisse actuelle de Plouguerneau se trouve au fond de la baie de l'Abervrac'h. Là il se sentit fatigué et s'assit ; ses disciples étaient aussi accablés de lassitude en même temps que dévorés par la soif, et ils se mirent à errer en tous sens pour chercher un peu d'eau ; mais leurs courses n'eurent d'autre résultat que d'ajouter encore à leurs souffrances ; ils revinrent donc à leur maître et ne se contentèrent pas de lui exposer leur détresse avec des accents qui auraient touché un cœur moins charitable que le sien ; ils implorèrent son secours en déclarant que s'il n'intervenait pas ils allaient tous mourir. Leurs plaintes l'émurent vivement ; mais sans leur répondre par des paroles, il adressa à Dieu l'une de ces prières toujours efficaces auxquelles il recourait dans chaque nécessité. « Seigneur, dit-il ; c'est par votre ordre que la verge de Moïse, précédemment transformée en serpent, sépara les eaux de la mer Rouge pour laisser un passage aux Hébreux ; par votre ordre qu'elle fit jaillir une source abondante lorsqu'Israël marchant dans le désert vers la terre promise, allait être anéanti par la soif ; c'est ainsi que vous avez donné à tout un peuple de l'eau pour lui-même et pour ses troupeaux ; c'est ainsi que vous avez fait cesser les murmures. Et maintenant, Seigneur Jésus, daignez faire jaillir une source de ce sol si dur, quand je l'aurai frappé de la pointe de mon bâton ; donnez une eau agréable à cette petite troupe pour qu'elle puisse apaiser la soif dont il lui faudrait bientôt mourir. » Ayant dit ces mots, il frappa la terre

de l'extrémité du bâton sur lequel il appuyait sa marche ; il
la frappa à trois endroits différents, enlevant chaque fois une
motte de terre, et aussitôt jaillirent trois sources abondantes qui,
sur-le-champ, purent étancher la soif des pauvres altérés, mais
qui, en outre, purent désormais suffire aux besoins des nombreux
habitants du littoral, car ils avaient jusque-là beaucoup souffert
de la disette d'eau douce.

Ainsi, comme le Patron de la Cornouailles, le Patron du Léon
fait jaillir les sources miraculeuses, et tous deux obéissent à la
même impulsion : de même que le cœur de saint Corentin a été
ému de pitié en voyant la fatigue d'un ermite vieux et infirme,
de même le cœur de saint Pol s'est attendri sur ses compagnons,
et Dieu les a écoutés l'un et l'autre, parce que leur demande était
dictée par la charité.

Bien que déjà témoin de plusieurs autres prodiges, ce dernier
miracle produisit une vive impression sur les disciples de Pol-Aurélien ; regardant avec admiration leur maître et leur père, ils se
disaient que la main de Dieu était avec lui ; mais faisant remonter
leur reconnaissance jusqu'au Seigneur, ils chantèrent des hymnes
et différentes formules de louanges et d'actions de grâces pour célébrer Celui qui ne cesse d'opérer des merveilles par les mains de
ses serviteurs, Celui qui accorde toute demande pourvu qu'elle
soit dictée par une foi qui n'hésite point, Celui qui donne même
bien plus qu'on ne réclame de sa puissance et de sa bonté ; et,
comme le dit Wormonoc, le fait dont nous parlons en est bien un
exemple : Pol avait demandé une source pour ses disciples, une
seule, et il en obtint trois. L'eau pure et fraîche, dont il désirait
user pour cette circonstance unique, ne cesse de couler, et elle
possède la vertu de guérir tout genre de faiblesse, de maladie ou
d'infirmité, pourvu que ceux qui viennent boire ou se laver à ces
fontaines prient Dieu avec confiance par les mérites de saint Pol.

Depuis le temps où notre auteur écrivait ce qui précède, les
trois fontaines n'ont cessé de couler. L'endroit où le Saint les fit
jaillir s'appelle aujourd'hui *Prat-Paol*. Depuis des temps très
reculés, on y voit une chapelle dédiée à celui qui a laissé à ce lieu
un nom et le souvenir de ses bienfaits. L'une des trois fontaines
coule sous l'autel ; elle déverse ses eaux dans celles d'une seconde

source qui se trouve dans l'enclos même de la chapelle et dont les marches sont usées par les pieds des pèlerins d'autrefois ; la troisième fontaine, située à quelques pas en dehors de ce même enclos, est celle où les habitants du hameau viennent maintenant puiser l'eau dont ils ont besoin.

Nous l'avons vu, les compagnons du Saint n'avaient pas souffert seulement du manque d'eau, mais aussi de la fatigue d'une longue marche ; ils se reposèrent donc quelque temps encore à l'endroit d'où leurs chants de reconnaissance avaient monté vers le ciel ; ils se disposaient à partir, lorque devant eux parut un homme à qui ils posèrent toute une suite de questions. L'extérieur du personnage était assez modeste pour indiquer qu'il était de condition servile, ils lui demandèrent donc qui était son maître, qui était le prince du pays, quelles lois étaient en vigueur dans la contrée, enfin ils le prièrent de leur faire connaître un lieu bien secret convenant à quiconque voudrait servir Dieu dans la solitude.

L'homme ainsi interrogé inclina humblement la tête et commença par rendre grâces à Dieu qui lui avait donné de s'entretenir avec de tels personnages, puis se tournant vers saint Pol en qui il reconnut le chef de la pieuse société, il lui dit : « Bien aimé serviteur de Dieu, au milieu d'autres bergers je gagne ma nourriture en faisant paître les pourceaux d'un seigneur nommé Withur ; c'est un homme profondément chrétien, et la religion chrétienne constitue la loi du pays qu'il gouverne par la délégation et sous l'autorité de l'empereur Childebert. Si vous voulez le voir, je vous guiderai dans votre marche ; quant au lieu que vous cherchez, j'en connais un qui par sa position est tout-à-fait favorable à votre dessein ; je vous le montrerai, si cela peut vous plaire.

« Je ne voudrais pas que vous me preniez pour un menteur s'amusant à tromper des gens étrangers au pays ; venez donc, suivez-moi, vous verrez que je tiendrai ma promesse. »

Il est impossible de ne pas remarquer la délicatesse avec laquelle s'exprime ce pauvre gardeur de pourceaux ; dom Lobineau observe fort justement que pour un homme de sa condition, il ne manquait ni d'honnêteté ni d'esprit.

Saint Pol partit donc et marcha par la voie publique, depuis le point où s'élève actuellement l'église du pays qu'il quittait, jusqu'à la ville qui porte aujourd'hui son nom. La voie publique ici indiquée n'était autre qu'une de ces grandes voies romaines qui, encore au vi^e siècle, devaient être en bon état de conservation. (Dom Plaine place à l'an 525 le passage de saint Pol en Armorique et ses premiers rapports avec le comte Withur.)

Jusqu'à la publication de la *Vie de saint Pol* par Wormonoc, tous les hagiographes ont été dans l'erreur relativement à l'itinéraire suivi par notre Saint, et cela se comprend. Ils n'avaient entre les mains que les reproductions du manuscrit de Fleury, dont l'auteur s'est appliqué surtout à faire disparaître des noms qui lui semblaient barbares. Ce que nous disons sur la marche de Pol-Aurélien à travers le pays de Léon est au contraire empreint du caractère de la certitude.

L'empereur Childebert, dont il est question plus haut, est appelé par Wormonoc *Philibert*. Cependant nous ne pouvons hésiter un seul instant à voir dans ce personnage le roi des Francs, Childebert Ier, qui régna de 511 à 558 ; car, nous verrons plus tard saint Pol se rendre à la cour de France, et en cette circonstance le roi sera encore appelé Philibert par notre auteur. Si ce nom ainsi modifié est accompagné du titre d'empereur, c'est qu'au temps de Wormonoc les rois de France ont vu étendre et rehausser leur autorité par la dignité impériale, et ce mot « l'empereur » est devenu le terme usité pour désigner le chef de l'Etat ; le porcher du comte Withur endossera donc cet anachronisme.

Le mot même d'empereur indique aussi qu'il s'agit du roi des Francs Childebert, et non d'un roi Hilibert qui régna sur la Bretagne ou sur une petite partie de la Bretagne (peut-être à Landerneau). Il est question de ce personnage dans une charte transcrite au cartulaire de Landévénec (fol. 158 du manuscrit, p. 165 de l'édition récente). Il aurait donné en perpétuelle possession à saint Conogan ou à sa famille le petit domaine de la Palue sur les bords de l'Élorn, et saint Conogan à son tour l'aurait donné à saint Guennolé.

Voilà tout ce que nous savons de ce monarque ; on ne peut donc voir en lui le prince puissant sous l'autorité duquel Withur gouvernait le pays de Léon.

CHAPITRE IV

LA VILLE SAINTE ET L'ILE DE BATZ

Si au cours de cette histoire, nous devons encore suivre l'apôtre du Léon dans ses pérégrinations longues et fructueuses, nous allons voir cependant saint Pol choisir et habiter d'ordinaire l'endroit qui sera son centre d'action ; je devrais dire « les deux endroits, » car nous le verrons aller et venir de la ville à l'île de Batz et de l'île à la cité. Cette ville du pays des Occismiens où il entrait pour la première fois, lui apparaissait désolée ; sa population autrefois considérable était tellement réduite qu'elle ne troublait nullement le repos des bêtes fauves établies à l'intérieur des remparts. Suivons le récit de Wormonoc : « Saint Pol entra par la porte dont l'architecture plus monumentale décore le mur d'enceinte à l'occident ; il rencontra aussitôt une fontaine dont l'eau coulait assez abondante et très limpide. Il la bénit par le signe de la croix au nom de la Très Sainte-Trinité. Cette eau a souvent rendu la santé à des malades et à des infirmes. La ville était encore fortifiée à cette époque et ses murailles étonnaient même par leur élévation, mais elles étaient construites de terre ; maintenant (1), elles sont en grande partie remplacées par des murs de pierre beaucoup plus hauts encore. Le territoire de la cité est comme une île entourée par la mer de Bretagne (la Manche),

---

(1) C'est-à-dire au ixe siècle, car à notre époque *Saint-Pol* a depuis long-temps cessé d'être ville forte.

de toutes parts excepté du côté du midi, et le rivage y affecte la forme d'un arc très fortement tendu. C'est un lieu d'une grande beauté, un lieu plein de charmes, baigné à toute heure de la lumière du soleil, depuis qu'il apparait à l'orient jusqu'à l'heure où il se couche. Mais, il serait raisonnable de dire quels habitants saint Pol trouva dans ces beaux lieux : le Saint était entré dans le château construit pour la défense de la ville (le souvenir de ce château se conserve toujours dans le nom breton de *Castel-Paol*) ; il y trouva pour garnison... une laie avec toute une bande de marcassins qu'elle allaitait en ce moment. Pol Aurélien la toucha de la main ainsi que ses petits, et cette caresse changeant en un instant le naturel de ces animaux, les rendit aussi inoffensifs que s'ils avaient été depuis longtemps nourris dans une étable. Bien des années après, il y avait dans les troupeaux du roi, des pourceaux qui descendaient de cette laie et de ses marcassins ; ils étaient si nombreux qu'on n'aurait pu les compter.

« Il trouva aussi dans un arbre creux une très grande abondance de miel et une telle quantité d'abeilles qu'après les avoir partagées en nombreux essaims, il put en remplir d'innombrables ruches. Aux yeux du Saint ces précieuses découvertes étaient des dons de Dieu, aussi en bénissait-il l'Auteur de tout bien.

« Je ne dois pas non plus passer sous silence ce qu'il arriva de deux autres animaux encore rencontrés par lui. Un ours très rapace exerçait ses ravages dans toute la contrée ; dès qu'il eut aperçu Pol, il s'enfuit tout tremblant ; non loin de la ville, il tomba dans une fosse très profonde que la Providence, à ce que je crois, avait elle-même disposée ; l'ours se rompit le cou dans sa chute et sa mort rendit la sécurité au pays, ou du moins elle y contribua avec l'expulsion d'un hôte non moins dangereux. Dans la même contrée, saint Pol rencontra en effet un buffle auquel il ordonna de disparaître et d'aller plus loin. Au dire de plusieurs, c'était le même buffle qu'il avait déjà chassé d'un autre endroit, comme nous l'avons vu précédemment. »

Après ces récits, notre bon narrateur tire lui-même des faits qui précèdent de très justes déductions, et s'adressant à son Saint bien aimé, il lui dit :

« Qu'elles sont admirables, ô saint Pol, les œuvres de votre puissance ! Ce qui ne pouvait être à l'homme d'aucune utilité, ce qui ne pouvait que lui faire beaucoup de mal, vous aviez la sagesse de le détruire ou de l'écarter ; mais recueillant avec soin ce qui pouvait lui procurer quelqu'avantage, vous n'hésitiez pas à lui en assurer la possession. Quant aux différents monstres, dont la présence indiquait l'empire exercé par le démon sur ces contrées dont il avait tenu les habitants en esclavage, ils ont pris la fuite en vous apercevant et jamais on ne les a revus. »

Tous les faits qui viennent d'être rapportés ont été soigneusement relevés par M. de Montalembert et relatés dans *les Moines d'Occident,* II, p. 386 ; si nous n'avons pas reproduit la belle page que l'illustre écrivain consacre à notre Saint, c'est qu'étant un abrégé elle n'aurait pas dit assez par elle-même, et qu'elle n'ajouterait rien à ce que vient de nous apprendre notre vieux narrateur.

Mais, ce n'était pas tout que de chasser ou d'anéantir les bêtes malfaisantes, d'apprivoiser les animaux utiles. La pauvre ville abandonnée avait plu aux regards du Saint ; nous ne savons s'il pleura sur la désolation dans laquelle il la voyait, comme le Sauveur pleura sur la ruine future de Jérusalem, mais il fit mieux encore: « Il en chassa les bandits qui y avaient trouvé une retraite ; il bénit du sel et de l'eau et s'avança le long des remparts à l'intérieur et à l'extérieur, les aspergeant de l'eau sainte, au chant des psaumes et des hymnes ; c'est ainsi qu'il bénit, qu'il consacra sa ville, afin que là où avait abondé le péché, là aussi surabondât la grâce, par Jésus-Christ Notre Seigneur, auquel soit l'honneur et la gloire dans les siècles des siècles. Amen. »

Cette consécration de la ville que visitait ainsi l'envoyé de Dieu, a laissé des traces durables dans la mémoire des peuples. Dans *Furnez Breiz* (Sagesse de Bretagne), Brizeux a recueilli de nombreuses formules proverbiales très connues, parmi lesquelles je trouve :

> Kastell, santel ;
> Kemper, ar gaër ;
> Oriant, ar c'hoant.

> Saint-Pol, la ville sainte ;
> Quimper, la belle ;
> Lorient, la jolie.

Et, s'adressant lui-même à la ville où il introduit ses jeunes pèlerins de Scaër, Brizeux l'appelle encore :

O ville de Conan et de Pol, cité sainte !

Voilà pourquoi nous n'avons pas hésité à prendre cette qualification pour en faire le titre de ce chapitre, car nous y voyons saint Pol rendre une vie nouvelle à ce lieu où il ne fera sans doute que passer tout d'abord, mais pour y revenir souvent, pour y établir son siége épiscopal, pour y trouver sa sépulture et recevoir les hommages de son peuple fidèle.

En s'y arrêtant, il n'avait point perdu de vue le but qu'il poursuivait : le berger du comte Withur le conduisait vers son maître ; or, ce prince méritait parfaitement l'éloge qu'avait fait de lui son digne serviteur. Pour fuir le tumulte du monde, les relations futiles, les soucis inutiles, il s'était retiré dans l'île de Batz, que Wormonoc appelle *Battha* (1). Withur était très versé dans l'étude de l'Écriture Sainte et avait un remarquable talent pour la calligraphie, si cultivée en ce temps-là. Dans son île, il pouvait donc tout à loisir méditer et transcrire le texte sacré. Tandis que saint Pol s'en allait de la ville à l'endroit où il devait passer la mer, il trouva trois aveugles conduits par un seul guide qui, tantôt, les menait bien droit par le chemin, mais, tantôt, les faisait tourner en tout sens ; le guide était un jeune garçon que ce méchant jeu semblait amuser beaucoup. Les aveugles, eux aussi, se rendaient à l'île pour implorer la charité bien connue du comte ; il entendirent les pas de gens en marche et crièrent tous trois : « Prince qui passez, et vous qui l'accompagnez, n'avez-vous rien à donner aux aveugles ? Du moins, ayez pitié de notre misère. »

Saint Pol fut ému de pitié ; il se mit à genoux sur la voie, pria un instant et dit à ces pauvres gens : « Nous n'avons rien à vous donner, du moins rien de ce que vous demandez ; daigne Dieu vous faire un don qui sera plus utile. » Et s'approchant

---

(1) Ceci indiquerait que le son du *th* à cette époque, comme du *th* anglais d'aujourd'hui, se rapprocherait du son de notre lettre Z.

d'eux, il ajouta ces paroles : « Que celui qui, à leur prière : *Jésus, fils de David, ayez pitié de nous,* ouvrit les yeux des aveugles, ouvre aussi vos yeux. »

Et touchant aussitôt leurs paupières de l'extrémité de son bâton, il guérit non-seulement leur cécité corporelle, mais aussi l'aveuglement que le péché avait produit dans leur âme. Ils virent clairement leur état et résolurent sur-le-champ de marcher dans les voies de Dieu ; ils y appliquèrent désormais tous leurs efforts.

Après cette double guérison, saint Pol continuait son chemin, quand bientôt il rencontra deux autres mendiants ; ce n'étaient plus des aveugles, c'étaient des muets. Ils demandaient l'aumône en tendant la main et en faisant des signes. Le Saint eut pitié de leur misère ; il leur communiqua le don de la parole et leur recommanda de n'en user que pour des discours agréables à Dieu. Il avait à peine repris sa route qu'il rencontra quatre paralytiques que l'on portait sur des grabats. En le voyant passer avec ses compagnons, ces pauvres infirmes implorèrent sa pitié. Pol se souvint aussitôt des paroles de saint Pierre lorsqu'il guérit le boiteux sous le portique de Salomon et, comme l'Apôtre l'avait dit à cet infirme, il dit aussi : « De l'or et de l'argent, je n'en ai pas ! mais ce que j'ai je vous le donne. Au nom de Jésus de Nazareth, levez-vous et marchez ! » A l'instant même, les paralytiques se levèrent tous quatre et se mirent à marcher ; notre historien ajoute qu'ils marchèrent aussi désormais dans la voie du salut. Aux trois aveugles, aux deux muets, aux quatre paralytiques, saint Pol avait fait la même recommandation : qu'ils ne fissent connaître à personne comment ils avaient été guéris. A cela ils obéirent en allant par toute la contrée raconter les miracles dont ils avaient été l'objet.

Avant de poursuivre notre récit, arrêtons-nous un instant pour saluer avec respect le prince vers lequel saint Pol marchait sans le connaître. En étudiant l'histoire du Patron de la Cornouailles nous avons eu souvent à considérer la piété, la générosité du roi Grallon et à constater les heureux effets de l'étroite union entre le prince et l'évêque. Sans doute, dans nos légendes et dans les souvenirs populaires, Withur occupe une place moins grande que celle qui appartient à Grallon-Maur ; mais l'influence que Pol-Aurélien va prendre sur le territoire léonais, à qui la devra-t-il après Dieu si ce n'est au prince charitable dont la demeure était si bien ouverte aux malheureux ? Car, de la cité occismienne jusqu'à l'île de Batz, saint Pol ne rencontra sur la route que des pauvres allant solliciter sa pitié. S'ils étaient beaux et précieux les manuscrits du Saint Evangile, œuvres de la main du comte, ils étaient plus beaux encore les enseignements évangéliques gravés dans le cœur de ce grand chrétien et se manifestant dans tous les actes de sa vie.

Saint Pol, suivi de sa petite troupe, passa le gué qui se trouve sous la pointe autrefois appelée *Golban* (1), et entra dans l'île. Il se rendit à ce qu'on appelait encore au ixe siècle l'*Endroit Secret*, demeure écartée et paisible où ils trouvèrent Withur achevant la transcription des quatre livres de son Evangéliaire. Le comte et le moine se regardèrent, et ce premier regard leur suffit ; ils s'étaient reconnus, en effet, et leurs larmes témoignèrent de la joie qui remplissait leurs âmes. Tombant dans les bras l'un de l'autre, ils se tinrent longtemps embrassés ; dans celui qu'il croyait être un étranger, Pol-Aurélien trouvait non seulement un Breton, comme lui venu d'outre-mer, mais un proche parent et presqu'un frère d'autant plus aimé que les liens qui les unissaient n'étaient pas seulement ceux du sang, mais les liens plus puissants de leur charité pour Jésus-Christ. Après les premières effusions de leur amitié et de leur allégresse, ils se mirent à se raconter en détail ce qui leur était arrivé depuis leur séparation. Dans son récit, saint Pol en était à dire comment il avait pu s'arracher au roi Marc et comment ce prince lui avait refusé la cloche tant convoitée et si instamment demandée par lui ; à ce moment, l'entrée d'un serviteur vint interrompre la conversation des deux amis : cet homme, chargé de garder le vivier du prince, tenait d'une main un saumon d'une étonnante grandeur, et de l'autre une cloche merveilleuse dont l'anneau semblait avoir

---

(1) Dom Plaine est d'avis que l'indication de ce nom met fin à la discussion, si souvent agitée, de l'emplacement qu'occupait le promontoire *Gobée.*

été perforé et rongé (1). Le prince rendit d'abord grâces à Dieu et dit à saint Pol : « Mon frère, jusqu'à votre arrivée, jamais poisson de cette espèce n'a été pêché dans ces parages, jamais non plus pêcheur n'a trouvé de cloche dans mon vivier. » Et comme Withur attribuait ce double fait aux mérites de son cousin, celui-ci se défendait énergiquement. Quant à nous, sans nous mêler à leurs débats, sans prendre parti pour l'un ou pour l'autre dans cette lutte d'humilité, nous pouvons ici admirer les aimables attentions de la Providence : au moment de leur heureuse rencontre, elle offre à Pol et à Withur ce poisson merveilleux, comme à saint Corentin elle avait offert les anguilles de sa fontaine pour faire un honorable accueil à saint Patern et à saint Malo.

Mettant fin à leur amicale discussion, Withur pria saint Pol de prendre la cloche et de la faire sonner ; celui-ci obéit, et, au grand étonnement du comte, se mit aussitôt à rire de tout son cœur.

Dom Lobineau dit qu' « il ne put s'empêcher de sourire » ; au XVIIe siècle, comme au XVIIIe, c'eut été, dans une certaine école, une grave irrévérence de croire qu'un Saint eut pu rire franchement ; on n'était pas cependant si éloigné du temps où saint François de Sales, tout Suisse qu'il était, payait large tribut à la gaîté française. Pour saint Pol, si nous voulons savoir ce qu'il fit, lisons son premier historien : non seulement il sourit, mais il rit ; non seulement il ne put s'en empêcher, mais il ne l'essaya même pas ; et si vous en doutez, voici le texte latin : « *Labia sua præ gaudio resolutus, constanter arrisit.* » Si cela scandalise quelqu'esprit morose, il y a moyen de plaider les circonstances atténuantes : le rire n'est pas toujours provoqué par les saillies d'un esprit caustique ou la bizarrerie des circonstances ; il est quelquefois aussi l'expression du bonheur, voire même d'un bonheur très sérieux, et c'est le cas ici, comme le dit clairement *præ gaudio*.

Quant à Withur, il ne comprenait rien au changement qui

---

(1) Wormonoc dit : *par les sangsues ;* comme les sangsues ne se trouvent pas dans l'eau salée, je n'ai pas cru devoir traduire ici le mot *sanguisugis.*

venait de se produire chez son cousin, et il lui demanda tout simplement : « Mais mon frère, qu'avez-vous donc à rire ? » A quoi
saint Pol répondit : « Ce qui me fait rire, c'est cette cloche ; c'est
celle dont je vous parlais à l'instant, c'est bien en vérité la même
que j'ai demandée à Marc, roi de mon pays, au moment où je pris
congé de lui. Voilà pourquoi je suis joyeux, et je rends grâce
à Dieu qui, dans sa toute puissance, choisit et communique ses
dons quand il le veut, comme il le veut et à qui il veut..... Aussi
quand nous lui demandons quelque chose, demandons à lui seul
et pas à d'autre qu'à lui ; même avant que notre prière n'ait été
formulée, il a sous les yeux tous les objets qui nous sont nécessaires ; s'il semble tarder à nous les accorder, ce retard même a pour
but notre propre utilité, croyons-le bien. Voilà où tendent les
délais de la munificence divine : si la patience ne nous abandonne
pas, si nous persévérons longtemps, ce que nous attendons nous
sera donné d'une manière plus merveilleuse et plus parfaite. C'est
évidemment ce qui vient d'arriver pour cette cloche, Dieu ayant
tout disposé pour qu'elle tombât entre nos mains ; offerte par vous,
elle me sera d'autant plus agréable et plus précieuse que vous et
moi nous voyons en elle un vrai don de sa Majesté ! » Le comte
l'écoutait avec un plaisir marqué, et il dit à son tour : « Quel serait
l'homme assez insensé pour aller à l'encontre des dispositions de
la Providence, puisque nul ne peut résister à la volonté de Dieu ?
Comme vous le disiez, il distribue ses dons à qui il veut. » En
disant ces mots il prenait la cloche et la lui donnait, ajoutant
encore : « C'est le Seigneur qui l'a fait arriver jusqu'à vous, elle
vous appartient en toute justice, ce n'est pas moi, c'est Lui qui
vous la transmet, acceptez-la avec bonheur. » Le Saint la prit,
rendit grâce à Dieu, remercia le comte et le bénit.

Après ce récit, Wormonoc constate ainsi la vénération qui s'était
attachée à la cloche miraculeuse : « Chez tous les peuples où l'on
connaît la langue latine on l'appelle *Hirlglas* ; ce nom si connu
signifie *longue et fauve* ; par les mérites de saint Pol non seulement elle a fait disparaître bien des maladies, mais elle a rendu
la vie à un mort, comme je l'ai moi-même entendu attester par
plusieurs témoins oculaires de cette résurrection. »

Cette cloche n'est pas moins vénérée aujourd'hui qu'au temps où notre vieil auteur disait ce qu'on vient de lire. Dom Lobineau et l'abbé Tresvaux l'appellent *Hy-Glas,* et M. de Kerdanet dit que d'après une ancienne légende les anciens Bretons l'appelaient *an Hyr-Glaz,* ce qu'il traduit par *la Longue-Verte,* traduction plus exacte que celle de Wormonoc, car il n'est pas probable que même au ixᵉ siècle *glaz* ait signifié *fauve.* Dom Lobineau raconte la merveilleuse histoire de la cloche d'une manière conforme à celle de notre narrateur, et contrairement à son habitude n'émet pas même de doute sur la vérité du prodige ; mais lorsqu'il en vient à la conservation de la cloche dans la cathédrale de Léon, il dit que si ce n'est pas elle c'en est une autre substituée à sa place. L'abbé Tresvaux qui en rééditant Dom Lobineau l'accusait de scepticisme, renchérit ici sur son maître : « On peut ne point croire ceci, dit-il ; et le moyen de s'imaginer que les légendaires n'aient pas abusé trop légèrement de la crédulité de leurs lecteurs ? Mais on le rapporte cependant, pour faire remarquer de quelle rareté étaient les cloches en ce temps là ? »

Le lecteur aura pu remarquer que d'après, notre récit, la cloche fut trouvée dans le vivier. Dom Lobineau raconte qu'elle fut trouvée dans le ventre du poisson ; Albert-le-Grand et Bernard du Saint-Esprit disent : dans sa gueule. Ces hypothèses différentes sont acceptables, car le poisson était énorme, nous l'avons dit, et nous verrons bientôt que la cloche est loin d'être grande. On peut hésiter sur toutes ces questions de détails d'ailleurs sans importance, mais quant au prodige en lui-même on ne voit pas sur quoi de vrais croyants se baseraient pour le rejeter. Est-ce que Notre-Seigneur voulant payer l'impôt du didrachme ne dit pas à saint Pierre de jeter son filet ? Est-ce que l'Apôtre ayant obéi ne trouva pas dans le corps de ce poisson de quoi payer pour son maître et pour lui ? Pour quiconque croit à l'Évangile l'histoire de la cloche de saint Pol sera donc non certes un dogme de foi, mais un fait acceptable.

Lorsque Dom Lombineau parlait de cloche substituée, la science de l'archéologie n'existait pas encore. Aujourd'hui le savant hagiographe ne parlerait pas ainsi ; l'examen attentif de la cloche qui nous occupe suffirait seul à montrer sa haute antiquité : « Elle est d'une figure singulière, dit M. de Fréminville ; elle a la forme d'une pyramide quadrangulaire ; ses côtés ne sont point égaux ; il y en a deux grands et deux petits. Ses dimensions ne sont pas considérables : elle a 9 pouces seulement de hauteur, 6 de largeur sur la base d'un de ses grands côtés et 4 pouces sur celle du petit côté. Elle n'a point été fondue au moule, comme les cloches que l'on fait aujourd'hui, mais elle a été battue au marteau, comme nos ouvrages actuels de chaudronnerie. Le métal qui la compose est de cuivre rouge, mêlé de beaucoup d'argent » (1).

Ce précieux objet n'est pas seulement digne de vénération parce que Dieu s'en est servi pour manifester sa puissance et sa bonté, et la sainteté de Pol Aurélien; il est respectable encore, comme monument fort ancien et très rare en son genre. Nous ne pouvons dire cependant qu'il soit unique. Dans les pages mêmes de la *Semaine Religieuse* nous avons déjà eu à parler de la cloche de saint Ronan presque semblable à celle de saint Pol. On pourrait en citer plusieurs autres. M. l'abbé Euzenot signalait dans le *Bulletin de la Société archéologique du Finistère* (compte-rendu de la séance du 8 septembre 1883) la cloche appelée aussi *le bonnet* de saint Mériadec, dans la paroisse de Stival, diocèse de Vannes. Par la description qu'il en a donnée en l'empruntant à M. de La Villemarqué, on pourra voir qu'elle ressemble étrangement à celle qui nous occupe : « La cloche de Stival est en cuivre mêlé d'argent ; elle n'a pas été fondue mais battue au marteau. Sa forme est à peu près celle d'un bonnet carré ; elle est surmontée d'une anse qui permet de la tenir à la main. Les dimensions, les voici : hauteur (y compris l'anse), 0ᵐ 21ᶜ ; diamètre de l'ouverture dans un sens, 0ᵐ 18ᶜ ; même diamètre dans l'autre sens, 0ᵐ 15ᶜ ; battant, 0ᵐ 13ᶜ de haut. Son état de conservation serait parfait, sans une petite fissure qui existe à l'orifice. »

Le reste de la description est relatif à une inscription figurant sur la cloche de saint Mériadec ; comme rien de semblable n'existe sur celle de saint Pol, nous n'avons pas à nous en occuper ici.

____

(1) M. de Fréminville. — *Antiquités de la Bretagne, Finistère.* 1ʳᵉ partie.

Ce que nous n'avons point encore dit, c'est qu'on fait sonner la cloche de saint Pol surtout pour guérir la surdité ; il en est de même pour celle de Stival, à laquelle on a encore recours pour dissiper les maux de tête et d'oreille.

Cette dernière cloche passe pour avoir appartenu à saint Mériadec, qui s'en servait dans l'oratoire de son ermitage de Stival pour appeler à la prière les habitants du voisinage.

Avec ces trois cloches conservées en Bretagne, on peut citer la cloche d'Armagh, aujourd'hui conservée à Dublin (1) ; on l'appelle la cloche de saint Patrick, et l'on peut en suivre l'histoire en remontant au moins jusqu'à l'an 946. Elle est du même métal, de même fabrication et de même forme que celle de Stival, mais dépourvue d'inscription. M. l'abbé Euzenot, très bon juge en la matière, dit que les archéologues sont d'accord pour attribuer au vᵉ et au vıᵉ siècle la plupart des cloches du même genre. C'est donc ici une garantie de plus pour l'authenticité de la cloche de saint Pol.

Plusieurs observations seraient à faire avant de poursuivre notre récit.

Saint Pol, en allant se présenter à Withur, s'attendait à rencontrer un étranger. Le départ de ce seigneur de la Bretagne insulaire devait donc être inconnu au Saint, sans quoi le berger du comte, en lui nommant son maître, lui aurait fait concevoir l'espérance de rencontrer peut-être le Withur qui était son parent. Celui-ci avait bien pu se retirer devant l'invasion saxonne qui causait alors tant de ruines dans son pays. Son émigration aurait cependant précédé celle de Pol-Aurélien, puisque déjà nous trouvons le comte gouvernant le pays qui lui a été confié par le roi des Francs.

Nous sommes maintenant arrivés au fait qui, dans la vie de saint Pol, a le plus vivement frappé l'imagination populaire, et dont toutes les images du Saint rappellent invariablement le souvenir. Mais faut-il voir dans l'extermination du dragon un pur symbole, un mythe, comme on dit aujourd'hui ? Le monstre dont

---

(1) Signalée par M. de la Villemarqué.

nous allons parler n'est-il pas autre chose que l'idolâtrie détruite par l'apôtre du Léon ? N'est-ce pas se montrer bien crédule, voire même un peu niais peut-être, que de parler sérieusement de serpent monstrueux dompté par une puissance surnaturelle ?

Disons d'abord que saint Pol n'est pas le seul thaumaturge à qui l'histoire ou la légende attribue l'honneur d'avoir rendu la sécurité aux peuples en exterminant un monstre. Pour citer les noms les plus connus en France, rappelons sainte Marthe et la Tarasque, saint Germain d'Auxerre, saint Ouen, saint Nicaise et saint Romain de Rouen, saint Clément de Metz, saint Marcel de Paris, saint Front de Périgueux, et plus près, saint Julien du Mans. Quant aux Saints de la vieille Armorique qui auraient fait périr ces animaux monstrueux, le Père Cahier en parle assez irrévérencieusement : « Mettons de suite en bloc, dit-il, les Saints bretons, évêques ou autres, qui sont censés avoir tué des dragons : ce sont saint Pol de Léon, évêque de la ville qui a pris son nom ; saint Samson, évêque de Dol ; saint Similien, évêque de Nantes ; saint Brieuc, saint Tugdual, dont les Bretons font un Pape, mais qui était tout au plus évêque de Tréguier ; saint Méen, fondateur et premier abbé du monastère de Gaël ; saint Joévin, évêque de Léon ; saint Efflam, ermite, patron de Plestin, dans le diocèse de Tréguier ; saint Armel, abbé ; saint Riok ou Riou, ermite et moine de Landevenec. »

On le voit, ce n'est pas sans une petite pointe d'ironie que le savant auteur des *Caractéristiques des Saints dans l'art populaire* constate la fréquente intervention du dragon dans les légendes bretonnes. Or, si l'on excepte saint Similien, tous les Saints qu'il cite appartiennent au ve, vi^e et viie siècle, c'est-à-dire à une période où l'idolâtrie était loin d'être la religion dominante en Bretagne, ce qui écarterait la signification symbolique du dragon. Au contraire, il est certain que les invasions et les guerres avaient fait de ce pays une contrée désolée où les serpents et d'autres animaux monstrueux pouvaient vivre en sécurité ; et pourquoi quelques-uns de ces êtres n'auraient-ils pas atteint des proportions colossales? Aussi Dom Lobineau, malgré son excessive réserve, ne se permet pas ici une dénégation formelle, quoiqu'à vrai dire il soit plus voisin de l'incrédulité que de la foi : « C'était la coutume des anciens légendaires de faire ainsi chasser à leurs Saints chacun un épouvantable serpent ; et cette coutume a été mieux suivie dans la Bretagne armoricaine qu'en aucun autre païs. Une critique un peu sévère pourroit opposer à ces admirables exploits une infinité de raisons, ou les expliquer par le secours des allégories et des tropologies. On ne le fera néanmoins pas, et l'on a cru devoir rapporter au moins un exemple ou deux de ces sortes de prodiges, pour ne pas sembler nier le mérite des Saints ou douter de la puissance infinie de Dieu. C'est au lecteur à en faire tel jugement qu'il voudra. » L'abbé Tresvaux qui, dans la vie de saint Pol, a supprimé ce passage, dit dans une note : « Dom Lobineau regarde ce fait comme une allégorie qui a pour objet la destruction du paganisme ; mais M. de Fréminville juge, dans l'ouvrage déjà cité *(Antiquités de la Bretagne),* que c'était un serpent énorme, comme on en voit encore dans quelques contrées. Cette partie de la Bretagne étant alors peu habitée, devait en renfermer plusieurs. Si, dans la suite des temps, la Guyane est tout-à-fait civilisée et peuplée, ses habitants auront peut-être quelque peine à croire que leur pays ait produit des serpents monstrueux ; cependant rien de plus vrai, d'après le témoignage des voyageurs. »

Voilà le langage du bon sens ! M. de Fréminville a pu porter ce jugement, sachant bien que chez lui on ne le regarderait pas comme le résultat d'une naïve crédulité. N'est-il pas curieux de comparer ce que disent ici sur le même sujet un sceptique, un incroyant et, d'autre part, des prêtres, des religieux, dont la foi et la piété sont à l'abri de toute conteste ? Mais, chez ceux-ci, les sévérités de la critique ne viennent-elles pas plus, quelquefois, du désir de paraître ennemis de toute exagération que d'un amour sincère de la vérité ? Nous aimerions à pouvoir penser le contraire.

Cette étude serait incomplète si nous ne donnions le jugement de Dom Plaine sur le fait qui nous occupe ; inutile d'ajouter que c'est celui que nous portons nous-même : « On sait que le mot DRAGON *(draco* en latin, *drouc* en breton) exprime en lui-même l'idée d'un être purement fantastique et symbolique, non celle d'un être ayant une existence réelle. Les histoires de *dragons* n'en sont pas moins fréquentes dans les annales de la sainteté, sous tous les climats et toutes les latitudes. Les solitudes de l'Egypte n'étaient pas plus à l'abri des attaques de cet ennemi dangereux du temps des Paul et des Antoine, que l'Asie Mineure à la même époque, que l'Italie, les Gaules et l'Armorique sous le pontificat de saint Grégoire-le-Grand. Or, cette universalité d'opinions et de sentiments parmi les hagiographes nous paraît établir d'une manière irréfragable que les récits de ce genre doivent être fondés en masse sur la vérité historique des faits. Il y aurait donc grave témérité, pour ne rien dire de plus, à ne les regarder tous, sans distinction, que comme des fictions sans réalité, que comme de purs symboles de la lutte de l'esprit chrétien contre le paganisme, de la victoire de la foi sur l'idolâtrie. Il s'agit donc ordinairement dans ces circonstances de luttes contre des animaux ayant réellement joui de l'existence.

« En ce qui touche, en particulier, le dragon de l'île de Batz, dont saint Paul délivra le pays, nous croyons facilement que les récits de l'hagiographe sont empreints d'exagération. Le monstre en question avait-il les proportions colossales qu'on lui attribue ? Il est bien permis d'en douter, comme il est probable également qu'il n'était pas dévoré par une faim aussi insatiable que celle dont parle Wrmonoc ; mais de là à conclure que tout est purement imaginaire et fantastique dans la narration du moine de Landvennec, il y a un abîme. Le souvenir traditionnel du fait qui s'est perpétué jusquà nous, la conservation de l'étole au moyen de laquelle le serviteur de Dieu avait exterminé le dragon, et d'autres circonstances du même genre, nous paraissent des garants certains, incontestables, de la vérité substantielle du prodige. En d'autres termes, l'île de Batz souffrait de la présence d'un animal malfaisant quelconque, serpent, ours, lion (1), ou autre animal d'une espèce particulière, aujourd'hui disparue, si l'on veut, mais

---

(1) Il est à remarquer que Wormonoc ne désigne pas le monstre sous le nom de *dragon*, mais sous celui de *serpent*, et il le décrit comme un animal réel. La précision même de notre auteur ne suffit-elle pas à écarter les hypothèses ?

être réel et non fictif, quand Paul de Léon vint y rendre visite
au comte Withur. Ce fut lui qui délivra le pays pour toujours de
ce monstre qui y répandait la terreur et l'épouvante. Telle nous
paraît être la vérité ; c'est de cette manière que la narration de
Wrmonoc doit, à notre avis, être interprétée par quiconque tient
à ne pas s'écarter d'une critique saine et impartiale. »

Et maintenant reprenons la narration de notre bon moine. En
écrivant son livre, il y a mille ans, se doutait-il qu'on épiloguerait
tant un jour sur la méchante bête qui mangeait les braves gens
de l'île de Batz ?

Lorsque la cloche eut été donnée et acceptée, Pol-Aurélien et
Withur reprirent leur conversation familière ; mais, quand ils
eurent bien causé des souvenirs du passé, le comte en vint à parler d'un grand sujet de douleur : la plage orientale de l'île était
presque tout entière le théâtre des rages d'un serpent venimeux.
« C'est à peine, dit Withur, si les corps de deux hommes et de
deux bœufs suffisent, non pour satisfaire ce monstre cruel (cela
est impossible), mais pour apaiser sa faim et calmer sa cruauté.
Bien des fois, mes hommes et moi avons pris les armes pour aller
combattre la bête, et non-seulement nous ne lui avons fait aucune
blessure, mais elle a toujours fait quelques victimes, et à notre retour nous trouvions nos rangs bien éclaircis. Ce serpent semble bien
n'avoir point de pieds, mais il a des côtes et il est défendu par des
écailles symétriquement rangées depuis le gosier jusqu'au ventre ;
ceci constitue pour lui une double défense, car les écailles lui
rendent les mêmes services que des griffes acérées, et comme
vous allez le voir, les côtes lui rendent les services que lui ren-
draient des jambes réelles. En effet, il n'est pas comme les vers
ou les autres reptiles dépourvus de colonne vertébrale, et qui
pour avancer doivent se raidir et se contracter alternativement ;
lui, il arrondit ses flancs, il se recourbe de manière à être hérissé
des rebords aigus des écailles qu'il enfonce dans le sol, puis on
le voit rebondir. Par ces deux mouvements successifs qui sont
extrêmement rapides, non seulement il peut avancer, mais il franchit les obstacles en faisant autant de pas qu'il a de côtes. Non-
seulement les javelots et les traits ne servent à rien contre lui,

car lorsqu'ils tombent sur cette puissante armure d'écailles c'est comme s'ils atteignaient en biais le meilleur bouclier, mais le corps même du serpent repousse tout projectile ; c'est donc un être invulnérable et l'on ne saurait compter les malheureux qu'il a fait périr en les mordant, en les écrasant sous son poids ou en les empoisonnant de son horrible haleine. Dès qu'il entend approcher quelqu'un, son cou s'enfle, sa gueule s'ouvre béante, ses yeux brillent de fureur, il pose la tête et la redresse sur une pierre semblable à une meule ; bien au loin l'on aperçoit les derniers anneaux de son immense queue, car ses dimensions sont effrayantes ; il semble mesurer cent vingt pieds ou même davantage » (1).

Bien des gens s'imaginent qu'une des gloires de notre époque est qu'on ne croit désormais que sur des preuves sérieuses et sur de bons témoignages, au lieu que dans les temps éloignés, la foi, dégénérant en crédulité, en superstition puérile, admettait tout sans examen, aimant à se repaître non seulement de ce qui était merveilleux, mais même de ce qui cotoyait l'extravagance. La profession de foi, dans ces temps barbares, c'était le « *credo quia absurdum,* je crois parce que c'est absurde. » Cependant, si nous étudions les ouvrages que les vieux moines écrivaient pour des lecteurs réputés si crédules, nous voyons qu'ils redoutent l'incrédulité ; c'est que le cœur humain, quoi qu'on en dise, ne change pas d'après les siècles : Dieu nous a faits pour la vérité et nous cherchons la vérité ; c'est une nécessité de notre nature.

Wormonoc, après avoir décrit le monstre de l'île de Batz, sent bien lui-même qu'il a parlé de dimensions vraiment prodigieuses, et que le doute se fera naturellement jour dans les esprits de ceux auxquels il s'adresse, ou plutôt, ce n'est pas le doute qu'il craint (il semble même admettre qu'ici c'est chose toute naturelle), il s'attend aux dénégations formelles de quelques-uns et il leur dit : « J'ai douté aussi moi-même, mais j'ai vu le lieu qui servait de retraite au serpent, il est si étendu, qu'au dire des habitants, il faudrait pour l'ensemencer un boisseau et demi d'orge. » Il ne

____

(1) Bernard du Saint-Esprit donne les mêmes dimensions ; Albert-le-Grand ne parle que de soixante pieds, ce qui aurait fait déjà une belle couleuvre.

nous coûte nullement d'admettre qu'ici l'argument de notre
auteur n'est pas précisément irréfutable ; quelque grande que fut
la tanière où s'abritait la monstrueuse bête, il ne s'en suit pas que
celle-ci fut proportionnée à sa caverne. Mais, si rien ne prouve
que le serpent fut vraiment d'une longueur si démesurée, rien
ne prouve non plus le contraire. De récentes explorations, racontées dans les revues géographiques les plus savantes, contiennent
des descriptions de monstres aperçus en mer et même quelquefois
harponnés par les matelots. Leur étrange conformation et leur
taille colossale sont telles, que nous devons au moins hésiter
avant de nier que les Saints des vieux âges ont exterminé des
dragons. La géologie elle-même pourrait nous amener à quelque
modestie dans nos jugements sur ce point ; enfin, si je suis bien
renseigné, on conserverait depuis des siècles dans la cathédrale
de Metz le corps d'un de ces êtres réputés fantastiques, qu'un
apôtre de la Lorraine aurait exterminé, comme nous allons voir
saint Pol exterminer le serpent de l'île de Batz.

Dès que le comte Withur eut parlé, le Saint se leva et dit :
« D'après le décret divin, il y aura éternelle inimitié entre notre
race et la race du serpent ; il faut sur-le-champ lui écraser la tête ;
il ne faut plus un seul instant subir un tel fléau ; je vais partir
pour voir le monstre ; donnez-moi quelqu'un pour m'indiquer
seulement le chemin. » Mais Withur n'avait nullement parlé pour
provoquer une semblable proposition ; il fut effrayé et dit à son
parent qu'il n'irait pas voir la bête, pour périr inutilement comme
tant d'autres. Saint Pol répondit : « Je jure que je ne goû-
terai pas un morceau de pain, que je ne boirai pas une goutte
d'eau avant d'avoir combattu ce produit de la malice du démon ;
il me vaincra peut-être, mais j'espère plutôt le vaincre moi-même,
et délivrer du joug de leur mortel ennemi ces pauvres gens qui
sont les enfants de Dieu. » Il se mit aussitôt en marche ; bien
qu'il eut demandé un guide, personne ne s'offrait ; mais la curiosité suppléa ici au courage, et tous ceux qui avaient entendu les
paroles déterminées du moine, voulant voir ce qu'il allait faire,
marchèrent derrière lui.

Tel est le récit de Wormonoc ; mais ici nous croyons devoir

suppléer au silence de notre auteur sur un épisode particulièrement intéressant dans l'histoire de l'apôtre du Léon. Il est beau, en effet, de rencontrer l'alliance de l'intrépidité sacerdotale et de la valeur guerrière. Albert-le-Grand n'a été que l'interprète d'une tradition unanimement admise en écrivant ce qui suit : « Il se trouva un jeune Gentil-homme de la paroisse de Cléder, lequel s'offrit d'accompagner saint Paul et jamais ne le quitter ; le saint accepta son offre, et, ayant beny son épée, marcherent contre le Dragon. » La bête était sortie de sa tanière et même elle s'était avancée hors du lieu qu'elle occupait ordinairement ; elle entendit les pas des curieux qui s'avançaient à la suite du Saint et de son jeune et valeureux compagnon. Comme soupçonnant déjà les hostilités qui vont commencer, elle dressa la tête en l'élevant sur le roc dont il a déjà été parlé ; d'après Albert-le-Grand « elle siffloit si horriblement, qu'elle faisoit retentir les rivages circonvoisins. » Un acte de 1405 dit d'une manière plus pittoresque que « de ceste teste de beste sortoit un glatissement, comme si vingt braques y glatissoient » ; mais tout-à-coup le serpent aperçoit Pol Aurélien qui s'approche d'un pas assuré et rapide ; comme s'il devinait une force cachée, il détourne ses regards tout-à-l'heure si furieux, il va rechercher l'obscurité de sa caverne. Alors le Saint se rappelle la parole évangélique : « Voici que je vous ai donné le pouvoir de fouler aux pieds les serpents et les scorpions, et toute la puissance de votre ennemi ; rien ne pourra vous nuire » (1). Il sent qu'il est investi de la force du Maître, et il dit à cet ennemi qu'il est venu combattre : « Que fais-tu ici ? tu y répands la mort. Pourquoi t'es-tu emparé d'une terre qui ne t'appartient pas ? Ainsi l'ancien serpent dont tu es l'image avait dit autrefois : « Je m'établirai sur « la montagne de l'alliance, du côté de l'aquilon ; je m'éleverai « jusqu'au ciel ; je serai semblable au Très-Haut. » Mais en voulant s'élever ainsi il s'est vu précipité et plongé dans l'enfer. Un gouffre aussi t'attend ; vas y rejoindre le diable ton père et partager son sort... » Wormonoc attribue encore à saint Pol des paroles

---

(1) Luc. ch. x. v. 19.

menaçantes propres à faire croire que le monstre n'était qu'un démon orgueilleux et cruel, et que l'abîme où il va être plongé n'est autre que l'enfer. Ce qui va suivre montrera que le bon moine a trop cédé au désir d'intercaler ici des passages de l'Écriture convenant bien mieux à l'Esprit des ténèbres qu'au serpent de l'île de Batz. Quand le Saint eut fini de parler, il quitta son étole, la mit au cou du monstre et dans le nœud qu'il fit, il passa l'extrémité de son bâton dont il saisit l'autre bout, s'en servant comme d'une corde pour mener le serpent jusqu'à la plage. Albert-le-Grand dit au contraire : « Il le bailla à conduire à son Gentil-homme, qui le mena comme un chien en lesse, saint Pol le frappant de son baston. » Quand il fut arrivé à l'extrémité septentrionale de l'île, le Saint dit au monstre : « Avant que les flots bleus ne s'entrouvrent pour te recevoir et ne te laissent glisser jusqu'au fond de l'abîme, avance ta gorge hideuse, ton cou criblé de taches, et laisse moi reprendre mon étole. » Et le serpent obéit. Les paroles que saint Pol venait de lui adresser indiquent bien clairement que le monstre fut précipité dans la mer ; on s'étonne donc de voir notre auteur s'exprimer ensuite d'une façon peu précise sur ce qu'il advint du monstre. « Le Saint lui permit de s'en aller, en lui interdisant l'accès de toute contrée habitée par des chrétiens. Il lui enjoignit d'avoir à disparaître pour gagner des lieux maritimes inaccessibles aux hommes ; là dépouillé de sa puissance tyrannique, il expierait son orgueil et tous ses méfaits par la faim, la soif et les douleurs de toute sorte. »

Il semble que Wormonoc ne sait s'il doit voir dans ce monstre un être spirituel caché sous une apparence fantastique, ou un être organisé jouissant de la vie animale, servant inconsciemment d'instrument au démon. De là ces contradictions apparentes dans le langage qu'il fait tenir à saint Pol. Mais ce qui apparaît comme bien certain dans le récit, c'est que le dragon, par la miraculeuse intervention du serviteur de Dieu, disparut pour toujours. « Ceux qui étaient venus pour être témoins de ce qui allait arriver, furent dans la stupeur en voyant un tel prodige ; ils s'unirent tous pour rendre grâces à Dieu qui avait donné à Pol-Aurélien le pouvoir de dompter les serpents, en les délivrant ainsi eux-mêmes d'un extrême danger, et ils étaient pleins de joie en regagnant leurs demeures. »

De ce que saint Pol portait l'étole, quand il alla à la rencontre du monstre, Albert-le-Grand a conclu qu'après avoir passé la nuit en prières avec ses prêtres, il venait de célébrer la messe pour obtenir de Dieu le succès de son expédition ; mais le texte original de la vie du Saint ne dit rien de semblable. Sur cette étole elle-même nous aurons à revenir bientôt.

Le Saint étant de retour à la demeure du comte Withur, on se mit à table pour célébrer par un festin les joies de la rencontre pour tous deux, de la victoire pour Pol-Aurélien, de la délivrance pour les habitants de l'île. A ce banquet dut nécessairement paraître le saumon pêché avec la cloche. Albert-le-Grand ajoute : « En reconnaissance de la valeur, courage et magnanimité de ce jeune gentilhomme qui avait accompagné saint Pol, le comte le nomma de *Ker-gour-na-dec'h,* c'est-à-dire, en breton, *qui ne sçait fuïr,* et luy donna plusieurs beaux privileges ; même de là, les seigneurs de cette maison disent avoir le privilege d'aller seuls à l'offrande, avec l'épée au costé et les éprons dorez, le dimanche après les octaves de saint Pierre et saint Paul, qui est le jour de la dédicace de l'Eglise de Léon. »

Les honneurs spéciaux rendus aux seigneurs de Kergourna-dec'h dans la cathédrale de Saint-Pol ne pourraient que bien difficilement s'expliquer, si l'on n'admet pas le bien-fondé de la tradition consignée par le bon Père Albert. Ces honneurs, ils ont continué d'en jouir jusqu'à la période révolutionnaire, quand, sous prétexte d'anéantir les abus de la féodalité, on fit violemment disparaître tous les usages rappelant quelque vieux souvenir d'histoire locale. Un des priviléges des Kergournadec'h ne laissera pas, d'ailleurs, que de paraître étrange : le jour de la dédicace de la cathédrale, le chef de nom et d'armes de la famille, ou son représentant, occupait pendant les vêpres solennelles le trône épiscopal. Ce droit fut exercé (probablement pour la dernière fois) par M. Ollivier (plus tard avocat à Landerneau), au nom de M. de la Granville, seigneur de Kergournadec'h ; mais, par déférence pour Mgr de la Marche, il n'occupa le trône qu'un instant, pendant que l'évêque donnait la bénédiction (1). Ajoutons qu'il aurait pu mieux choisir son moment.

Nous aurions voulu nous étendre encore davantage sur cette noble maison, mais ce serait nous écarter de notre sujet. Disons, cependant, que si les seigneurs de Kergournadec'h étaient fiers de descendre du seul homme d'armes qui accompagna saint Pol allant dompter le dragon, leurs prétentions sur ce point étaient acceptées de tous ; le peuple de Léon aimait et respectait cette famille comme une de ses gloires propres. D'après une enquête de 1434, les gentilshommes du pays déposaient avoir entendu dire, et tenir par longue tradition, que depuis le temps de saint Pol, tous les seigneurs de Kergournadec'h avaient été chevaliers, et qu'un ancien proverbe disait « qu'avant qu'il y eut monsieur ou seigneur en aucune maison, il y avait un chevalier à Kergourna-dec'h. »

> « Araoc ma voa aotrou e nebleac'h,
> E zoa eur Marc'hec e Kergournadeac'h. »

N'y a-t-il pas là, sinon une preuve, du moins une forte présomption, en faveur de l'authenticité du prodige qui nous occupe ?

Comme nous l'avons déjà dit, en citant Dom Plaine, la conservation de l'étole de saint Pol, de cette étole qui a entouré le cou du monstre, équivaut encore, pour nous, à un sérieux argument. Nous n'ignorons pas que tel n'a pas été l'avis de tous ; mais nous pouvons rappeler ici ce que nous avons déjà insinué à propos de la *cloche* : nous vivons à une époque où l'archéologie a fait d'immenses progrès ; nous sommes donc plus à même que jamais d'affirmer si l'étole conservée à l'île de Batz a pu, oui ou non, appartenir à saint Pol. Les appréciations, que je transcris fidèlement, sont dues à quelqu'un dont la compétence est suffisamment établie dans notre diocèse et ailleurs, et qui a lui-même étudié avec soin ce vêtement sacré. « L'étole de saint Pol, conservée dans l'église de l'île de Batz, est une longue bande d'étoffe découpée dans un

---

tissu ancien, et dans laquelle on remarque des fragments d'un dessin se répétant uniformément. Pour avoir le dessin complet, il faut juxtaposer les deux extrémités de l'étole, et alors on reconnaît parfaitement le sujet qui y est représenté : ce sont deux chasseurs montés sur des chevaux et se tenant en face l'un de l'autre. Chacun d'eux porte un faucon sur le poing ; entre les jambes des chevaux on voit courir les chiens des cavaliers.

« Ce tissu est de soie très forte ; le dessin n'est ni brodé ni broché, mais tissé au métier, au moyen de fils de différentes couleurs. Les teintes, quoique défraîchies, sont assez bien conservées ; ce sont le bleu, le jaune et le blanc.

« Les trois archéologues qui se sont occupés de cette étole, MM. A. Ramé, Miorcec de Kerdanet et Pol de Courcy, tout en admettant sa grande ancienneté, ne la reconnaissent pas comme ayant appartenu à notre Saint. Pourquoi ? — Ils ne donnent aucune raison à l'appui de leur opinion.

« Nous ne pouvons pas assurer que cette étole soit celle dont saint Pol s'est servi pour dompter le serpent et le mener en laisse, mais nous avançons sans hésitation qu'elle a parfaitement pu lui appartenir.

« Ces tissus représentant des animaux ou des personnages affrontés, des exploits de guerre ou de chasse, se fabriquaient en Assyrie et en Perse, bien des siècles avant notre ère. De l'Orient, ils passent à Rome, où ils sont en grande vogue dès les premiers temps de la république. Après la translation du siége de l'Empire à Constantinople, ces étoffes sont l'objet d'un commerce très-étendu et se transportent dans toutes les contrées avec lesquelles Byzance avait des rapports. La Grande-Bretagne avait des relations commerciales avec l'Orient ; saint Pol a donc pu s'y procurer la pièce de soie dans laquelle a été découpée son étole ; ou bien, s'il ne l'avait pas en arrivant à l'île de Batz, rien d'étonnant à ce qu'il ait pu l'avoir, lorsqu'il est allé à la cour de Childebert. Son histoire nous dit que le monarque franc lui fit don d'une crosse d'ivoire ; il est à croire qu'il a pu lui faire d'autres largesses, et, de même que les empereurs romains se plaisaient autrefois à envoyer à leurs favoris des *stola* ou robes précieuses, ou simplement les riches bandes de broderies qui devaient les orner, pourquoi Childebert n'aurait-il pas donné à notre Saint des ornements liturgiques faits de ces étoffes byzantines alors si appréciées ? » (1)

A ceci l'on pourrait objecter que, dans les premiers siècles, le vêtement, soit liturgique, soit profane, qu'on appelait étole ou *stola,* consistait en une longue bande appliquée sur une robe et ne différant guère du *laticlave* des sénateurs de l'ancienne Rome ; que, par conséquent, Wormonoc a commis un anachronisme en faisant de l'étole, au vi^e siècle, ce qu'elle était trois cents ans plus tard au monastère de Landévénec. Si, en effet, l'étole faisait corps avec une robe à manches descendant jusqu'au talon, un tel vêtement n'était guère propre à servir de laisse au serpent. Mais l'étole n'était pas toujours fixée à la toge ou à la tunique ; de très-bonne heure on commença à la porter comme un ornement spécial, ainsi qu'on le fait aujourd'hui. En admettant qu'au temps de saint Pol cette modification à l'usage primitif ne fut pas encore introduite, cela ne prouverait même pas que l'étole de l'île de Batz n'ait pas l'origine qu'on lui attribue, car elle a très-bien pu être détachée d'un autre vêtement, et si elle perd alors son importance dans la légende, elle n'en reste pas moins une précieuse relique. Disons encore que de nombreux monuments de l'antiquité chrétienne nous montrent l'existence de la *stola* ou *orarium* (2) ; elles apparaissent aux catacombes dans le costume des *orantes*. A partir du ive au ve siècle, on ne voit figurer l'étole que dans les vêtements liturgiques ; elle est même, dès lors, réservée aux diacres, aux prêtres et aux évêques, tandis que, préalablement, elle était portée par les ministres inférieurs, plus anciennement encore, par tout le monde, et, dans l'origine, par les femmes seules.

Revenons à notre récit.

Le banquet auquel avaient pris part Withur et le prêtre vainqueur du serpent venait de se terminer. Après l'action de grâces accoutumée, le comte donna à son bienfaiteur l'île que celui-ci

---

(1) Note de M. l'abbé J.-M. Abgrall.
(2) Ce mot *orarium* dérive de *ora,* bordure.

venait de délivrer, la ville déjà mentionnée, le livre des Évangiles dont il venait de terminer la transcription ; il ratifia aussi l'offrande qu'il lui avait déjà faite de la cloche, ayant soin de dire qu'en faisant toutes ces donations il avait en vue de s'assurer à lui-même une place dans le ciel ; c'est pourquoi il exemptait de toute redevance au prince temporel le territoire qu'il cédait au Saint. Pol rendit grâces à Dieu, et désormais, dit Wormonoc, il fixa sa demeure dans l'île et dans la cité ; ce fut là qu'il consacra, jusqu'à sa mort, ses jours et ses nuits au service de Dieu. Quant à Withur, après avoir reçu la bénédiction de son parent, il se retira dans une autre partie de son petit État. L'historien ne précise pas le lieu, mais remarque que le bon prince ne s'éloigna guère ; même en donnant à saint Pol une autorité temporelle que la présence d'un premier possesseur aurait entravée, il ne voulait pas s'éloigner de celui dont l'amitié lui était si chère et dont les conseils lui seraient si précieux.

Il est assez étrange qu'en dépit de ce texte si formel, reproduit en substance par le moine de Fleury, Albert-le-Grand et Bernard du Saint-Esprit prétendent que Withur se retira dans la ville voisine, qu'ils appellent Occismor et que j'ai moi-même appelée plus haut la cité occismienne (nous aurons à revenir sur ce nom). Sur la donation de cette même ville à saint Pol, Dom Lobineau reste muet, mais du moins il n'en fait pas le séjour du comte.

Si l'Église de Léon conserve, avec une partie des restes de son saint fondateur, la cloche et l'étole dont nous avons si longuement parlé, elle a cependant perdu un trésor dont nous ne saurions trop déplorer la disparition. L'Evangéliaire du comte Withur était encore à la cathédrale au temps d'Albert-le-Grand. En 1352, l'évêque Guillaume de Rochefort l'avait fait couvrir d'argent doré avec apposition des armes de Léon et de Rochefort. L'abbé Tresvaux dit que ce livre a disparu à la fin du dernier siècle ; c'est sa manière de dire qu'avec tant d'autres cette destruction sacrilège et stupide est encore à la charge de la Révolution.

Notre historien est très-bref sur la période qui s'écoula depuis l'établissement de saint Pol à l'île de Batz jusqu'au départ pour la cour du roi des Francs, ou du moins, il ne raconte pas de faits particuliers ; mais il s'applique à montrer quel était le genre de vie adopté par le chef de la communauté nouvelle. Ici, enfin, saint Pol crée un véritable monastère ; ce ne sont plus ces pauvres huttes et ce petit oratoire que nous l'avons vu déjà établir dans deux endroits différents, où son séjour ne devait être que d'une durée fort limitée. Il était, d'ailleurs, en possession immédiate de la demeure que lui abandonnait Withur, et il paraît bien probable que c'est là même qu'il se fixa. Je ne crois pas, cependant, que l'on puisse donner la chose comme certaine en se basant sur le récit de Wormonoc, où le lieu même de cet établissement est désigné par ces simples mots : « la demeure dont j'ai déjà parlé »; mais ceci peut se rapporter aussi bien à l'endroit où le berger du comte avait promis à saint Pol de lui faire trouver le calme et le silence nécessaires à la vie monastique, endroit certainement distinct du château, car il n'avait pu entrer dans l'esprit de ce serviteur de promettre aux religieux étrangers, rencontrés par lui, la demeure que son maître avait habitée jusque-là de préférence à toute autre. Cependant, Albert-le-Grand et Dom Lobineau désignent le lieu où Withur tenait sa petite cour comme celui où la communauté s'établit. Le premier dit que de nouvelles constructions furent ajoutées aux anciennes, et place ici l'épisode de la fontaine miraculeuse que nous avons vu jaillir lors du passage de saint Pol à Plouguerneau (1) ; le second s'exprime comme il suit : « Withur céda à Paul et à ses religieux le lieu de sa demeure, pour en faire un monastère, et leur donna généralement tout ce qu'il possédoit dans l'isle de Bath, avec l'Evangile qu'il avoit écrit. Saint Paul accepta ses dons, bâtit dans l'isle une grande église, qu'il accompagna de plusieurs édifices, et affectionna tellement ce lieu qu'il y voulut passer tout le reste de sa vie. »

Ici se place naturellement une question dont nous ne trouvons la réponse que dans le bon Père Albert. Si nous nous demandons

---

(1) Il est possible que saint Pol ait fait ici jaillir une nouvelle source, mais Wormonoc n'en parle pas ; Bernard du Saint-Esprit reproduit ce qu'a dit le Père Albert. M. de Kerdanet cite, au sujet de cette source de l'île de Batz, une strophe d'une hymne ancienne ; mais la mention même qui y est faite des mottes de terre, rappelle évidemment le miracle de Plouguerneau.

quels compagnons vécurent à l'île de Batz sous la règle de saint Pol, nous voyons que « le bastiment achevé, le Saint s'y logea avec ses douze Prestres et nombre de jeunes hommes qui, quittant le monde, s'y rendirent Religieux. » Toutefois, il nous faut relever ici une inexactitude : de ses douze prêtres, saint Pol avait laissé plusieurs à Lampaul-Ploudalmézeau, et d'autres en différents ermitages ; nous pouvons même soupçonner que ces séparations successives avaient été bien cruelles au maître comme aux disciples ; mais nul doute qu'elles n'aient été bien motivées. Partout où ces prêtres restaient, ils déployaient leur zèle apostolique et préparaient le succès de l'action plus générale et plus puissante qu'exercerait bientôt le premier évêque de Léon.

Reprenons le texte de Wormonoc : « Le vœu de Pol-Aurélien était réalisé : il possédait enfin la liberté de vaquer au service de Dieu ; cette liberté, qu'il avait cherchée au prix de tant de fatigues et depuis bien des années déjà, il la trouvait dans cette demeure dont nous avons déjà parlé ; il y était, en effet, comme l'artisan qui a sous la main les instruments nécessaires à sa profession ; or, sa profession à lui c'était de suivre à la lettre le précepte de l'Apôtre : « Priez sans cesse » (1). Autant qu'il est possible à l'homme qui vit dans la prison de son corps, il priait donc toujours, mais sans omettre d'acquérir le mérite des bonnes œuvres ; pour lui, tout moment libre dans la vie religieuse devait être consacré à une occupation sainte, sous peine de devenir une brèche par laquelle entrerait le démon de la paresse, du dégoût, de la torpeur et, par suite, même les tentations les plus invraisemblables. Ainsi donc, le fondement de sa vie spirituelle c'est la prière ; mais sur cette base il établit le jeûne, dans lequel il persévère souvent pendant deux et trois jours consécutifs (2), la méditation des Saintes Écritures, auxquelles il consacre jusqu'à ses nuits ; sa pénétration y est admirable, rien ne l'y rebute, rien ne l'y fatigue ; l'humilité, la patience, la chasteté corporelle et la pureté de l'esprit, une rigoureuse vigilance ont bientôt fait de lui

___

(1) *Sine intermissione orate.* (I Thess., v. 16.)
(2) Par *jeûne* il faut entendre ici la privation de toute nourriture.

comme le flambeau de cette partie occidentale de la Domnonée,
en sorte que nul n'y hésite à lui appliquer la parole qui a été dite
du Sauveur lui-même : « *Ille erat lucerna ardens et lucens :* c'était
« une lumière répandant la chaleur et la clarté » (1). Voilà
comment le séjour de cette île bénie est venu achever l'œuvre de
la grâce dans cette grande âme de Pol-Aurélien. C'était au bord
de la mer qu'il avait débuté dans la carrière monastique, sous la
douce et forte discipline de saint Hiltut, et c'est encore auprès des
flots qu'il est venu mettre la dernière main à sa perfection religieuse. Il semble que les moines d'outre-mer aimaient à méditer
près des rivages, car ils étaient innombrables les monastères semés
sur les côtes de la Bretagne insulaire ; quoi d'étonnant, alors, si
dans une nouvelle patrie Pol-Aurélien fut heureux de retrouver
ce souvenir des jours de son heureuse enfance ? Il contemplait
donc cette mer tantôt calme et reflétant l'azur du ciel, tantôt agitée ou même se soulevant avec fureur, mais toujours parlant de
Celui qui lui a donné sa changeante beauté, qui la retient dans
ses limites et qui reçoit, comme une louange, la plainte ou le grondement de ses flots. Ici, d'ailleurs, ce chant ininterrompu n'avait-
il pas une particulière harmonie ? A l'endroit où le dragon avait
été précipité par la parole puissante du thaumaturge, et qui depuis ce jour ne s'est plus appelé que *Toull-ar-Sarpant,* avait
commencé, depuis la chûte du monstre, « un croulement et bruit
étrange que la mer y fait en tout temps sans cause apparente. »

Or, la disparition du serpent, qui avait été le fléau de la contrée, avait marqué le début de saint Pol dans l'île de Batz, avait
assuré au prêtre émigré et à ses compagnons la reconnaissance
universelle, et créé un lien indissoluble entre l'apôtre et le peuple
qu'il venait évangéliser. Saint Pol ne pouvait donc oublier ce qui
perpétuait le souvenir de la puissance que Dieu lui avait commu-
niquée à son heure, pas plus que les populations du pays de Léon
n'ont pu oublier, après tant de siècles, l'événement qui a donné
lieu à ce *croulement et bruit étrange.* A la suite des grandes tem-
pêtes, lorsque le temps redevenu calme laisse entendre le bruit

____

(1) Joan. v, 35.

de la mer encore soulevée, bien loin du rivage, à des distances de sept lieues et plus, l'on perçoit le grondement lointain qui vient de toute la côte, sans aucun doute, mais qui, à Lampaul-Guimiliau et ailleurs, s'appelle le *mugissement du Trou-du-Serpent.*

Nous n'avons pas à revenir dans cette étude sur un sujet que nous avons déjà longuement traité quand nous nous occupions de saint Corentin, à savoir la large part que l'action prenait dans la vie des premiers moines occidentaux, l'esprit apostolique, la sainteté communicative qui animait ces hommes de Dieu. C'est parce que saint Pol ne s'est pas contenté de la vie contemplative, qu'il a exercé une action si décisive sur les populations près desquelles il a vécu ; et nous n'entendons pas parler seulement de son influence sur les habitants de l'île où il s'était confiné, mais de son irrésistible ascendant sur les familles du littoral voisin. Bientôt, en effet, se tint une assemblée générale de tout le peuple de la contrée ; or, ce pauvre peuple commença par reconnaître lui-même qu'il était à peine chrétien ; puis, il fut décidé que tous iraient, sous la conduite du comte Withur, trouver le prêtre objet de la vénération générale ; ils le supplieraient de vouloir bien accepter l'épiscopat pour les détourner de leurs erreurs et les conduire à la vérité complète, pour leur enseigner à garder pieusement, fidèlement, les mœurs de la vraie religion, enfin, pour rétablir les droits des prêtres et des clercs ; car c'était le jugement de tous que, par l'éminence de sa sagesse, la pureté de sa doctrine, les mérites de sa vie, il était plus propre que personne à procurer tout ce bien, et il était aussi plus digne de cet honneur.

Or, déjà dans bien des circonstances, les dispositions de Pol-Aurélien relativement à l'épiscopat avaient été sondées ; mais à chaque insinuation le Saint avait déclaré de la manière la plus absolue qu'il prendrait la fuite dès qu'il saurait qu'on voudrait faire de lui un évêque. Aussi, l'expression du vœu populaire aurait-elle abouti à un complet insuccès, si le comte Withur avait eu moins de prudence. Au lieu de se présenter comme le mandataire de son peuple, il vint et s'annonça comme pour une visite particulière dont le but était absolument étranger à tout ce qui

avait été débattu en réunion publique. Quand il eut été introduit
près de son cousin, il se prosterna jusqu'à terre, puis, s'étant
relevé, il lui dit : « Pol, saint ami de Dieu, depuis que le roi
Childebert m'a chargé de gouverner ce pays sous son autorité,
je ne lui ai envoyé personne, je ne lui ai fait aucune communication ; ceci a tenu peut-être à ma négligence, peut-être aussi à la
difficulté de trouver un messager qui convînt ; d'autre part, le
voyage était difficile, puisque les chemins étaient infestés par les
malfaiteurs, et même, dans certaines contrées désertes, par des
serpents très-dangereux. Pour plusieurs motifs, que je ne saurais
expliquer, il y a chez le prince quelque défiance vis-à-vis de moi ;
c'est à votre bienveillance que j'ai cru devoir recourir ; si j'ai
encore grâce devant vous, si vous conservez quelque chose de
votre amitié pour moi, rendez-moi ce service ; allez trouver le
roi ; pour lui prouver que vous êtes bien mon ambassadeur, prenez ce message qui contient l'exposé des motifs dont je vous ai
parlé, et qui est scellé de l'anneau même du prince ; cet anneau,
c'est lui-même qui me l'a remis ; suivant la coutume de cette
nation franque au milieu de laquelle vous allez voyager, j'ai
scellé ma lettre du sceau royal, afin d'en mieux sauvegarder le
secret. Au premier coup d'œil, le roi reconnaîtra son propre
cachet. Vous me rapporterez sa réponse, soit de vive voix, soit
par écrit. Tout ce qui vous sera nécessaire pour la route, je vous
le fournirai, et je mettrai à votre disposition une escorte convenable et suffisante ; mais, consentez, je vous en prie. »

Avant de dire quel fut le résultat de l'ambassade, il ne sera
peut-être pas inutile d'instruire nos lecteurs relativement au
caractère de la suprématie que s'arrogeait le roi des Francs sur la
péninsule armoricaine. Pour cela, nous ne saurions mieux faire
que de citer l'auteur des *Moines d'Occident :* « Quoique l'Armorique, convertie et repeuplée par les émigrés bretons, n'eut jamais
été entièrement conquise par les Francs, et fût gouvernée par des
comtes indigènes et indépendants de Vannes, de Cornouailles, de
Léon et de Tréguier, elle reconnaissait en quelque sorte la suprématie de Childebert, celui des fils de Clovis dont la domination
s'étendait le plus loin à l'Occident. Cette suprématie incomplète et

éphémère des rois Francs, que Dagobert et Louis-le-Débonnaire
eurent tant de peine à rétablir plus tard, semble alors avoir été
surtout invoquée et reconnue par les missionnaires bretons.
Tugdual, abbé et fondateur de Tréguier, ne fut élevé à l'épiscopat qu'avec le consentement de Childebert, auprès duquel il se
trouvait lors de son élection. Il en fut de même de Pol-Aurélien,
premier évêque de Léon, et reconnu comme tel par Childebert,
sur la demande expresse du comte de la province. Le saint abbé
Armel, l'un des apôtres de la Basse-Bretagne, séjourna pendant
sept ans près de Childebert. Enfin, le métropolitain Samson, n'é-
tant encore qu'abbé de Dol, eut à intervenir de sa personne auprès
de Childebert pour obtenir la délivrance d'un des princes indigènes, dépouillé de son héritage et emprisonné par un lieutenant
tyrannique du roi Franc. Childebert... exauça la prière du mis-
sionnaire breton et le combla de dons et d'honneurs. Il aurait
même, selon la tradition, soumis à perpétuité au monastère de
Dol diverses îles de la Manche, entre autres celle de Jersey, alors
déserte, et qui, depuis, grâce à la culture monastique, est devenue
une merveille de fertilité et de richesse agricole, avec une population six fois plus dense que celle de la France » (1).

Il faut reconnaître que si l'appréciation du comte de Montalembert sur l'autorité de Childebert en Bretagne n'est nullement
contraire aux données de l'Histoire, elle a le défaut de laisser dans
l'ombre un point essentiel. Il est certain que Clovis, en dépit de
tous ses efforts, n'avait pu soumettre les populations de l'Armorique. Toutes les forces de la péninsule s'étaient réunies : indigènes, émigrés de la Grande-Bretagne, Romains établis sur notre
vieux sol, n'avaient même pas attendu les attaques de l'envahis-
seur : ils portaient du secours à ses adversaires jusque sous les
murs de Paris. Même quand le roi des Francs était déjà reconnu
par toute la Gaule, nos cités refusaient de se rendre au conquérant ; cette lutte dura sept ans. En 497, les Francs vinrent piller
le territoire des Bretons ; mais ce n'était pas le pillage qui était
le but réel ; Clovis tentait, au contraire, un suprême effort et lan-

---

(1) MONTALEMBERT. — *Les Moines d'Occident,* tome II, p. 289.

çait sur les défenseurs de l'Armorique toutes les troupes dont il disposait. L'attaque fut si vigoureusement repoussée que le roi des Francs prit le parti de traiter avec cette nation invincible. Un demi-siècle plus tard, Procope écrivait : « Les Francs ne pouvant dompter les Armoricains par les armes, leur proposèrent de s'unir à eux par alliance ; ceux-ci acceptèrent, car ils étaient chrétiens comme les Francs, et cette union des deux peuples augmenta la puissance de l'un et de l'autre. » Cette alliance ne fit-elle pas ce que n'avait pu faire la force des armes ? Ce n'est pas un fait inouï que l'envahissement progressif des petits pays par leurs puissants alliés. M. Daru a dit, il est vrai : « Soit que l'on approfondisse les faits, soit que l'on interroge les critiques, soit que l'on invoque le droit, soit que l'on consulte la raison, on ne trouvera aucune trace de la souveraineté de droit ou de fait que l'on a prétendu attribuer aux premiers rois franks sur la Bretagne. » Il n'en est pas moins vrai que nous trouvons en face l'un de l'autre Childebert et Pol-Aurélien, le fils de Clovis commandant en roi, le moine breton obéissant comme sujet. Et ce que nous rencontrons dans la vie de saint Pol, nous le retrouvons dans l'histoire des autres Saints bretons, mentionnés par l'auteur des *Moines d'Occident*. C'est là un fait qu'un patriotisme aveugle ne doit pas nous faire rejeter sans plus d'examen. Avouons-le donc simplement : si la Petite-Bretagne n'avait pas été conquise, elle n'en était pas moins partiellement soumise. Le roi Budik, qui avait été l'âme de la résistance à la domination des Francs, était mort subitement au moment même où les Frisons envahissaient les frontières armoricaines. Dom Morice n'a pas craint d'insinuer que Clovis pourrait bien avoir été pour quelque chose dans cette mort subite ; mais on sait aujourd'hui ce qu'il faut penser de toutes les accusations portées contre le roi Franc. A la mort de Budik, son fils Hoël qui guerroyait dans la Bretagne insulaire, revint en hâte sur le continent, chassa les Frisons, rendit aux chefs bretons les terres qu'on leur avait enlevées, établit sur le sol armoricain les compagnons qui, avec lui, étaient venus d'outre-mer ; c'est ainsi qu'il acheva la colonisation et opéra la formation de cet État de Domnonée, qui était comme une seconde Bretagne pour ainsi dire enclavée dans l'autre. Hoël-le-Grand étant mort après un règne de plus de trente ans, la Bretagne fut partagée entre ses fils Hoël II, qui fut comte de Rennes ; Canao ou Conmor, comte de Nantes ; Mac-Liaw, comte de Vannes, et Budik II, comte de Cornouailles (1). Hoël II ayant été tué par son frère Canao, son fils Judual se réfugia à la cour de Childebert, fils de Clovis et roi de Paris ; comptant toujours être rétabli dans ses états par le prince qui l'avait accueilli, il resta près de lui jusqu'à ce que la mort de son hôte l'eut contraint de chercher un autre défenseur de ses droits. Quand, par la mort de ses frères et de ses neveux, Clotaire fut devenu seul maître du royaume des Francs, il remit Judual en possession du comté de Rennes, auquel il put bientôt joindre le comté de Nantes, lorsque Canao eut succombé dans un combat aux environs de Dol ou de Saint-Malo. Judual exerça ainsi l'autorité souveraine sur la plus grande partie de la Bretagne (car le comté de Rennes s'étendait alors jusqu'à la Cornouailles), mais il n'était rentré dans ses droits qu'en faisant à Clotaire des concessions fort onéreuses. Nous n'avons pas à insister, puisque l'époque qui nous occupe est celle où Judual, encore exilé, se trouvait à la cour de Childebert.

De ce que nous avons dit, il sera facile de conclure que le roi des Francs n'exerçait pas en ce moment sur l'Armorique une autorité bien définie, et cependant, comme hôte et protecteur d'un prince qui avait des droits sur une partie de la Bretagne, et des partisans dans ce pays, comment n'aurait-il pas eu une certaine influence sur ceux-là même qui se rattachaient à la cause du comte exilé ?

D'autre part, Childebert inspirait aux moines la confiance la mieux justifiée, comme nous le verrons bientôt ; or, à cette époque, les religieux avaient une grande puissance en Armorique : à leur tête étaient des hommes éminents en sainteté, moines austères dans leurs abbayes, missionnaires zélés au dehors, bienfaiteurs insignes des populations, même dans l'ordre matériel.

Est-ce qu'en se rendant à la cour de Childebert, ces hommes

(1) On ne sait si ce dernier était fils ou frère de Hoël Ier.

de Dieu, les Armel, les Tugdual, les Samson, avaient renoncé à la nationalité bretonne et reconnu les prétentions des rois francs ? Nous ne le croyons pas ? Mais en restant fidèles aux traditions de leur race, n'avaient-ils pas le droit et peut-être le devoir de confondre dans un même respect, dans une même soumission, leur prince proscrit et son puissant et pieux protecteur ? Wormonoc qui écrivait trois siècles après les événements qu'il raconte, vivait à l'un des rares moments où la Bretagne a été privée de son indépendance. Sachant que saint Pol s'est rendu à la cour de Childebert, il considère cet événement, d'après les idées qui avaient cours en Bretagne au temps de Charles-le-Chauve, avant que Nominoé n'eut levé le glaive pour rendre à la liberté son pays d'adoption.

Le moine de Landévénec ne nomme même pas Judual. Pour supposer sa présence lors de l'arrivée de saint Pol Aurélien à Paris, pour lui faire jouer le principal rôle, c'est-à-dire recevoir la députation à lui adressée par le comte Withur, ordonner au serviteur de Dieu d'accepter l'épiscopat, doter le nouvel évêché de Léon, remettre au saint une crosse d'ivoire comme symbole de la dignité à lui offerte, pour tout cela Albert-le-Grand a-t-il consulté seulement son patriotisme ou bien s'est-il appuyé sur des traditions populaires (1) ? Nous ne le savons, mais nous sommes bien obligé de signaler ici la divergence qui existe entre l'historien et le légendaire sur la participation qu'aurait eu le prince armoricain à la création de l'évêché de Léon.

Après avoir reproduit le texte de la lettre que Withur avait confiée à saint Pol pour le roi, il s'arrête un instant pour considérer cette simplicité, qui non-seulement exclut tout mensonge chez celui qui la possède, mais qui provoque à son tour la sincérité d'autrui ; c'est vraiment à bon droit qu'il s'écrie : « Et toi Pol, tu ne seras pas trompé non plus ; prêtre au moment où tu abordes la personne du roi, tu ne la quitteras qu'après avoir été honoré d'une dignité encore plus auguste ! Loin de moi la pensée de te comparer au condamné qui porte lui-même la corde destinée

---

(1) M. de Fréminville, à la suite d'Albert-le-Grand, fait aussi jouer à Judual le rôle que l'histoire attribue à Childebert.

à son supplice.... » Et cependant, quoi qu'il dise, le bon moine
sent lui-même que si saint Pol avait connu la teneur de la lettre
dont il était chargé, il l'aurait regardée comme la formule de sa
propre condamnation, comme l'instrument destiné à le torturer.
Cette lettre était ainsi conçue :

« Au Roi.

« En recevant cette lettre, ô Roi, mon seigneur, sachez que
j'envoie vers vous cet homme de Dieu appelé Pol, et je vous supplie de le faire sacrer comme notre évêque en dépit de toutes ses
résistances. Bien des fois déjà, il a été prié d'accepter ces fonctions,
mais il s'y refuse absolument. Cependant nous savons qu'entre
tous les hommes de notre temps, il n'en est point que sa sagesse,
sa science et ses mérites rendent aussi digne de cet auguste ministère. »

A ces considérations générales, la lettre ajoutait d'autres détails
sur les actes du saint moine.

Pol accepta le mandat qui lui était proposé. Il prit avec lui
douze prêtres et un nombre de serviteurs suffisant. Ne nous étonnons pas si son collège sacerdotal est encore au complet. Nous
avons dit que les prêtres venus avec lui de la Bretagne insulaire
étaient en partie dispersés, mais, depuis que s'était constitué l'établissement de l'île de Batz, les vocations monastiques s'étaient
multipliées, et parmi les nouveaux religieux, il s'en était nécessairement trouvé un bon nombre que leur science et leurs vertus
avaient rendus dignes du sacerdoce. Il n'avait pas été difficile de
les faire ordonner prêtres par l'évêque de Quimper, qui exerçait
très probablement sa juridiction sur cette contrée, ou par l'évêque
de Tréguier, si la consécration de saint Tugdual, également due à
l'intervention de Childebert, était déjà un fait accompli. Si saint Pol
avait douze prêtres comme compagnons de route, il est évident qu'il
devait en laisser derrière lui un nombre encore plus considérable.
Le voyage fut long et pénible ; la pieuse troupe était bien fatiguée
en arrivant à Paris ; mais notre auteur semble vouloir insinuer
que le but même auquel ils parvenaient était bien fait pour les
dédommager de leurs peines ; « Là, en effet, était le palais où le

8

roi Childebert dictait ses lois, à l'endroit même où depuis des siècles une foule de moines et une multitude de Francs invoquent
ton puissant secours, ô bienheureux martyr Denis ! » Le pieux
bénédictin, heureux de désigner ici une abbaye qui était une des
gloires de son ordre, n'oublie qu'un point : c'est que le royal monastère de Saint-Denis a toujours été bien distinct du Palais, et ne
laisse pas que d'être assez éloigné de l'enceinte de Paris. Et maintenant, à la suite de saint Pol, de ses douze prêtres et de leurs serviteurs, entrons dans le palais de Childebert. Nous n'y saurions faire
fausse route ayant pour nous guider l'auteur de l'*Histoire de saint
Léger,* le cardinal Pitra, dont l'Eglise, la France et l'Ordre de saint
Benoît déplorent la perte récente. Plus d'un lecteur s'attend à faire
ici connaissance avec une cour toute barbare, si même cela peut
s'appeler une cour ; nous ne tarderons pas à voir qu'avec l'histoire
de la France chrétienne commence immédiatement l'histoire de
la France civilisée et civilisatrice. Mais à vrai dire, ce qu'il nous
faut étudier ici ce n'est pas le palais lui-même ; c'est l'*école du
palais.* On peut dire que les premiers fondements en ont été établis au temps même de Clovis. « Dès les premiers jours de la conversion des Francs, on voit les lettrés de l'Eglise sortir en foule
des basiliques, des cloîtres, des plus lointains ermitages, pour concourir, même à leur insu ou par miracle, à l'évangélisation du
palais. Tels furent autour de Clovis l'éloquent Rémi, son père spirituel ; Waast, Déodatus, ses catéchistes ; Mélaine de Rennes, son
chancelier, orateur disert dans les conciles ; Germer de Toulouse,
qui apprit en trois ans toutes les Saintes Ecritures ; Césaire d'Arles,
le savant moine de Lérins, l'homiliaire vivant des évêques de son
temps... » L'auteur cite encore quantité d'autres noms illustres.
Après avoir énuméré ces saints et ces savants la plupart très
nobles Gallo-Romains dépositaires de la foi et de la science, il
poursuit en ces termes : « Il est difficile d'assigner à chacun sa
part dans l'œuvre civilisatrice accomplie au palais ; mais ces hommes de Dieu menaient de front l'apostolat des bonnes lettres, de
la parole, de la prière et des œuvres. C'est par leur présence et
leur bénédiction que naquit et grandit l'école oubliée dont nous
recherchons l'obscure origine. L'institution s'étend et se perpétue,

sans se régulariser encore sous les fils de Clovis. Les plus belliqueux, Thierry et Théodebert, s'associent à cette œuvre de paix. Le premier, après une rude guerre en Aquitaine et le sac de l'Arvernie, emporte dans son butin des troupes de clercs qu'il distribue sur sa route dans les monastères, et dont il retient plusieurs auprès de lui. Saint Gal, entre autres, grand oncle de Grégoire de Tours, d'une famille des plus saintes et des plus lettrées de la Gaule, demeure auprès du roi franc, devient l'un de ses clercs, et par sa belle et mélodieuse voix le charme, au point que Thierry ne pouvait s'en séparer, même en voyage, et qu'il l'aimait, ainsi que la reine, comme son propre fils. Arédius, autre nom aquitain des plus illustres, est recommandé au très excellent Théodebert pour être instruit dans l'érudition palatine. En ce lointain et confus crépuscule de l'école du palais, il se fait comme un jet de lumière à la cour de Childebert, « roi-prêtre, clerc couronné, comme parle Fortunat, un autre Melchisédech, conquérant et roi de la paix, unique gloire et règle des pontifes. »

Plus d'un demi-siècle va s'écouler avant que cette noble institution de l'*école du palais* n'arrive à répandre tout son éclat. Nous en sommes, ou peu s'en faut, à l'an 540, d'après la date approximative indiquée par Dom Plaine ; Childebert règne depuis 511 ; c'est dire que son action a bien eu le temps de se faire sentir ; toutefois cette influence ira grandissant encore pendant dix-huit ans. Après la mort du « roi monastique par excellence », comme l'appelle le comte de Montalembert (1), l'école du palais perdra de son importance et ne reprendra son éclat qu'au moment où Clotaire II pourra régner par lui-même et substituer son autorité à la tyrannie de sa mère Frédégonde ; mais alors elle aura sa constitution régulière et définitive et sera, dans la jeune Église de France, la formatrice des saints évêques, des savants moines, des orateurs éloquents.

Si nous anticipons ainsi, c'est parce que les données histori-

---

(1) Il est vrai que l'auteur des *Moines d'Occident* suppose que les légendes ont concentré sur ce prince diverses anecdotes relatives à d'autres rois du même nom ou de la même race.

ques sur cette école appartiennent plus au vii⁰ siècle qu'au vi⁰, et que par conséquent l'œuvre du roi de Paris nous est surtout connue par les documents relatifs à l'œuvre du roi de Neustrie. La seconde nous montrera ce que fut la première. Nous n'avons cependant pas tout dit sur ce que nous savons directement de la cour de Childebert. Du barbare franc, ce prince avait bien manifesté la cruauté native ; nous ne pouvons oublier qu'il avait été le complice de Clotaire dans le massacre de leurs neveux, les fils de Clodomir. On sait comment, répondant au message de leur mère Clotilde, qui aimait mieux voir ses petits-fils morts que *tondus,* c'est-à-dire privés du signe caractéristique de la race royale, les deux princes avaient été les bourreaux des deux aînés des enfants, et avaient condamné le troisième, Clodoald, à embrasser la profession monastique, où il gravit les sommets de la sainteté. Mais ce temps était éloigné, et à l'époque où Pol-Aurélien arrive chez le roi de Paris, rien ne rappelle ces scènes de violence. Le prince mérovingien a compris les devoirs que lui impose la souveraineté ; il veut être le roi non-seulement des Francs vainqueurs, mais des Gaulois et des Romains ; il a donc appris la langue latine ; il écrit aux évêques et au Pape saint Pélage, et il en reçoit des lettres élégantes. Dom Pitra dit encore : « Il envoie à Rome, à Constantinople des ambassadeurs choisis parmi les Gallo-Romains les plus distingués ; il aime à s'entourer des esprits cultivés de son temps ; il lui en vient de l'Italie, de l'Irlande, des deux Bretagnes ; il y a jusqu'à des improvisateurs ambulants, des bardes, qui reçoivent de lui un bienveillant accueil. La très pieuse reine Ultrogothe et Swegotha, sa sœur, y ajoutent leurs bonnes grâces, pourvu que le docteur ait bonne vie et mœurs très saintes. On se réunit dans les jardins plantés par Childebert, comme sous les ombrages d'Académus (1). « Saint Léonor, s'il en faut croire des traditions armoricaines, s'y trouva avec ses soixante-douze disciples. » Nous devons nous arrêter à ce qui

____

(1) Venant. Fortunat., *Carm.,* lib. vii, c. 8. C'est à saint Fortunat que S. E. le cardinal Pitra a emprunté les plus intéressants de ses renseignements sur l'*école du palais.*

concerne ce saint personnage, frère de saint Tugdual, et condisciple de saint Pol à l'école de saint Hiltut. Il avait son office avec leçons propres dans l'ancien bréviaire de Léon ; mais aujourd'hui il est peu connu dans notre diocèse. Tout jeune encore, mais déjà élevé en sainteté, il avait été sacré évêque par saint Dubrice.

Lors des invasions saxonnes en Grande-Bretagne, comme plusieurs autres pontifes d'outre-mer, il suivit en Armorique ses compatriotes qui émigraient, et s'établit entre la Rance et l'Arguenon. Son but était de vivre dans la solitude avec les compagnons qui l'avaient suivi ; ils étaient nombreux, d'ailleurs ; outre soixante-douze moines, il avait plusieurs serviteurs. La ferveur qui régnait dans la communauté naissante était telle que bientôt on en parla au loin, et le roi Childebert appela près de lui Léonor et toute sa colonie monastique. Ce fut pendant le court séjour du saint abbé et de ses religieux près du roi Franc, que Hoël II, roi de Bretagne, fut massacré, comme il a été dit plus haut. La victime et le meurtrier étaient frères de saint Léonor. Judual, fils du prince assassiné, se réfugia au monastère de son oncle ; mais celui-ci jugeant que son neveu ne pouvait y être en sûreté (car la distance n'était pas longue jusqu'au palais du fratricide), se souvenant, d'ailleurs, du bon accueil reçu chez le roi de Paris, dirigea le jeune prince sur la cour de Childebert.

On voit, maintenant, l'enchaînement de tous ces faits. S'il est vrai que Judual participa à la promotion de Pol-Aurélien, il dut le faire avec joie, puisqu'il trouvait en lui un ancien condisciple et un ami de ses deux oncles saint Tugdual et saint Léonor. Avec le moine cambrien émigré en Armorique, dom Pitra cite encore un autre Breton parmi les hôtes de Childebert : « Herva-« nion (1) était très-docte en plusieurs langues, et surtout musi-« cien et compositeur de ballades et chansons ; le roi, qui se « délectait à la musique, l'appointa en sa maison et lui donna de « grands gages » (2). Là encore se rencontrent, à divers intervalles, l'évêque Germain (3), qui marchait environné d'écoliers de

---

(1) Et mieux *Hyvarnion* ou *Ar-vihan.*
(2) Albert-le-Grand, *Vie de saint Hervé.*
(3) De Paris.

tout âge, et qui paraît avoir présidé à la royale école ; Doctrovée,
l'un de ses disciples, sorti, comme son maître, des fameuses
écoles d'Autun (1) ; Syagrius, évêque de la même cité, chapelain de
Brunehaut ; Ursicin de Cahors, grand savant, référendaire de la
reine Ultrogothe ; Désidérius de Verdun ; Agéricus, son successeur, père spirituel de Childebert ; Theutarius et Charimer, de
référendaires devenus évêques... Nous passons d'autres noms
qui pourraient figurer dans ces annales littéraires du palais. Mais
pourrions-nous oublier le brillant improvisateur de l'Ombrie,
Venance-Fortunat, le chantre officiel de toutes les fêtes nationales
et religieuses ? Ne pourrait-on pas compter aussi parmi les créa-
teurs de l'école palatine quelques Grecs réfugiés, tels que saint
Egidius, d'Athènes, qui, à travers de merveilleux incidents, passe
des écoles de la Grèce dans une grotte aux bords du Gard, d'où
nos rois l'appellent au palais ?

« Mais il suffit pour constater, autour de nos premiers rois, des
essais de culture intellectuelle qu'il serait injuste de dédaigner. »

Nous n'avons point voulu intercaler dans le tableau tracé par
dom Pitra, nos propres observations ou même certaines explica-
tions nécessaires. Cet Hyvarnion dont il n'indique que le nom et
la profession, n'est autre que le père de saint Hervé, le chanteur
aveugle. M. le vicomte Hersart de la Villemarqué a raconté, dans
La Légende Celtique, la poétique, douloureuse et sainte existence de
ce doux patron des chanteurs de Bretagne. « Parmi les Bretons
réfugiés près des rois mérovingiens, et qui continuaient à jouer en
Gaule à peu près le même rôle que dans les demeures de leurs
chefs nationaux, il y avait un jeune homme appelé Hyvarnion ou
juge équitable. » Ce nom, qui témoignait de la droiture de son jugement, lui avait été donné, dans son pays, « car on ne l'appelait
précédemment que du nom d'*Ystud-Vach,* c'est-à-dire *petit savant,*
quand il fréquentait l'école de saint Kadok, à la fois moine et
barde. Pendant quatre années, probablement de l'an 513 à l'an
517, Hyvarnion s'assit avec les bardes à la table du roi Childe-

---

(1) Dom Pitra donne ici à cette ville illustre son nom latin d'*Augusto-
dunum* que j'ai cru devoir traduire.

bert. Au milieu des débauches et des scandales de cette cour barbare (1), il parut calme et serein de conscience et de visage, et, comme l'enfant dans la fournaise, il chanta. Ses chants et ses vers le rendirent agréable au roi. A une grande facilité pour parler plusieurs langues, il joignait, dit son plus ancien historien (2), un rare talent pour composer, sur des sujets d'imagination, des poèmes rimés qu'il chantait sur des airs nouveaux de son invention. Childebert se montra aussi généreux envers lui que l'étaient les chefs insulaires envers leurs bardes domestiques. Mais ni les étoffes précieuses, ni l'or, ni les coupes de corne écumantes de bière, ces trois dons les plus chers aux bardes, ne purent fixer à la cour de Paris le jeune homme aux yeux duquel la pureté de l'esprit et du corps, la règle des mœurs et la justice, étaient les plus belles vertus. Sous prétexte de retourner dans son pays, où une victoire éclatante et décisive d'Arthur sur les Saxons ramenait, disait-on, la sécurité, il demanda au roi la permission de le quitter. Il partit comblé de présents. »

Nous n'avions ici qu'à indiquer la présence d'Hyvarnion à la cour du roi mérovingien ; dire quelle épouse et quel fils Dieu lui donna, ce serait sortir de notre sujet.

Nous avons nommé plus haut un moine athénien qui vint chercher l'oubli dans la solitude des forêts de la Gaule méridionale ; saint Egidius n'est autre que le saint si populaire dans toute la France sous le nom de saint Gilles. Dans notre diocèse, il est patron de plusieurs paroisses et de quelques chapelles.

Le nom de Fortunat, l'ami de sainte Radegonde, s'est rencontré plusieurs fois dans les pages qui précèdent ; donnons-lui ici la qualification qui lui convient : le poète de la Sainte Croix, l'auteur du *Vexilla regis* et d'autres chants sacrés, qui font autant d'honneur à son génie poétique qu'à sa piété, ne fut pas seulement un écrivain aimable et gracieux ; il fut un Saint que l'Eglise honore. C'est une fâcheuse habitude que celle qui s'est introduite

---

(1) On voit que ce jugement de M. de la Villemarqué n'est pas conforme à celui du cardinal Pitra et de saint Fortunat sur la cour de Childebert Iᵉʳ.

(2) *Vita s. Hoarvei*, ms. des Blancs-Manteaux, nᵒ XXXVIII, p. 859.

de nommer nos pieux écrivains, gaulois d'origine ou d'adoption, sans indiquer le culte que l'Eglise de France leur a toujours rendu, si bien que beaucoup seraient fort étonnés d'entendre parler de *saint* Fortunat, de *saint* Sulpice Sévère, de *saint* Sidoine-Apollinaire et de *saint* Grégoire de Tours ; nous avons tenu d'autant plus à relever ici ce point, que l'honneur même de l'Église l'exige, en raison surtout des méchantes insinuations et des petites calomnies de M. Ampère contre la mémoire vénérable de saint Fortunat.

Nous n'avons pas à nous étendre longuement sur la vie des adolescents qui peuplaient l'*école du palais,* il nous faut cependant bien en dire quelques mots encore : pour y être admis il fallait avoir l'*âge robuste* prescrit par les usages et par les lois à quiconque voulait être attaché au service royal ; cet âge allait de douze à quinze ans. Comme le dit si bien Dom Pitra : « C'est cet âge mobile et indécis où n'étant plus enfant, sans être homme encore, on s'appartient moins qu'à toute autre époque. L'homme pose avec réflexion, l'enfant écoute ses saillies, l'adolescent s'ignore ; il croît, s'assimile, il pousse toute la sève de sa vie ; il absorbe avidement et à son insu tout ce qui lui arrive du dehors, de ses égaux comme de ses maîtres ; aussi peut-on le juger d'ensemble, par l'horizon, l'air et le soleil qui l'enveloppent, par tout le milieu où il vit...

« L'*abbé du palais* dirige l'école instituée à l'image d'un monastère, rassemblant, sous un même toit, à une table commune, une seule famille de frères : un père revêtu d'un titre religieux, *abbas* (1), engendrait à la science et à la foi ces jeunes âmes, sanctifiées par les mêmes bénédictions, encouragées par le bon exemple, marchant en sécurité entre les fortes observances d'une vie régulière et cléricale. Cette communauté de clercs ressemblait à celle que les évêques de ce temps relevaient partout autour d'eux avec une sollicitude toute nouvelle..... Évêques, prêtres, archidiacres et fervents laïques, tout veillait sur ces nobles enfants,

---

(1) Toutefois, au temps de Childebert, ce titre n'est peut-être pas encore en usage. Le premier qui soit mentionné comme l'ayant porté, est saint Béthaire, plus tard évêque de Chartres.

qui se servaient à eux-mêmes de sentinelles et d'anges gardiens.
Il n'y a pas jusqu'à leurs mères qui, du fond de leurs villas, et
malgré les rares et difficiles communications d'alors n'envoyassent
souvent les conseils de leur tendre sollicitude... Rien ne manquait
donc à l'école du palais pour l'éducation du cœur et la culture de
l'âme. L'intelligence y trouvait-elle un suffisant et légitime essor ?
Malgré la pénurie des documents, nous pouvons au moins, par
ses grandes lignes, indiquer le programme des études palatines.
Peut-être trouvera-t-on que, pour des barbares, le cercle est assez
largement tracé.

« On y voit figurer, en termes précis, les études libérales, la
grammaire, la dialectique, la rhétorique ; puis d'autres disciplines
plus spéciales, les lois romaines, les coutumes et jusqu'aux traditions nationales, aux richesses de l'éloquence gallo-romaine et
peut-être de l'idiôme gallo-franc (1). Par une sorte de luxe littéraire, on s'y façonnait à une belle diction, et on avait pour maxime
de tempérer la brillante abondance du génie gaulois par la gravité
de la parole romaine. Les littératures nationales, à peine à leur
aurore, allaient déjà trancher sur les traditions classiques. On dis-
tinguait avec assez de justesse l'artifice du grec, la mesure cir-
conspecte du latin, la splendeur du gallo-franc et la pompe
anglaise. Le fond de cette instruction était aussi solide que varié :
l'histoire y occupait une large place ; deux cours semblent indi-
qués comme embrassant tout : celui des sages ou grammairiens-
dialecticiens, et celui des historiens. Aussi cette importante étude
était confiée à des maîtres spéciaux, et dans leur programme
entraient les traditions nationales, les hauts faits des peuples nouveaux, les *gestes* des héros ; on n'épargnait rien de ce qui pouvait
embellir l'esprit et donner à ces jeunes Francs des mœurs élégantes et polies. Enfin on s'y élevait aux profondeurs de la dogmatique
chrétienne, et on s'y rendait aussi habile dans les choses divines
que dans les connaissances profanes.

« C'était comme une haute école où la science du temps s'en-

---

(1) C'est ce que l'on pourrait du moins supposer d'après un passage de la
vie de saint Didier.

seignait en un degré supérieur. Après avoir épuisé l'éducation paternelle des familles sénatoriales et l'art des rhéteurs et des grammairiens, on venait se perfectionner au palais ; les plus habiles y trouvaient des rivaux et des combats dignes d'eux. Aussi y accourait-on de tous les points de la Gaule. Une sorte de vogue recommandait spécialement cette école aux grandes familles ; on se faisait honneur d'y avoir passé, et jusque dans les *Actes des Saints,* on rappelait ce souvenir avec complaisance. »

Peut-être trouvera-t-on que tous ces détails sur la cour du roi des Francs et sur la principale institution que l'on y trouvait, occupent ici une place trop considérable : s'il en était ainsi, nous invoquerions pour excuse l'importance toute spéciale de la visite de Pol-Aurélien à Childebert et l'influence que dut exercer sur le long épiscopat de notre Saint, le souvenir de tout ce qu'il avait rencontré dans ce palais si semblable à un monastère.

Si le moine breton fut édifié de tout ce qu'il avait sous les yeux, le prince ne le fut pas moins en reconnaissant une humilité profonde dans l'envoyé de son lieutenant le comte Withur. Saint Pol ayant salué le roi, en courbant le front jusqu'à terre, lui remit la lettre dont il était porteur. Childebert ayant reconnu son propre sceau et lu le message qui lui était adressé, fixa son regard sur le prêtre qui se tenait devant lui et finit par lui dire : « Pol, ami de Dieu, pourquoi vouloir enfouir sous la terre le talent qui vous a été confié et que vous retenez comme si c'était votre bien propre ? Ne vaut-il pas mieux le faire fructifier et le rendre au véritable Maître avec l'intérêt qu'il devra rapporter ? Pourquoi avez-vous tout fait pour dégager votre cou du joug si doux du Seigneur, vos épaules de son fardeau léger ? Croyez-vous qu'il y aura une excuse au jour du jugement pour ceux qui n'auront eu souci que d'eux-mêmes ou qui, par une sorte d'avarice spirituelle, n'auront pas appliqué à la sanctification des autres les grâces que Dieu leur avait faites ? Remarquez-le bien : ceux qui seront condamnés à l'éternel supplice ce ne sont pas seulement ceux qui auront violé les droits d'autrui, mais aussi ceux qui, sans prendre garde aux besoins du prochain, auront trouvé un plaisir égoïste à tout rapporter à eux-mêmes. » Le Saint, ne com-

prenant rien à ces accusations d'égoïsme et d'avarice, osa prier
le roi de s'expliquer plus clairement, lui promettant de lui donner satisfaction complète ; disant cela, il s'agenouilla de nouveau
et demanda pardon. Alors Childebert, le prenant par la main, le
fit relever et lui dit : « Acceptez la dignité épiscopale qu'on vous
a offerte déjà bien souvent ; vous procurerez ainsi le salut d'un
grand nombre. » Sans attendre une réponse qui n'était pas indispensable, puisque saint Pol avait promis d'avance d'obtempérer à
l'ordre royal, quel qu'il fut, Childebert fit mander aussitôt trois
évêques pour qu'ils eussent à procéder au sacre du nouvel élu.

Pour ceux qui connaissent la discipline actuelle de l'Eglise,
une pareille élection ne paraîtra peut-être pas bien régulière. Il
n'y a pas à le dissimuler : les rois francs n'intervenaient que trop
dans le choix des évêques. Sans admettre avec M. Ampère que
« la nomination de l'évêque, qui jusque là avait appartenu aux
principaux citoyens et au clergé rassemblés, et dans laquelle les
autres évêques avaient aussi une grande part, se trouva presque
complètement aux mains des rois francs (1) », nous pouvons dire
cependant que d'après saint Grégoire de Tours les abus de ce
genre furent nombreux, et produisirent les plus déplorables conséquences. Mais dans la nomination de saint Pol l'abus, s'il y en
a, est bien plus apparent que réel. En effet, Childebert ne fait
pas lui-même un choix ; il se contente de confirmer celui qui a
été fait en Armorique par ceux-là mêmes qui étaient les meilleurs
juges et les premiers intéressés.

Albert-le-Grand et dom Lobineau ajoutent au récit précédent
que Childebert prit de la main d'un évêque présent un bâton pastoral (Albert-le-Grand précise même d'avantage et dit : une crosse
d'ivoire) et s'en servit pour donner l'investiture au premier évêque de Léon. En supposant que ce fait, dont Wormonoc ne parle
pas, soit conforme à la vérité, nous pourrions dire que cette circonstance même n'entacherait nullement l'élection de saint Pol ;
plusieurs siècles encore devaient s'écouler avant que l'Église n'eut

---

(1) J.-J. Ampère. *Histoire littéraire de la France avant Charlemagne*,
t. II, p. 266.

à entrer en lutte pour empêcher les princes temporels et surtout les empereurs d'Allemagne de donner l'*investiture* par la crosse et l'anneau.

Aucun souverain, de quelque nom qu'il décorât son autorité, n'avait encore eu l'odieuse et ridicule prétention de conférer lui-même la puissance spirituelle. Si déjà l'investiture existait, ce n'était donc qu'un acte signifiant la remise par le prince des titres de propriété et des priviléges féodaux appartenant au nouveau titulaire d'une église épiscopale. Aussi ne voit-on pas ce qui au vi⁰ siècle aurait pu empêcher Childebert de mettre entre les mains de saint Pol un bâton pastoral.

Cependant si l'élu du clergé et du peuple de Léon, du comte Withur et du roi des Francs, n'avait pas osé s'opposer à la décision royale, il ne pouvait arrêter ses larmes et comprimer ses sanglots ; mais Childebert désirant lui-même donner au chef spirituel du nouveau diocèse, dont il confirmait la création, une situation honorable et indépendante, voulut qu'il possédât cent tribus dans les pays d'Ack et de Léon, en déchargeant à perpétuité ces possessions de toutes leurs redevances antérieures envers le trésor royal. Et comme les noms et les délimitations de ces cent tribus étaient consignés dans des chartes très nombreuses, et encore conservées de son temps près du reliquaire où était la tête de saint Pol, Wormonoc déclare qu'il n'y a pas lieu pour lui de les transcrire de nouveau.

Dom Lobineau, après avoir raconté les faits qui précèdent, ajoute encore : « Ainsi fut ordonné saint Paul-Aurélien, premier évêque d'Occismor ou de Léon, par l'autorité d'un roi de France, à la requête des Bretons, lorsqu'il se croïoit le plus éloigné de la dignité qu'il avoit toujours fuïe ; et une marque indubitable que Childebert fut très édifié de sa vertu, de sa modestie et de sa conduite dans cette affaire, est le don qu'il lui fit des revenus du païs de Léon et du païs d'Ack qui lui appartenoient, dont il dota la nouvelle église, qui seroit assurément bien pauvre, si elle n'avait point d'autres revenus, que ceux qu'on veut que lui ait donnez le *prétendu* roi Conan Meriadec. »

Tout en ne partageant pas les idées de dom Lobineau sur

Conan Mériadec, nous reconnaissons sans peine que l'évêché de Léon ne devant pas son existence à ce prince ne lui devait pas non plus la dotation dont il s'agit.

Childebert à ses autres marques de bienveillance pour saint Pol joignit l'ordre de lui rendre honneur ainsi qu'à ses compagnons, partout où il passerait le jour, partout où il s'arrêterait pour se reposer la nuit.

Quand et comment eut lieu le sacre du nouvel évêque, quel fut le consécrateur et quels furent ses assistants ?... c'est ce que nous ignorons. Mais avant de quitter la ville de Paris, Pol témoigna au prince toute sa gratitude ; il eut avec lui des entretiens fréquents ; enfin quand il eut reçu congé, il lui fit ses adieux et reprit le chemin de l'Armorique.

Wormonoc dit ici : « Ce roi Childebert est celui-là même que, en raison de sa vie si méritoire, nous honorons et invoquons comme Saint. » Et résumant ensuite de la façon la plus brève tout l'épiscopat de saint Pol, il ajoute : « De retour chez lui, Pol exerça bien longtemps ses fonctions, et par la puissance de Dieu, accomplit des œuvres merveilleuses ; mais si nous entreprenions de les parcourir, notre bouche ne pourrait suffire à les raconter, ni notre main à en transcrire le récit. »

Le bon moine de Landévennec ne sera donc plus guère notre guide désormais ; par suite, ce que nous dirons encore de l'épiscopat fécond de notre Saint ne saurait offrir les mêmes garanties d'authenticité que ce qui a été exposé jusqu'ici ; nous n'avons cependant pas besoin de dire que tous les efforts seront faits pour que les droits de la Vérité soient toujours soutenus.

Nous devons tout d'abord nous demander ce qu'il faut entendre par cette parole de l'hagiographe: « *Paulus domum suam reversus*, Pol étant de retour chez lui ». Nous avons, en effet, tout intérêt à savoir quel séjour notre Saint choisit pour sa résidence épiscopale, et si le monastère de l'Ile-de-Batz continua de l'avoir pour abbé quand le Léon le posséda comme évêque.

Dès le commencement de l'Église, chaque titre épiscopal fut attaché à une ville ; c'est là un fait tellement connu que nous n'avons pas à insister. Saint Pol devait donc faire choix d'une

cité qui serait sa résidence habituelle, ou bien ce choix avait déjà
été fait pour lui. Mais nous n'avons pas, pour nous guider ici, à
évoquer seulement un principe général : si Wormonoc, en parlant
du retour de saint Pol, en Bretagne, ne dit rien de son siège épiscopal, arrivé à la seconde abdication du Saint (en faveur de Cétomérin), il raconte que le vénérable prélat se réfugia dans l'île au
milieu de ses moines dont le nombre s'était considérablement
accru. C'est donc que dès l'origine il avait quitté le monastère
pour venir habiter dans la cité voisine dont nous avons déjà parlé.
On n'a pas oublié combien elle était misérable quand saint Pol y
était arrivé pour la première fois, et comment il l'avait délivrée
d'hôtes dangereux, et consacrée en l'aspergeant par l'eau sainte ;
là dessus, rien à ajouter, mais il nous reste à nous demander :

1° Quelle était l'histoire de cette pauvre cité avant l'arrivée de
saint Pol ;

2° Si elle portait le nom d'Occismor avant l'époque où elle prit
celui de son premier évêque.

3° Quelle est la valeur des traditions qui font de *la ville de
Saint-Pol* la cité de Conan Mériadec.

Wormonoc, parlant de l'arrivée de notre Saint dans ce lieu qui
devait lui devenir si cher, appelle le lieu même *oppidum ;* on sait
que ce mot a souvent servi à désigner moins une ville qu'un château fort ; *oppidum* est donc bien souvent synonyme de *castellum,*
ou peu s'en faut, et personne n'ignore, en Bretagne, que dans
notre vieille langue, la ville de Saint-Pol-de-Léon s'appelle encore
Castell-Paol ; beaucoup de nos villes armoricaines se sont ainsi
formées autour d'un *château ;* nous avons eu occasion de montrer
la ville de Quimper se développant jusqu'au Stéir, après avoir
commencé par le *castellum* compris dans un angle formé par l'Odet
et le ruisseau du Frout, et donné par le roi Grallon à saint Corentin. En 1844, rien n'avait encore indiqué que la ville de Saint-Pol
eut été l'ancienne cité gallo-romaine des *Osismii.* Si les poteries,
les briques à rebords, les médailles à différentes effigies d'empereur et d'impératrice existaient dans les environs même de la ville,
rien dans le sol de l'enceinte primitive n'avait encore révélé le
passage du peuple vainqueur ; c'est ce que constatait M. Pol

de Courcy dans une étude sur les *Origines de la ville de Saint-Pol-de-Léon* (1) ; depuis l'époque que nous venons d'indiquer, des fouilles ou des démolitions ont démontré que l'*oppidum* lui-même avait été occupé par les vainqueurs. En effet, en 1864, dans l'étude si intéressante et si complète à laquelle il a donné pour titre : De Rennes a Brest et a Saint-Malo, itinéraire descriptif et historique, M. Pol de Courcy dit : « La ville de Saint-Pol, désignée dans les actes du xᵉ siècle, ainsi que son territoire, sous le nom de *Castellum Leonense* et de *Leonensis Pagus*, et en breton sous celui de *Castel-Pol,* ne consista d'abord qu'en un château occupé par les *Osismii,* puis par les Romains, ainsi que le prouvent de nombreuses médailles du iiiᵉ et du ivᵉ siècle, à l'effigie de Valérien, de Gallien, de Salonine sa femme, de Postume, de Victorin, de Tetricus, de Claude le Gothique, de Quintillus, de Dioclétien et de Maximien, recueillies dans la ville et ses environs parmi des substructions antiques. Le château de Léon était abandonné au viᵉ siècle lorsque Pol-Aurélien, suivi d'une grosse troupe de clercs et de laïques, vint de la Grande-Bretagne en Armorique où il aborda vers l'an 530. »

Cet *oppidum* n'était-il autre chose que la fameuse cité d'*Occismor,* capitale des *Osismii ?* Il serait étrange que Wormonoc eût ignoré ce détail important ; or, comme nous l'avons déjà observé, il n'indique nulle part le nom primitif de cette ville ; lui, qui précise tant les noms des autres lieux, garde ici une réserve dont nous avons le droit d'être étonnés ; serait-ce que, de son temps, la question aurait déjà été posée et que les avis étaient différents ? Car, il faut le reconnaître : les avis sont très différents, du moins aujourd'hui, et non-seulement sur la capitale des *Osismii,* mais même sur le pays plus ou moins étendu qu'occupait le peuple de ce nom. M. Aymar de Blois a bien dit, il est vrai : « La position géographique des Osismiens au sommet de la péninsule armoricaine est si apparente et si bien dessinée, qu'elle ne peut laisser place au moindre doute, et que l'on se demande comment des hommes d'un savoir incontestable ont pu assigner un autre terri-

---

(1) Éditée à Saint-Brieuc ; 1844.

toire à ce peuple » ; M. de Blois pouvait avoir raison ; mais il
n'en est pas moins vrai que son opinion a eu des contradicteurs
sérieux, comme il le reconnaissait lui-même ; avec la parfaite
bonne foi dont il faisait toujours preuve dans la discussion, il
n'hésitait pas à publier les lignes suivantes qui montrent son respect pour l'opinion de ses adversaires : « Plusieurs comptent
parmi les évêques de Quimper Lithardus, qui souscrivit, au concile d'Orléans en 511, comme évêque des Osismiens ; mais d'autres pensent qu'il était évêque du pays d'Exmes, en latin *Oxismum,*
dont la ville épiscopale de Séez est la capitale. »

Il y a trois opinions sur l'emplacement du territoire occupé par
les Osismiens : « D'après la première et la plus généralement
adoptée, ils étaient à l'extrémité de la péninsule armoricaine,
c'est-à-dire dans cette partie de la Basse-Bretagne qui forme aujourd'hui le département du Finistère et une partie du département des Côtes-du-Nord. D'après la seconde opinion, ils étaient
en Normandie, dans cette partie des départements de l'Orne et
du Calvados qui s'étend depuis Nogent-le-Rotrou et Alençon jusqu'à Caen, en suivant les vallées de l'Orne, de la Dive et de la
Vie. Enfin, d'après la troisième opinion, qui ne semble avoir été
émise que pour concilier les deux autres, on suppose qu'il y a eu
deux peuples de ce nom : l'un à l'extrémité de la Basse-Bretagne,
et l'autre dans cette partie de la Normandie qui vient d'être indiquée » (1).

Que nos lecteurs se rassurent : nous n'allons pas pousser à fond
la discussion sur ce point qui, probablement, ne les intéresserait
guère. La savante brochure à laquelle nous faisons ici quelques
emprunts a quatre-vingts pages in-octavo ; nous ne les transcrirons pas toutes.

César, Strabon, Pomponius Mela, Pline, Ptolémée ont parlé des
Osismiens. Parmi ceux qui s'en sont occupés après eux, plusieurs
affirment avec assurance, en se copiant les uns les autres, que,
d'après ces anciens auteurs, les Osismiens dont il est question dans
les *Commentaires* étaient placés à l'extrémité de la péninsule

---

(1) *Recherches sur les Osismiens,* par l'abbé Touroude, Séez 1873.

armoricaine. A cela, les partisans du séjour des Osismiens en Normandie répondent qu'étrangers au pays, où ils n'avaient jamais mis les pieds, Strabon, Pline, Ptolémée et les autres n'en parlent que par ouï-dire ; que les erreurs dont leurs ouvrages fourmillent prouvent assez qu'ils n'avaient sur cette partie de la Gaule aucune connaissance certaine.

Mais comment prouver qu'ils se trompent sur le point qui nous intéresse ?

D'après ceux qui font des Osismiens des habitants de l'Armorique, ceux-ci auraient occupé toutes les côtes qui s'étendent depuis le Légué jusqu'à la Laita (1), tandis que les Vénètes auraient possédé le littoral depuis la Laita jusqu'à la Vilaine. Or, César parlant des Vénètes s'exprime ainsi : « Cette cité est de beaucoup la plus puissante de toutes les cités maritimes de cette région. Les Vénètes possèdent un grand nombre de navires qui leur servent à passer en Bretagne... Et comme dans ces parages, où la mer est très agitée et ouverte à tous les vents, il n'y a que quelques ports et que ces ports leur appartiennent, ils ont pour tributaires la plupart des marchands qui naviguent sur cette mer. » Or, comment les Vénètes auraient-ils eu cette supériorité de puissance et ce monopole des ports de refuge, si à côté d'eux les Osismiens avaient possédé les ports de Concarneau, de Bénodet ou de Quimper, de Loc-Tudy ou de Pont-l'Abbé, d'Audierne, de Douarnenez, de Roscoff, de Saint-Pol, de Morlaix, et surtout la rade de Brest ? Dans de semblables conditions, ils n'auraient certainement eu rien à envier à ces Vénètes auxquels César, qui connaissait si bien le pays, donne une telle importance.

Ceci nous semble suffire pour établir la probabilité de l'opinion de ceux qui fixent la demeure des Osismiens dans la Normandie.

Le lecteur devinera facilement les arguments que l'on pourrait faire valoir en faveur de la troisième opinion, conciliant les deux premières et disant qu'il y a eu deux peuples d'Osismiens parfaitement distincts.

---

(1) C'est-à-dire depuis le port de Saint-Brieuc jusqu'au Pouldu, à trois lieues de Quimperlé.

M. l'abbé Touroude, qui nous semble avoir étudié cette question mieux que tous ses devanciers, a donné à son tour une interprétation dont on pourra apprécier la valeur.

D'après lui, comme je l'ai dit, il est impossible de placer les Osismiens de César dans notre Armorique ; les auteurs qui attribuent un pareil dire à l'auteur des *Commentaires* sont dans une grave erreur ; mais cela signifie-t-il qu'à une époque un peu postérieure il n'y avait pas d'Osismiens dans la péninsule ? Pas le moins du monde. « Pendant trois ans qu'il séjourna dans les Gaules, Auguste traita les habitants de cette contrée non pas en sujets, mais en ennemis. « Il les tint sous un joug de fer, dit « Laurentie, et pour leur ôter jusqu'à leur histoire, il changea le « nom de leurs cités, déplaça les villes, morcela les cantons, bou- « leversa les populations, mêla les races et fit de tout le pays un « grand chaos où le despotisme put seul se reconnaître, grâce à « son régime d'effroyable égalité (1). » Or, de tous les peuples de la Gaule, aucun ne supportait plus impatiemment le joug de l'étranger que les peuples de l'Armorique (par ce nom il faut entendre ici non seulement la Bretagne actuelle, mais toute la côte Normande). On le voit par les efforts qu'ils tentèrent depuis le commencement de la guerre jusqu'à la fin, pour se soustraire à la domination romaine. Les Osismiens en particulier qui, comme nous l'avons vu, étaient un des peuples les plus considérables de l'Armorique (encore dans le même sens) se montraient toujours prêts à la révolte. Leur nom n'est prononcé que trois fois dans les *Commentaires* et c'est toujours à l'occasion d'une guerre. Un tel peuple était inévitablement désigné à l'attention d'Auguste, et il dut être inscrit un des premiers sur les listes de proscription. L'Histoire ne nous a pas conservé les noms des peuples qui furent ainsi transportés, et de cités qui furent disloquées. Mais un ensemble de faits incontestables prouve que les Osismiens furent de ce nombre. »

A cette explication, il faut encore ajouter que le nom même des Osismiens ne se retrouve pas dans notre pays et s'est perpétué dans le pays d'Hyémois en Normandie, désigné dans les chroni-

---

(1) Laurentie, *Histoire de France*, t. I, ch. 2.

ques et les chartes les plus anciennes sous le nom de *Pagus Oximensis, Osismensis* ; *Diœcesis Oximensis* ; *comitatus Oximensis, Oismacensis*, d'où l'on a fait plus tard et jusqu'à nos jours le nom d'Exmes où d'Hyesmes pour la ville ; le nom d'*Oximiens* ou d'*Osismiens* pour les habitants, et le nom d'Hyémois, Oismois, ou Exmois pour le pays.

Rien de pareil en Bretagne; c'est donc que la colonisation d'une partie de la contrée par les Osismiens n'y avait guère laissé de souvenirs, d'où nous sommes amenés à conclure qu'elle n'avait guère dû y laisser d'éléments étrangers.

On a vu, par ce qui précède, que M. l'abbé Touroude, aux trois opinions signalées par lui, en joint une quatrième, et nous avouons qu'elle nous paraît appuyée sur les raisons les plus sérieuses ; il ne se contente pas, cependant, des arguments que nous avons déjà fait valoir. « S'il pouvait rester encore quelques doutes, ajoute-t-il, il suffirait, pour les faire disparaître, d'examiner ce que sont devenus les Osismiens au fond de la péninsule armoricaine. D'après Pline, leur cité devait avoir une étendue très considérable, mais les exilés étaient trop peu nombreux pour occuper un si vaste territoire. Aussi ils se resserrent peu à peu, et quand paraît la *Notice des Cités*, vers 401, ils n'occupent plus que la partie située au Nord-Ouest des Montagnes-Noires ; au Midi, la *Notice* indique une nouvelle cité, la cité des Corisopites... Une chose est certaine, c'est qu'à cette époque, les Osismiens avaient perdu plus de la moitié du territoire que leur attribuent Pline, Pomponius Mela et Ptolémée. Nous avons ensuite une preuve indubitable que, depuis, ce peuple alla toujours en diminuant et en s'affaiblissant. En effet, au moment où commence l'émigration des Bretons dans la péninsule armoricaine, que trouvent ces insulaires sur les rivages des Osismiens ? Un pays abandonné, de vastes solitudes et d'épaisses forêts remplies d'animaux sauvages. C'est à peine si, de temps en temps, ils découvrent, perdus au milieu de ces déserts, quelques individus isolés, occupés à garder des porcs, ou bien quelques familles errantes et fugitives qu'ils refoulent devant eux. Si, comme on le prétend, les Osismiens étaient les anciens habitants de cette contrée, com-

prend-on qu'ils n'aient pas profité de la tranquillité dont avait
joui leur pays où peu d'étrangers, au témoignage de d'Argentré,
avaient pénétré, pour se rétablir et se relever de leurs anciens dé-
sastres, comme avaient fait tant d'autres peuples vaincus ? Com-
prend-on que ces Osismiens, jadis si belliqueux, aient laissé ainsi
occuper les terres les plus fertiles de leur pays sans chercher à
les défendre ? D'après les meilleurs critiques, ils étaient encore
païens : pouvaient-ils voir sans colère attaquer le culte des
druides qu'eux seuls avaient conservé ? Sous tous les rapports,
cette occupation pacifique de tout un pays par des étrangers différant de langage, de mœurs et de religion est inexplicable, si l'on
suppose ce pays habité par une ancienne race indigène, quelque
peu nombreuse qu'elle put être. Mais, si l'on suppose, au contraire, cette contrée habitée par des exilés qu'on y a transportés
malgré eux, pour les y livrer en quelque sorte à un travail forcé,
que le fisc avec ses exigences insatiables et ses violences inouïes,
a réduits à la plus extrême misère, et que la conscription militaire
a épuisés en prenant et en dispersant au loin tous les hommes en
état de porter les armes, on comprend aussitôt que ce peuple n'oppose aucune résistance à l'invasion étrangère ; on comprend que,
depuis le jour de son exil, il n'ait eu qu'une pensée, celle de se
soustraire à la tyrannie de ses oppresseurs et de regagner peu à
peu les bords de l'Orne et de la Dive, ce qui ne devait pas être
très difficile au milieu des troubles incessants qui agitèrent l'Empire romain. Voilà pourquoi les Osismiens n'ont laissé aucune
trace de leur séjour à l'extrémité de la péninsule armoricaine, ni
dans les monuments, ni dans la mémoire des peuples : ce n'était
pas là leur véritable patrie. Tout cela explique comment M. A. de
la Borderie a pu affirmer avec grande raison, ce nous semble,
qu'au moment de l'immigration bretonne, les Osismiens étaient
depuis longtemps inconnus et oubliés au fond de la Péninsule. »

Mais, si cette race belliqueuse avait quitté le sol armoricain au
moment où saint Pol débarqua sur la côte de Léon, quelle était
donc la population qu'y rencontrait l'Apôtre ? Probablement,
quelques rares débris des vieilles familles indigènes, surtout des
familles émigrées de la Grande-Bretagne, où le grand mouvement

vers le continent avait commencé depuis un siècle, et même deux peut-être.

L'*oppidum* ou Pol-Aurélien vint s'établir après avoir reçu la consécration épiscopale, était-il bien la ville d'Osismor ou d'Ocismor ? Avait-il été à une époque quelconque la capitale des Osismiens ? Il est certain que, au temps de l'occupation romaine, il y a eu une ville d'Oxismium et que cette ville avait alors une réelle importance ; mais on ne saurait établir, par des preuves irréfutables, qu'elle existait en Armorique ; M. Touroude revendique cette ville pour la Normandie, et nous devons reconnaître qu'ici encore ses raisons ne sont pas sans valeur. A supposer même que pendant leur séjour en Armorique, les Osismiens aient formé ce que les Romains appelaient une *cité*, leur capitale était-elle Ocismor ou Vorganium, ou bien ces deux noms convenaient-ils à la même ville ? Enfin, Vorganium était-il dans le pays de Poher ou dans le pays de Léon ? Nous n'avons ici à prendre parti pour aucune opinion soutenue par les savants. M. de la Borderie est d'avis que Vorganium était situé près de Carhaix, et le savant auteur est ici d'accord avec le plus grand nombre de ceux qui ont voulu fixer la situation de cette ville. A propos du nom même il ajoute très judicieusement : « On trouve dans quelques légendes, les noms de la ville d'*Osismor* ou *Ocismor*. Il ne semble pas qu'il soit jamais passé dans l'usage vulgaire. Il est même sûr que beaucoup d'auteurs modernes rencontrant dans certains textes du Moyen-Age les mots de *civitas* ou *urbs Osismorum,* ont fait à tort un nominatif d'*Osismorum,* génitif pluriel désignant ici tout simplement la ville ou cité des Osismes, c'est-à-dire *Vorganium*. » Et il conclut : « Il n'y a donc point à chercher de ville d'*Ocismor* autre que Carhaix. » M. de Blois, établissant son opinion d'après la *table* de Peutinger, fixe aussi le même emplacement à Vorganium et fait d'Ocismor une ville distincte, qui aurait existé là où se trouve aujourd'hui la ville de Brest. La Tour-d'Auvergne n'admet pas que Carhaix, sa ville natale, soit la même que Vorganium ; Walcknaër veut que cette cité se perpétue dans la ville actuelle de Concarneau, dont l'origine est certainement très ancienne, mais inconnue. A cette nomenclature déjà longue, nous pourrions ajouter les noms de ceux qui prétendent retrouver cette ville dans bien d'autres endroits ; par exemple, près de Plouguerneau (d'après une indication fournie par une borne milliaire, déchiffrée par M. Le Men et conservée au musée de Quimper) ; près de Plounéventer, où M. Miorcec de Kerdanet a trouvé que, dans un rayon d'une lieue, il n'existait pas un seul petit espace qui ne fut rempli de fragments de tuiles auxquels étaient mêlés des débris de vases antiques ornés de fleurs et de guirlandes. Il y avait là, certainement, une grande cité romaine, et l'on ne peut dire que M. de Kerdanet se soit trompé en y voyant la cité des Osismiens. Sanson la place à Coz-Guéodet, sur la rivière de Loquez, non loin de Lannion. Le lecteur pourra choisir s'il lui plaît.

De ce qui vient d'être dit, la conclusion est facile à tirer : que l'ancienne capitale des Osismiens, pendant le séjour forcé qu'ils firent en Armorique, s'appelât Ocismor ou Vorganium, elle n'avait probablement rien de commun avec l'*oppidum* où saint Pol vint s'établir après avoir été sacré évêque.

Mais au moins cette ville épiscopale, quel que fût jusque là son nom, était-elle la vieille cité de Conan Mériadec, la ville qui fut témoin de l'établissement public et officiel du christianisme par le premier roi chrétien des Bretons d'Armorique ?

En publiant la *Vie de saint Corentin*, j'ai trouvé l'occasion de consigner les traditions de notre pays sur ce fameux personnage ; mais les légendes relatives à Conan ne touchant pas de bien près à l'histoire du premier évêque de Cornouailles, je crus que ce n'était pas le lieu de parler des controverses, souvent très vives, où se sont complu quelques savants. Peu après, un journal catholique de Brest publia un article où le pauvre Conan était bel et bien exécuté. Depuis l'apparition du Cartulaire de Redon, pareil coup ne lui avait été porté. On se rappelle les vers d'Alfred de Courcy :

Qu'entends-je ? Conan a perdu
Sa gloire séculaire ;
Bouillet en est tout morfondu.
J'ai vu le Cartulaire,
J'ai vu
J'ai vu le Cartulaire.

> Pleurez Conan, le roi déchu,
>   Et Bouillet son compère,
> Tous deux frappés d'un coup bourru,
>   J'ai vu le Cartulaire
>   Bourru,
>   J'ai vu le Cartulaire.

On voit que le poète, aussi aimable que spirituel, le prenait assez gaiement ; mais n'y a-t-il pas dans son dire une petite pointe de malice ? Est-ce que cette oraison funèbre sur la tombe de Conan et le dictionnaire de Bouillet ne semble pas dire au vénérable *Cartulaire :*

> Les morts que vous tuez se portent assez bien !

L'article du journal de Brest commençait ainsi : « On nous a fait des reproches de n'avoir pas consacré un article à Conan Mériadec, le fondateur de la monarchie de la Petite-Bretagne, le père de cette dynastie qui y régna jusqu'à la fin du VIIe siècle. Eh bien, dans le désir d'être agréable à ces lecteurs du *Courrier,* sauf à motiver ensuite notre silence, nous résumerons volontiers les notes diverses que nous avons recueillies dans Le Bauld, Alain Bouchard, Bertrand d'Argentré, dom Morice, Albert-le-Grand, Gallet, etc., etc. »

Après un exposé très bien fait de ce qu'ont dit ces différents historiens, l'auteur de l'article ajoute :

« Telle est, en résumé, l'histoire de Conan Mériadec, d'après les auteurs cités plus haut et leurs nombreux copistes. Mais nous invitons le lecteur à ne pas lui appliquer le scalpel de la critique, ou, à son grand regret, il se verra en plein roman. C'est par ce motif que nous ne voyions dans Conan Mériadec qu'un personnage chimérique, un héros de roman, dont nous nous étions abstenu de parler.

« Cette thèse a été publiée déjà, en 1861, par le plus érudit de nos archéologues bretons ; mais il n'est pas hors de propos de la rappeler.

« Notre démonstration sera courte, mais, nous l'espérons, péremptoire.

« I. Les plus anciens historiens de la race bretonne, Gildas (première moitié du VIe siècle), et Bède (commencement du viiie siècle) mentionnent tous les deux l'émigration des insulaires lors de l'invasion saxonne ; l'un et l'autre nous parlent également de l'expédition de Maxime, mais ni l'un ni l'autre ne fait la moindre mention de Conan Mériadec et de son établissement dans notre contrée en 383 : que l'on parcourre les légendes authentiques du ive, du ve, du vi^e siècles, les actes des conciles provincianx, on ne rencontrera nulle part le nom de Conan. Il faut arriver au ixe ou xe siècle, pour trouver dans les chroniqueurs de la Grande-Bretagne les fables qui ont servi de thème à Geoffroi de Montmouth. Or, ce long silence de cinq siècles au sujet d'un pareil personnage n'équivaudrait-il pas à une démonstration ?

« II. En supposant que Conan ait été un personnage réel, et qu'il eût réussi, pendant le court règne de Maxime, à se tailler un royaume dans l'Armorique, peut-on admettre, quelque habileté politique qu'on lui prête, qu'il ait pu s'y maintenir après la chute de l'usurpateur, en 388, à la barbe du grand Théodose ? Pour avancer une hypothèse aussi hardie, il faudrait oublier le séjour de deux ans de cet empereur en Occident, ses lois contre les partisans de Maxime, et la notice des dignités de l'empire publiée en 400 ou 401.

« 1° Débarrassé du tyran et devenu maître de l'Italie, Théodose envoya dans les Gaules le jeune Valentinien, avec une puissante armée sous la conduite d'Arbogaste pour se saisir de son fils, disperser ses partisans, pacifier les provinces et les soumettre à l'autorité légitime. Or, il serait difficile de se persuader que Conan eût pu trouver grâce auprès de cet exécuteur résolu des ordres de son empereur ;

« 2° Pour en finir avec le parti de l'usurpateur, des décrets, édictés en 388-389, viennent dépouiller tous ses partisans des faveurs dont il les avait comblés, et surtout des donations en terre, contre lesquelles une disposition spéciale fut édictée au mois d'avril 395. Ainsi, en supposant que Maxime eût établi les Bretons dans l'Armorique, ils en eussent été chassés au plus tard en 395, et leur établissement eût été dispersé ;

« 3° Enfin la notice des dignités de l'empire achève de confirmer notre thèse. Cette notice nous indique qu'en l'année 400, des préfets militaires, ayant chacun une légion sous ses ordres, c'est-à-dire six mille hommes régulièrement et autant d'auxiliaires, tenaient garnison à Nantes, Vannes, Ossismie (Castel-Léon), Aleth (Saint-Malo) et Rennes ; or, comment concilier la présence de ces troupes romaines dans les principaux centres du pays avec la prétendue royauté de Conan Mériadec, mort en 421 ? A quelques raisonnements subtils que les défensenrs de la dynastie Conanienne essaient de recourir, ils n'échapperont jamais à la conséquence de cet argument. Ainsi leur système, sapé par la base, s'écroule et s'ensevelit à jamais sous ses ruines. »

Depuis tantôt deux siècles, ceux qui s'occupent de l'histoire de Bretagne ont attaché une si grande importance à la question de l'existence de Conan Mériadec, qu'il a fallu créer des mots nouveaux pour désigner les deux courants d'opinion : dès son origine l'*Anticonanisme* déclara fièrement que, ses preuves étant faites, le *Conanisme* était par cela même anéanti, et cependant aujourd'hui encore on parle de Conan ; il y a toujours des Bretons, à la tête dure mais au cœur chaud, qui n'accordent pas à la critique, même très savante, le droit de refaire notre histoire ; ils souffrent en voyant dépenser tant d'études et de talent pour anéantir une mémoire qu'à tort ou à raison l'on regardait comme vénérable et glorieuse. Serait-elle une pure création de la légende, la figure de Conan Mériadec se présente, en effet, belle et majestueuse, avec tous les traits les mieux faits pour exciter l'enthousiasme et captiver l'amour des générations, même après bien des siècles écoulés.

Je l'avoue, je suis de ceux qui n'aiment pas à voir toucher sans respect à ces grandes figures historiques, sous prétexte de défendre les droits de la vérité. Je n'oublie pas la grande parole de l'Apôtre : « *Veritas liberabit vos*, La vérité vous délivrera ; » il s'agit là de la Vérité révélée, nous ne la chercherons jamais trop ; mais je n'en suis pas encore à croire que la critique fournisse toujours l'expression même de la vérité quand il s'agit de l'histoire.

En ce qui concerne l'existence de Conan, j'ai reproduit, sans en retrancher un mot, toute l'argumentation de l'école qui s'appelle *historique* ; j'y ai même ajouté la conclusion un peu trop triomphante (à mon humble avis) où il est dit que le système des *Conanistes,* sapé par la base, s'écroule et s'ensevelit à jamais sous ses ruines. Avant d'exposer les quelques raisons que l'on peut faire valoir pour ne pas adhérer, au moins sans réserves, à la thèse de dom Lobineau, disons quel est actuellement l'état de la discussion.

Quand la question se posa tout d'abord au moment où le savant bénédictin essayait de faire quelque lumière dans les obscurités de nos origines bretonnes, il fallait une certaine indépendance d'esprit, et même du courage, pour contester l'existence du chef de la dynastie des rois Armoricains. Les Rohan avaient la prétention de descendre de Conan Mériadec et tenaient naturellement en grande estime un pareil honneur. Or, voilà que dom Lobineau vient leur dire : 1° vos prétentions à une origine royale ne reposent sur aucun fondement ; 2° non seulement Conan Mériadec ne compte pas parmi vos ancêtres, mais il n'a jamais existé.

Malgré sa très grande influence, la famille de Rohan n'imposa pas silence à ce moine, et quoi qu'on en ait dit, ne lui fit subir aucune persécution. En ce temps là, les puissants du monde savaient entendre des choses désagréables. A différentes réunions de l'*Association bretonne,* en particulier à Landerneau, M. A. de la Borderie a très bien combattu l'opinion de ceux qui prétendent que dom Lobineau fut plus ou moins martyr de sa hardiesse.

Aujourd'hui, M. A. de la Borderie est le représentant le mieux connu des opinions du moine illustre dont il faisait récemment un si bel éloge à Saint-Jacut. Parmi les différentes thèses historiques qu'il a eu occasion de soutenir, celle de la non-existence de Conan semble lui tenir particulièrement à cœur ; cette opinion ne pouvait trouver un défenseur qui lui donnât plus d'autorité. Il faut bien le dire, d'ailleurs, les adversaires du *Conanisme* ont la partie belle : le silence de saint Gildas, du Vénérable Bède, des légendes primitives et authentiques, des documents historiques relatifs à Théodose et à Valentinien, de la *Notice des dignités de l'empire* sur le rôle qu'aurait joué Conan en Bretagne, est bien de nature à faire naître quelque doute sur l'existence de ce roi. S'il advient

fréquemment qu'un auteur se tait sur un fait d'une importance
réelle, dont les circonstances auraient dû l'amener à parler, il
n'arrive guère que tous les écrivains d'une époque organisent
sur un même point la conspiration du silence. Toutefois, si nous
déplorons ici que les deux écrivains bretons tout d'abord nommés
n'aient rien dit de Conan (1), nous ne nous étonnons pas outre
mesure de ce même silence, quand il s'agit de la difficulté pour
Conan de s'être maintenu en face de Théodose (nous n'osons pas
dire « à la barbe » de ce grand empereur). Sans doute il vint en
Occident, mais fit-il réellement tout trembler jusqu'au fond de
l'Armorique ? N'avait-il pas intérêt d'ailleurs à recevoir la soumission de Conan, si celui-ci s'empressa de la lui faire, comme le
disent les légendaires ? Et lorsque Conan Mériadec eut secoué le
joug (410), n'était-il pas tout proche de son pays d'origine et ne
lui était-il pas facile de faire à ses anciens compagnons de l'île,
pour l'aider contre les Romains, un appel qui eut été entendu ?
Même après l'invasion saxonne, cette alliance des deux Bretagnes
contre les légions impériales n'eut-elle pas eu un caractère redou-
table, ou du moins inquiétant ? Si Conan régnait en Bretagne,
Valentinien et Arbogaste avaient donc de bonnes raisons pour ne
pas pénétrer dans la péninsule.

On nous objecte, en outre, les garnisons romaines établies en
400 dans les cités de la Petite-Bretagne. Mais, étant données les
obscurités de notre histoire à cette époque, était-ce une raison
parce que l'occupation militaire du pays par les Romains existait,
en ce temps là pour que nous soyons obligés d'en admettre l'existence dix ans plus tard ? Supposons même que les cités armoricaines gardent leurs légions impériales ! Toutes celles qu'on
nous nomme sont dans la Haute-Bretagne actuelle, excepté deux :
Vannes et Ossismie, que notre auteur traduit par Castel-Léon ;
nous admettons très bien que Vannes était à cette époque, et plus
tard encore, une ville gallo-romaine, qu'un roi, chef ou
conan d'Armorique n'y exerçait aucune autorité ; quant à Ossis-

---

(1) On peut demander si nous avons les écrits de saint Gildas et du Vénérable Bède dans leur intégrité.

mie, si elle était en Normandie, sa légion de six mille hommes ne gênait guère Mériadec ; celui-ci n'aurait-il pu régner paisiblement sur tout le pays qui comprend nos départements des Côtes-du-Nord et du Finistère avec une partie du Morbihan, voire même des contrées voisines.

On nous oppose uniquement des arguments négatifs ; il arrive quelquefois qu'en dépit de leur valeur apparente, de semblables preuves ne sauraient suffire.

On nous dit que Conan Mériadec est un héros de roman, et son histoire elle-même un roman. Or, une partie de cette histoire c'est la légende de sainte Ursule, acceptée par l'Église et inter-calée dans la liturgie d'un grand nombre de diocèses (1), en particulier dans celui de Quimper et de Léon. Sans oublier que l'Église n'impose pas comme des articles de foi ses légendes litur-giques, sans croire nous-même à la certitude absolue de ce qu'on raconte sur sainte Ursule et les onze mille vierges, nous n'osons pas voir là une page de roman ; il est vrai que dom Lobineau qualifie ces récits plus sévèrement encore, s'il est possible, et l'abbé Tresvaux lui-même ne lui ménage pas le blâme sur ce point.

Geoffroy de Montmouth a trouvé dans les chroniqueurs du ixe ou du xe siècle les fables qui lui ont servi de thème. — Mais où ces chroniqueurs les avaient-ils prises ? Il n'y a pas bien long-temps encore, on cherchait minutieusement une explication historique pour tout récit de la mythologie ; on croyait que l'erreur la plus manifeste et la plus monstrueuse cachait nécessai-rement quelque vérité. Sans aller jusque là, ne peut-on pas, ne doit-on pas même admettre que rarement les hommes ont créé de toutes pièces, sciemment et volontairement, une grande erreur historique, inventé des personnages fabuleux ? Ceux qui ont parlé de Conan Mériadec, de ses liens de parenté ou de ses rap-ports avec différents chefs bretons : Grallon, Romélius, etc.; ceux qui ont dit : « Cette auge de pierre est son cercueil », avaient-ils donc quelqu'intérêt dans toutes ces inventions ? Je vois bien que

---

(1) En Allemagne et dans les deux Bretagnes.

les écrivains à la solde des intendants du Grand Roi et de son triste successeur étaient payés pour retrancher Conan de l'histoire et prouver par là même que notre Armorique n'avait jamais été un royaume, mais je ne vois pas que jamais les exagérations du patriotisme, l'enthousiasme religieux et l'amour du merveilleux aient produit des inventions comme celle qu'on attribue ainsi aux chroniqueurs d'outre-mer. Si encore on accusait des poètes !

Venons-en au tombeau de Conan. M. Pol de Courcy, dans la description qu'il a donnée de la cathédrale de saint Pol, disait : « Deux tombes élevées méritent seules d'être signalées (1) : la plus ancienne, servant actuellement de bénitier à l'entrée du portail latéral, est une grande auge de pierre en forme de trapèze, dont le couvercle aujourd'hui disparu portait en 1664, au rapport de Toussaint de Saint-Luc, l'épitaphe suivante en vieilles lettres capitales presque effacées :

HIC JACET CONANVS BRITONVM REX.

« Les deux faces principales présentent une moulure de cinq arcades en plein cintre, supportées par des pilastres courts et écrasés. Entre chaque arcade, un linteau ou plate-bande vient retomber à la naissance du cintre sur les chapiteaux crénelés du pilastre. Ce linteau est orné d'une moulure romane, composée de chevrons, de damiers et de lozanges ou rhombes. Au-dessus de chaque pilastre, quelques feuilles rappellent le chêne, d'autres la fougère ; enfin à l'extrémité d'une des parties latérales, on voit un arbre dépouillé de ses feuilles, emblème de la mort.

« Sur le côté où reposait la tête, est une croix ancrée ou *recercelée,* cantonnée de besants, et du côté où étaient les pieds, on voit un arbrisseau que quelques antiquaires ont pris pour un cep de vigne. On sait d'ailleurs que la vigne était chez les premiers chrétiens regardée comme l'image du Christ et de l'Église, d'après ces paroles de l'Écriture : « *Ego sum vitis, vos palmites.* » Suivant la tradition, ce sarcophage aurait contenu la dépouille de

---

(1) C'était vrai en 1864, aujourd'hui plusieurs tombes d'évêques ont pu être rétablies d'après les indications de M. Pol de Courcy lui-même ; en outre, un très beau monument recouvre les restes de Mgr de La Marche.

Conan Mériadec, premier roi des Bretons, mort au commencement du iv⁰ siècle ; mais l'existence de ce prince est fortement révoquée en doute, quoiqu'appuyée sur le témoignage de Nennius, écrivain du ix⁰ siècle, témoignage reproduit au xii⁰ siècle par Geoffroy de Montmouth. Dans tous les cas, ce tombeau serait de beaucoup postérieur à l'époque où l'on fait vivre Conan, car il offre tous les caractères du xii⁰ siècle, ou au plus tôt du siècle précédent. »

Ce que dit M. de Courcy sur les caractères de ce tombeau est parfaitement exact si l'on ne considère que la partie décorative du monument. Je crois cependant, devoir faire observer que les sarcophages monolithes creusés en forme d'auge appartiennent plus généralement à la période mérovingienne ; on trouve dans le midi de la France quelques tombeaux des premiers temps du christianisme creusés de cette manière, et dont les ornements extérieurs ne diffèrent pas essentiellement de ceux qui étaient en usage au xi⁰ siècle et au xii⁰. Il ne faudrait pas en conclure absolument que le sarcophage de la cathédrale de Saint-Pol aurait été la première sépulture de Conan ; mais cette particularité était à signaler pour indiquer qu'en ce qui concerne Conan Mériadec, tout devient matière à problème.

Nous avons tout dit ; quelques-uns objecteront sans doute : « Pour défendre le *conanisme,* vous n'invoquez que des raisons de sentiment ». Nous acceptons ce reproche, mais en demandant qu'on veuille bien reconnaître que le sentiment est ici chose respectable ; il s'agit, nous le répétons, de souvenirs glorieux pour la patrie bretonne, de traditions favorablement accueillies par l'Église : qu'on les batte en brèche si l'on veut, mais en laissant de côté l'ironie et le dédain qui n'ont jamais rien prouvé et vont d'ordinaire avec les mauvaises causes. J'ai entendu et lu ce que l'on dit contre l'existence de Conan Mériadec et je n'ai pu me laisser convaincre ; je crois bien n'être pas le seul : d'autres se sont dit comme moi : Est-il bien certain que ce nom de Conan Mériadec ne répond à aucune réalité ?

Si du moins, les tombeaux disaient toujours leurs secrets ! Hélas, ceux qui ont fouillé le vieux sarcophage dont nous avons parlé, n'étaient pas de ceux qui se soucient des souvenirs d'autrefois. Qu'ont-ils vu lorsqu'ils ont soulevé le lourd couvercle où se lisait la vieille inscription presqu'effacée ?

Depuis ces temps malheureux, bien des pèlerins visitant la basilique de saint Pol-Aurélien ont plongé leurs regards dans les cavités du grand monolithe où aurait reposé le premier roi breton,

> Mais Conan, lui, le chef de la tribu guerrière,
> Ils ne l'ont plus trouvé dans sa couche de pierre,
> On a brisé son trône et brisé son cercueil ;
> Et Pôl n'a plus de fils siégeant sur son fauteuil ! (1)

Il nous reste à nous demander comment la sépulture de Conan Mériadec se trouvait dans la cathédrale de Léon plutôt qu'à Nantes, son séjour ordinaire, d'après Albert-le-Grand. Toussaint de Saint-Luc établit la tradition à ce sujet ; parlant de la ville de Saint-Pol il dit : « Conan Mériadec y fut même enterré, proche l'église qu'il avait fait bastir ; d'autres disent que ce fut dedans ; mais son tombeau se montre en l'aisle gauche de la cathédrale de cette ville, qui est à l'opposite de la chappelle dédiée à saint Martin (qu'on dit être l'ancienne église de Léon), laquelle ayant été rebastie du depuis et beaucoup agrandie, on a renfermé le tombeau de ce prince dans l'aisle gauche. »

Ce serait donc à titre de fondateur de la première église érigée dans l'*Oppidum* dont nous nous occupons, que Conan Mériadec y aurait été enseveli, et si nous admettons cette opinion, nous y trouvons une explication toute naturelle dans la consécration de cette première église au grand Saint, dont le culte avait commencé au jour même de son glorieux trépas: saint Martin était devenu l'oncle de Conan Mériadec quand celui-ci avait épousé en secondes noces Darerea, nièce de l'évêque de Tours et sœur de saint Patrice.

Mais l'*Oppidum* lui-même était-il sa résidence ? — Pierre Le Bault dit que Conan n'avait d'abord qu'un château dans le voisinage : « C'estoit un noble chastel qu'il avoit construict en la fin du peuple que la langue britannique appelle Plœcolm (Plou-goulm), jouxte le fleuve de Guillidou, lequel il interrompt jusques à la moitié, et est ce chastel encores de son nom appellé

---

(1) Brizeux, *les Bretons*, chant 11°.

Castel-Meriadoch, auquel, si comme dict l'histoire de saint Goueznou, il fit sa première résidence ; puis après, selon le livre d'Arthur, alla Conan à l'ancienne cité des *Légions*. »

On remarquera ce nom de *cité des Légions*. Cette étymologie a été acceptée par quelques savants pour le nom du pays de Léon. Ceux qui admettent que vers l'an 400, les Osismiens occupaient cette partie de la Bretagne, y placent d'après la *Notice de l'Empire*, une cohorte et un préfet : « *Præfectus militum Mororum Osismiacorum, Osismiis.* » On a dit pour notre Léon en Bretagne ce qu'on a dit pour Léon en Espagne : les Romains ayant là leur *legio septima gemina*, les peuples environnants auraient été appelés les *Legionenses* d'où *Leonenses*.

Comme il y avait des légions partout, appeler une contrée en particulier le pays des *Légions* c'était un moyen infaillible de la distinguer des autres !

En réalité, le nom vraiment ancien et historique du pays de Léon, c'est le nom de *Létanie*. Pierre Le Bault, parlant de l'arrivée de Conan Mériadec en Armorique, dit : « Il s'adressa à l'entrée du pays de *Létanie* où il appliqua à un havre nommé le port Chauveux. » C'est au pays de *Létanie* qu'abordent les parents de saint Goulven, comme le prouve un texte cité par M. A. de la Borderie et tiré par lui d'un manuscrit de la bibliothèque nationale : « Glaudanus quitta la Grande-Bretagne, où il était né, passa la mer et vint débarquer avec Gaologuène, son épouse, sur les côtes de la *Létanie* qui fait partie de la petite Bretagne. » D'Argentré ne fait pas de ce nom celui du pays de Léon, mais bien le nom de toute la Basse-Bretagne : « Je n'avais pas pensé, dit-il, que jamais le pays de Bretagne eut été appelé *Letania prima* ou *Letania secunda* pour la Haute et la Basse-Bretagne, jusqu'à ce que je l'ai ainsi trouvé, non-seulement aux vieilles chroniques de Bretaigne, lettres, tiltres et enseignements gardés aux Chartres des Abbayes et Eveschez et tels de l'an 686, mais aux histoires mêmement angloises et de vrai, au livre inscrit : *Notitia Imperii,* il se trouve entre les charges des gens de guerre, un qui se nomme: *Præfectus Lætorum Francorum assis Rhedonis* et peut et doit bien de ceux qui s'appeloient alors *Læti,* avoir été dite *Letania*. »

Mézerai, citant cette affirmation de notre vieil historien d'Argentré, la fait sienne, en observant que le nom de *Létania* se présente aussi sous la forme de *Létavia*. C'est encore l'avis de M. Aurélien de Courson : « On sait, dit-il, que vers la fin de leur empire, les Romains étaient dans l'usage d'abandonner des territoires aux Barbares cantonnés dans les provinces, pour les garder et les défendre. Ces concessionnaires s'appelaient, dans le langage du temps, *Læti*. Il est à remarquer que les écrivains du Moyen-Age donnaient très-souvent à la Bretagne gauloise le nom de *Létavie,* qui s'est conservé dans le Gallois sous la forme de *Lyddaw*. Elle dut sans doute ce nom au grand nombre de colons de cette espèce qui s'établit dans cette région. » On voit que ceci est parfaitement d'accord avec ce que nous avons dit de l'immigration forcée des Ossismiens dans cette partie de l'Armorique.

Et maintenant, revenons à saint Pol-Aurélien. Sans rien affirmer de ce qui ne peut être prouvé rigoureusement, nous croyons pouvoir supposer que le saint évêque avait à évangéliser les restes d'un peuple indigène qui, dès le premier siècle, avait dû recevoir au moins quelques échos de la prédication de saint Clair et de ses émules dans l'apostolat ; à ce peuple plus ou moins christianisé s'étaient mêlés les Ossismiens fidèles au druidisme ; mais à l'arrivée de saint Pol ils avaient disparu pour regagner leur pays d'origine ; entre leur départ et l'émigration des Bretons insulaires, la puissance romaine avait tenté un nouvel effort pour s'établir définitivement dans notre presqu'île. Or, quelques années s'étaient à peine écoulées, et de nombreux chrétiens, franchissant le détroit, avaient peuplé en peu de temps un pays qui, en dehors des villes occupées par les légions, n'était guère plus qu'un vaste désert. Toutefois, dans ce pays de *Létavie* la population est moins dense que dans la contrée voisine de Cornouailles au temps de saint Corentin ; peut-être même la prospérité dont on a pu jouir sous Conan Mériadec n'a-t-elle pas été de longue durée ; plus d'un siècle s'est écoulé depuis cette époque ; enfin, une influence étrangère, la domination franque, se fait déjà sentir. L'action de saint Pol sur les éléments si divers soumis à son autorité, n'a pas inspiré à Wormonoc de nombreuses réflexions, et nous aurons bien vite traduit le peu qu'il dit de cette longue et féconde carrière épiscopale : « Ayant détruit les temples qui, dans les temps anciens, avaient été consacrés aux démons, il construisit dans le pays différentes églises et plusieurs monastères où il établit le clergé nécessaire à la célébration du culte public, et par là même à l'édification des peuples. Traitant avec clémence et douceur ceux qui avaient bonne volonté et qui obéissaient à la persuasion, employant la rigueur pour les autres, il les amena tous enfin à l'unité de la vraie foi. Pour ceux dont le cœur ne pouvait être attendri par la prédication, il triomphait de leur endurcissement par ses vertus et ses miracles. D'ailleurs, ce qu'il prêchait il le faisait voir dans sa propre conduite ; aussi, grâce à tout le bien accompli par lui, l'Église faisait entendre dans toute la contrée un concert harmonieux comme celui d'un orgue où toutes les parties d'un même chant se confondent dans un merveilleux ensemble. » On voit, à cette comparaison, combien l'invention de l'orgue excitait l'admiration du bon moine de Landévennec.

Mais une remarque plus importante que celle-ci doit être faite à propos de la ligne de conduite suivie par l'apôtre du Léon. Près de ceux qui ne se laissaient pas vaincre par la persuasion, il employait la rigueur, et l'expression de notre auteur en dit même plus encore : *districte feriendo corripiens*. Qu'ici le lecteur ne se trompe pas, et qu'il ne nous attribue point l'honneur de plaider pour saint Pol les circonstances atténuantes ! Nous voulons au contraire montrer par ce texte même que le saint évêque avait compris le vrai sens de la parabole évangélique : *Compelle intrare* « Forcez-les d'entrer dans la salle du festin. » C'est cette parole qui, comme l'observe Louis Veuillot, a tant révolté les hérétiques et tant scandalisé la sagesse d'un grand nombre d'orthodoxes. Ceux qui sont hors de la salle ne veulent pas être contraints. Nous entrerons, disent-ils, par notre propre volonté. Ce n'est pas ce que Dieu a commandé : *Compelle intrare*. Que la nécessité vienne du dehors ; de là naît la volonté. Et cette contrainte, d'après saint Grégoire, est souvent directement de Dieu et de sa miséricorde. Ils entrent par violence ceux qui, brisés dans les adversités du monde, reviennent à l'amour de Dieu. Ils échappent à la terrible sentence qui a été prononcée en ces termes : « Je vous dis que nul de ceux qui ont été conviés et qui n'ont pas voulu venir ne goûtera de mon festin. » Loin de nous, d'ailleurs, la pensée que saint Pol ait cherché à grossir le nombre des chrétiens du pays par le baptême de gens sans foi et hypocrites. La « contrainte » dont il usait (pour employer le mot de saint Grégoire), c'était le : *Insta opportune, importune, increpa,* de l'Apôtre ; il insistait donc, il suppliait ; après avoir encouragé par les saintes espérances, il terrifiait par les plus redoutables menaces et la peinture des éternels supplices ; à ceux que n'avait pu vaincre l'amour du Dieu Créateur et Rédempteur, il parlait des vengeances du Dieu saint et terrible ; et souvent ces terreurs salutaires conduisaient à la foi et au baptême des âmes qui plus tard devaient parvenir jusqu'aux sommets de la charité et de la sainteté parfaite, sagesse suprême où l'on n'arrive qu'après avoir connu tout d'abord la crainte du Seigneur.

Si les documents historiques nous font défaut pour établir les faits principaux de l'épiscopat de saint Pol, nous avons en revanche les récits des légendaires ; nous les donnerons tels qu'ils nous sont parvenus, et en n'y faisant que les rectifications indispensables.

La première légende qui se présente à nous est celle de saint Joévin ou Jaoua, neveu de saint Pol, et qui succéda à son oncle quand celui-ci eut abdiqué après un épiscopat déjà long. Nous passons sous silence tout ce que nous dit Albert-le-Grand de la jeunesse très brillante du noble seigneur breton. Ayant déjà établi, d'après Wormonoc, qu'il vînt comme prêtre et religieux, avec son oncle, de Grande-Bretagne en Armorique, nous ne pouvons admettre son départ secret, son naufrage à l'embouchure de la rivière du Faou, son entrée comme religieux au monastère de Landévénec, du moins avec les circonstances racontées par Albert ; mais, rien n'empêche de croire qu'il ait vécu quelque temps dans la célèbre abbaye et que de là il ait été envoyé à Braspars par les supérieurs pour y remplir les fonctions du sacerdoce.

Le zèle de saint Joévin, les succès de ses travaux amenèrent bientôt comme conséquence des faits auxquels saint Pol ne fut pas étranger ; il nous faut donc dire quelle fut l'administration du prêtre de Braspars ; suivant son invariable usage, le bon Albert appelle ce territoire une *paroisse*, et le pasteur qui en était chargé est pour lui le *recteur*. « Saint Joévin (1) accepta la paroisse par obédience et s'y habitua ; il y trouva beaucoup de difficultez, à raison que les paroissiens, mal-instruits et peu catéchisez, se rendoient difficiles à gouverner ; n'est-ce qu'il se rendit si infatigable à les prescher et exhorter, reprenant leurs vices avec telle ardeur et zele, que, peu à peu, il les reduisit, les uns par beau, les autres par menaces et censures. Il y avoit, parmy la Cornouaille, plusieurs qui se ressentoient encore des superstitions des payens ; saint Joévin fit tant qu'il les reduisit au vray et droit chemin du salut.

« Il y avoit, en ce temps-là, un riche et puissant seigneur en Cornouaille, lequel demeuroit d'ordinaire en un chasteau, nommé Kerarroüé, bon chrestien et bien-faicteur des moynes et ecclésiastiques, et s'appelait Arastagn (2). Il avoit un neveu, fils de sa sœur, Seigneur du Faou, autant leur ennemy et persécuteur, si animé contre ces saints personnages, qu'il ne pensoit qu'à leur ruine, et en vouloit particulierement à saint Joévin, parce qu'il alloit prescher ceux qui habitoient en sa paroisse, et, tous les jours, gagnoit quelqu'un des circonvoisins. Il dissimula son mal-talent jusques à avoir trouvé l'occasion d'exécuter son mauvais dessein. Il fut adverty que les supérieurs des monastères de Cornouaille s'estoient assemblez en certain monastère, non loin de ses terres, pour adviser ensemble et conferer de leurs affaires particulières, et qu'entr'autres s'y devoient trouver l'abbé Tadecq, l'abbé Judulus (3) et saint Joévin : cette nouvelle sceuë, cet impie, épris

____

(1) Albert emploie le nom de *Jaoua,* forme devenue plus populaire, mais désagréable à nos oreilles françaises.

(2) M. de Kerdanet ajoute ici, dans une note : « Il ne faut pas le confondre avec un autre Arastagne, prince ou petit roi d'Armorique, qui périt à côté du brave Rolland, à la bataille de Roncevaux, en 778, et dont les hauts faits, célébrés par nos bardes, ont fait longtemps les délices des châtelains bretons. »

(3) Albert-le-Grand ne dit pas quelle abbaye gouvernait saint Tadec ; M. de Blois, pense que c'est le même que saint Tudec, patron de Landudec ; saint Judulus était abbé de Landévénec. C'est lui qui, d'après Albert, avait admis saint Joévin à la vie religieuse et lui avait confié l'église de Braspars ; il ne figure pas dans le catalogue des abbés de Landévénec.

d'un zèle de sa fausse religion, met une compagnie de ses sujets sur pied et bat la campagne.

« Arrivé au monastère où ces saints personnages estoient assemblez, il enfonce les portes de l'église, met tout le peuple en fuite, attaque saint Tadecq qui disait la grande messe, et le massacre à l'autel, comme il estoit au canon à ces mots : *Nobis quoque peccatoribus* ; ses satellites attaquerent les autres moynes qui estoient dans leurs sièges au chœur, en massacrerent tout autant qu'ils en peurent attraper, et puis se mirent à suivre ceux qui s'en estoient fuis ; et, entr'autres, le seigneur du Faou mesme poursuivit et attrapa l'abbé Judulus qui s'en fuyoit vers son monastère de Land-Tevennec, et, le joignant de près, luy avala la teste d'un coup d'épée ; saint Joévin fut préservé de ce malheur et se retira dans sa paroisse de Braspars, bien affligé de la mort de son bon père abbé Judulus, et en fit celebrer solennellement les obseques, et de tous les moynes qui avoient esté massacrez avec luy. Dieu, vengeur des injures faites à ses serviteurs, ne laissa pas cette barbarie impunie : car ce sacrilege, ayant assouvy sa cruauté du sang de ces bons Religieux, fut sur l'heure possédé d'une legion de diables, qui commencerent à le tourmenter si horriblement, qu'à toute peine ses gens le pûrent lier et mener au logis : d'ailleurs, un monstre marin, plus semblable à un dragon qu'à un poisson, sortant de la mer, ravagea le bourg du Faou et tout le païs circonvoisin, devorant hommes et bestes, si-bien que, dans peu de temps, tout ce païs-là fut déserté, les hommes, femmes et enfans estans contraints de quitter leurs maisons et heritages, ou, s'ils y vouloient demeurer, estre continuellement en danger de leur vie : ils reconneurent que c'estoit une punition divine. Les principaux s'estans assemblez pour aviser par ensemble ce qu'il falloit faire, ils conclurent unanimément d'envoyer à Léon, vers saint Paul, dont la sainteté estoit conneuë par toute la Bretagne ; ils deputerent des plus apparens d'entr'eux, qui l'allerent trouver en son monastere de Kerpaol, et, luy ayant fait sçavoir la calamité qui opprimoit leur païs, le suplièrent de les vouloir soulager.

« Le saint prelat, meu de compassion, leur promit d'y aller en personne, et qu'ils se disposassent à faire penitence et obtenir la misericorde de Dieu, qui jamais n'éconduit ceux qui, d'un cœur contrit et humilié, luy demandent pardon. Les ayans congediez, il se dispose à ce voyage, et, ayant pris quelques Moynes pour l'accompagner, se met en chemin. Comme ils passoient par la paroisse de Plougar en Léon, ils s'arresterent pour dire leur office et faire oraison en un certain lieu escarté, qui s'appelle encore à present Mousterpaol, pendant lequel temps, un ange apparut à saint Paul et l'encouragea à poursuivre son chemin, luy promettant bonne issue de son voyage. Saint Joévin qui avoit eu avis que son oncle saint Paul estoit en chemin pour se rendre au Faou, se hasta de luy aller au devant, et fit telle diligence, qu'il le trouva près de Coatgars, où, après les salutations et saintes accolades, saint Paul, appercevant que saint Joévin et sa compagnie avoient grand soif, se mit en prieres et en fit faire autant à la compagnie, puis commanda à saint Joévin de frapper la terre de son bourdon, en certain endroit qu'il luy monstra ; ce qu'ayant fait, il en rejaillit une belle source de bonne eau, dont ils estancherent leur soif, rendans graces à Dieu pour ce bien-fait.

« Arrivez que furent les Saints au Faou, tout le monde qui estoit épars par les champs se ramasserent au bourg ; ausquels saint Paul fit un beau sermon de l'excellence de la religion chrestienne et conclud ainsi : « Et pour vous faire connoistre que ce « que je vous ay presché est veritable, si vous voulez faire peni- « tence de vos pechez et renoncer à vos superstitions, je vous « delivreray de cette pernicieuse beste, par la grace de Dieu et « au nom de Nostre-Seigneur Jesus-Christ que je vous annonce. » A cette parolle, tout le peuple luy répondit qu'ils le feroient sans faute ; et alors saint Paul commanda à saint Joévin de luy disposer l'autel pour y celebrer la sainte messe ; ce qu'ayant fait avec une extrême ferveur et devotion, il sortit hors l'église et appella le dragon, luy commandant que, sans mal faire à personne, il le vint trouver ; le monstre se rend incontinent au commandement du Saint, la gueule béante, les yeux roulans et étincelans, froissant le pavé de ses écailles, se coucha aux pieds du Saint ; lequel luy lia son estolle au col, et, ayant fait à son neveu saint Joévin ficher son bourdon en terre, l'y attachea sans faire aucune resistance, demeurant là aussi paisiblement que si c'eust esté une beste privée et domestique. »

A la suite des événements que nous avons racontés, et une fois le dragon dompté, « saint Paul alla voir le seigneur du Faou, qui, depuis qu'il avait tué les saints abbez Tadecq et Judulus, estoit possédé du diable qui l'avoit cruellement tourmenté ; il chassa par le signe de la croix, le diable, guérit parfaitement le patient, l'instruisit et catechisa, le fit baptiser par saint Joévin et, luy mesme, le tint sur les sacrez fonds, et lui donna son nom, le faisant nommer Paul. A l'exemple de ce seigneur, toute sa famille et generalement tous ses sujets renoncerent au paganisme et receurent le baptesme. La bonne dame, mere du nouveau converty, despescha en poste à Kerarroué, vers Arastagn son frère, pour luy porter la nouvelle de la conversion et guerison de son neveu : le comte Arastagn en fut fort aise, et alors depescha deux gentils-hommes de sa maison vers le Faou, prier saint Paul et saint Joévin de le venir voir : ce que les saints luy accorderent, et s'en allerent de compagnie avec ces gentils-hommes.

« Le prince Arastagn, adverty que les saints le venoient voir, leur vint à la rencontre, bien accompagné de ses sujets, les receut et festoya fort bien et accorda avec eux que son neveu du Faou, en reparation du meurtre par luy commis ès personnes des saints abbés Judulus et Tadecq, fonderait un monastere au lieu mesme où il tua saint Judulus, et que, pour eternelle mesmoire, ce monastere portast le nom du martyre de ces deux saints et seroit appellé *Mouster Daougloas,* c'est-à-dire, le monastere des deux playes ; lequel il doteroit et renteroit suffisamment pour la nourriture et entretien des religieux qui y feroient l'office. Le seigneur du Faou consentit de bon cœur à faire cette reparation et suplia saint Joévin de prendre le soin de l'édifice : ce qu'il accepta volontiers, et fit telle diligence que, dans peu d'années, le monastere fut parfait et acomply, beny et dédié par l'evesque de Cornouaille, et saint Joévin en fut beny premier abbé : c'est le bourg et abbaye de Nostre-Dame de Daouglas, diocèse de Cornouaille, de l'ordre des chanoines réguliers de saint Augustin. »

Avant de poursuivre le récit d'Albert-le-Grand, notons qu'au dire de M. de Kerdanet, notre auteur est allé chercher bien loin ce nom de *Mouster Daougloas,* moustier des deux plaies, tandis que la vraie orthographe est *Daoulas* ou *Daoulaz,* et la vraie traduction : des deux meurtres.

Mais là où M. de Kerdanet est moins bien inspiré c'est quand il nous donne le cloître de Daoulas, le pignon couchant de l'église, et un ancien crucifix, comme ayant appartenu à l'édifice primitif construit par saint Joévin. Si d'ailleurs ces restes de la vénérable abbaye toujours conservés et heureusement restaurés étaient bien de cette époque, il n'y aurait qu'à souscrire au jugement de l'annotateur d'Albert-le-Grand, en reconnaissant avec lui que le saint neveu de Pol-Aurélien était « un fort habile architecte digne de notre âge, comme il l'était du sien. » Ceci serait même plus vrai aujourd'hui qu'en 1837, époque où ces lignes furent écrites ; on sait en effet ce qu'était l'art de construire il y a un demi siècle. A propos d'un chef-d'œuvre de ce temps-là, Louis Veuillot disait : « Cette nouvelle église, d'ailleurs solidement bâtie, est une véritable grange, et il y en a de pires. Il semble que quand l'époque de la reconstruction fut venue, après les frénésies des vandales révolutionnaires, le diable eut permission de se venger en choisissant les architectes. De 1800 à 1830, il n'y a pas de monstruosités que les architectes ne se soient permises contre le culte divin (1). » C'était donc faire un médiocre honneur à saint Joévin que de le croire digne de bâtir des églises sous le règne de Louis-Philippe et l'inspiration du diable.

La légende de saint Joévin n'est pas le seul document sur lequel on s'est fondé pour raconter la fondation de l'abbaye de *Daoulas* et expliquer l'étymologie de son nom. Cette fondation a encore été attribuée à Alain, vicomte de Rohan, l'an 1125 ; à Guyomarck, vicomte de Léon, et à Nobile, son épouse, en 1173 ; celui-ci l'aurait simplement changée en une communauté de chanoines réguliers de Saint-Augustin, et les générosités qu'il aurait faites à cette occasion étaient en expiation du meurtre de son

---

(1) Louis Veuillot, *Historiettes et fantaisies, Petits voyages,* p. 371.

oncle Hamon, évêque de Léon ; mais, ce meurtre unique n'expliquerait pas le nom de *Daoulas*.

L'incertitude qui plane sur la fondation au XIIe siècle ne prouverait-elle pas que l'abbaye, alors agrandie et confiée à une nouvelle famille religieuse, existait depuis longtemps déjà, comme l'abbaye de Quimperlé, déjà bien vieille lorsque saint Gurloës et Alain Canihart lui donnèrent une nouvelle existence.

Au risque de me répéter un peu, je crois devoir encore arrêter un instant le lecteur à propos de l'histoire du dragon de saint Joévin. Le fait dont j'ai à parler ici peut servir d'ailleurs à rendre plus acceptable non-seulement ce qui a été dit de la bête monstrueuse du Faou, mais du serpent gigantesque de l'île de Batz. Une savante revue, *la Nature,* publiait récemment la note suivante qu'elle empruntait à *la Défense coloniale* de la Martinique : « La Trinidad vient d'être ravagée par un monstre extraordinaire, un serpent de 47 pieds de long, dernier survivant des *Huillias,* qui abondaient autrefois dans l'île. Ce serpent commença à exercer ses déprédations, au mois de février, dans le canton d'Arima, autour des forêts montagneuses situées au nord. On constata d'abord la disparition de volailles et de menus animaux domestiques, suivis bientôt d'ânes, et plus tard de mulets et de chevaux. A la suite de la disparition de plusieurs jeunes enfants, les habitants s'émurent, et on commença une chasse sérieuse. Après plusieurs jours de recherches, on parvint aux cavernes du Guachard. En approchant d'un étang situé à l'intérieur, les chiens manifestèrent une terreur extraordinaire et refusèrent d'avancer. Bientôt le monstre dressa sa tête au milieu de l'étang : il fut accueilli par une décharge générale. Après quelques instants de lutte, il expirait en s'élançant hors de l'étang. Examiné avec soin, ce serpent avait 47 pieds de long et 2 pieds et demi de large. Son corps fut ouvert, et l'on y trouva un cerf qu'il venait de dévorer. Le serpent a été empaillé et envoyé à Port d'Espagne, où il doit être exposé à l'Hôtel-de-Ville. »

Ce qu'on vient de lire a été reproduit dans l'*Univers* du 10-11 juin 1889 (édition quotidienne). L'apparition récente d'un monstre amphibie de cette dimension n'est pas le seul motif que

nous ayons à invoquer pour donner comme acceptable la légende
de saint Joévin par Albert-le-Grand. Pour prouver que le bon
dominicain de Morlaix n'a pas trouvé ces faits extraordinaires
dans son imagination, comme l'insinue dom Lobineau, nous
n'avons qu'à invoquer les traditions locales ; or, de même que
l'île de Batz, Le Faou a aussi son *repaire du serpent* qui, après
tant de siècles, n'a pas encore changé de nom. M. de Kerdanet a
donc bien raison quand il dit : « Dom Lobineau, au lieu de faire
une bonne notice sur saint Joévin, n'a donné qu'une misérable
critique de la légende d'Albert. »

Mais, notre récit sur le serpent est loin d'être terminé ; nous
allons donc rendre la parole à notre légendaire : « Saint Paul,
ayant mis ordre à toutes les affaires au Faou, s'en retourna en
Léon, traisnant après soi le dragon, et estant arrivé en un petit
bois, qui est entre les paroisses de Land-Paol et Guic-Miliau, deux
hommes le vinrent trouver de la part des habitans du Faou et
l'avertir que ce n'estoit rien fait s'il n'exterminoit aussi un petit
faon que le serpent avait laissé en sa tanière, lequel estant déjà
grandelet, menaçoit le païs circonvoisin de pareilles miseres.
Lors saint Paul délia le dragon et luy commanda, de la part de
Dieu, qu'il allast quérir son faon et le luy amener en ce lieu, luy
defendant tres estroitement de faire mal à personne : le serpent
obeït, et ce lieu, en memoire de cecy, se nomme encore aujour-
d'hui *Coat-ar-Sarpant* (1). De là, il mena ces deux dragons en
l'Isle de Baaz, où estoit son principal monastère, et, les ayant
conduits en un endroit desert et escarté, mist un baston en terre,
auquel il les attacha, leur défendant de sortir de là et de mal-
faire à personne : ce qu'ils observerent jusqu'à ce que, deffail-
lans peu à peu faute de nourriture, ils moururent et furent jettez
dans la mer : et de ce grand miracle que fit saint Paul, donnant
un simple baston pour barriere à deux bestes si furieuses, cette
isle fut nommée en breton *Enes-Baz*, l'Isle du Baston, située
dans la mer (2), au devant du bourg de Roscow.

----

(1) Non loin de Lézérazien. (Note de M. de Kerdanet).
(2) C'est assez ordinaire aux îles.

« Le monastere de Daoulas estant accomply, saint Joévin y amassa grand nombre de religieux, avec lesquels il y menoit une vie sainte et parfaite: à quoy, le diable portant envie, qui se voyoit chassé de ce païs par le Saint et ses compagnons, lesquels infatigablement preschoient la parole de vie à ces peuples, il suscita quelques garnemens contre le Saint ; lesquels l'inquieterent tellement que, ne trouvant repos ny patience là, il resigna sa recteurie de Brasparz et son abbaye de Daoulas à Tusveanus, fils d'Arastagn (1) ; et, luy ayant donné plusieurs bons advis pour le gouvernement de ses moynes et paroissiens, prit congé de ses religieux et se retira en Léon, vers saint Paul, son oncle, lequel estant vieux et cassé, fut grandement rejoüy de sa venuë, et le retint, deux ans, près de soy (2), se servit de luy comme de coadjuteur en sa charge pastorale, et enfin, épris du désir de vivre en solitude, se resolut de quitter son evesché et de s'en demettre à son neveu saint Joévin. »

Nous sommes ici d'accord avec le récit de Wormonoc ; malheureusement celui qui a été notre guide dans l'histoire de saint Pol, n'entre ici dans aucun détail. Nous ne savons donc guère que penser du sacre de saint Joévin accompli, d'après Albert-le-Grand « à Dol, par saint Samsom, archevêque de cette ville et métropolitain de Bretagne. » Il est probable qu'Albert voulant, comme presque tous nos écrivains nationaux, garder au pays l'honneur d'avoir eu un métropolitain indépendant de l'archevêque de Tours, aura prêté gratuitement à saint Pol la soumission à saint Samsom ; mais nous n'avons pas à envisager ici la question si épineuse de l'archevêché de Dol ; il y aurait presque matière à volume.

« Saint Paul s'estant retiré en son monastère de Baaz, saint Joévin appella saint Kénan près de soy, le fit prestre et chanoine

______

(1) Tusveanus serait-il le même que saint Tujean, tant honoré encore en Cornouailles et autrefois en Léon ? Ce serait bien possible, car à Primelin et ailleurs, le Saint est représenté avec les insignes de la dignité abbatiale ; il n'a donc pas été simplement ermite.

(2) Albert-le-Grand dit ici que saint Pol le fit *chanoine* de son église cathédrale ; le *presbyterium* de nos églises bretonnes était essentiellement monastique en ce temps-là ; l'institution de saint Augustin d'Hippone n'était pas connue chez nous, et celle de saint Chrodegang devait se faire attendre encore un siècle.

de sa cathédrale, puis luy donna la paroisse de Ploukerneaw, où il fit beaucoup de fruit. »

Le saint Kénan dont parle ici le père Albert n'a de commun que le nom avec saint Kénan, Ké ou Collédoc, dont il place la fête au 5 novembre, car celui-ci en venant de Cambrie n'aurait pu être ordonné prêtre puisqu'il possédait déjà le caractère épiscopal.

« Pendant que saint Joévin gouvernait en toute sainteté et vigilance son diocèse, ceux de Cornouaille, qui l'avoient par leur malice contraint de quitter son monastère de Daoulas, ressentoient à bon escient la perte de sa présence : car, depuis qu'il les eust quittez, la famine les affligea tellement, trois ans durant, qu'ils furent contraints de chercher à vivre ailleurs en Bretagne ; ils s'apperceurent que c'estoit une juste punition de l'ingratitude dont ils avoient usé envers le Saint, et deputerent aucuns d'entre eux pour aller en Leon luy requerir pardon en leur nom et le suplier de les venir consoler et leur donner sa sainte bénédiction. Le Saint, oubliant l'injure qui luy avoit esté faite par eux, de l'avis de saint Paul s'y en alla ; et, sitost qu'il y fut arrivé, les délivra de la famine, et fit, par ses prières, retourner la fertilité, et la terre commença à reverdir et à pousser fleurs et fruits à foison.

« Dieu le voulant enfin récompenser des longs travaux qu'il avoit glorieusement surmontez pour sa gloire, permit qu'une forte fièvre le saisit au presbitaire de Brasparz, qui l'affaiblit grandement et qui, peu de temps après, le coucha au lict de la mort. Trois jours avant son décès, saint Paul, estant en son monastere en l'isle de Baaz, et saint Kenan à Ploukerneaw, eurent revelation de sa maladie et qu'elle estoit mortelle : saint Kenan se rendit incontinent devers saint Paul, lequel l'envoya hastivement à Brasparz pour assister le saint prélat en sa maladie, l'ayder à bien mourir et donner ordre à ses funérailles. Saint Joévin fut fort consolé de le voir, receut tous ses sacremens, et, après avoir donné sa sainte bénédiction aux assistans, commanda que, quand il serait décédé, on mist son corps en un branquart neuf, et que là, où les bestes qui le devoient porter s'arresteroient, ils l'ensevelissent ; et puis, levant les mains et le cœur au Ciel, rendit son âme à son Créateur, le second jour de mars. »

Admettant, pour la chronologie, dans l'histoire de saint Pol les dates, ou précises ou approximatives, qu'a proposées dom Plaine, nous ne pouvons suivre avec Albert-le-Grand la date de 554, à laquelle il place la mort de saint Joévin. Promu lui-même à l'épiscopat vers 540, saint Pol avait administré son église de Léon pendant à peu près un demi-siècle, quand il se choisit un successeur ; ceci nous conduit donc aux environs de 590. Saint Pol, qui pouvait avoir 50 ans lorsqu'il se rendit à la cour de Childebert, était donc âgé maintenant d'environ 100 ans. Cet homme vénérable n'avait rien changé à ses austérités passées ; il supportait joyeusement, avec ses mortifications volontaires, le lourd fardeau d'une telle vieillesse ; mais après l'avoir vu si attaché à ses parents, à sa sœur, à son bon maître saint Hiltut, aux aimables et saints compagnons de sa jeunesse, nous devons croire que, dans la mort de saint Joévin, saint Pol trouvait une double cause de douleur : l'évêque pleurait le continuateur de son œuvre ; l'exilé de Grande-Bretagne pleurait celui qui, seul, jusqu'à la rencontre de son cousin le comte Withur, lui avait fait retrouver sur la terre étrangère un reste des douceurs de la vie de famille.

Il y aurait eu pour lui quelque consolation à revoir le corps de son neveu ; mais ce soulagement ne fut pas donné à sa douleur. « Le corps de saint Joévin, lavé et revestu de ses ornemens pontificaux, fut mis dans une litiere neufve, ainsi qu'il avoit ordonné, et laissa-t-on les bestes la conduire où elles voulurent : elles allerent tout le grand chemin de Brasparz, jusqu'à un certain lieu nommé *Porz-ar-C'hroaz,* où la litière fit un éclat si grand qu'on pensoit qu'elle fust rompue ; mais les bestes continuerent d'aller quelques cinq cens pas plus avant, où elle se briza tout à fait, au milieu d'une grande place, où on bastit une belle église en son nom, et y fut ensevely. Depuis, ses saintes reliques furent levées et transportées en la cathédrale de Léon, lequel diocèse il gouverna un an et quarante jours. »

La cathédrale de Léon ne possède rien désormais des reliques de saint Joévin, mais le tombeau érigé dans la chapelle de Plouvien subsiste toujours ; ce n'est point toutefois le monument primitif. Il est ainsi décrit par M. de Kerdanet: « Il est en pierres de

Kersanton, orné dans son pourtour d'arcades gothiques soutenues par de petites colonnes engagées. Sur le dessus est la statue
couchée du Saint, représenté en costume épiscopal, la mitre sur la
tête et la crosse en main. Deux petits anges sont couchés de chaque côté de sa tête. Sur le bord du rétable, on lit l'inscription suivante, en caractères gothiques carrés :

D. JOEUOA EPUS LEONS FUIT HIC SEPULTUS.

« Ce tombeau est environné d'une grille en fer portant la date
de 1646. »

J'ignore si en levant les reliques de terre on en a laissé quelque partie dans ce tombeau, et si les paroisses de Brasparts et de
Plouvien ont pu en conserver quelques parcelles.

Nous avons vu que parmi les compagnons de saint Pol, lors de
son émigration, figurait immédiatement après son neveu Joévin, le
prêtre Tigernmagl ou Tiernomaël. Ce fut sur celui-ci que saint
Pol jeta les yeux pour donner un successeur au saint prélat qui
venait de mourir. Les Bollandistes ont avancé que saint Pol n'avait
probablement jamais quitté le siège épiscopal, et qu'il se donna
de son vivant non des successeurs, mais des collaborateurs ou chorévêques placés par lui dans ses archidiaconés.

M. de Kerdanet déclare qu'il adopte en entier ce sentiment.
N'est-ce pas là prendre avec le récit de Wormonoc une trop
grande liberté ? Il est vrai que les auteurs dont je parle n'avaient
pas le texte même du moine de Landévennec, mais ils n'igno-
raient pas la teneur et la valeur de la notice du moine de Fleury.
Dom Lobineau est ici resté plus fidèle aux vieux historiens de
saint Pol : « On ne peut douter, dit-il, que saint Paul n'ait ordonné
évêques ses trois disciples, l'un après l'autre (1), soit qu'il ait
invité des évêques voisins à concourir à leur sacre, soit qu'il les
ait ordonnés seul avec ses prêtres. » En effet, le canon par lequel
l'Église exigeait le concours de trois évêques pour une consécration épiscopale était déjà ancien : il avait été promulgué par le

____

(1) Nous verrons, en effet, bientôt Cétomérin succéder à Tiernomaël avant
que saint Pol n'ait quitté ce monde.

souverain pontife saint Anaclet, sous le règne de Trajan, et l'on
ne peut douter que, dès le jour où il fut porté, il ne reçut une complète adhésion là où la chose était possible. Même pendant les
persécutions, la réunion de plusieurs évêques en Italie, en Espagne et dans le midi de la Gaule ne devait pas être chose rare ;
mais dans des pays ravagés, ruinés, ou la civilisation ne faisait que
de reparaître, il ne pouvait en être de même. Aujourd'hui dans les
pays de missions, la discipline s'accommode aux nécessités de
lieux et de circonstances ; évidemment, il devait en être de même
au sixième siècle dans les pays où l'Église n'était pas encore régulièrement constituée. Les papes donnaient des pouvoirs très éten-
dus aux évêques qu'ils envoyaient dans ces contrées ; on le voit
en particulier dans la vie de saint Germain d'Auxerre et dans
celle de saint Augustin de Cantorbéry. Donc, en supposant que
saint Pol sacra lui-même ses successeurs sans le concours d'aucun
de ses frères dans l'épiscopat (ce qu'on ne peut affirmer), nous ne
sommes nullement obligés de souscrire pour cela au jugement de
dom Lobineau disant : « On voit assez dans toute sa conduite,
qu'il y avait, dans ce temps-là, plus de simplicité et de charité,
dans les évêques de l'église bretonne, que de science des canons. »

Les espérances qu'avaient fait concevoir à saint Pol les hautes
qualités de Tiernomaël ne furent point réalisées, car, après un an
et un jour d'épiscopat, le successeur de Joévin s'endormit dans le
Seigneur. Les hagiographes ne nous ont transmis aucun détail
sur la vie de ce saint personnage.

Quand pour la première fois le siège épiscopal de Léon était
resté vacant par la mort de son titulaire, saint Pol s'était bien
gardé de reprendre le fardeau de l'administration, mais les circonstances étaient fort différentes : deux fois le même malheur avait
frappé sa chère église. « Ces deux morts précipitées lui persuadè-
rent que Dieu voulait qu'il se chargeât de nouveau du soin de son
diocèse, et tout son troupeau l'en supplia avec beaucoup d'instances. Il reprit donc le gouvernement, tout faible et caduc qu'il était.
Son zèle n'avait jamais été plus vif ni plus animé, et sa sagesse
consommée brillait de l'éclat le plus pur ; mais, convaincu par
l'expérience de quelques mois, qu'il n'avait plus assez de forces

pour le travail, il se démit de nouveau pour instituer en sa place un autre de ses religieux nommé Cétomerin, qu'il ordonna évêque. » Le nouveau prélat n'était point du nombre des insulaires qui avaient suivi saint Pol sur le continent ; du moins nous ne trouvons pas son nom parmi ceux des douze prêtres précédemment énumérés ; ceci nous permet de supposer qu'en choisissant un évêque entré plus tard dans la vie religieuse et dans les ordres sacrés, le saint vieillard comptait sur la jeunesse du nouvel élu pour le voir fournir une longue carrière épiscopale. En effet, depuis son arrivée en Armorique (525), jusqu'à sa première renonciation à son siège (590), il avait vu les plus jeunes de ses premiers compagnons arriver eux-mêmes à un âge avancé ; puis, les trois premiers évêques de Léon ayant appartenu par la naissance à la Bretagne insulaire, ne convenait-il pas de les remplacer maintenant par un prélat originaire de la Bretagne continentale, désormais assez féconde en prêtres et en moines pour n'avoir pas besoin d'emprunter ses pasteurs au clergé venu d'outre-mer ?

Notre auteur ne nous a fourni aucun détail sur le sacre des précédents évêques de Léon, mais arrivé à la consécration épiscopale de Cétomérin, il est moins avare de renseignements. Nous ne savons encore, il est vrai, si le prélat consécrateur avait à ses côtés deux évêques assistants, mais nous voyons figurer à cette cérémonie ce même prince Judual qui se trouvait à la cour de Childebert, lorsque saint Pol y fut expédié par le comte Withur. Après avoir longtemps subi les rigueurs de l'exil, Judual, surnommé *Le Blanc*, était rentré en possession de ses états, et sous l'autorité de Clotaire, gouvernait, au moins nominalement, ce que Wormonoc lui-même appelle la Domnonée. Sa présence ici n'a rien qui puisse nous surprendre, car il avait eu nécessairement quelques rapports avec saint Pol à la cour de Childebert, et il n'avait pu oublier que le saint évêque était l'ami d'enfance de son cousin saint Samson ; il était donc venu le voir et se recommander à ses prières. Pendant que le prince suivait les rites imposants du sacre de Cétomérin, un cri de supplication se fit entendre dans l'église : un pauvre aveugle disait : « Pol, ayez pitié de moi, ayez pitié de moi ! » Pol guérit aussitôt ce malheureux, et

Judual, voulant témoigner au saint thaumaturge sa respectueuse
admiration et faire une œuvre utile au salut de son âme, lui offrit
ce qui au temps de Wormonoc s'appelait encore le *territoire de
Pol*. Dom Lobineau pense que c'est là ce qu'on a plus tard appelé
le *Minihy*, c'est-à-dire le *refuge* ou l'*asile* de saint Pol, mais ce
minihy devait faire partie du pays cédé par le comte Withur à
l'évêque ; nous serions donc plus porté à voir, dans la cession faite
par Judual, le territoire de Mespaul ou de Lampaul-Guimiliau, conformément à l'opinion de Dom Plaine.

La consécration de Cétomérin ayant été le dernier acte épiscopal
accompli par saint Pol, avant de contempler notre Saint dans sa
retraite de l'île de Batz, ne nous convient-il pas de jeter un dernier regard sur l'œuvre du pasteur et sur les résultats qu'elle produisit ?

Ayant cité tout ce que Wormonoc dit à ce sujet, constatons
d'abord le silence de Dom Lobineau sur le point qui va nous occuper. Nous pouvons dire qu'ici encore Albert-le-Grand seul se fait
l'écho de la tradition, car Bernard du Saint-Esprit n'a fait que le
citer à peu près mot à mot. Dès le jour où le comte Withur était
allé attendre à Morlaix son retour de la cour de Childebert et
l'avait salué comme le chef de la nouvelle Église de Léon, l'Évêque
avait regardé l'exercice de sa haute autorité, non-seulement
comme un droit, mais plus encore, comme un devoir. Cette autorité s'exerçait non-seulement sur le pays aujourd'hui désigné
par cette dénomination de Léon, mais sur toute la ville de Morlaix (ce serait seulement au onzième siècle que les évêques de
Tréguier auraient étendu leur juridiction jusqu'au Quéflut).
« Incontinent, saint Paul se mist à establir l'ordre et police requis
pour le gouvernement de son diocese, lequel il divisa en trois
archidiaconez : Leon, Ackh et Kimilidili, fist le department des
paroisses (1) ; rebastit les eglises et monasteres que le Saxon
Corsolde avoit rasez. »

Ce Corsolde, dont Albert-le-Grand fait ici un Saxon, était un
chef danois, s'il faut en croire une inscription relatant la fondation de la chapelle de Notre-Dame de Callot. Elle est ainsi conçue :

____

(1) C'est-à-dire la division ou circonscription des paroisses.

« Chapelle de N.-D. de Callot.

« Elle fut fondée l'an 502 (1), en mémoire de la victoire obtenue par l'intercession de Notre-Dame dans l'endroit même où Corsolde, général des Danois, avait sa tente, où il s'était retranché après avoir pillé le pays de Léon, et où enfin il fut forcé et son armée taillée en pièces par le prince Rivallon Murmaczon. Elle a continué depuis à être une chapelle de grande dévotion et fort fréquentée. Rééditée à différentes époques et notamment par le soin de M. Y. Nédélec, curé de Carantec, et bénite le 24 avril 1808 par M. F. Laot, recteur de Taulé. »

Ce que l'inscription ne dit pas, c'est que la première fondation est due à Hoël-le-Grand, roi de Bretagne. Ces ravages des pirates du Nord dans le pays de Léon, en 513, c'est-à-dire au moins douze ans avant l'arrivée de saint Pol, ajoutent à ce que nous avons déjà dit sur l'état de désolation où l'apôtre trouva le pays ; mais ils expliquent aussi la possibilité pour lui de faire entrer les populations dans ses vues, de trouver des vocations nombreuses pour ses communautés, car Albert-le-Grand nous dit : « Il fonda deux autres monasteres, outre celuy de Baaz, l'un en la paroisse de Kerloüan, nommé *Kerpaul,* et l'autre en la paroisse de Plougar, appelé *Mouster-Paul,* et celuy de *Land-Paul,* à present paroisse, lesquels furent ruïnez par les Normands, l'an 878, desquels, comme de pepinieres et seminaires de sainteté et doctrine, il tiroit des gens doctes et pieux, pour en faire des recteurs et curez par son diocese. »

Si cette affirmation est vraie pour tous ces monastères, elle doit se rapporter avec plus d'exactitude encore à la plus importante des communautés fondées par saint Pol dans son Ile-de-Batz, ou peut-être au groupe de moines qui formaient le clergé de son église cathédrale et au milieu desquels il vivait. C'est que déjà, en effet, les églises particulières, prenant l'exemple de celle de Rome, possédaient d'ordinaire, outre les écoles presbytérales plus ou moins nombreuses, l'école épiscopale qui était comme le modèle des autres. Plusieurs conciles provinciaux avaient encouragé la

---

(1) M. de Kerdanet dit qu'à cette date il faudrait substituer celle de 513.

création de ces séminaires ; plus d'un siècle, sans doute, allait s'écouler avant qu'un concile œcuménique fît de ces précieuses recommandations une loi générale (1), mais les décrets des saintes assemblées de Tours en 461, de Vaison en 529, de Tolède en 531, faisaient déjà loi dans la Gaule et dans l'Espagne. Du reste saint Pol n'avait-il pas pour l'encourager dans cette voie la pensée de l'école de saint Hiltut, cette pépinière de saints, et le souvenir encore plus récent de l'école du palais de Childebert. Comme le dit le cardinal Pitra : « Si chaque maison de clerc était une école gratuite et ouverte à tous, même aux serfs et aux pâtres de la campagne, la maison de l'évêque était à son tour, en vertu des décrets conciliaires, l'école des prêtres, des diacres et même des plus jeunes clercs. » L'éminent auteur remarque que cela constituait un enseignement à deux degrés, et il ajoute que cet enseignement, double dans sa forme et dans son objet, se réunissait dans les écoles monastiques, et y recevait un plus haut développement. Ajoutons que les écoles de saint Pol-Aurélien étaient toutes des écoles monastiques, et que la principale, celle qui était placée plus particulièrement sous ses yeux, avait par cela même la destination et les privilèges de l'école épiscopale.

Mais, saint Pol n'avait pas seulement à former dans ces pieux asiles le clergé de l'avenir ; il lui fallait utiliser les auxiliaires que Dieu avait mis à sa disposition. Le légendaire nous fait connaître un des prêtres qui donnaient au saint évêque le plus précieux concours : « Il fit saint Guevrock son grand vicaire », nous dit Albert-le-Grand. Laissons passer ce titre, qui surprend bien un peu, lorsqu'on le voit s'appliquer à un personnage du vime siècle ; il est certain que de tout temps les évêques ont délégué une part de leur autorité à un prêtre, à un diacre objet d'une juste confiance. Mais disons ce qu'était saint Guévroc. Né dans une condition modeste sur le sol de la Grande-Bretagne, il avait suivi saint Tugdual dans son émigration. Quand le pieux prince eut établi son monastère de Tréguier, il envoya Guévroc ou Kirecq (car on lui donne ces deux noms) fonder sur le bord de la mer, aux environs de Lanmeur, une nouvelle communauté qui du nom

---

(1) IIIes concile de Constantinople, vime œcuménique ; il fut tenu en 680.

de son premier abbé s'appela Locquirec ; mais après avoir passé six années avec ses moines, celui-ci les quitta pour se retirer dans la solitude. L'ermitage qu'il se choisit était en pleine forêt, sur le territoire de Ploudaniel ; il y vivait depuis deux ans dans un petit réduit fait de branches d'arbres, près d'une chapelle qu'il avait construite des mêmes éléments, lorsque saint Pol vint visiter cette partie de son diocèse. Laissons parler Albert-le-Grand : « Estant arrivé à Ploudaniel, saint Pol ouyt nouvelle de ce saint hermite ; il le voulut visiter, et alla vers son hermitage à cette intention. Saint Guevroc eust revelation que saint Paul le venoit visiter ; il sortit de sa cellule pour aller à sa rencontre. Saint Paul, le découvrant de veuë, aperceut un brandon de feu qui lui environnoit le chef (1) en forme de rayons, ce qui accreut encore l'opinion qu'il avoit déjà conceuë de sa sainteté. A la rencontre, ces deux saints s'embrasserent et se donnerent le baiser de paix ; et, après avoir prié en l'oratoire, entrerent en devis et colloques spirituels, et, en cet entretien, saint Paul reconneut en saint Guevroc une si rare sainteté, accompagnée d'une telle prudence, qu'il se resolut de l'emmener en sa ville d'Occismor (2), pour se servir de son conseil en l'administration de sa charge pastorale : il l'en pria très instamment ; mais le saint ne voulut quitter sa solitude. Enfin, intervenant le commandement exprès de saint Paul, il obéit et le suivit en la ville. »

Après avoir parlé de la vie austère et mortifiée dont ne se départit jamais le saint ermite, devenu le principal collaborateur de l'évêque, le bon Albert raconte deux miracles opérés par saint Guévroc ; nous ne saurions omettre le récit d'un de ces prodiges dans la vie du premier évêque de Léon, car il donna lieu à la construction de l'église dont le clocher est le plus beau de la terre, si beau qu'il aurait suffi pour faire connaître bien au loin la vieille cité dont il est l'ornement. « Allant par la ville d'Occismor, un jour de feste-Nostre-Dame, saint Guevroc vid une jeune lingere qui travaillait à sa porte : le Saint la reprit de ce qu'elle

---

(1) C'est-à-dire la tête.

(2) Nous citons ici textuellement Albert-le-Grand, mais nous rappelons au lecteur que les anciens légendaires n'ont jamais donné ce nom d'Occismor à la ville de saint Pol.

ne chommait la feste ; mais elle ne tint compte de sa reprimande, et luy répondit qu'elle ne sçavait autre mestier pour gagner sa vie ; qu'il falloit aussi bien vivre les jours de festes que les jours ouvriers. A peine eust-elle achevé la parole, qu'elle fut subitement saisie d'une paralysie en ses membres, si grande qu'elle ne pouvoit remuer ny pieds ny mains ; alors, reconnoissant sa faute, elle jeusna huit jours entiers, employant tout ce temps en ferventes prieres ; au bout duquel temps, elle se fit porter au mesme lieu où elle avoit commis la faute, manda saint Guevroc, reconneut son offense et en demanda pardon à Dieu et au Saint, lequel, faisant le signe de croix sur elle, luy rendit la santé ; et, en memoire de ce miracle, elle donna sa maison à saint Guevroc, qui la convertit en une chappelle, laquelle fut dediée à Nostre-Dame, et nommée *Nostre-Dame de Creis-Ker*, c'est-à-dire du milieu de la ville, et fut rebastie plus magnifique par le duc Jean-le-Conqué-reur. »

M. de Kerdanet met en doute cette fondation de Jean de Monfort, mais ses raisons n'ont aucune valeur. L'absence d'écussons et d'hermines dans le clocher ne prouve rien, quoi qu'il en dise, car ni les tours, ni les flèches des églises n'étaient destinées d'ordinaire à recevoir les armoiries des fondateurs ou bienfaiteurs ; la cathédrale de Quimper, si riche en blasons, en porte des quantités sur les hautes voûtes, quelques-uns sur les voûtes des bas-côtés, bon nombre sur le portail principal et sur les façades des porches latéraux, tandis que les deux tours en sont absolument dépourvues. D'ailleurs, Albert-le-Grand n'a pas été le seul qui ait attribué à Jean-le-Conquérant la fondation de la chapelle actuelle. Frère Cyrille Le Pennec s'est fait, lui aussi, l'écho de la même tradition. Voici ce qu'il dit de cette église, dans son *Histoire des églises et chappelles de Nostre-Dame, basties en l'Evesché de Leon,* publiée à Saint-Pol *(Paulopoli),* en 1646 : « Ceste chappelle fut rebastie magnifiquement, en la forme qu'elle est à present, par le très-excellent et très-victorieux prince Jean IVᵉ du nom, dit le Conquérant, duc de Bretagne. Cette eglise est excellemment construicte et ornée de la plus exquise pyramide de France, quoy-qu'elle soit scituée au plus bas lieu de la ville. La pointe de cette pyramide fust emportée d'un coup de tonnerre, le jour de saint

Clement, 23ᵉ de novembre de l'an 1630, qui fit un grand dommage et une notable ruine dans le corps de l'église. »

On sait que la chanson populaire n'est pas seule à proclamer la supériorité du clocher de Notre-Dame du Creisker. Vauban déclarait que c'était le morceau d'architecture le plus hardi qu'il eut jamais rencontré, et cependant l'on n'ignore pas en quel discrédit était tombée l'architecture du moyen-âge pendant le xviiᵉ et le xviiiᵉ siècle. L'évidence seule pouvait arracher à Vauban un pareil aveu au temps où Fénelon étalait si bien son mépris pour le *gothique*.

Après avoir longtemps assisté saint Pol, saint Guévroc, faisant la visite du diocèse, tomba malade à Landerneau et y mourut ; son corps fut transporté à son abbaye de Locquirec.

Albert-le-Grand semble rapporter la collaboration de saint Guévroc dans l'administration épiscopale de saint Pol au début même des travaux de l'apôtre. N'ayant pas ici de certitude sur la réalité des faits, nous en avons encore moins sur la date où il les faudrait placer. A ce que j'ai dit sur ce sujet, il convient d'ajouter avec le *propre* du bréviaire pour notre diocèse, que saint Guévroc se livrait beaucoup à la prédication et qu'il mourut de fatigue et de vieillesse.

Il est un autre Saint plus connu et plus populaire que saint Guévroc, dont nous ne trouvons pas le nom dans la vie de saint Pol et qui, cependant, a eu nécessairement des relations avec l'apôtre du Léon. Nous ne saurions donc négliger d'enregistrer ici le nom de saint Hervé. Nous avons déjà vu figurer à la cour de Childebert un jeune homme nommé Hyvarnion, à la fois poète et musicien, et qui, pendant quatre années, probablement de l'an 513 à 517 (1), s'assit avec les bardes à la table du roi des Francs. Il faut voir dans *la Légende celtique* le récit des faits merveilleux qui précédèrent et accompagnèrent le mariage d'Hyvarnion avec une jeune orpheline du pays de Léon, union que Dieu bénit, mais de cette bénédiction que le monde ne saurait comprendre : trois ans après le mariage du barde avec Rivanone, naquit un enfant aveugle qu'ils appelèrent *Huerv* ou Hervé, c'est-à-dire *amer* ou

---

(1) D'après **M.** le vicomte Hersart de la Villemarqué.

amertume ; deux ans plus tard, Rivanone était veuve, son fils orphelin et, dans leur demeure, à l'opulence succédait la misère.

« Un jour, l'orphelin disait à sa mère malade, en la serrant dans ses petits bras :

« — Ma chère petite mère, si vous m'aimez, vous me laisserez « aller à l'église ;

« Car voilà que j'ai sept ans accomplis, et à l'église je ne suis « pas encore allé.

« — Hélas ! mon cher enfant, je ne puis vous y conduire, « quand je suis sur mon lit malade ;

« Quand je suis malade d'une maladie qui dure depuis si « longtemps que je serai forcée d'aller demander l'aumône.

« — Demander l'aumône, ma mère, vous n'irez point ; j'irai « pour vous, si vous le permettez.

« J'irai avec quelqu'un qui me conduira, et, en marchant, je « chanterai,

« Je chanterai vos beaux cantiques, et les cœurs seront atten-« dris. »

« Et il partit, afin de chercher à manger pour sa mère qui ne pouvait pas marcher.

« Or, il eut été dur, le cœur qui n'eût point été ému sur le chemin de l'église, quel qu'il fût,

« En voyant le petit aveugle de sept ans, sans autre guide que son chien blanc ;

« En l'entendant chanter, grelottant, battu par le vent et par la pluie, sans chaussures à ses petits pieds, et ses dents claquant par le froid. » (1)

C'est ainsi que l'enfant commença son apprentissage dans le rude métier de mendiant et de chanteur aveugle, déchirant ses pieds nus sur les rochers du chemin, insulté par des enfants cruels, mais n'en continuant pas moins ses courses pénibles, se relevant quand il tombait, faisant entendre aux échos ses chants de douleur ou de joie, auxquels il entremêlait les hymnes de

---

(1) Notes et pièces justificatives de *La Légende celtique; fragments de la légende populaire, en vers bretons, de sainte Rivanone et de saint Hervé, son fils.* Ces fragments, reproduits par M. de la Villemarqué, sont au nombre de cinq.

l'Église et les psaumes du Roi-Prophète, depuis longtemps gravés
dans sa prodigieuse mémoire. Il chantait ainsi depuis deux ans
peut-être, quand Pol Aurélien et ses compagnons d'outre-mer
vinrent aborder en Armorique. Pendant cinq années encore, il
continua cette vie errante, puis il alla se mettre sous la direction
d'Urfoed, oncle de sa mère, qui vivait retiré dans un bois. Rivanone
elle-même alla demander asile à de pieuses filles qui vivaient
en communauté dans un autre endroit solitaire. Depuis deux
ans, saint Pol exerçait l'autorité épiscopale, quand saint Hervé et
sa mère se trouvèrent réunis pour la dernière fois ; la pieuse
femme, tant éprouvée depuis le jour où elle l'avait mis au monde,
le bénit à son heure suprême et alla rejoindre dans la gloire
l'époux qu'elle avait tant aimé. A partir de ce moment, Hervé et
Urfoed vécurent séparés ; l'oncle, cherchant une solitude plus
profonde, laissa son école à son neveu et, sous cette nouvelle
direction, elle prospéra grandement. « Chaque soir, on en voyait
sortir une foule d'enfants, venus chaque matin de tous les ma-
noirs comme de toutes les chaumières d'alentour, foule aussi
bruyante, dit un poète, qu'un essaim d'abeilles sortant du creux
d'un chêne. » Depuis combien de temps vivait-il ainsi, instruisant
la jeunesse, quand il voulut revoir son maître Urfoed ? Nous
l'ignorons. Mais ce voyage, si pénible pour lui en raison de sa
cécité, devait aboutir à une déception cruelle : là où il s'attendait
à trouver son pieux parent, son père adoptif, il ne rencontra
qu'une tombe et les débris d'un oratoire renversé par les bêtes
fauves de la forêt. Avec le secours de quelques habitants du voisinage, il le rebâtit plus solidement et couvrit de grandes pierres
le lieu où reposait le bienheureux Urfoed, afin de mieux assurer
la conservation de ses reliques et le souvenir de sa sainteté.

On peut croire qu'en voulant faire visite à saint Urfoed, saint
Hervé n'avait pas seulement désiré satisfaire une affection presque
filiale, mais recourir aux lumières d'un guide expérimenté. « Ces
lumières qu'il était allé demander à son ancien maître, il les reçut
de son évêque, homme saint et savant, venu de l'île de Bretagne
au pays de Léon. L'évêque, le jugeant digne du caractère sacerdotal, voulut le lui conférer ; mais l'ermite, qui dès son enfance
s'estimait indigne de cette grande charge, persista dans ses senti-

ments d'humilité, et il ne consentit qu'à être promu aux derniers ordres, à ceux qu'on appelle les Ordres Mineurs. » Pour être exact, je dois même ajouter que des quatre ordres ainsi appelés, il refusa le plus élevé, celui d'acolyte, qui donne au clerc le droit de servir à l'autel ; il ne voulut pas monter dans la hiérarchie au-dessus du rang de l'exorciste, ce qui indiquerait chez lui une puissance particulière sur les esprits infernaux.

Mais, quel était cet évêque qui, en dépit de la cécité d'Hervé, voulait en faire un prêtre ? Ni la vie latine de saint Hervé (1), ni Albert-Le-Grand, ni Dom Lombineau ne l'ont nommé ; le propre de Léon désigne ici saint Hoardon ; nous croyons que saint Hervé, mort au plus tard en 610, d'après dom Plaine, et par conséquent alors âgé de quatre-vingt-dix ans, avait dû recevoir l'ordre d'exorciste bien des années avant son heureux trépas. Si saint Pol abdiqua pour la première fois l'épiscopat en 590, et si le saint aveugle avait à cette époque soixante-dix ans, serait-il téméraire de croire qu'il ne pût être ordonné que par saint Pol lui-même ? Voilà pourquoi il nous a paru bon d'indiquer ici, aussi sommairement qu'il nous l'a été possible, le caractère de saint Hervé et ses rapports avec le pontife dans le diocèse duquel il vécut.

Un autre point est encore à mentionner. La communauté où avait vécu le fils d'Hyvarnion et de Rivanone avait été bien plutôt une école qu'une abbaye ou qu'un ermitage ; le Saint éprouvait le désir de vivre désormais d'une vie non seulement pieuse et sainte, mais essentiellement monastique. Au rapport de Dom Lobineau, « il marcha du côté de l'Orient et s'arrêta dans un champ du côté de Landivisiau, qui lui fut donné par le propriétaire appelé Innoc. Hervé y bâtit une église et un monastère, avec le secours d'Innoc et de quelques seigneurs, tant de Léon que de Cornouaille, l'un desquels est nommé Rivallon ou Tyrmallon, qui paraît avoir été du pays d'Ack, et l'autre, appelé Guegon ou Wicon, etoit de Cornouaille, et donna au Saint une terre considérable appelée Lan-Quédré. C'est dans ce monastère que le Saint passa le reste de ses jours, menant une vie cachée aux yeux des hommes et pleine de mérites devant Dieu. »

____

(1) M. s. des Blancs-Manteaux, N° xxxviii.

Le soin que saint Hervé mit à se dérober aux regards humains venait sans doute de ses désirs d'une plus haute perfection ; mais ce désir même ne lui était-il pas inspiré par un conseil autorisé ? M. de la Villemarqué l'insinue : « On peut croire que son évêque l'engagea à fixer définitivement sa demeure quelque part avec ses disciples, et à donner aux Armoricains l'exemple de la vie sédentaire, du travail manuel, de la culture des terres et de la construction, toutes choses qui sont les bases de toute société, mais que les Barbares aiment peu ; car il se mit aussitôt à la recherche d'un lieu où il pût établir une petite colonie. »

M. de Kerdanet a déterminé avec une grande précision les endroits où se passèrent les principaux faits de la vie de saint Hervé. Hyvarnion et Rivanone s'établirent chez leur frère Rigur ou Riovaré, aujourd'hui le manoir de Lanrioull, en Plouzévédé. Après la mort de son époux, Rivanone se retira à Kéran (en Tré-flaouénan) et y éleva son fils. Au temps d'Albert-le-Grand, le berceau de saint Hervé se conservait encore en ce pays, et M. de la Villemarqué en parle comme d'une gracieuse relique qui existerait toujours.

A la Forêt, près Landerneau, saint Hervé eut révélation de la mort prochaine de sa mère, qui fut ensevelie au monastère même de son fils. Saint Urfoed (on l'appelle aujourd'hui plus ordinaire-ment saint Urfol) serait mort là où s'élève aujourd'hui une chapelle placée sous son invocation, dans la paroisse de Plouzévédé. Saint Hervé mourut dans sa communauté de Lanhouarneau et fut inhumé dans son église.

Ayant ainsi indiqué les relations qui, à notre avis, ont certai-nement existé entre le saint mendiant aveugle et saint Pol, et qui ont commencé avant le sacre de saint Joévin, nous arrivons à un épisode qui se rapporterait à l'époque où Pol-Aurélien avait repris les fonctions épiscopales après la mort de Tiernomaël. Nous vou-lons parler de la pénitence de saint Tanguy, et nous aurions aimé à citer ici textuellement le récit qu'en donne Albert-le-Grand, mais si nous le prenons dans la *Vie de saint Pol,* il est trop abrégé ; si nous l'empruntons à la *Vie de saint Tanguy et de sainte Haude,* nous arrivons à de tels développements que nous sortons de notre sujet.

Sur le territoire actuel de Landunvez et tout près de Porsal, s'élève encore une grande tour carrée dont le sombre profil se détache vigoureusement sur le ciel. Lorsqu'on pénètre entre ses hautes murailles, dont bien des pierres se sont détachées, des nuées de corneilles prennent leur vol ; puis, quand les rares visiteurs se retirent, elles s'abattent encore sur la vieille tour dont elles sont les seuls habitants désormais. Cette tour est le donjon du château de Trémazan. Au temps de saint Pol, il y avait là déjà une noble demeure habitée par Galon et sa jeune femme Florence, fille d'Honorius, prince des Bibractes ou de la cité de Brest. Galon et Florence eurent deux enfants, Gurguy et Haude, qui étaient proches de l'adolescence lorsqu'ils perdirent leur mère. Le jeune homme et la jeune fille avaient commencé leur éducation sous les plus heureux auspices et tout semblait présager pour eux une existence pieuse et paisible, quand leur père se remaria après un an de veuvage. La nouvelle dame de Trémazan était de haute noblesse, mais née sur le sol de la Grande-Bretagne, elle avait adhéré comme beaucoup de ses compatriotes à l'hérésie de Pélage, c'était même une ardente sectaire. La foi, la piété de Gurguy et de la jeune Haude excitèrent son animosité et firent d'elle la plus dure des marâtres. Durant huit ans, Gurguy supporta comme il put les traitements de cette méchante femme, mais quand sa patience fut à bout, il partit avec l'autorisation de son père, qui lui donna de quoi vivre conformément à son rang. Pendant douze années il mena, au pays des Francs et dans les cours royales, une brillante existence. Tout ce temps-là, Haude resta donc seule pour ressentir les effets d'une aversion vraiment infernale. D'abord, la dame de Trémazan priva la pieuse enfant de son oratoire particulier, et comme en sa qualité de petite fille d'un prince elle avait une suite assez nombreuse de jeunes filles nobles dont la société lui était chère, les suivantes furent congédiées ; dès lors, non-seulement sainte Haude dut être sa propre servante, mais il lui fallut devenir la servante de tous les habitants du château. L'ancien bréviaire de Léon n'a pas reculé devant le récit des procédés cruels de la marâtre contraignant la noble enfant à puiser de l'eau, à balayer les appartements de la vaste demeure. Devant une patience que rien ne décourageait, qui se montrait non-seulement résignée mais joyeuse, la femme de Galon cherchait ce qui pourrait enfin abattre un tel courage, et sa haine lui fit trouver ce qui vraiment était le mieux fait pour amener un pareil résultat. Haude avait puisé sa force à la véritable source : en Dieu même. En épousant une femme hérétique et en devenant son trop docile esclave, Galon n'avait pas rompu avec les habitudes de la vie chrétienne ; le château avait sa chapelle où, chaque matin, un prêtre offrait le sacrifice eucharistique, mais quand venait l'heure de la célébration des saints mystères, la marâtre trouvait régulièrement quelque moyen d'occuper sa victime aux travaux domestiques ; elle en vint même à ne pas lui laisser le temps de prier pendant le jour. Dès ce moment, Haude consacra à l'oraison une notable partie des nuits. Dans une situation aussi cruelle, une jeune fille avait besoin d'un guide ; elle le trouva dans le prêtre chapelain de son père qui, dans son zèle pour la sanctification de cette âme, trouvait moyen de l'instruire par ses pieux entretiens, de la soutenir de ses conseils et de lui administrer les sacrements ; enfin, voyant combien héroïque était sa patience, combien brûlant son amour pour Dieu, combien vive et industrieuse sa charité pour les pauvres, il lui permit de vouer sa virginité à Jésus-Christ, en le choisissant pour unique époux.

Rarement peut-être, un vœu semblable exigea une aussi héroïque vertu, car pour la sainte jeune fille, noble, riche, douée de toutes les qualités de l'esprit, et d'une beauté peu commune, le mariage était un moyen facile d'échapper à la tyrannie ; mais quand de jeunes seigneurs la demandèrent à son père, Haude, effrayée, supplia le ciel de venir à son aide pour qu'elle put rester fidèle à son vœu. Elle fut exaucée. Depuis quelque temps, son père avait pris sa défense et même en de fréquentes occasions. Ses supplications avaient été inutiles ; il était trop tard, sa femme avait pris sur lui trop d'empire ; outrée d'une intervention qu'elle n'avait pas rencontrée jusque-là, elle répondait aux reproches de son mari par des calomnies d'ailleurs fort habiles, si bien que Galon ne l'empêcha même pas de reléguer dans une métairie la noble enfant dont elle ne pouvait désormais supporter la vue. Mais, dans les desseins de Dieu, cet éloignement du monde devenait pour Haude le moyen de rester fidèle à son vœu de virginité ; dès qu'elle fut ainsi sequestrée, elle se vit bien vite oubliée par les jeunes seigneurs qui avaient demandé sa main. Si l'angélique amour de la jeune fille pour la chasteté parfaite était ainsi satisfait, sa piété y trouvait aussi un autre motif de joie : dans sa paisible solitude, Haude pouvait désormais vaquer librement à la prière. La haine de la méchante dame n'était pas encore assouvie, nous allons bientôt le voir, mais du moins elle avait écarté d'elle l'objet de sa fureur et, elle le croyait du moins, empêché le bonheur qu'elle aurait trouvé dans une union honorable.

Tel était l'état des choses quand Gurguy revint à Trémazan ; les douze années écoulées depuis son départ l'avaient assez changé pour le rendre méconnaissable. Jamais il n'avait donné de ses nouvelles, on ne savait pas qu'il avait trouvé la faveur royale au pays des Francs ; la brillante suite qu'il menait, l'élégance et la fierté de ses manières si différentes de l'attitude de l'adolescent à l'époque de son départ, tout cela trompa sa marâtre. Pour lui, il n'avait qu'un désir, revoir Haude ; on comprendra que sa première pensée ne fut pas pour un père dont la coupable faiblesse n'avait su défendre ni lui ni sa sœur contre une odieuse tyrannie. Il avait entendu dire que la pauvre jeune fille était toujours persécutée et il voulait savoir la vérité sur ce point. Ignorant que depuis deux ans elle vivait retirée dans la métairie, il s'attendait à la trouver au château. On l'introduisit d'abord dans une grande salle où la dame de Trémazan était entourée d'un cercle de jeunes filles. Le légendaire ne fait pas mention de la présence de Galon, peut-être le malheureux seigneur cherchait-il un soulagement à ses chagrins domestiques dans les plaisirs de la chasse, le grand délassement des nobles en ce temps-là ; quoi qu'il en soit, le jeune seigneur inconnu demanda où Haude pouvait être ; le ton avec lequel il parla, laissa voir tout l'intérêt qu'il portait à la sainte enfant. N'en pouvant connaître le motif, la dame de Trémazan s'imagina que ce seigneur venait pour adresser encore une demande en mariage ; alors, quittant la salle où étaient ses suivantes, elle prit Gurguy à part, et, toujours sans le reconnaître, elle lui dit que Haude n'était plus qu'une fille perdue et que pour éloigner la honte du château de Trémazan il avait fallu reléguer celle qui aurait dû être la joie et l'ornement de cette noble

demeure. Celui qui entendait cette calomnie aurait dû être le dernier à l'accepter, lui qui avait partagé avec sa sœur les effets de la
haine de cette femme. Sans attendre un instant, il laissa ses gens
au château et partit seul pour la métairie qu'on lui avait indiquée
comme la retraite de la prétendue coupable. Près de cette humble
chaumière il y avait une fontaine, et à l'arrivée de Gurguy, Haude
y lavait des vêtements ; il la reconnut bien et l'appela par son nom,
mais elle ne le reconnaissait pas ; à l'appel de ce brillant seigneur,
elle s'enfuit. Son frère crut que sa fuite était une preuve de sa
honte ; sans cela était-il possible qu'elle voulût éviter son frère ;
car il s'imaginait avoir été reconnu. Il la poursuivit donc avec
toute l'impétuosité que donne la fureur, en un instant il la rejoi-
gnit et lui trancha la tête. Poursuivant sa marche, il rencontra
quelques voisins et leur demanda quel genre de vie menait la
princesse Haude ; on lui dit que c'était une sainte qui ravissait
tout le pays d'admiration par son angélique modestie, sa patience
et sa charité ; car, étant privée du nécessaire grâce à la cruauté de
sa marâtre, elle s'ingéniait pour assister les pauvres et partager
avec eux sa chétive nourriture. Au moment même où il l'avait
décapitée, elle portait sur elle le lait caillé destiné à ses modestes
aumônes. Il était donc non seulement fratricide, mais meurtrier
d'une Sainte. Dans sa précipitation, bien digne de la barbarie franque, de l'impétuosité des guerriers de l'époque, par un faux point
d'honneur il avait, malgré la générosité de sa nature, donné la
mort à celle qu'il aimait de l'affection la plus pure et la plus vive.
Il en pensa mourir. Mais malgré sa douleur il courut à Trémazan ;
son père était maintenant au château ; Gurguy se fit connaître à
lui et lui déclara quel crime il venait de commettre. Le malheureux père avait-il le droit d'adresser des reproches ? N'était-il pas
en un sens plus coupable que son fils ? Même en ces terribles con-
jonctures, la haine de la marâtre ne fut point assouvie. Le bréviaire de Léon laisse entendre qu'au milieu de la douleur générale
elle ne dissimulait pas que la mort de la jeune fille était pour elle
un soulagement. Elle était dans une même salle avec son mari et
le meurtrier désolé ; autour d'eux régnait ce majestueux silence
qu'on trouve dans une demeure en deuil, lorsque se présenta non
pas un fantôme, mais une effroyable réalité : c'était sainte Haude

qui entrait dans la salle tenant sa tête entre ses mains, comme l'avait fait autrefois le glorieux martyr saint Denis ; elle plaça sur son cou cette tête coupée et la trace du meurtre disparut. Sainte Haude parla : s'adressant d'abord à sa marâtre, elle lui reprocha son opiniâtreté dans l'erreur, comme aussi sa cruauté et sa perfidie, puis elle lui déclara que l'heure de la vengeance divine était venue pour elle. Son châtiment fut celui de l'impie Arius ; elle rendit ses entrailles, et comme elle se tordait dans la douleur (le légendaire entre ici dans les détails les plus affreux), un coup de foudre acheva l'existence de cette grande coupable. Alors la vierge Haude s'adressa à son frère : « Quand vous me poursuiviez, lui dit-elle, quand vous m'avez mise à mort, je ne vous connaissais pas, et mon sang innocent, par vous répandu, criait déjà vengeance devant le trône de Dieu ; mais ayant su qui vous étiez et par qui vous aviez été poussé à ce fratricide, j'ai prié Dieu pour vous et supplié sa sainte Mère d'obtenir votre pardon. » Gurguy, que la terreur avait glacé jusque-là, se prosterna aux pieds de sa sœur et la pria de vouloir bien encore ratifier ce pardon. La sainte fille alors demanda les sacrements de l'Église et rendit pieusement son âme à son Créateur ; comme le dit l'ancien bréviaire de Léon : « Elle mourut une seconde fois (1). » C'était le dix-huit novembre, et ce jour-là on faisait autrefois mémoire de sainte Haude en Léon et en Cornouailles. Le *propre* aujourd'hui en usage dans notre diocèse est muet sur sainte Haude et sur son frère. « Si-tost que la Sainte eut rendu l'esprit, dit Albert-le-Grand, Gurguy sortit de la maison de son père et s'en alla trouver saint Paul, évesque de Léon. »

Quelque précipité que fut le départ du meurtrier repentant, quelqu'ardent que fut son désir de pénitence et de pardon, on peut croire cependant que Gurguy ne se mit en chemin qu'après avoir vu sa sœur inhumée dans sa sépulture de famille à l'église de Landunvez. Bientôt le tombeau de la jeune vierge fut illustré par d'éclatants miracles.

Cependant Gurguy continuant sa marche, arrivait à la ville que saint Pol-Aurélien édifiait de sa présence. Le saint vieillard

____

(1) *Iterum quievit.*

accueillit avec bonté ce pécheur repentant : celui-ci fit sa confession à l'évêque et lui exposa non-seulement les détails du fratricide qu'il avait commis, mais l'ensemble de sa vie mondaine et dissipée soit dans les camps, soit à la cour. Quand ses aveux furent terminés, saint Pol imposa à Gurguy une pénitence canonique de quarante jours ; pendant cette période bien courte si l'on tient compte de la discipline de ce temps où le meurtre, même involontaire, était rigoureusement puni, Gurguy devait garder un jeûne rigoureux. Ce fut avec une profonde humilité qu'il reçut cette décision. Pour mieux s'y conformer, « il se retira en une forest, qui estoit entre les villes de Land-Ternock et Brest, où il se bastit une petite loge et y passa sa quarantaine en continuelles prières, veilles et larmes, ne se sustantant que de racines, de glands, de meures et autres fruits sauvages : car il n'avait porté en ce lieu aucune provision, mais s'estoit entièrement jetté entre les bras de la Providence de Dieu, laquelle ne lui manqua pas : car au bout des quarante jours, comme il prioit, la face prosternée contre terre, un corbeau, qui avoit son nid en un arbre auprès de sa cellule, luy apporta un beau pain blanc, par le commandement de Celui qui, par le ministère de semblables oyseaux, avoit jadis substanté les Helies, Pauls et Antoines dans les déserts : Gurguy receut ce pain, rendit graces à Dieu, et s'en substenta. » Le légendaire ajoute qu'en mémoire de la pénitence par laquelle Gurguy débuta dans la vie de sainteté, la forêt où il vécut ainsi solitaire s'appelle encore *Coat-Tanguy* (nous allons voir en effet que le nom de notre Saint fut modifié). Ce bois est entre l'église du Relecq-Guipavas et une chapelle de Sainte-Barbe (1).

Gurguy s'étant donc réconforté par le pain que lui avait apporté le corbeau, s'en retourna vers saint Pol qu'il trouva dans sa demeure ; il était entouré de cinq ou six de ses prêtres. Au moment où le saint pénitent franchit le seuil, l'évêque et ceux qui conversaient avec lui virent sa tête entourée d'un cercle de feu. Reconnaissant dans ce prodige un signe évident de la transformation si complète et si rapide opérée en *Gurguy,* saint Pol changea

---

(1) Il y a en Plounéour-Trez un autre Coat-Tanguy, où l'on assure que le Saint passa aussi quelques années. *(Note de M. de Kerdanet.)*

son nom en celui de *Tanguy* (on sait qu'en breton *Tan* signifie *feu*). On ne s'étonnera point de voir le saint évêque admettre immédiatement dans son monastère de l'Ile-de-Batz un homme dont Dieu lui-même révélait ainsi la sainteté ; la demande de Tanguy suffit pour lui en faire ouvrir les portes ; il s'y rendit donc et il eut bien vite édifié toute la communauté par sa perfection.

On ne dit pas combien de temps il vécut à l'Ile-de-Batz, mais à mesure que, sous l'action de son Évêque, le peuple de Léon se christianisait de plus en plus, les vocations religieuses se multipliaient et les premiers monastères devenaient trop étroits pour recevoir tant de recrues nouvelles ; il fallait donc ouvrir d'autres asiles. Dans cette seconde floraison de la vie monastique, depuis l'arrivée de saint Pol, citons l'épanouissement de l'abbaye de *Gher-ber* ou *Gerber*. Détruite plus tard par les Normands, elle fut rétablie, vers le milieu du douzième siècle, pour des religieux de l'ordre de Citeaux ; elle s'appela dès lors l'abbaye de Notre-Dame du Relecq ; c'est sous ce nom qu'elle a subsisté jusqu'à la persécution révolutionnaire, non sans avoir beaucoup perdu de son ancienne splendeur, et surtout de la vieille piété cistercienne. Mais ce n'est point à la seconde fondation que nous devons nous arrêter ; en créant le monastère de Gherber, saint Pol lui donna pour abbé saint Tanguy, auquel il soumit douze religieux tirés de ses deux monastères des iles de Batz et d'Ouessant. Les vocations furent très nombreuses dans la nouvelle communauté. Parmi ceux qui voulurent y embrasser la vie monastique, il se trouva plusieurs jeunes gens de familles puissantes et riches, si bien que la communauté put s'étendre considérablement et fournir à l'entretien de ceux des moines qui n'apportaient à l'abbaye que leur pauvreté et leurs vertus. Cette situation florissante était due en grande partie à la sage administration de saint Tanguy ; ceux qui le fréquentaient le voyaient habituellement comme ravi et absorbé en Dieu, toutefois l'amour de l'oraison ne lui fit jamais négliger le soin des intérêts temporels de l'abbaye, encore moins la direction spirituelle des religieux, qui lui incombait tout d'abord. Plein de prudence, de charité, de douceur dans ces fonctions si délicates, il ne réservait la rudesse et la sévérité que pour lui-même ; il était si humble que dans toutes les affaires importantes il recourait à l'avis de son maître saint Pol ; aussi se rendait-il souvent près du vieil Évêque afin de lui demander conseil, tant pour sa direction personnelle que pour le gouvernement du monastère.

Pendant que saint Tanguy conduisait ainsi ses religieux dans les voies de la perfection, son père vivait retiré au château de Trémazan ; c'était un bon vieillard qui expiait courageusement la déplorable faiblesse dont il avait fait preuve autrefois comme époux et comme père. Affaibli par l'âge et sentant sa fin prochaine, il fit probablement appeler son fils, — du moins celui-ci eut connaissance de la maladie du seigneur de Trémazan, et il se rendit promptement près de lui. Dans ces murs autrefois témoins d'événements si terribles, Tanguy trouva effectivement son père bien près de l'heure suprême. Il s'entretint pieusement avec lui, le consola, l'exhorta ; sa présence et sa parole firent pénétrer la joie dans cette pauvre âme si cruellement éprouvée. Galon mourait sans laisser d'autre enfant que Tanguy ; il ne fit pas de lui son unique héritier, mais il voulut cependant lui léguer une partie de ses terres et en particulier tout ce qu'il possédait sur la côte de Léon, entre le cap *Pen-ar-Bed* ou *de la fin des terres,* jusqu'à l'endroit où existe aujourd'hui Recouvrance.

Albert-le-Grand précise encore davantage et dit que la donation faite à saint Tanguy s'arrêtait à une tour ronde à demi ruinée, appelée de son temps la Motte-Tanguy.

On voit encore cette tour près du pont qui rejoint Recouvrance à Brest ; elle n'est plus en ruine actuellement, mais ses vieux murs, relevés au xive siècle par Richard II, roi d'Angleterre, et qui s'appuient sur des substructions romaines, sont couronnés par une construction toute moderne. D'ailleurs, nous n'avons pas à nous en occuper ici. Sur tout ce littoral donné à l'abbé de Gherber, un seul point nous intéresse : c'est la pointe extrême qui a donné à notre pays son nom de Finistère.

Quelque temps après la mort de Galon, des marins du pays de Léon revinrent dans leur pays en y apportant un précieux fardeau. Ils étaient en nombre, car leurs navires constituaient toute une petite flotte, au dire d'Albert-le-Grand, qui les fait venir d'Egypte, d'où ils auraient enlevé le chef de saint Mathieu. Cependant, on regarde comme certain qu'après avoir effectivement évangélisé cette contrée, le saint apôtre continua sa mission en Ethiopie, qu'il y subît le martyre dans la ville de Nabader, où son corps reposa jusqu'à sa translation en Occident. Le navire qui portait la tête du saint évangéliste, et même, d'après d'autres, tous ses ossements vénérés, « heurta de roideur un grand escueil qui paroissoit à fleur d'eau. Alors, ceux qui estoient dedans crierent misericorde, pensans estre tous perdus ; mais (chose merveilleuse), le roc se fendit en deux, donnant libre passage au vaisseau qui estoit chargé d'un tresor si precieux, lequel ils mirent à terre à la pointe du dit cap, et allerent rader au havre du Conquet, qui est là auprès ; et en mémoire de ce miracle, ce cap fut appelé *Loc-Mazhé-Traoun*, c'est-à-dire lieu occidental consacré à saint Mathieu, auquel saint Tanguy (à qui cette terre appartenoit), se résolut de construire un monastére par la permission de saint Paul.

« Il vouloit édifier au même endroit auquel le Chef du saint Apostre avoit été posé, lorsqu'on le descendit du navire, tout sur la pointe et dernière extrémité du cap ; mais plusieurs jugerent ce lieu incommode, pour estre sur le bord de l'Océan, et, par consequent, exposé aux furies des vents, et sujet aux descentes des corsaires, et estoient d'avis de le bastir plus avant en terre ferme, à cinq ou six cens pas de là. Saint Tanguy se laissa aller à leur opinion, fit charroyer les materiaux en ce lieu et ouvrir des fondemens ; mais Dieu montra par un miracle evident, qu'il vouloit que ce monastere fut edifié au lieu que le saint avoit premierement choisi : car, quand ils commencerent à travailler au massonnage, ce qu'ils avoient fait en un jour, ils le trouvoient, le lendemain, miraculeusement transporté au premier lieu : ce qu'estant arrivé plusieurs fois, ils continuerent l'édifice au dit lieu, avec telle diligence qu'en peu de temps il fut accomply, et saint Paul benit le cimetière, dedia l'église et ordonna que saint Tanguy le peupleroit des moynes de son abbaye de Gerber, et en seroit superieur en titre d'Abbé. Il accomplit promptement cette obeissance et fit venir

huit des religieux de Gerber, auxquels, avant le bout de l'an,
associa grand nombre d'autres qui y prinrent l'habit. »

Tel est le récit d'Albert-le-Grand. Avant d'examiner jusqu'à
quel point il est conforme à la vérité, disons qu'il n'est pas suffisamment complet. Le récit de la translation du corps de saint
Mathieu, en Bretagne, a été écrit vers le milieu du xe siècle par
Paulin ou Paulinien, évêque de Léon ; il dit expressément que ces
précieux restes arrivèrent au pays de Léon, sous le règne de
Salomon, dont il fait un contemporain de l'empereur Valentinien;
il s'agit donc ici de Salomon II (d'après l'interprétation de Pierre
le Baud). Ce prince fut présent au moment où l'on voulut débarquer les saintes reliques. La châsse qui les renfermait s'attachait
invinciblement au navire. Alors Grallon, comte de Cornouailles
expliqua la volonté du Saint : « Ici même où nous sommes, dit-il
au roi, les collecteurs vendent comme esclaves, aux étrangers passant la mer, les enfants des malheureux qui ne peuvent parfaire
leur contingent dans les impôts ; si bien que ce lieu maudit s'appelle d'un nom qui signifie *Lamentation*. Ne sois donc pas surpris
que le ciel témoigne sa colère contre un usage aussi barbare. »
Salomon entra dans le navire, étendit la main sur la chasse où
étaient les reliques, et fit ce serment : « Glorieux apôtre Mathieu,
je te donne assurance, par concession de mon privilège, que cette
coutume soit, dores en avant, ostée, pour la reverence de toy, et,
afin que moy ni mes successeurs ne puissent enfreindre ma présente volonté, je te confirme ce privilège par l'impression de mon
anneau. C'est à savoir, que ceux qui, pour accroître le trésor du
prince, estoient vendus aux estrangers soient et demeurent sujets
à ta seigneurie et à l'église en laquelle reposera ton corps. »

L'opuscule de l'évêque Paulin est perdu depuis longtemps. Ce
que nous venons d'en citer ne nous est connu que par Pierre le
Baud. Le savant Henschenius en avait vu un exemplaire à l'abbaye de Vaucelle. D'autres récits ont été faits sur la translation de
saint Mathieu ; les chroniques de Nantes, de Quimperlé et du
mont Saint-Michel lui assignent la date de 857. A cette époque la
Bretagne était encore gouvernée par un prince du nom de Salomon ; c'est probablement ce qui aura donné lieu à une confusion.

De tout ceci que conclure ? — Paulin est le meilleur garant que nous puissions trouver de la réalité d'une translation de saint Mathieu en Bretagne : évêque de Léon, il connaissait les traditions orales de son église, et peut-être même des documents écrits ; il vivait à une époque plus rapprochée des faits ; il dit positivement ceci : « Au temps de Salomon, roi et duc de Cornouailles, le corps de l'apôtre saint Mathieu fut transporté dans la ville de Léon et déposé dans l'église de saint Pol. Après y avoir séjourné 480 ans, il fut transféré en Leucanie. »

Or, si nous plaçons la date de la translation entre l'année 424, où Valentinien monta sur le trône, et l'année 434 où mourut Salomon, nous trouvons qu'en laissant écouler 480 ans, nous arrivons à l'époque des invasions normandes ; dès lors, le transfert des restes de saint Mathieu en Italie s'explique tout naturellement. La translation définitive à Salerne, se fit en 1080. Remarquons qu'il s'agit dans ce qui précède de la totalité des reliques de l'apôtre.

Il nous reste à dire s'il est vrai que le chef de notre Saint revint en Bretagne ou s'il séjourna sans interruption dans l'abbaye *du bout du monde.*

Une charte de 1206 commence par ces mots : « Moi Hervé de Léon, qui le premier entre les seigneurs de la contrée me suis trouvé présent à la réception et à la vénération du chef sacré du bienheureux Mathieu apôtre... »

Donc la tête comme le reste avait été transportée en Italie, mais elle revint en Bretagne au xiiie siècle. Pendant son premier séjour en Armorique, elle avait été honorée non à l'abbaye de Saint-Mathieu, mais à la cathédrale de Saint-Pol. Enfin reconnaissons que la relique rendue à la Bretagne en 1306, était simplement une partie de la tête, car deux autres parties considérables du chef de saint Mathieu étaient vénérées à Beauvais et à Chartres jusqu'à la Révolution française.

Depuis cette époque, la cathédrale de Beauvais a perdu ce trésor; la relique conservée à Chartres a pu être soustraite aux profanateurs ; elle est toujours vénérée dans la même ville, non plus à la cathédrale, mais chez les Religieuses de la Visitation.

Nous retrouverons saint Tanguy quand nous arriverons au

récit de la mort de saint Pol, mais nous croyons devoir noter ici quelques particularités relatives au château de Trémazan et à l'illustre famille qui l'habita pendant des siècles. Dans les ruines majestueuses dont nous avons parlé, croissent des œillets rouges en quantité et, au dire de M. de Kerdanet, ces fleurs trouveraient dans les fissures des vieilles murailles le privilège d'un éternel printemps, tandis que le violier, qui y croît également, moins heureux que l'œillet, se cacherait en hiver, mais reparaîtrait en été pour rappeler par sa couleur de pourpre le sang de la vierge sainte Haude, dont les dernières gouttes durent couler précisément en ce lieu.

Le château de Trémazan a-t-il réellement pu être témoin du drame que nous avons retracé, ou bien l'antiquité qu'on lui attribue a-t-elle été inventée par la famille dont l'histoire se confond avec celle du vieux manoir lui-même ? Les traditions du voisinage reculent la date de sa fondation bien au-delà du temps de saint Pol : on est allé jusqu'à indiquer l'époque de Jules César. L'amiral Thévenard assurait y avoir vu des statues de divinités gauloises.

Quant à l'illustre famille du Chastel, qui habita Trémazan pendant des siècles, elle prétendait, dit-on, avoir la même origine que le seigneur Galon, père de saint Tanguy ; aussi le premier abbé de Saint-Mathieu était devenu le patron de cette noble race ; au moins dix d'entre les seigneurs du Chastel ont porté le nom de Tanguy ou Taneguy et l'ont rendu célèbre. Citons-en deux seulement : l'un qui, à l'entrée des Bourguignons dans Paris, sauva la vie du jeune dauphin qui fut plus tard Charles VII ; l'autre qui fit faire à ses propres frais les funérailles de ce même roi abandonné par son propre fils et par tout le monde. Il y dépensa trente mille écus.

La générosité des seigneurs du Chastel ne se manifesta pas seulement dans leur fidélité aux rois de France : non loin de leur château de Trémazan, ils construisirent la chapelle de Kersaint ou Ker-Sænt, en l'honneur de saint Tanguy et de sainte Haude, et ils y établirent plus tard une collégiale. Le chapitre comprenait un doyen et cinq chanoines.

Nous avons maintenant résumé tout ce que les traditions locales, les anciens monuments de la liturgie et les recherches d'Albert-le-Grand ont ajouté à l'histoire de saint Pol de Léon ; nous devons donc reprendre le texte de Wormonoc.

Nous en étions à la dernière étape de la vie de notre saint : il goûtait dans son monastère de l'île de Batz une joie profonde et d'autant plus appréciée qu'après en avoir déjà savouré la douceur il avait dû y renoncer pour reprendre malgré lui le fardeau de l'épiscopat ; toutefois il ne refusa point la dignité abbatiale ; dès lors qu'il revenait au milieu d'eux, ses moines ne pouvaient guère laisser en d'autres mains la houlette du pasteur ; Wormonoc dit positivement que la communauté, désormais très-nombreuse, vivait dans une régularité parfaite sous la paternelle autorité de Pol-Aurélien.

Le saint abbé, cependant, subissait la décrépitude de l'âge ; sur son corps absolument décharné la peau adhérait aux os ; plus encore que la vieillesse, le feu du divin amour dont il était consumé l'avait réduit à cet état ; quand il élevait les mains elles devenaient comme transparentes et laissaient passer la lumière du soleil.

Notre auteur sentant bien que plus d'un lecteur l'accuserait d'exagération écarte le doute par une simple affirmation ; les restes de saint Pol n'avaient pas encore dû fuir malgré la première incursion des Normands, et l'on pouvait toujours les vénérer dans la cathédrale de Léon ; l'argument a donc une grande force : « S'il en a vraiment été ainsi, dit-il, ce corps toujours intact et sans corruption le montre bien ; tel il était au moment où son âme en fut séparée, tel il est encore en attendant le jour du divin jugement. »

Tout le temps qu'il pouvait dérober au gouvernement du monastère, il le consacrait à l'oraison ; cette union continuelle avec Dieu par la prière fut telle qu'il put lire dans les secrets divins ; il fut favorisé du don de prophétie. Ce que Dieu lui révéla des choses à venir avait trait aux événements qui pouvaient toucher surtout le cœur du vieil évêque : les épreuves réservées au troupeau qui lui avait été confié. Suivant les avertissements du ciel il prémunissait donc les habitants du pays de Léon contre les incursions de leurs ennemis, les mettait en garde contre les prochaines disettes, les maladies et les fléaux de toutes sortes, et les invitait à écarter tous ces maux par la prière et l'aumône ; joignant lui-même ses aumônes et ses prières aux leurs, il détournait d'eux le péril qu'avaient attiré leurs péchés.

« Mais il n'annonçait pas seulement les événements prochains, il prophétisa aussi bien des choses qui ne devaient arriver qu'après sa mort. C'est ainsi qu'il prédit le débat qui s'élèverait entre les moines de l'île, et l'évêque avec le clergé de la ville, au sujet de la possession de son corps.

« Il prédit également que cette même île de Batz subirait un jour l'invasion des *Marcomans* c'est-à-dire des *Normands* (1), serait complètement dévastée par eux, et que son monastère après le pillage et l'incendie y disparaîtrait jusqu'aux fondements. Or, le doute ici n'est pas possible, car il est à la connaissance de tous, que ces faits ce sont réalisés. Depuis cette première irruption jusqu'au moment présent, ajoute Wormonoc, ces barbares ne cessent pas de venir se jeter sur notre pauvre île, de la dévaster, de piller tout ce qu'ils y trouvent, et si Dieu ne nous vient en aide, ils ne le cesseront jamais.

« Que Celui qui sauve toutes les créatures implorant son secours, que Celui qui ne veut la perte de personne, daigne nous défendre de leurs embûches, nous y soustraire et nous sauver. »

On voit quelles étaient en ce temps les préoccupations à Landévénec. Dans la prière par laquelle il demande à Dieu d'écarter les barbares, on retrouve la même pensée qui inspirait à l'Eglise sa prière à tous les Saints :

> Gentem auferte perfidam
> Credentium de finibus.

Saint Pol était arrivé, comme nous l'avons dit, à une extrême vieillesse. Albert-le-Grand lui donne l'âge de 102 ans ; Wormo-

---

(1) Il serait difficile de dire pourquoi Wormonoc, identifie ces deux peuples. Depuis que les Marcomans s'étaient jetés de la Germanie sur l'Italie entre 167 et 174, ils n'avaient pas reparu sur la scène du monde.

noc va plus loin encore, il dit que depuis des temps très reculés, les vieillards racontaient que le saint Évêque avait terminé sa cent quarantième année ; mais, comme le dit Dom Plaine : « Il ne présente la chose que comme problématique. Dès le ixe siècle, cette longévité extraordinaire ne reposait donc sur aucun témoignage écrit ; rien, par conséquent, n'oblige de l'accepter d'une manière absolue. Quand Paul Aurélien n'aurait atteint que 110 ans (comme le suppose le même auteur), ce serait déjà un âge fort respectable. » Dans cette hypothèse, saint Pol, né vers 490, aurait quitté ce monde vers l'an 600. Voyons maintenant les circonstances qui accompagnèrent cette mort précieuse devant Dieu.

Ici nous retrouvons saint Tanguy : « Le saint abbé, voulant aller à Occismor voir son maître et père saint Paul, le rencontra en la paroisse de Drenec, ès rabines d'une maison noble : après s'estre saluez, ils se retirerent tous deux seuls dans le bois de cette noblesse, ayant laissé leurs compagnons quelque peu à quartier ; et, après une longue conference, s'estant mis en oraison, ils furent recréez d'un concert melodieux de voix angeliques, et, à même temps, un ange leur apparut, leur donnant avis que, dans peu de jours, ils sortiroient de cette vallée de larmes et iroient jouir de la couronne préparée à leurs merites. Les Saints se rejouïrent extremement de cette bonne nouvelle ; et, à cause de cette apparition angelique, cette maison noble fut nommée *Coat-Elez*, c'est-à-dire *Bois-aux-Anges*, nom qu'elle retient encore à present (1), et elle est distante de la ville de Lesneven de deux lieues.

« Saint Paul ayant pris congé de son cher disciple, se retira à Occismor, et saint Tanguy en son monastère de Gerber (2), où il fut receu de ses religieux avec un extrême contentement ; mais leur joye ne fut gueres longue, car il leur donna avis de la reve-

----

(1) M. de Kerdanet observe qu'il est fait mention de ce château, sous le nom de *Boisanges*, dans les romans de Lancelot et de Tristan, originairement traduits du breton.

(2) C'est donc qu'en prenant possession de *Saint-Mathieu* il n'avait pas renoncé à diriger sa première abbaye ; les faits analogues ne sont pas rares dans les fastes monastiques.

lation qu'il avoit euë et leur nomma le jour qu'il decederoit. Dès le lendemain il tomba malade... »

Wormonoc ne dit rien de cette vision de Coatelez, mais il raconte en détail une apparition dont saint Pol aurait été favorisé à son monastère de l'île de Batz.

« Quelques jours avant sa sortie de ce monde, un ange du Seigneur lui fit connaitre l'heure où il serait dégagé des liens de son corps. Après avoir pris part à l'office de la nuit, le saint vieillard s'était retiré dans sa cellule ; il était accablé de fatigue et cherchait quelque repos afin de pouvoir reprendre le lendemain son labeur ordinaire ; à peine s'était-il endormi qu'il vit descendre du ciel un ange éblouissant de clarté ; son lumineux éclat ne remplissait pas seulement sa petite cellule, mais elle aurait suffi à écarter les ténèbres de tout un monde, comme pourrait le faire le plus brillant soleil. L'ange dit au vieillard : « Saint ami de Dieu, celui qui règne au ciel et sur la terre, œuvres de ses mains, Celui qui a créé les chœurs angéliques et qui a racheté l'humanité, m'a délégué vers toi des splendeurs de la cité céleste. Ton jour est proche, tu vas sans plus tarder recevoir la récompense qui t'attend ; les habitants du paradis te réclament pour l'un des leurs. Tu as combattu le bon combat ; l'armée des Saints t'attend donc et demande pour toi le bonheur suprême. La porte va bientôt s'ouvrir et tu entreras triomphant dans les tabernacles éternels. Accueille avec joie l'heureux moment de ta délivrance ! salue ton dernier jour ici bas ! Le roi des anges et des saints entouré de toute sa cour va bientôt s'avancer vers toi ; les harmonies célestes vont se faire entendre à toi pauvre vieillard, quand tu arriveras à la gloire et à la récompense méritées par tes œuvres. »

Lorsque l'ange eut achevé ces paroles, il remonta vers les cieux. Mais la lumière dans laquelle il était apparu demeura encore long-temps dans la pauvre cellule. Jusqu'au moment où mourut le Saint elle resta inondée de cet éclat, et pendant les nuits qui s'écoulèrent dans cette intervalle, la petite fenêtre de cette chambre modeste répandit une brillante clarté sur l'île, sur le rivage et sur les flots.

« *Pretiosa in conspectu Domini mors Sanctorum ejus :* la

mort des Saints est précieuse devant Dieu. » Une fois de plus le
Seigneur allait donc être réjoui par l'entrée d'un de ses élus au
séjour de la gloire. Comme l'apôtre dont il avait porté le nom,
combien de fois Pol n'avait-il pas soupiré après la dissolution de
son corps puisque c'est là pour notre humanité le moyen d'aller
habiter avec Jésus-Christ. Bien qu'il eut châtié ce corps, qu'il
l'eut réduit en servitude au point de le rendre semblable à un
squelette, comme nous l'a raconté son historien, la flamme de la
vie s'était conservée dans cette frêle enveloppe, mais enfin, après
un siècle et plus, l'heure était enfin arrivée.

Le voyageur en touchant au but aime à revoir par la pensée
tout le chemin parcouru ; le vieil évêque pouvait envisager avec
confiance l'heure où il allait paraître devant son juge : enfant, à
l'école de saint Hiltut ; jeune homme, dans son premier monastère
ou bien à la cour du roi Marc ; plus tard errant sur la mer à la
recherche du peuple que le Seigneur lui destinait ; chef d'abbaye
à Ouessant ou à l'île de Batz ; voyageur à la cour du roi des
Francs ; évêque pendant un demi siècle au moins, il n'avait
recherché qu'une seule chose : faire connaître le nom de son
Maître, établir son règne, accomplir sa volonté. Dans la joie comme
dans la souffrance, qu'il fût entouré d'obstacles ou aidé des plus
précieux concours, il n'avait jamais perdu de vue le but suprême
de sa vocation sainte. Choisi par Dieu, non par sa propre présomption, il pouvait maintenant dire au Seigneur : « Voici les
talents que vous m'avez confiés, je vous les rends avec ce qu'ils
ont produit. » Et quelle moisson ! Si saint Grégoire le Thaumaturge se réjouissait de ne laisser que dix-sept païens dans cette
ville de Néocésarée où il n'avait autrefois trouvé que dix-sept
chrétiens, Pol n'avait-il pas à bénir l'Auteur de tout don parfait
en reportant son souvenir sur ses communautés nombreuses, ferventes, florissantes ; sur les innombrables églises où Dieu était
adoré par un peuple à la foi vive et robuste ; sur le pieux successeur qu'il avait formé à son image et auquel en toute confiance il
laissait son troupeau ? Ah ! certes, il pouvait attendre la parole du
Maître : « Viens, serviteur bon et fidèle, entre dans la joie de ton
Seigneur. » Mais, bien plus encore que dans ses propres mérites,

il se glorifiait dans la croix de Jésus-Christ, dont tant de fois il avait supporté le fardeau ; confiant dans les mérites de la passion du Sauveur, il attendait l'heure suprême. Cette attente dura plusieurs jours, ce qui permit aux religieux et aux prêtres, formés par le saint Évêque à la vie monastique et à l'esprit sacerdotal, de recevoir les derniers conseils et les derniers exemples de leur père.

Nous n'avons ici qu'à suivre le récit du moine de Landévénec : « Le lendemain du jour où l'ange lui était apparu, dès l'aurore, Pol fit mander de toutes parts tous ses disciples. Dès qu'ils furent arrivés, il leur fit connaître le jour qui verrait la fin de sa vie mortelle ; il ordonna qu'aussitôt après son trépas son corps fut conduit à son monastère construit sur la terre ferme, à l'endroit où s'élève la ville qui porte aujourd'hui son nom ; il voulait qu'on l'ensevelit là même et non dans l'île, sans quoi tous ceux qui viendraient visiter ses restes subiraient l'inconvénient d'avoir à passer un bras de mer. Il savait déjà, comme nous l'avons dit, quel conflit s'éléverait à ce sujet.

« Après cette double communication, il leur fit lire différents passages admirablement choisis dans la Sainte-Ecriture, et il faisait alterner ces leçons avec des commentaires spirituels d'une telle élévation que jamais ils n'avaient rien entendu de comparable à cette parole céleste. Les jours s'écoulaient dans ces saints colloques ; quant aux nuits, le saint mourant les consacrait encore à l'oraison, suivant son invariable coutume. Enfin, l'heure du départ était imminente ; les moines et les clercs, appelés de tout côté, avaient répondu au désir de leur père ; ils formaient comme une armée autour de son lit (sans doute le bon vieillard avait été transporté dans l'église qui, seule, aurait pu contenir la pieuse assemblée ; c'était d'ailleurs un usage généralement reçu dans les monastères, à cette époque, de transporter les mourants dans l'église abbatiale). Lorsque saint Pol Aurélien vit ainsi réunis ceux qu'il avait tant aimés, il leur dit : « Mes petits enfants, « voici ma dernière heure. Voici que j'aperçois l'objet de tout « mon amour, l'objet de tous mes désirs. Déjà je contemple la « cour céleste et son Roi qui s'avancent ; ils veulent me rece- « voir dans leurs saints embrassements. »

« A travers leurs sanglots, les moines et les clercs lui répondirent : « Qu'allons-nous faire, ô père si doux et si bon ? Où
« irons-nous ? A qui nous confiez-vous ? » — « Ne pleurez pas,
« leur répondit-il, ne vous affligez pas, mes bien-aimés. Je ne
« vous laisse pas orphelins. Vous avez au milieu de vous un pas-
« teur qui a fait toutes ses preuves au service du Seigneur, vous
« voyez autour de lui des hommes profondément instruits dans
« la science divine. Vous savez comment je vous ai fortifiés par
« l'exemple, éclairés par mon enseignement et mes conseils.
« Souvenez-vous de ce que vous avez entendu de ma bouche,
« de ce que vous avez vu en moi ; méditez ces leçons, mettez-les
« en pratique et faites-les pratiquer aux autres ; je vous ai dit
« tout ce que je pouvais vous apprendre. »

« Lorsqu'il eut fini de parler, il reçut le sacrement du Corps et
du Sang du Sauveur, puis il éleva la main pour bénir tous ses fils,
en leur disant : « Que la bénédiction du Père, et du Fils, et du
Saint-Esprit descende sur vous. » Et quand tous eurent répondu
Amen, Pol Aurélien, sans aucune douleur corporelle, rendit son
âme à vous, Seigneur Jésus, qui la lui aviez donnée ; il vous la
rendit sous les regards de ses enfants spirituels, au milieu des
concerts des anges et des saints visibles à ses yeux ; il vous la
rendit sans que jamais une souillure charnelle en eut terni l'éclat.
C'est le quatrième jour avant les ides de mars que s'endormit
dans la paix du Seigneur et se réveilla dans la gloire et la joie du
ciel, Pol, pontife parfait, homme vénérable, orné des mérites du
confesseur et de la couronne que Dieu réserve à la pureté virgi-
nale. »

Pendant que l'île de Batz était témoin de ce saint et glorieux
trépas, le monastère de Gherber était aussi dans la tristesse.
Wormonoc nous a montré toute la lignée spirituelle de saint Pol
groupée autour de son lit funèbre ; cependant si nous en croyons
le récit d'Albert-le-Grand, l'un des fils les plus chers du vieil
évêque n'était point là pour recevoir son dernier adieu. Le lecteur
n'a peut-être pas oublié la vision de *Coat-Elez* ou du *Bois-aux-
Anges,* et de la maladie de saint Tanguy, qui l'avait suivie de bien
près. En ce même jour du 12 mars, le saint abbé rendait son âme

à Dieu : le ciel s'ouvrait en même temps pour celui qui n'avait jamais dépouillé la robe de son innocence, et pour le pécheur repentant qui avait été le meurtrier de sa sœur. Ah si les anges et les saints faisaient entendre leurs concerts à l'évêque Pol et s'il se réjouissait en les voyant venir à sa rencontre à la suite de leur Roi, n'y a-t-il pas lieu de croire qu'entre tous les élus deux vierges sourirent avec plus d'amour à nos deux mourants : l'émigré de la Grande-Bretagne retrouvait la sainte abbesse Sicofolla qu'il avait laissée baignée de larmes dans son monastère au bord des flots, il y avait maintenant tant d'années ! saint Tanguy retrouvait sa sœur Haude dans le séjour de lumière et de paix, et ils allaient être unis dans l'éternelle joie comme leurs noms sont unis à jamais sur la terre.

Les moines de Gherber chez lesquels leur abbé n'était venu que comme en passant, ne se crurent pas le droit de conserver son corps ; ils le transportèrent donc à l'abbaye de Saint-Mathieu et l'y ensevelirent dans un tombeau où il s'est fait plusieurs miracles.

Cependant les prévisions de saint Pol, relativement à la possession de ses restes, étaient déjà réalisées. Voici le récit de Wormonoc :

« Entre les moines de l'île de Batz et les prêtres de la ville s'éleva un conflit pour savoir à qui appartiendrait le corps. Ceux de la ville disaient : « Il a été notre évêque, au milieu de nous il « a rendu la santé à quantité de malades et d'infirmes, la lumière « aux aveugles, l'usage de leurs mains aux paralytiques, il a fait « marcher des boiteux. Cela suffirait déjà, mais de plus il est et il « sera à nous parce qu'il l'a dit ; ses dernières recommandations « sont à notre bénéfice, puisqu'il a déclaré lui-même en mourant « qu'il devait être enseveli parmi nous. »

A cela les insulaires répondaient : « Gardez vos objections à « propos des miracles, car au commencement comme à la fin il a « opéré plus de prodiges chez nous qu'il n'en a fait chez vous pen- « dant son épiscopat. Quelle merveille plus grande que celle qu'il « a faite en nous délivrant du serpent ? Nous savons bien qu'il a « été autrefois votre évêque ; mais il est revenu vers nous et il

« vous a quittés ! C'est notre île qu'il a choisie en dernier lieu
« pour s'y endormir au milieu de nous dans la paix du Seigneur.
« Et d'ailleurs voici qui doit vous contenter : il vous a donné tous
« ses biens temporels à vous qui vivez dans le siècle ; à nous il
« s'est donné lui-même ; partagez ce qu'il vous a légué, mais
« laissez leur abbé mort aux moines qui sont morts dans le
« Christ. »

« Tels étaient les arguments des deux partis, et ils y ajoutaient
d'autres du même genre. Cependant Cétomérin, qui avait réfléchi
non seulement aux recommandations du Saint, mais aux raisons
qui les avaient dictées, ordonna d'amener deux chariots et d'atteler
à chacun, deux bœufs. Quand cet ordre eut été exécuté, il fit mettre les chariots en contact, mais placés en sens inverse, l'un vers
l'intérieur de l'île, l'autre regardant la ville. Le cercueil fut placé
de manière à reposer en parfait équilibre, sur l'extrémité des
deux chariots. C'était maintenant au Saint à choisir où il voudrait
aller. Ce qui me reste à dire est vraiment un éclatant prodige. Les
deux troupes suivaient chacune le char où leurs désirs auraient
voulu voir les restes du Saint, et prenaient leurs souhaits pour des
réalités. Mais, s'il y avait différence entre les directions prises par
les groupes des deux partis, il n'y en eut pas moins dans les sentiments qu'ils éprouvèrent lorsque l'épreuve eut été faite. Les
insulaires durent constater que leur espérance avait été vaine, car
arrivés au but fixé, ils trouvèrent leur chariot vide. Mais par une
bienveillante disposition de la Providence, le corps sacré arriva
dans la ville au milieu des hymnes et des cantiques ; là il fut enseveli honorablement et il y repose en paix. Tous ceux qui invoquent sincèrement le Seigneur par les mérites de saint Pol obtien-
nent d'innombrables bienfaits ; c'est ce qui s'est vu jusqu'ici et se
verra encore tant que durera le monde, grâce à Notre-Seigneur
Jésus-Christ auquel avec le Père et le Saint-Esprit appartient la
gloire éternelle et l'empire qui n'aura point de fin mais qui durera
dans les siècles des siècles. Amen. »

Le lecteur aura certainement remarqué ce qu'il y a d'étrange
à première vue dans le récit de notre historien : c'est un chariot
qui transporte le corps de saint Pol de l'île de Batz dans la ville.

Pour ceux qui ne connaissent pas le pays, il y a là un fait inacceptable, à moins qu'on n'admette un retrait miraculeux des eaux ; et, dans ce cas, Wormonoc n'aurait pas manqué d'attirer l'attention sur ce prodige.

Or, aujourd'hui encore aux basses mers, le sable qui forme le fond du détroit reste à découvert sur une grande étendue ; s'il y eut miracle pour le passage du chariot qui portait le corps du Saint, l'intervention divine, se produisant quand la mer était déjà très basse, pouvait n'attirer que très peu l'attention.

On peut se poser encore une autre question : comment les habitants de la ville purent-ils arriver chez eux sans savoir que leur chariot contenait le corps du Saint ?

Je n'ai pas la prétention de vouloir l'expliquer ; mais il faut supposer que les clercs et les moines, auteurs des réclamations, étaient de bonne foi, et que les deux partis avaient disposé sur leurs chars (soit par respect, soit pour faire l'épreuve proposée) des tentures qui devaient dissimuler le dépôt convoité. Ce n'est qu'une hypothèse, mais nous la croyons admissible.

Si nous voulons compléter le tableau des funérailles de saint Pol, tel que nous l'a tracé Wormonoc, nous n'aurons qu'un trait à emprunter au récit d'Albert-le-Grand : « Il se rendit si grande affluence de peuple pour reverer et toucher par devotion le saint corps, que le courant de mer, qui est entre le bourg de Roscow et l'isle de Baaz, estoit couvert de batteaux, cocquereaux, chalouppes et gondolles, qui passoient et repassoient le peuple. »

C'était le culte de saint Pol qui commençait, culte dont bien des monuments du passé attesteraient au besoin le souvenir. Nous en étudierons d'ailleurs les principales preuves quand le moment sera venu ; mais ce qu'il nous faut maintenant, c'est voir dans les documents historiques ou dans les récits des légendaires, pieux collecteurs des traditions d'autrefois, comment l'œuvre de saint Pol fut continuée par des Saints pendant au moins un demi siècle, et de telle sorte que le diocèse créé par lui recueille encore mainnant ce qu'ont semé les mains de saint Goulven, de saint Ténénan, de saint Houardon et de saint Gouesnou.

CHAPITRE V

LES PREMIERS SUCCESSEURS

1° SAINT GOULVEN

Nous ne disons rien de Cétomérin. Nous avons vu saint Pol le louer comme un pasteur exemplaire. L'aurait-il choisi, d'ailleurs, s'il n'avait pas vu en lui un pasteur selon le cœur de Dieu ? La qualification de saint qui lui est quelquefois appliquée comme à Tiernomaël, sans que ni l'un ni l'autre aient reçu un culte public, suffit pour indiquer le souvenir que laissèrent ses vertus.

On ne sait pas d'une manière certaine quel fut son successeur immédiat. Albert-le-Grand dit que ce fut saint Goulven ; l'ancien Propre de Léon et le Père du Paz font vivre aussi ce saint évêque au vii° siècle. Dom Lobineau (et il a été suivi par l'abbé Tresvaux) fait observer que saint Goulven ne peut appartenir qu'au x° siècle parce que :

1° Il a eu des rapports avec Éven-le-Grand, comte de Léon, fondateur de la ville qui porte son nom : *Lez-n'Even* ;

2° Parce qu'il vivait à l'époque où eurent lieu les invasions normandes ;

3° Parce qu'il fut enseveli au monastère de Saint-Melaine de Rennes ; or, au vii° siècle ce monastère ne subsistait pas encore.

A cela nous répondons :

1° Il n'est nullement certain, comme nous le verrons plus tard, que le comte Éven ait vécu au x° siècle.

2° Avant les invasions normandes qui ont suivi le règne de Char-

lemagne, plusieurs fois les Barbares vinrent des contrées du Nord
ravager la Bretagne ; nous en avons vu déjà un exemple à la date
de 513. Que ce fussent des Danois ou des Saxons, ils furent plus
tard désignés par le nom plus général de *Nord-Mans, hommes du
Nord,* ce qui a pu donner lieu à des confusions historiques. Nous
avons bien vu Wormonoc appeler *Marcomans* les envahisseurs de
son temps ; nos vieux historiens n'y regardaient pas de si près.
Ceci suffirait pour nous donner le droit de croire que les envahisseurs de la Bretagne, au temps de saint Goulven, n'appartenaient
pas aux tribus normandes proprement dites.

3° Le monastère de Saint-Melaine de Rennes subsistait-il au
VIIe siècle ou faut-il s'en tenir à la dénégation de Dom Lobineau ?
La vérité c'est que ce monastère subsistait bien avant 616, date
présumée de la mort de saint Goulven. Saint Melaine l'avait fondé
lui-même vers 485 et y fut inhumé en 530. Saint Fortunat (530-
600), parle du *monastère de Rennes,* et l'on n'en connaît point
d'autre que celui-là. Saint Grégoire de Tours parle de l'église de
cette abbaye comme d'une merveille qui avait été réduite en cendres un peu avant qu'il ne fut lui-même promu à l'épiscopat (573).
Salomon II, roi de Bretagne (612-632), fit reconstruire l'église
incendiée et le monastère de Saint-Melaine, et y établit les moines
qui avaient trouvé ailleurs un abri provisoire. C'est précisément
vers ce temps-là que saint Goulven aurait été enseveli dans cette
abbaye. Une autre preuve de l'existence de cette communauté au
VIIe siècle, c'est que Bertulphe, premier abbé connu de ce monastère, assista au Concile de Chalons en 644, et y souscrivit comme
procureur de Duriotérus, évêque de Rennes.

On voit donc que des trois raisons invoquées par Dom Lobineau pour placer saint Goulven après Libéral dans le catalogue
des évêques de Léon (Libéral fut déposé par Nominoé), la première seule a quelque valeur. Mais nous trouvons dans la vie du
Saint des circonstances qui sont de nature à faire placer son épiscopat de préférence dans le VIIe siècle.

Nous avons déjà parlé de l'état de désolation dans lequel était
l'Armorique à l'arrivée de saint Pol ; or, ce qui est dit de l'état
du pays au moment où saint Goulven vient au monde est parfaite-

ment d'accord avec ce sombre tableau. Si les Normands devaient laisser de terribles traces de leurs passages, les Francs barbares du IIIe siècle et les Saxons, plus barbares encore, des siècles suivants, avaient accumulé bien plus de ruines. « On voit d'ici, dit M. de la Borderie, cette population réduite, dispersée sur notre sol en plusieurs petits groupes séparés les uns des autres par de vastes territoires inhabités, formant les deux tiers au moins de la superficie de notre péninsule.... Les villes, enfin abandonnées, finissent peu à peu par se vider et tomber en ruines.... » Après avoir reproduit, comme preuve à l'appui, le passage de la vie de saint Pol où Wormonoc montre ce qu'était la future ville épiscopale quand l'apôtre y pénétra, M. l'abbé Touroude, à qui nous avons fait plusieurs emprunts, ajoute pour corroborer l'opinion de M. de la Borderie : « Si des terres aussi fertiles que celles des environs de Léon et de Roscoff étaient ainsi abandonnées, dans quel état ne devait pas être le reste de la péninsule ? Aussi quand le père et la mère de saint Goulven viennent aborder dans cette anse même qui porte le nom de leur fils, que trouvent-ils sur la plage déserte, à la sortie de leur vaisseau ? Une vaste solitude, couverte de forêts, où ils cherchent vainement un lieu commode pour s'y établir. » M. de la Borderie ajoute : « Dans ce même VIe siècle et dans ce même pays de Léon, mais plus à l'ouest encore que saint Goulven, voyez saint Hervé cherchant à grand' peine les traces de son cousin saint Urvoy.... »

C'est donc que le docte historien accepte le VIe siècle pour la naissance d'un Saint dont l'épiscopat dût commencer dans les premières années du VIIe siècle.

L'état de désolation du pays n'est cependant pas le seul motif qui nous détermine à préférer cette opinion chronologique : saint Goulven serait né de parents qui émigraient de la Grande Bretagne en Armorique. Si des émigrations de familles isolées ont pu se produire à des époques très-différentes, il y a plus de probabilité cependant à faire coïncider, avec l'arrivée de tant d'autres familles bretonnes, le fait particulier qui nous occupe.

En résumé, nous ne voyons pas qu'il y ait de raisons suffisantes pour rejeter une opinion qui a été celle de tout le monde jusqu'à

Dom Lobineau. Saint Goulven a été probablement le contemporain de saint Pol et le successeur immédiat de Cétomérin. S'il avait succédé à Libéral dont la déposition donna lieu à tant de conflits, son historien aurait eu certainement à enregistrer les difficultés très grandes qui, par suite, auraient accompagné son élection et rempli tout son épiscopat. Ceci étant établi, venons-en à l'histoire de sa vie telle que nous l'ont transmise nos deux hagiographes bretons :

« L'an de salut 540, un certain personnage nommé Glaudan, passa la mer et, quittant la Grande-Bretagne, vint avec sa femme Gologuenn, aborder la coste de Leon, en la Bretagne Armorique. Estant sorti du vaisseau, ils prirent leur chemin le long du rivage, et arrivèrent en la paroisse de Plouïder, distant deux lieues de la ville de Lesneven (1) et, voulant passer outre, la nuit les surprit en la grève qui est entre ledit Plouïder et Plou-neour-trez, de façon qu'ils furent contraints de chercher à loger, cette nuit, en un village situé ès paluds de Brengorut (aujourd'hui *Brenguruz*), mais le paysan à qui ils s'adresserent les refusa, de sorte qu'ils furent contraints de loger en un lieu nommé alors Odena (2), où Gologuenn mit au monde un fils. Le matin venu, Glaudan alla à la prochaine maison demander un peu d'eau pour laver l'enfant et rafraîchir la mère extrêmement altérée ; mais, d'autant que la fontaine estoit éloignée de là, il en fut éconduit ; toutefois un païsan lui presta un vaisseau (c'est-à-dire un vase), et luy monstra le sentier, qui, à travers la forest, menoit à la fontaine. Estant entré un peu avant dans la forest, il s'égara, le chemin estant tout couvert de feuilles et rameaux d'arbres, et ayant perdu la pluspart de la journée pensant trouver cette fontaine ; enfin, sur le soir, il il se trouva près du lieu où estoit sa femme et son enfant. Voyant donc qu'en vain il avait couru, d'ailleurs la nécessité de sa femme, l'enfant faible et debile, il eut recours à Dieu, se jetta à genoux et

---

(1) M. de Kerdanet observe qu'il n'y a qu'une lieue de Lesneven au bourg de Plouider, mais qu'il y en a deux, ou à peu près, de la ville à l'endroit ou débarquèrent Glaudan et Gologuenn.

(2) On conserve encore ce nom à une chaumière très modeste, presque attenante au *Penili* de saint Goulven et qu'on appelle *Maner-an-Odena*.

luy présenta son humble prière, le suppliant, la larme à l'œil, de
les assister en cette extrême nécessité.

« Seigneur Dieu, dit-il, toi qui ne permets tes fidèles servi-
« teurs estre tentez par dessus leur force, je te prie vouloir avoir
« pitié de nous qui t'avons engendré un enfant pour te faire, un
« jour, service ; mais tu vois que, par faute d'eau, il ne peut estre
« baptisé ; parquoy veuille avoir pitié de luy et de nous. »

« La prière finie, tout incontinent, une belle fontaine sourdit,
distante seulement d'un jet de pierre du lieu où estoit gisante
Gologuenn, de laquelle elle but, puis y lava son enfant. » Une
vieille légende, citée par M. de Kerdanet, dit à ce sujet :

« Nostre-Seigneur avoit donc fait ruisseler, en ce lieu, une
fontaine fort claire, laquelle dure jusques à aujourd'hui, et en
laquelle plusieurs recoyvent la santé, et est encore dicte, à present, la fontaine de saint Goulhen, et est l'eau de ceste fontaine
tenue en si grande reverence pour les miracles que Dieu opère en
icelle, que personne n'en boit qu'en necessité de maladie, ou par
devotion : pour autant, de peur de la souiller, on en a fouy une
autre auprès pour estre fréquentée de tous... »

Ces deux fontaines sont au village de Kerouchen. La fontaine
sainte est entourée d'un mur en pierres de taille. On y voit une
niche pour le patron et une autre niche, avec une auge en forme
de sarcophage, pour les fiévreux, qui s'y étendent, y sont asper-
gés et recoivent journellement de promptes guérisons. M. de Kerdanet qui fournit ces détails relève aussi une inexactitude dans ce
qu'a dit Albert-le-Grand : la source miraculeuse n'est pas à un jet
de pierre, mais bien à sept minutes de marche d'Odena.

A une égale distance de la fontaine, s'élevait ce qu'on nomme-
rait aujourd'hui un château ; le monticule arrondi sur lequel il
était assis s'appelle même encore le *Vieux-Châtel ;* mais d'après un
aveu de 1497, il portait jadis le nom de *Kergozian* (résidence de
Gozian ou Godian). L'abbé Déric pense que le personnage de ce
nom (nous allons le voir remplir un rôle important dans l'histoire
de saint Goulven) était préposé à la garde de la forêt voisine.

« Le bruit de la production miraculeuse d'une nouvelle fontaine estant épenduë par ces quartiers, tout le monde y accourut

pour la voir, et entr'autres, un homme riche et craignant Dieu, nommé Godian, lequel, inspiré de Dieu et meu de compassion de la disette de ces pauvres étrangers, leur fit offre de biens et commoditez, les logea, assista Gologuenn, tint l'enfant sur les sacrez fonds de Baptesme et le fit nommer Goulven (c'est-à-dire *Goulmven,* colombe blanche) ; et, lors qu'il commença à parler, il le fit aller aux écolles et l'y entretint pendant tout le cours de ses études. »

Nous avons assez parlé des écoles presbytérales ou épiscopales pour n'avoir pas besoin d'y revenir ; Godian n'avait que l'embarras du choix pour confier à des maîtres recommandables son fils adoptif. Tout ce que nous avons emprunté à Albert-le-Grand et que nous allons encore emprunter au même auteur est en parfait accord avec l'ancienne vie latine de saint Goulven, les légendes des anciens bréviaires et le récit des Bollandistes.

« Avec l'âge croissoit aussi en luy l'amour de Dieu et le desir de la vertu et perfection chrestienne. Dès son enfance, il se monstra amy de l'abstinence, commençant, de bonne heure, à rejetter toutes les délicatesses et friandises, se contentant de pain et d'eau, et ce encore bien petitement, seulement pour la nécessité et donner quelque soustien à son faible corps, jamais par sensualité ; aucune fois (1), il y adjoustoit quelques legumes pour tous mets, et garda ce regime de vie le reste de ses jours. Il estoit grandement tendre et devot, diligent à fréquenter l'église, prolixe en l'oraison, fort doux et benin en sa conversation, humble et respectueux vers un chacun ; et, quant aux estudes des bonnes lettres, il y profita si-bien, qu'en peu de temps il devança tous ses condisciples, égala en sçavoir ses maistres. Son bien-faicteur Godian, voyant qu'il employoit si bien son temps et prenoit si bon ply et acheminement à la vertu, s'encourageoit aussi à l'assister, ne luy laissant avoir besoin d'aucune chose : car il estoit riche et n'avoit point d'enfans.

« Saint Goulven, ayant achevé ses estudes, commença à frequenter plus assiduëment les églises, lire la Sainte-Escriture et catechiser le peuple : Dieu aussi commença à le faire connoistre

---

(1) *Aucune* a ici le sens de *quelques.*

par grands miracles ; mais luy, qui se craignoit du diable et redou-
toit ses astuces, voyant que tout le monde le venoit voir pour
ouyr ses salutaires instructions, prit resolution de se retirer en
quelque desert, pour y servir Dieu en plus grande tranquilité.
Cependant, son pere et sa mere passerent paisiblement de cette
vie à une meilleure ; ce qui le confirma davantage en son dessein et encouragea à effectuer au plustost sa resolution. Godian,
son bien-faicteur, en ayant sceu la nouvelle, tascha, de tout son
pouvoir, à l'en dissuader, car il esperoit le faire heritier de ses
grands biens ; mais il luy fut impossible de faire breche en ce
cœur généreux, quelques raisons et obstacles qu'il y pust apporter. Il sortit donc de la maison de Godian, au grand regret de
toute la famille, et s'en alla près du rivage, en un petit bois tail-
lis, qui lors y estoit, où ayant fait choix d'un endroit retiré et
écarté, propre à la solitude, retraite et contemplation, y edifia
une petite chappelle ou oratoire quarrée, qui se void encore à
present, et s'appelle *Peneti Sant-Goulven*, c'est-à-dire la maison
ou le lieu de penitence de saint Goulven, où Dieu, par les mérites
de son Saint, a operé et opere encore plusieurs miracles : entr'-
autres, on a remarqué qu'encore que la porte fust ouverte tout
au grand et regardast le septentrion et, par conséquent, fust
droittement opposée aux injures des vents septentrionaux, qui
sont furieux et froids en ces costes maritimes, neantmoins, ny le
Saint, ny ceux qui le venoient visiter n'en estoient non plus in-
commodez que s'ils eussent esté en quelque manoir bien clos. Il
ne fut gueres en ce lieu, menant une vie plus angelique qu'humaine, que le bruit et la renommée de sa sainteté s'épendit de
toutes parts, en sorte que le peuple le venoit visiter à la foule, de
façon que ce lieu, que les brossailles et autres difficultez du chemin rendoient auparavant inaccessible, fut si bien battu et frayé,
qu'il sembloit un grand chemin et issuë de quelque bonne ville.
Il admettoit fort benignement ceux qui le venoient visiter, soit
pour estre instruits, soit pour se recommander à ses prieres, soit
pour estre gueris de leurs infirmitez (1), ou pour autre sujet. »

---

(1) D'après le *Propre* de Léon, dès l'enfance, saint Goulven guérissait les
malades en leur imposant les mains.

Comme tous les anciens hagiographes, Albert-le-Grand, on le voit bien, relève surtout dans la vie de son héros le renoncement et l'austérité. Pour rien au monde nous ne voudrions retrancher à la gloire que les Saints ont acquise, même devant les hommes, en crucifiant ainsi leurs corps et en renonçant à tout pour Dieu.

Mais ce que les historiens d'autrefois laissent trop facilement sous silence c'est la délicatesse de sentiments avec laquelle les Saints conciliaient souvent la mortification pour eux-mêmes et la charité pour leurs parents et leur amis. Saint Goulven se dérobant aux foules respectueuses qui venaient troubler son recueillement et son humilité a quitté la demeure de Godian, le bienfaiteur qu'il aime et respecte comme un père ; il a résisté à ses sollicitations, mais s'il a laissé une maison où il trouvait plus de bien-être qu'il n'en voulait, il est resté dans le voisinage, consolant ainsi non seulement celui qui l'avait tenu sur les fonds du baptême, mais le père et la mère qu'il devait perdre bientôt.

A l'époque de son départ était-il prêtre déjà ? C'est probable ; du moins nous allons bientôt voir qu'avant la fin de sa vie érémitique, il était revêtu du sacerdoce. Nous ne pourrions dire avec certitude qui lui donna l'ordination ; mais s'il vint au monde vers l'an 540 comme nous l'admettons facilement, et s'il fut ordonné très jeune comme cela parait plus probable, ce doit être à une époque où saint Pol exerçait encore les fonctions épiscopales ; cinq où six ans avant qu'il ne se choisit saint Joévin pour successeur, et rien ne donne lieu de supposer que saint Goulven alla chercher au loin les saints ordres, quand il lui était si facile de les recevoir dans son propre pays. Mais ce qui ressort du récit d'Albert, c'est que tout en donnant ses conseils et ses instructions aux hommes du voisinage, le saint ermite n'exerçait pas de fonctions pastorales, puisqu'il interdisait aux femmes l'accès de son oratoire, ce qu'il n'aurait pu faire s'il s'était vu imposer la juridiction spirituelle sur un petit troupeau confié à ses soins. Ceci devient même plus évident quand on examine la suite du récit : « Il tenoit closture continuelle dans son hermitage, n'en sortant qu'une fois par jour pour faire sa procession ordinaire, laquelle il faisait à l'entour de son hermitage, et avoit de coustume d'y faire trois pauses ou stations, esquelles il s'arrestoit à prier Dieu au pied des trois croix qu'il avoit plantées en ces trois endroits.

« Cependant que saint Goulven ravissoit un chacun en admiration de sa sainteté, les Danois et Normands qui tenoient la mer, pillans et écumans l'ocean, aborderent à la coste de Léon, mirent leurs vaisseaux à couvert dans les havres et jetterent plusieurs soldats à terre (1) pour courir et fourager le pays. Le seigneur de Leon (la chronique latine l'appelle Even), qui lors estoit en la ville de Lesneven, fit armer ses sujets pour resister aux barbares ; mais, avant que de les aller rencontrer, il fut en poste vers saint Goulven. »

Ici se place la question de savoir à quelle époque a vécu le comte Even. Nous avons déjà vu que Dom Lobineau le fait vivre au xe ou au xie siècle, et cela parce qu'il a eu à combattre les Normands. Dom Morice a exprimé la même opinion adoptée par l'abbé Déric et le bréviaire de Rennes. Dans une de ses notes à la *Vie des Saints de Bretagne*, M. de Kerdanet a résumé ce qui peut être dit sur ce point d'histoire : il cite d'abord l'abbé Gallet assurant que le duc ou comte Even (car on lui donne ces deux titres) était fils de Withur et père d'Azénor, femme de Judual. Or, nous avons vu les rapports de Withur avec saint Pol quand ce comte gouvernait le pays de Léon (vers 510 d'après M. de Kerdanet, vers 525 d'après Dom Plaine). Quant au roi Judual nous l'avons vuassister au sacre de Cétomérin (vers 590). Nous pouvons admettre que pendant l'épiscopat si long de saint Pol, et lorsque saint Goulven vivait encore de la vie solitaire, le fils de Withur avait eu le temps de succéder à son père, si bien que sous l'épiscopat de Cétomérin il pouvait avoir à combattre les barbares du nord, dont les prochaines incursions avaient été prédites par saint Pol mourant. Tout ici concorderait donc avec les données générales de notre histoire.

Mais Dom Lobineau appuie son opinion sur l'autorité du cartulaire de l'abbaye de Landévénec, qui d'après lui ferait vivre le comte Even au xe siècle. Le feuillet 156 du cartulaire (2) porte un

---

(1) C'est-à-dire qu'ils firent débarquer quelques-uns des leurs.
(2) Page 163, dans la récente édition de M. de La Borderie.

acte de donation qui a pour titre : *De tribu Lanrivvoroe*. Voici la traduction des premières lignes de cet acte : « Il est déclaré dans cette *description* que saint Morbret eut un entretien avec saint Guennolé auquel il donna à perpétuité et sa personne et le bénéfice qu'il avait reçu du comte Even surnommé le Grand, et enfin tout ce qu'il possédait... » Donc bien loin de trouver un argument dans le cartulaire, Dom Lobineau aurait dû y constater que le comte Even était contemporain de saint Morbret qui connaissait saint Guennolé, c'est-à-dire qu'il remonterait au moins au vi^e siècle. Il est vrai qu'on lit au *verso* du même feuillet dans le cartulaire : « Ce bénéfice avec ses revenus et ses dîmes comprend Languenoc, héritage de saint Guenaël, premier successeur de saint Guennolé, Lan-Decheuc, Caer-Tan, Ran-Maes, Caer-Galueu, sur la rivière d'Élorn.

« L'an neuf cent cinquante et un de l'Incarnation de Notre-Seigneur Jésus-Christ. »

Qui ne voit que cette date rejetée au bas de la pièce transcrite ne se rapporte nullement à l'acte même de donation ? Elle ne peut qu'indiquer à quelle époque les possessions de l'abbaye dans Lanrivoaré furent inscrites au cartulaire. Nous rappelons donc ce que nous avons déjà dit, que les Normands combattus par Éven ne doivent pas être confondus avec les compagnons de Rollon, mais que ce sont simplement ces barbares du Nord, Danois, Saxons, Alains, etc., contre lesquels avaient déjà eu à lutter Calpurnius, père de saint Patrice, et notre roi Grallon qui les vainquit. Ceci ressort encore du cartulaire de Landévénec où Gurdestin appelle le prince breton *Gloriosus ultor Normanorum*.

Nous croyons qu'après tout ce qui vient d'être dit, le doute n'est guère possible sur l'époque du comte Éven et de notre saint Goulven. Revenons donc à la rencontre du guerrier et du solitaire.

« Le seigneur de Léon trouva le Saint à genoux devant une croix, à l'une de ses stations ; il le salua humblement, disant : « Dieu vous garde, serviteur de Dieu ; nous avons icy près une « armée d'infideles à combattre ; je vous supplie de prier Dieu « pour moy et mes soldats, afin que nous puissions garentir ce « pays de leurs ravages. » Le Saint luy répondit : « Monseigneur,

« allez hardiment ; et quand vous aurez vaincu les ennemis,
« venez me trouver en ce lieu. »

« Le comte crust aux paroles du Saint et, ayant receu sa be-
nediction, monta à cheval et s'en retourna en sa ville de Lesneven où, ayant fait monter son armée, il mena, le lendemain, ses
troupes droit vers les ennemis, les suivant à la fumée des maisons bruslées, son de toczain (1) et clameur des paysans. Enfin il
les rencontra tous en desordre, s'en retournant par bandes, char-
gez de butin et pillage, ponr devoir gagner leurs navires ; mais
le comte Even, bien servy d'éprons, ayant découvert la route
qu'ils tenoient, leur couppa chemin et se jetta avec une moitié de
son armée, les chargeant par derriere, de sorte qu'estant attrap-
pez et enveloppez de l'armée, ne pouvant ny avancer ny reculler,
ils furent défaits, et la pluspart tuez sur le champ, peu s'en estant
fuis, qui, s'estant jettez dans les esquifs et chalouppes qu'ils tenoient amarez au rivage, gagnerent leurs vaisseaux, et, levant les
voiles et ancres, prirent la fuite, sans envie de plus prendre terre
en cette coste. Tout le butin demeura à Even, et la pluspart de
leurs navires, lesquels, à faute d'hommes, ils ne peurent amener.

« Le comte Even s'en retourna, le mesme jour, victorieux et
triomphant à Lesneven (ville qu'il avoit fortifiée d'un beau chasteau, et ceint de murailles et, de son nom apellé Les-Even, qui
signifie Cour d'Even (2), où, après avoir rendu graces à Dieu et
départy le butin à ses soldats, il convia les chefs et principaux offi-
ciers de son armée à venir souper avec luy au chasteau : on ouvrit
les tables, et tout estant disposé, comme il lavoit ses mains, il se
souvint des paroles que saint Goulven luy avoit dites à son départ :
« Quand Dieu vous aura donné victoire de vos ennemis, venez-
moy trouver en ce lieu. » Il s'excusa vers la compagnie, la pria
de faire bonne chere, nonobstant son absence, prit la poste (3),

---

(1) Les cloches de cette époque n'étant que des clochettes, le son du tocsin
ne devait être guère dans les habitudes.

(2) Autrefois *Lez-an-Even* ; mais la lime de l'euphonie a usé peu à peu
la voyelle *a* pour former le nom plus doux de *Lez-n-Even*. — (M. de Kerdanet.)

(3) C'est la seconde fois que nous trouvons dans le récit d'Albert cette
singulière expression ; le lecteur est prié de ne pas la prendre au pied de la
lettre.

avec peu de train, et se rendit, en peu de temps, au mesme lieu
où il avoit trouvé, le jour précédent, saint Goulven ; et d'aussi
loin qu'il put découvrir le Saint, qui estoit lors en oraison au pied
d'une croix, il mist pied à terre, le chapeau au poing, courut vers
luy ; puis, se jettant à genoux, luy baysa reveremment la main,
car il estoit prestre, et luy dit : « Mon Père, levez-vous ; car, par
la grace de Dieu et le merite de vos prieres, nous avons vaincu
nos ennemis. » Alors, le Saint qui, prosterné à terre, les bras
estendus en forme de croix, n'avait bougé de là, priant Dieu pour
le bon succés des armes chrestiennes (1), se leva sur bout et, prenant le seigneur de Léon par la main, luy dist : « Monseigneur,
« rendez grâces à Dieu qui vous a donné cette victoire de vos enne-
« mis ; observez ses commandements, et gardez-vous d'y contre-
« venir. »

On trouvera sans doute que les paroles du saint ermite, tra-
duites par Albert-le-Grand, sont d'une politesse rappelant tant
soit peu l'urbanité qui avait cours au commencement du XVIIᵉ siècle ; mais à cette époque l'anachronisme était de mise dans la
littérature comme dans les arts. Un tableau conservé dans l'église
de Goulven représente l'entrevue du Saint et du Comte ; il est
ainsi décrit par M. de Kerdanet : « Le Saint est près de la mer, à
côté de la croix, appelée *Croaz, Croz* ou *Gost-da-Draon*. Sur la
première marche de cette croix, on remarque un chapeau à grands
bords, et, près du chapeau, un livre à tranches rouges. Le Saint,
debout et découvert, est en soutane noire, avec un collet blanc
légèrement rabattu. Il porte la main gauche sur la poitrine et
présente la droite au comte, qui semble la presser avec respect.
Le comte est en haut-de-chausses, en habit rouge, en collerette
blanche, la tête découverte, une toque à plumets à la main ; du
reste, botté, éperonné et l'épée au côté, dans une attitude noble
et vraiment martiale. La bride de son coursier est passée à son
poignet gauche ; cinq cavaliers le suivent, habillés comme on
l'était du temps de Louis XIII. Dans un autre coin du tableau, on

---

(1) C'est aussi par la prière ininterrompue et dans une semblable attitude
que saint Guennolé avait obtenu pour son père, saint Fragan, la victoire de
Mil-Guern, sur les pirates du Nord.

aperçoit la mer, sillonnée par les vaisseaux des Normands, qui s'enfuient à toutes voiles ; les rivages sont jonchés des morts qu'ils ont abandonnés. »

Les peintres n'étaient pas seuls en ce siècle-là, à prêter aux vieux comtes bretons, hauts-de-chausses et pourpoints, chapeaux et toques à plumets. Les sculpteurs se laissaient bien aller à semblables imaginations : on peut voir, dans le beau retable du maître-autel à Plougonvelin, un bas relief représentant la rencontre de saint Guenaël et d'Érech-Le-Grand, qui donna son nom au *Bro-Erec* ou comté de Vannes. Ce seigneur est exactement vêtu comme Éven dans le tableau de Goulven, mais pour qu'on ne puisse ignorer que le comte Érec était à la chasse quand il se trouva devant saint Guenaël, l'artiste a fait figurer son mousquet à ses pieds.

Pour en revenir à l'entrevue qui nous a conduit à cette digression, disons comment elle se termina : « Éven remercia saint Goulven de ses bonnes instructions et luy dist qu'il demandast ce qu'il voudrait et qu'il le luy octroyerait de bon cœur. « Non, dit-
« il, je n'ay besoin d'aucune chose temporelle ; mais si vous
« voulez faire quelque aumône en action de grâce et reconnais-
« sance de cette victoire que Dieu vous a donnée, je vous con-
« seille de bastir un monastère icy, près mon hermitage et lui
« donner cette forest pour y sustanter et entretenir de bons
« religieux, qui, nuit et jour y prieront Dieu pour vous et pour
« vos sujets. » Éven le luy accorda de bon cœur, et donna autant de terres au futur monastère, qu'il en pourroit cernoyer, un jour, en marchant et, prenant congé du Saint, se retira à Lesneven. Au jour nommé, saint Goulven alla prendre possession de la terre qui devoit estre donnée au monastère, et, chose étrange, à mesure qu'il marchait, la terre s'élevait à ses talons comme un fossé distinguant cette nouvelle donaison du reste des terres du seigneur de Léon ; et ce *cerne* ou circuit est tenu en si grande reverence, que personne n'oserait en avoir rien pris, Dieu ayant souvent rigoureusement puny ceux qui avoient violé ce saint pourpris, nommmé communément par nos Bretons, *Menehi Sant Goulven*, c'est-à-dire, la franchise ou azile de saint

Goulven, lequel terroir est encore, en ce temps, tenu pour un des plus fertiles de tout Léon. »

Un autre vieux légendaire marque mieux le caractère sacré du Minihy et le respect qui lui est dû : « Et a été ce lieu, de tout temps en si grande recommandation, que personne du monde n'a osé y attenter ou entreprendre quelque chose de déshonneste, sans sentir incontinent une subite punition. » Le *Minihy* appartint à l'église depuis le vi^e siècle jusqu'à 1789.

Albert-le-Grand continue : « Saint Goulven, pour pouvoir plus librement vaquer à Dieu, et, comme une dévote Magdeleine, se tenir plus assidu aux pieds de son Sauveur, s'associa un jeune homme fort vertueux nommé Madenus, lequel avoit le soin des choses extérieures, de recevoir les aumosnes et faire les autres services, auquel aussi il donna, dans ce circuit, un lieu pour y habiter. » Sous la forme latinisée *Madenus* il n'est pas difficile de découvrir un surnom breton caractérisant la bonté, ou si l'on veut, la bonhomie du jeune compagnon de saint Goulven : *Mad-den*.

« Les villageois des environs, voyans la grande sainteté du serviteur de Dieu, luy faisoient plusieurs aumosnes, lesquelles il distribuoit incontinent aux pauvres.

« Le seigneur Éven, effectuant aussi sa promesse, fit bastir le monastère, avec toutes ses officines, franchises et accomodemens, où saint Goulven assembla nombre de religieux, qui y vivoient en grande sainteté et observance, et lesquels il visitoit souvent, et, réciproquement, estoit d'eux visité en son hermitage, qu'il ne voulut jamais quitter, quoy que les religieux du monastere le voulussent, plusieurs fois, elire pour abbé : à quoy il ne voulut jamais consentir. »

C'est vraiment une chose merveilleuse que la multiplicité des vocations monastiques en cette contrée. Combien d'abbayes créées par saint Pol, et toutes laissées par lui peuplées et florissantes ; cependant, comme si cela ne pouvait suffire, de nouvelles fondations ont lieu, et pas une seule qui ne réussisse. Ce fait très-remarquable n'indique pas seulement la surabondance de vie chrétienne due aux travaux des premiers évêques bretons ; elle prouve avec non moins d'évidence que le pays naguère dépeuplé, sans culture, infesté par les animaux sauvages, nourrissait maintenant une population nombreuse et prospère.

On pourrait ici se poser une question : les aspirations vers la vie parfaite étaient-elles en ce temps-là particulières aux hommes, puisque dans l'histoire de saint Corentin, de saint Pol et de leurs successeurs, nous ne trouvons pas trace de création de monastères réservés aux femmes ? — La vérité c'est que, si Wormonoc ne nous a parlé d'aucune fondation de ce genre entreprise par saint Pol Aurélien, Albert-le-Grand dit que le saint évêque avait fondé à Saint-Renan une abbaye pour les vierges consacrées à Dieu. Si c'est là un fait isolé nous ne devons pas en conclure que cette communauté aurait été la seule créée dans ce but. Presque tout ce que nous connaissons de notre histoire bretonne nous a été transmis dans les légendes de nos Saints ; or, les faits accomplis par des hommes qui n'étaient pas seulement moines, mais évêques ou prêtres et voués à une vie très-active, ont éveillé l'attention d'un peuple ardent et guerrier bien plus que la sainteté des vierges cachées dans leurs cloîtres. Ce n'est pas seulement en Armorique, c'est à peu près partout, que les légendaires ont été muets sur la vie des saintes religieuses des premiers siècles ; ils ne faisaient guère exception que pour les filles ou les épouses des rois ; croyons donc bien qu'en Léon comme dans toute l'Armorique la vie religieuse fut aussi accessible aux femmes qu'elle l'était aux hommes ; les émigrés de la Grande-Bretagne n'auraient-ils eu que les souvenirs de leur patrie pour les déterminer à créer ces pieux asiles, que cela aurait bien suffi.

Ces considérations nous ont un peu éloigné de saint Goulven, revenons à notre solitaire.

« Sa sainteté ravissoit tellement les Leonnois que, de son vivant mesme, ils edifierent une chapelle en Odena, au lieu de sa naissance, en laquelle plusieurs miracles ont été faits par les merites de saint Goulven. »

Nous sommes maintenant arrivés au récit d'un fait qui offre un caractère particulièrement étrange. Albert-le-Grand, suivant son habitude et conformément à l'excellent avis qu'il a donné une fois pour toutes dans sa préface, rapporte ce singulier miracle, en

toute simplicité, laissant au lecteur à le juger comme il voudra ;
contrairement à son habitude, Dom Lobineau fait le même récit
sans aucune protestation, en ayant soin de constater qu'il l'emprunte à l'auteur même des Actes de saint Goulven. Les deux
versions étant absolument identiques pour le fond, je continue à
citer le texte d'Albert-le-Grand :

« Entre ceux qui le venoient souvent voir en son hermitage, il
y avoit un riche paysan de la paroisse de Plounéour-Trez, nommé
le Joncour, auquel, un jour, le Saint, inspiré de Dieu, manda par
son serviteur Madenus, qu'il lui envoyast sans faute, la première
chose qu'il trouveroit à sa commodité. Madenus fit son message et
trouva le Joncour en son champ, gouvernant la charüe ; luy fit
les recommandations du Saint et luy dist qu'il ne manquast pas à
luy envoyer ce qu'il tenoit entre ses mains. Joncour, estonné de
cela, vû qu'il n'avoit rien de digne de luy estre envoyé, jugeant
d'ailleurs que le Saint ne luy faisoit pas ce commandement sans
raison, fit le signe de la croix, puis, prenant trois poignées de terre
de dessous le coutre de sa charüe, les mist au sein de Madenus,
qui, avec cela s'en retourna vers son maistre ; mais, sentant cette
terre s'apesantir extraordinairement en son sein, il ne put tenir de
regarder ce qu'il portait et d'où venoit cette pesanteur extraordinaire, et trouva que cette terre, que Joncour avoit jettée dans
son sein, s'étoit multipliée de moitié et convertie en pur or. Saint
Goulven, ayant sceu ce qui s'estoit passé, tença Madenus de sa
curiosité, et de cet or, fit faire un calice, trois croix et trois belles
cloches quarrées, qui avoient un son harmonieux et de telle pesanteur, que personne n'en pouvoit sonner qu'une d'une main : l'une de
ces cloches a esté long-temps gardée avec une de ces croix qu'il
portoit d'ordinaire au col, en la sacristie de l'église de Goulven ;
mais par le mal-heur de guerres, elle a esté perdüe : la croix, neanmoins, y a plus long-temps esté ; au seul attouchement et baiser
de laquelle, plusieurs malades ont esté gueris, et les parjures, jurans à faux sur la croix de saint Goulven, estoient punis sur le
champ. L'autre cloche fut portée à Lesneven, et mise au trésor de
l'église de Nostre-Dame ; la troisième à Rennes, gardee reveremment en la cathedrale, avec ses reliques ; le seul son de laquelle

guerissoit les malades. » Guy Autret de Missirien, qui a fait quelques additions au livre d'Albert-le-Grand, ajoute ici : « On garde une quatriesme cloche quarrée de leton en l'église parochiale de Goulven (1) en Cornouaille, laquelle posée sur la teste des malades, les soûlage ou guerit entierement. »

Avant d'aborder le récit de l'épiscopat de saint Goulven, disons que le monastère fondé pour lui, près de son ermitage, par le comte Even-le-Grand, plus heureux que bien d'autres maisons plus importantes subsista jusqu'à la Révolution, mais, du moins dans les derniers siècles, c'était un simple prieuré à la présentation de l'évêque de Léon.

Nous avons exposé les principaux faits et donné les traits généraux de la vie des Saints qui ont été en rapport avec saint Pol ; mais afin que l'histoire, ou, si l'on veut, la légende de saint Goulven nous apparût dans son ensemble, nous n'avons raconté ses débuts qu'après avoir tout dit sur notre principal héros ; nous arrivons maintenant aux rapports qui ont existé entre le fondateur du siége de Léon et celui qui devait être son quatrième successeur.

« L'heureux saint Paul informé de la sainteté, doctrine et bonne vie de saint Goulven, l'institua son pénitencier en ces quartiers de Léon. »

Sans examiner si les évêques au VIe siècle déléguaient ainsi leurs pouvoirs pour régler ce qui avait trait à la pénitence publique ou pour admettre les grands pécheurs au sacrement de la réconciliation, en un mot si les fonctions et le titre de pénitencier existaient en ce temps-là dans nos contrées, nous pouvons croire qu'il y avait au moins quelque chose d'analogue ; aussi le bréviaire de Léon admet-il que saint Goulven reçut de saint Pol cette charge si importante et si délicate en même temps. Une vieille légende, citée par M. de Kerdanet, nous montre saint Goulven donnant en qualité de pénitencier une décision bien étrange ; heureusement comme saint et thaumaturge il vint lui-même au secours de son pénitent, sans quoi nous aurions le droit de voir en lui un canoniste bien rigide.

____

(1) Depuis longtemps cette paroisse s'appelle *Goulien*.

« Saint Paul envoia, un jour, un de ses paroissiens pour estre confessé par sainct Goulhen ; lequel estant venu auprès de ce sainct personnage, sy commença à discourir son péché et luy dict qu'il avoit promis à un sien voisin, par un contract qu'ils avoient faict ensemble, de cheminer à Rome pour visiter les sépulchres de sainct Pierre et sainct Paul ; toutefois qu'il n'avoit peu satisfaire à sa promesse, et que, trois mois après, son voisin estoit décédé. Saint Goulhen, oyant ce discours, luy commanda, par penitence, de se transporter à Rome et d'y porter, quant et soy, le corps de son voisin. Ce bon homme, obeissant à l'ordonnance, fut tout estonné que le corps de son voisin mort fut aussi leger que plume ; ce qui se faisoit par la vertu des prières de sainct Goulhen. Parquoy estant arrivé à Rome et declarant ce que dessus, la memoire de sainct Goulhen fut merveilleusement recommandée dans cette saincte ville. »

Que devons-nous croire maintenant de l'intervention de saint Pol dans la promotion de saint Goulven à l'épiscopat ? Il n'est pas conforme à l'esprit de l'Église que les papes ou les évêques désignent eux-mêmes leurs successeurs ; toutefois, dans des cas particuliers, de très saints pontifes guidés par leur sagesse personnelle ou instruits par des révélations célestes ont déterminé par leurs conseils ou par leurs prophéties le choix de celui qui devait siéger après eux. Saint Pol, lui, laissait un successeur déjà en fonctions ; mais, comment admettre avec Albert-le-Grand qu'au moment même où « se sentant déjà caduc il se demit de la charge épiscopale à Cétomerinus, il chargea à ses chanoines, clerge et peuple, après son décès d'elire pour leur evesque saint Goulven, lequel faisoit sa penitence aux confins de la paroisse de Ploüider ? » Nous aimons mieux croire que si saint Pol désigna saint Goulven comme devant siéger après Cétomérin, il le fit plutôt sous forme prophétique que sous cette forme impérative.

Albert-le-Grand ne nous dit pas plus que Wormonoc combien d'années s'écoulèrent entre l'élection de Cétomérin et la mort de saint Pol, mais il prétend qu'après cette mort l'évêque siégea encore huit ans : « lequel estant decedé, le clergé et peuple de Léon, assemblés en la cathedrale, pour élire un autre evesque, éleut unanimément saint Goulven, l'an 602 ; lequel, si-tost qu'il en eut les nouvelles, quitta son hermitage, pensant que, pendant son absence, on procederoit à l'élection d'un autre, son humilité luy faisant croire qu'il estoit indigne de cette dignité. »

En prenant ainsi la fuite, il ne devait guère hésiter dans le choix du lieu où il porterait ses pas : la Grande et la Petite-Bretagne avaient déjà envoyé quelques-uns de leurs plus nobles enfants et de leurs plus saints pontifes à la Ville Eternelle. Ce fut donc vers Rome qu'il dirigea sa fuite.

« Quand il y arriva, Dieu revela au pape saint Gregoire-le-Grand ses merites et le sujet de son voyage. »

Si nous avions la certitude que l'évêque Cétomérin siégea huit ans après la mort de saint Pol et qu'il mourut par conséquent vers 608, saint Goulven ne serait arrivé à Rome que sous le pontificat de Boniface IV (607-614) ; mais, comme nous l'avons dit plus d'une fois, quand il s'agit de donner une date ou de fixer une durée, l'autorité d'Albert-le-Grand ne peut être d'un grand poids. Nous ne voyons donc pas qu'il faille absolument écarter les rapports du solitaire armoricain avec l'admirable pontife qui, depuis quelques années déjà, avait donné saint Augustin à l'Angleterre et les Anglo-Saxons à Jésus-Christ (1). Le *Propre* de Léon avait consacré le souvenir de l'entrevue entre saint Goulven et saint Grégoire-le-Grand en traduisant à peu près les termes du légendaire.

Dom Lobineau élude la difficulté en écartant toute date et le nom du Pontife régnant quand saint Goulven fit son pèlerinage. « On ne chercha pas, dit-il, à l'empêcher d'aller à Rome, lorsqu'il eut déclaré qu'il y étoit obligé par vœu ; mais on envoya au Saint-Siège le décret de son élection, avec l'éloge de sa vie angélique. Le pape donna avec joie l'onction sacrée à un sujet d'un si grand mérite, et le renvoya en Bretagne pour gouverner le diocese de Léon. » C'est à peu près, d'ailleurs, ce que raconte Albert-le-Grand :

---

(1) Saint Grégoire tint le Saint-Siège de 590 à 604. Les Anglo-Saxons se convertirent en 596.

« Les Leonnois, d'autre costé, voyant qu'il avoit evadé, ne s'amusèrent pas à en élire un autre, comme le Saint se l'estoit promis, mais dépescherent hastivement à Rome vers le saint Pere, lequel, deuëment informé de sa sainteté et doctrine et de l'injonction expresse qu'avoit fait saint Paul à son clergé de l'elire pour leur evesque, le fit chercher par Rome et amener à son palais, et, nonobstant toutes les raisons qu'il put alleguer pour se delivrer de cette dignité, il fut sacré par le Pape mesme, evesque de Léon. Le Saint, voyant que telle estoit la volonté de Dieu, à luy revelée par le Souverain-Pontife, son Vicaire en terre, prit patience et s'en retourna le plustost qu'il pust en Bretagne. Quand les Leonnois entendirent que le Saint approchoit, ils sortirent tous au devant de luy, en grande allegresse, le menerent dans leur ville qui déjà commençoit à estre appelée Saint-Paul, et le firent seoir en son siège episcopal, randans graces à Dieu du succès de cette affaire et se rejouïssant d'avoir si saintement trompé le Saint. »

Le *Gwerz* de saint Goulven célèbre naturellement l'entrée triomphale de celui qui étant parti pèlerin ignoré, revenait avec le caractère des pontifes et prenait solennellement possession de son église. M. de Kerdanet reproche au poète inconnu qui écrivit ce chant, d'avoir parlé avec trop de pompe de la cathédrale de Léon, et surtout de sa musique. Ce reproche tombe à faux. Nous avons déjà parlé bien suffisamment de la richesse des églises au sixième siècle, de la faveur universellement accordée alors aux musiciens et aux bardes ; nous pouvons en conclure que le chant ecclésiastique devait être l'objet d'une sérieuse étude, non seulement à Rome, où saint Grégoire, venait de lui donner une impulsion nouvelle et de lui attacher son nom, mais partout où le culte de Dieu était l'objet du zèle des moines et des clercs, au point d'exciter entre eux une pieuse émulation.

« Parmy ces allegresses et réjouïssances publiques, seul, saint Goulven restoit triste, se mettant toujours devant les yeux combien était lourd et pesant ce fardeau.

« Se voyant néanmoins élevé a cette dignité, connaissant y estre appelé, non pas pour se reposer, mais pour travailler, non pour estre servi, mais pour servir les autres, il mit incontinent la main à l'œuvre. Premièrement, il visita tout son diocese, reformant les abus qui s'y estoient glissez, reconciliant les eglises que les Barbares avoient poluës, et reédifiant celles qu'ils avoient démolies, et, en toutes choses, se monstrant pasteur soigneux et vigilant sur son troupeau.

« Ayant, quelques années, saintement gouverné son église, il luy survint quelque affaire d'importance pour le temporel de son evesché, pour lequel il luy fallut aller à Rennes, où estant, Dieu luy revella le jour de son decés, dont il rendit grâces à sa divine Majesté. »

Le séjour de saint Goulven à Rennes ou dans les environs de cette ville fut-il de longue durée ? — C'est ce que nous ignorons. Si nous en croyons notre vieil historien d'Argentré, saint Goulven étant venu à Rennes pour régler une affaire intéressant le diocèse de Léon, et s'étant trouvé dans cette ville au moment où son évêque venait de mourir, aurait laissé le siège de saint Pol pour occuper celui de saint Amand. Puis il aurait abandonné son second diocèse « quelques années devant sa mort et se seroit retiré en solitude au bourg de Saint-Didier, distant de quatre lieues de Rennes, où ayant choisi un lieu propre et commode à la contemplation, nommée La Motte-Merioul, il s'y seroit basti un petit oratoire et y auroit fini sa vie en austere penitence. » Aucun écrivain du pays de Léon ou du pays de Rennes n'a parlé de cette translation de saint Goulven d'un siège à un autre, translation qui eut été bien peu d'accord avec la discipline de ce temps là. M. l'abbé Guillotin de Corson, qui est si bien au courant de toutes les traditions de l'église de Rennes, dit fort bien que d'Argentré trouvant dans le catalogue des évêques de ce siège une lacune d'une soixantaine d'années à la fin du vɪᵉ siècle et au commencement du vɪɪᵉ siècle, a essayé de la combler. Entr'autres noms il a pris pour cela celui de saint Goulven. Il n'en est pas moins vrai « que l'on montre encore aujourd'hui, près du village de la Motte, en la paroisse de Saint-Didier, le jardin, le puits et le four possédés, d'après une tradition constante et séculaire, par saint Golven (1).

____

(1) C'est la forme qu'a prise dans le pays de Rennes le nom de notre Saint ; elle est d'ailleurs en rapport avec son nom latin *Golvinus*.

Tout prouve donc qu'il est venu du Léon terminer sa vie dans cette solitude. »

Albert-le-Grand raconte ainsi les derniers moments du bienheureux évêque : « Il parla à son disciple Madenus ainsi : « Mon « frère, il a pleu à la divine Majesté me reveler que bien-tost je « dois passer de cette vie à une meilleure, chose que j'ay toujours « souhaitée de tout mon cœur ; je sçay aussi qu'après mon décès « vous ne pourrez rien obtenir de mon corps, ny de mes reliques « pour emporter au pays ; partant, tenez cette croix d'or (ostant « de son col sa croix pectorale), et la portez en mon église, que le « prince Even a bastie par mon conseil, où elle demeurera avec « ma cloche que j'y ai laissée. »

« A ces paroles, le pauvre Madenus se prit à pleurer : lors, le Saint luy dist : « Consolez-vous et demeurez toujours en la grace « de Dieu. » Il tomba incontinent malade d'une fièvre aiguë et violente, laquelle le consomma tellement qu'en peu de jours il fut reduit à l'extrémité : l'evesque de Rennes et plusieurs de ses chanoines, l'abbé de Saint-Melaine et ses moynes, et plusieurs grands seigneurs le visiterent et assisterent pendant sa maladie. Voyant sa fin approcher, il receut devotement ses sacremens, et rendit son ame beniste entre les mains de son Createur, le premier jour de juillet, l'an de salut 616, et de son pontificat le quatorzieme. »

Si nous adoptons ces dates et celle que le même auteur a donnée pour sa naissance, le Saint, étant né en 540, aurait eu alors 76 ans.

2° SAINT TÉNÉNAN.

C'étaient des temps heureux que ceux où les Saints succédaient aux Saints sur les sièges épiscopaux de Bretagne. Plus heureuse encore que beaucoup d'autres, l'église de Léon n'a pas seulement conservé le souvenir et le culte de ses premiers pasteurs ; elle possède leurs Actes, plus ou moins résumés, sans doute, mais suffisants néanmoins pour nous faire connaître les traits essentiels de leur vie, le caractère particulier de leurs vertus. Seul, saint

Hoardon est resté dans l'ombre parmi les saints évêques qui ont occupé le siège de saint Pol durant le viie siècle.

Après avoir dit ce que fut saint Goulven nous avons maintenant à dire ce que fut saint Ténénan.

Né sur le sol de l'Irlande, d'après Albert-le-Grand, en Grande-Bretagne, d'après Dom Lobineau qui se fâche contre les tenants de l'opinion contraire, saint Ténénan eut pour père un prince appelé Tinidor et lui-même porta aussi ce nom. Sa mère était également de race illustre et ces deux nobles époux étaient encore plus recommandables par leur vie vraiment chrétienne que par leur haute naissance. Ils confièrent l'éducation de leur fils encore très jeune à un pieux personnage qui, comme tant d'autres saints moines en ce temps-là, consacrait à l'instruction de l'enfance le temps qu'il ne donnait pas à la prière. Il s'appelait Caradoc ou Carantec. Ce bon maître trouva dans son élève non seulement la docilité, mais de telles aptitudes d'esprit, qu'à treize ans Ténénan était imbu des principes d'une saine philosophie. En même temps qu'il appliquait son intelligence à l'étude, il donnait à Dieu tout son cœur ; déjà l'on pouvait présager à quelle perfection il arriverait un jour. Lorsqu'il rentra dans sa famille après avoir terminé son éducation, il charma par ses nobles qualités et surtout par la rectitude de son jugement toute la société au milieu de laquelle il vivait. Ses parents devinrent si fiers de lui, et à juste titre, qu'ils voulurent lui fournir l'occasion de briller sur un plus grand théâtre. Voici comment Albert-le-Grand nous raconte les débuts de Ténénan dans la demeure royale : « Ses pere et mere l'envoyerent à Londres, Ville Capitale de la Grande Bretagne, à la Cour du Roy, où il ne fut gueres, qu'il ne se fist signaler parmy tous les autres Seigneurs de sa qualité. »

Ne vous semble-t-il pas, à voir tous ces grands mots et cette profusion de lettres majuscules, que Louis XIV au palais des Tuileries n'était rien auprès de ce haut et puissant Roi d'Angleterre chez qui vint notre saint Ténénan. Il faut ici se garder de deux exagérations opposées : la Bretagne insulaire n'était pas alors un puissant royaume, mais elle était partagée entre sept principautés indépendantes. Le roi de Londres ou Kerlud ne gouvernait qu'un territoire restreint, mais ces petits souverains d'outre-mer essayaient d'imiter ce qui se faisait alors au pays des Francs, et partout où pénétrait la civilisation chrétienne : ils tenaient vraiment une cour où un certain luxe oriental s'alliait parfois aux usages des barbares ancêtres. Qu'on se rappelle ce que nous avons dit de la cour de Childebert, et l'on aura quelqu'idée de ce que pouvait trouver un jeune homme noble venant comme Ténénan habiter la maison d'un prince de l'heptarchie anglaise.

Considérons maintenant le fils de Tinidor tel qu'il nous est dépeint par notre légendaire. Si le lecteur trouve le portrait et l'exposé des faits un peu romantiques, nous lui dirons que nous n'y contredisons point : « Il estoit doué d'une extrême beauté corporelle, le visage beau et riand, le port majestueux, le marcher grave et posé, les paroles douces et éloquentes ; bref, il avoit toutes les qualitez requises en un homme de sa qualité : ce qui le faisoit aymer à tout le monde, mais singulierement aux dames de la cour, entr'autres, à l'heritière, fille unique du comte d'Arondel (1), belle et riche damoiselle, laquelle estoit à la suitte de la Serenissime Reyne de la Grande-Bretagne. Cette jeune dame devint si eperduëment amoureuse de nostre saint jeune homme, qu'elle ne se pouvoit contenter de le voir ; et, n'osant luy decouvrir l'amour excessif qu'elle luy portoit, elle luy manifesta son intention par l'entremise d'une grande dame, parente de l'un et de l'autre, luy declarant le desir qu'elle avoit de l'avoir pour mary : la comtesse d'Arondel ayant entendu cela et voyant que le parti estoit avantageux pour sa fille se mit de la partie, pressa et sollicita Tenenan de l'épouser, mais ce fut en vain ; car il avoit resolu de vivre chastement et consacrer sa virginité à Dieu. La comtesse voyant que, par belles paroles, elle ne gagnoit rien, prit une autre resolution, le menaça que, s'il ne vouloit consentir à sa volonté, elle l'accuseroit..., en poursuivroit reparation devant le Roy, et le diffameroit en face de toute la cour. Nostre genereux athlete, se voyant pressé de toutes parts, que fit-il ? Sçachant que

---

(1) J'ignore à quelle époque fut créé le comté d'Arundel ; on peut douter que personne ait porté ce titre au VIIe siècle. L'illustre famille de Norfolk, qui a hérité du comté d'Arundel, n'a pas la prétention de remonter si haut.

sa beauté et disposition corporelle le faisoient ainsi desirer, au préjudice du vœu qu'il avoit fait de garder sa virginité, se mit en prieres, supliant la divine Majesté de le rendre si laid et si difforme, que personne plus n'en voudroit, promettant, de rechef, de garder chasteté perpetuelle, si Dieu luy faisoit cette faveur. Il fut exaucé, et, à l'instant toute la superficie de son corps fut couverte de lèpre, en sorte qu'il faisoit horreur à tous ceux qui le regardoient, non qu'il fust veritablement ladre, car il n'avoit seulement que la peau exterieure maculée, sans que l'interieur de son corps, ny mesme sa chair, fussent aucunement offensés. Le saint jeune homme, se voyant rejetté et abhorré d'un chacun, quitta courageusement la cour et ses vanitez, repassa en Hybernie (1) et se rendit chez ses parens, lesquels, le voyant en cet estat miserable, s'attristerent fort ; mais le saint enfant les consola, leur manifestant que Dieu, à sa priere et requeste, avoit envoyé cette maladie, de laquelle il le pouvoit guerir quand il luy plairoit : « Que c'estoit à faire aux bons chrestiens de recevoir de
« la main de Dieu, avec action de graces, les afflictions et aversi-
« tez aussi-bien que les prosperitez, et se conformer, en toutes
« choses, à sa sainte Volonté ; qu'estant nostre Pere, il n'a garde
« de permettre rien nous arriver d'ennuy qui ne soit pour nostre
« plus grand bien. »

« Ainsi il consoloit ses parens, luy qui sembloit avoir plus grand besoin de consolation, supportant son infirmité avec une patience admirable : aussi, Dieu ne permit que son fidèle serviteur, lequel pour son amour, avoit postposé (2) une alliance avantageuse, selon le monde, à une affliction si sensible, y trempast long-temps, et fit savoir à son maistre, saint Karantec, l'indisposition de son disciple Tenenan, luy ordonnant ce qu'il auroit à faire, quand il le viendroit visiter. Un jour donc, Tenenan s'estant endormi apres son oraison, un ange l'avertit d'aller visiter saint Karantec, son maistre, pour y recevoir guerison ; à quoy il obeït promptement, et, s'estant rendu au monastere ou hospice

---

(1) C'est l'ancien nom de l'Irlande.
(2) Du latin *postponere* : littéralement *placer après*.

du saint abbé, il alla droit à l'église faire ses prieres ; saint Karantec en estant averti, l'y alla trouver ; et l'ayant salué, l'em-
mena disner au refectoir, et puis, les tables levées, le fit entrer
dans un bain qu'il avoit préparé, et tout aussi-tost qu'il le toucha
pour le devoir laver, sa peau devint nette et blanche comme celle
d'un petit enfant, et sa lèpre le quitta entièrement, dont les saints
rendirent graces à Dieu ; et, prenant congé l'un de l'autre, saint
Tenenan s'en retourna chez ses parens, qui se rejouïrent grandement de voir leur fils délivré de cette sale maladie.

« Cette guerison et nouveau benefice que notre Saint receut
de Dieu luy servit d'aiguillon pour le presser d'exécuter, au plus-
tost, ce que longtemps auparavant il avait projetté, qui estoit de
quitter tout à fait le monde et s'adonner entièrement au service
de Dieu. Sur cette pensée, un ange luy apparut, en forme d'un
beau jouvenceau, qui, l'ayant gracieusement salué, luy dit : « Que
« Dieu agréoit ses desirs ; partant, qu'au plus-tost il equipast un
« vaisseau et le fournist de tout ce qui luy serait requis, et s'em-
« barquast dedans, passast la mer et tirast vers la Bretagne
« Armorique, pour y regir et gouverner un troupeau que l'heu-
« reux Paul-Aurélien avait déjà gouverné, l'asseurant que AU
« LIEU OU IL ALLOIT, A JAMAIS LA FOY PERSEVEREROIT. » Cela dit,
l'ange disparut, laissant saint Tenenan comblé d'une extreme
joie ; lequel, ayant rendu graces à Dieu de cette faveur, alla voir
son maistre saint Karantec, luy communiqua cette vision ; puis,
ayant pris congé de luy, s'en retourna au logis donner ordre à
son voyage, lequel disposé, il s'embarqua avec les prestres Sénan,
Quenan et plusieurs autres ; tous lesquels ayant heureusement
traversé la grande mer Britanique, aborderent à la coste de la
Bretagne Armorique, et, rengeans la coste de Leon, entrerent par
le detroit Mulgul (1) dans le golfe de Brest, le long duquel ils
cinglerent à pleines voiles et entrerent dans le canal de la rivière
d'Elorn, qui est le bras de mer qui vient à la ville de Landerneau, et prit terre au pied du chasteau de Joyeuse-Garde. »

La victoire que le comte Even-le-Grand avait remportée sur les

---

(1) Par le *Goulet. Mour-Goul,* gueule de la mer.

Danois par les prières de saint Goulven n'avait pas entièrement
découragé les hommes du Nord ; le pieux solitaire avait quitté son
ermitage, comme nous l'avons vu, et il édifiait tout le Léon par ses
vertus épiscopales quand les barbares recommencèrent leurs ravages. Les échecs qu'ils avaient subis avaient encore excité leur
fureur, tellement que leurs cruautés étaient plus redoutables que
jamais. Ce n'étaient pas seulement les paysans qui se cachaient
pour les éviter, mais les plus nobles chefs n'osaient affronter de
nouveaux combats, et ils ne pouvaient songer à se défendre dans
leurs propres demeures ; des siècles devaient se passer avant que
chaque habitation seigneuriale, étant entourée de remparts et de
fossés, prendrait le nom de château. A l'époque où nous sommes,
on n'appelait ainsi que les enceintes fortifiées occupées par une
garnison ; il y en avait alors plusieurs en Bretagne, toutefois pas
en assez grand nombre pour abriter tous ceux qui fuyaient devant
un terrible ennemi ; les bois devaient aussi servir de refuges, si
non aux nobles, habitués au métier des armes, du moins aux paisibles laboureurs.

« En cet endroit de Léon où aborda saint Tenenan, il y avoit
une grande forest qui aboutissoit à ce bras de mer qui va à Landerneau, dans lequel s'estoit retiré grand nombre de paysans de
divers cantons pour éviter la fureur des barbares, et, y ayans
amené leurs troupeaux et le plus beau et le meilleur de leurs
biens, et, pour n'estre forcez, s'estoient remparez legerement et
tenoient une sentinelle en garnison dans ledit chasteau de Joyeuze-
Garde, pour défendre la rivière et le grand chemin droit entre
lesquels il est situé. Quand la sentinelle du chasteau apperceut le
vaisseau de saint Tenenan, il cria à pleine voix : « Que le servi-
« teur de Dieu, qui devoit les garantir des Barbares et délivrer de
« la peur et apprehension qui continuellement glaçoit leur sang,
« arrivait. » A ce cri, le capitaine du chasteau et toute la garnison
se jetèrent sur les creneaux et guerites du donjon, et, voyans le
navire venir à toutes voiles donner debout à terre au pied du
chasteau, firent retentir l'air, les rivages et toute la forest d'un
cry de joye. A ce cry, ceux qui estoient dans la forest s'enquirent
du sujet de cette réjouissance, disans l'un à l'autre : *Meurbed à*

joa a zeus er Goard, c'est-à-dire, « ils mènent grande réjouissance en la garnison, » et de là ce chasteau fut nommé *Kastell joa eus er Goard,* que les Français (accoutumez à tordre le nez à nostre Breton pour l'accommoder à leur idiome), appellent chasteau de *Joyeuse-Garde* et le chasteau de *Goy-la-Forest* au lieu de nostre Breton *Kastell goüelet Forest,* qui signifie : *Chasteau situé en une Forest.* »

Avant de poursuivre notre récit, disons que le château de Joyeuse-Garde dont il est ici question, n'est pas sans avoir eu quelque célébrité : le roi Arthur y aurait tenu sa cour et y aurait fait exécuter joutes et tournois : on voit encore quelques débris de ses antiques murailles sur les bords de l'Élorn. Il était, comme l'a dit Albert-le-Grand, placé entre cette rivière et le grand chemin, et sur la lisière d'une forêt dont il ne reste plus que le nom s'appliquant à un endroit charmant, minime partie de ce qui constituait autrefois la grande forêt de Talamon, fameuse dans les souvenirs de la chevalerie.

« Saint Tenenan descendit du vaisseau et fut receu en grande rejouïssance du capitaine et de tous les soldats du chasteau, aussi des chrétiens qui estoient cachés dans cette forest, lesquels le vindrent salüer comme leur père et protecteur, envoyé de Dieu pour les delivrer de leurs miseres. Le Saint se retira avec eux dans la forest, et, voyant l'exercice de la religion catholique negligé parmy eux, d'autant qu'ils mettoient tout leur soin à se garantir, eux et leurs biens, des incursions des barbares, il leur fit bastir deux églises pour leur commodité, l'une vers le bas de la forest, non loin du chasteau laquelle fut nommée *Ilis gouëlet Forest,* à cause de sa situation qui estoit au fond de la dite forest, et porte maintenant le titre et nom de saint Tenenan ; l'autre eglise fut édifiée à l'autre extrémité de la mesme forest et fut appelée Ploabennec, dédiée en l'honneur de Dieu et de saint Pierre apostre. Saint Tenenan avec ses prestres et clercs, faisoit le divin service en ces églises et preschoit le peuple avec grand fruit et édification, et, non content de cela, veillant aussi bien à la conservation de leurs personnes et commoditez qu'à leur instruction au fait de la relijion. Outre les barricades qu'ils avaitent faites aux avenües de la Forest, il fit, à force de bras, élever un grand monceau ou

tas de terre ample et spacieux, cerné tout à l'entour de larges et
profonds fossez, et, dessus, bastit un petit oratoire où il se tenoit
avec ses prêtres, y retiroit leurs meubles et commoditez, et, au
cas d'exigence, s'ils se fussent trouvez pressez de l'ennemy, les
recueilloit comme dans une forte ville : là, se disoit le service
divin, se faisoient les exhortations, et se tenoient les assemblées ;
on y administroit la justice, et le Saint luy-mesme faisoit la leçon
et instruisoit la jeunesse, rendant cette place autant fameuse et
celebre comme une ville bien policée, et fut nommée *Les-Quelen,*
à cause des deux principales fonctions qui se faisoient en ce lieu,
qui estoient d'instruire les enfans et d'administrer la justice. »

En effet, *Les-Quelen* est composé de deux mots bretons : *Lez,*
siège ou cours de justice, et *Quelen,* enseignes. De ce nom français qui signifiait d'abord tableau servant à l'instruction sont
venus les mots enseignes, enseignement.

La reconnaissance populaire donne aussi à *Les-Quelen,* le nom
de *Castel Sant-Tenenan.* D'après ce que M. de Kerdanet dit de ce
fort, il était assis sur la crète d'une butte factice, de forme coni-
que, entourée d'un fossé assez profond. M. de Fréminville donne
à cette butte 500 pieds de circonférence à la base, et une hauteur
de 35 pieds. Elle offre avec toutes les buttes du même genre, si
nombreuses dans le pays, une différence très-frappante : elle est
revêtue dans tout son pourtour d'une épaisse maçonnerie sèche
composée de larges pierres bien assemblées ; l'escalade devait
donc être très difficile sur cette surface glissante.

Et maintenant, apprécions le rôle de saint Ténénan. Ce n'est
pas le même que celui de saint Pol à son arrivée sur la terre
désolée de Léon. Le pays n'est plus un désert, mais il va le rede-
venir, si quelqu'un ne dirige la résistance en face d'ennemis
particulièrement redoutables ; en attendant, les pauvres Bretons,
dispersés, n'ont plus qu'une préoccupation : sauver leurs vies,
préserver leurs troupeaux et leurs biens ; il en résulte un oubli
presque complet de leurs intérêts spirituels, du devoir qui leur
incombe de faire instruire leurs enfants, et de continuer à être
eux-mêmes non des sauvages errant dans les forêts, mais des
hommes grandis par la civilisation chrétienne.

N'est-il pas beau de voir ce jeune prêtre aussitôt son débarquement sur la côte armoricaine, user de l'ascendant que lui donnent son caractère sacerdotal, l'éclat de son intelligence, la supériorité de son origine et jusqu'à l'éminente distinction qui brille dans tout son extérieur, pour faire de ces fuyards des soldats : par ses constructions stratégiques il leur rend la résistance non seulement possible, mais facile, et comme ils auront affaire à des adversaires qui laissent de longs intervalles entre leurs agressions, *Les-Quelen* ne sera pas une demeure fermée où les laboureurs oublieront le soin de la culture ; ils n'y viendront que pour assister aux saints mystères et y participer, recevoir le pain de la parole divine, se faire rendre justice et conduire leurs enfants à Ténénan, aux prêtres ou aux clercs qui se chargeront de les intruire. C'est ainsi que le jeune Saint avait compris la belle parole des psaumes que l'Église applique si justement aux saints Apôtres : « *In patientia vestra possidebitis animas vestras :* En étant patients vous serez vraiment maîtres de vos âmes. » Mais c'est en se possédant ainsi lui-même au milieu des épreuves et des difficultés qu'il exerçait aussi son empire sur les âmes de ses frères.

« Les Barbares, continuans leurs courses et ravages, pillerent et bruslerent plusieurs églises au Leonnois : ce que voyant, saint Tenenan redoubla ses prières, exhorta le peuple à penitence et amendement de vie, et, pourvoyant à leur deffense et conservation, institua un seigneur de leur troupe pour leur capitaine, benit ses armes et les bailla, luy conseillant d'édifier une petite tour ronde près l'église de Ploa-bennec, pour y retirer l'argenterie et thrésor d'icelle et les garantir des mains sacrileges de Barbares, en cas qu'ils voulussent piller ladite église. Ce seigneur, obéissant au conseil du Saint, entreprit cet édifice et y fit travailler en telle diligence, qu'en peu de jours il le conduisit en perfection. »

Cette tour exista jusqu'en 1618 (et peut-être plus longtemps encore) ; elle s'appelait la tour du Damanny, dépendait de la seugneurie de Lesquelen, et à ce titre appartenait alors au sire de Carman. (1)

---

(1) *Aveu* de la terre de Maillé cité par M. de Kerdanet.

« Sur ces entretiens, l'alarme se donne partout ; les Barbares approchent ; saint Tenenan porte vistement les vases sacrez dans cette tour, dans laquelle ce Seigneur entra courageusement tout seul, armé de ses armes ordinaires, resolu de la garder au prix de son sang ; et n'ayant eu le loisir, pour la subite et inopinée irruption des Barbares, de faire lever la porte sur ses gonds, il la boucha par dedans, d'une demie roüe de charette qu'il trouva auprès et s'y barricada du mieux qu'il luy fut possible. A peine eut-il bouché la porte, que l'armée des Barbares investit l'église de Ploabennec et cette tour. Saint Tenenan, avec ses prestres Kenan, Armen et Senan, le clerc Glanmeus et tout le peuple, s'estoit renfermé dans le fort de Lesquelen, prians incessamment Dieu et invoquans sa misericorde, et avaient jetté quelques sentinelles perduës par cy, par là, hors de l'enclos du fort, aux barricades et dans la forest, pour leur donner avis de ce qui se passoit. Les prières de saint Tenenan ne furent infructueuses : car les Barbares, quelques efforts qu'ils pussent faire, ne pûrent entrer dans l'église, ny par les portes, ny par les vitres, quoy qu'ils taschassent, par plusieurs fois de les briser (1) : ce que voyans tous, hors de sens et furieux, vinrent investir de toutes parts, ladite tour, armez de haches et de fagots pour mettre la barriere et le feu dedans ; mais (ô prodige !), comme ils venoient ainsi fondre de furie sur cette place, ils virent, tout-à-coup, la plaine couverte d'une grosse armée preste à les aborder pour combastre, et, sur le sommet de la tour, apercevant un brave cavalier armé de blanc, monté avantageusement sur un beau coursier blanc, tenant une épée flamboyante à la main, lequel, d'une voix effroyable, encourageant ses gens, découragea et épouvanta tellement les Barbares, qu'ils se prirent à fuïr, ne pensant seulement qu'à qui courroit le mieux, sans oser, depuis, approcher de ces quartiers ; et ainsi Dieu, par les prières et mérites de son fidèle serviteur saint Tenenan, délivra tout ce pays de la cruauté de ces infidèles : ce que bien recon-

---

(1) A ceci il n'y avait peut-être pas grand miracle, car les fenêtres des églises étaient presque toutes, en ce temps-là, d'étroites meurtrières qui ne pouvaient donner passage à un homme.

neurent les princes et seigneurs bretons, après la retraite des Danois, et vinrent remercier saint Tenenan, donnans plusieurs privileges, heritages et rentes à son église de Ploa-bennec. »

Qu'était donc ce cavalier à la blanche armure dont l'épée flamboyait et dont la voix encourageait les Bretons en terrifiant les Danois ?

Etait-ce un envoyé du ciel comme plus tard saint Jacques lorsqu'il poursuivait les Maures d'Espagne, ou bien encore comme notre bonne et puissante protectrice sainte Anne guidant au combat les petits chouans ?

Non ! c'était un personnage appartenant encore au monde terrestre mais à qui Dieu prêtait cet appareil terrifiant ; à ce qu'il a dit précédemment, Albert-le-Grand ajoute en marge : « J'ai trouvé que de ce seigneur sont issus les seigneurs de Kermavan (Carman), qui portent pour leurs armes d'azur, à une tour d'argent, portée d'une demie roue de charette sous la porte. »

Ici notre bon légendaire raconte la mort de saint Goulven et dit comment le clergé et le peuple de Léon procédèrent dans la cathédrale de Saint-Pol à l'élection de son successeur.

« Le Saint-Esprit invoqué, et toutes les cérémonies accoustumées ayant esté faites, tous, unanimément nommerent saint Tenenan absent, et députerent aucuns d'entr'eux pour luy aller porter leur élection et l'amener en la ville. Ces députez l'allerent trouver à Ploa-bennec, luy annoncerent la cause de leur arrivee, le saluans evesque de Léon, le conjurans d'accepter l'élection de luy faite par une conspiration unanime et universel consentement du clergé et du peuple. Le Saint, à qui son humilité faisoit penser qu'il estoit indigne de cette charge, se troubla un peu à ces nouvelles... »

Albert raconte ensuite comment saint Ténénan se laissa convaincre par les instances et les arguments des députés, comment il se rendit dans sa ville épiscopale, puis à Dol où il fut sacré par saint Gennou ou Genenvée, et après avoir parlé de ses vertus épiscopales et surtout du zéle qu'il déploya pour guérir les maux qu'avaient faits les Danois, il termine par le récit de deux prodiges dont nous ne raconterons que le dernier.

« Un prestre de Ploa-bennec portant le saint Sacrement à un malade, passant un mauvais chemin, laissa choir, par mégarde, la sainte Hostie, laquelle, quelque diligence qu'il mist à la chercher ce jour là et le lendemain, il ne put jamais la trouver : de quoy bien étonné et attristé, s'en vint à Saint-Pol se jetter aux pieds de son Evesque saint Tenenan, luy confessa, avec larmes, sa faute et negligence, luy en demanda absolution et penitence : le saint Prélat, fort attristé de cet accident, se mit en prières, supliant la divine Majesté de luy reveler qu'estoit devenuë cette Hostie. Sa priere fut exaucée ; car comme il assistoit à l'office divin en sa cathédrale, voilà descendre dans le chœur un beau pigeon blanc, reluisant et brillant comme le soleil, portant en son bec une branche de chêne verdoyant, qu'il déposa sur l'accoudoir de la chaire épiscopale, devant le saint Prélat, qui la prit en sa main, et la considérant, la vid bordée d'un essain de mouches à miel, lesquelles ayant chassé, il trouva que ces petites bestes avoient fabriqué un petit dome de cire en forme de tabernacle, gros comme un œuf de poule, proprement doré et lissé de miel, lequel ayant ouvert, il trouva la sainte Hostie, qu'il posa reveremment dans le Ciboire, loüant et remerciant Dieu de ce miracle. »

Saint Ténénan fut enseveli dans sa cathédrale, au dire d'Albert-le-Grand ; dans son église de Plabennec, d'après dom Lobineau. Ce qui est certain c'est que l'on y a gardé longtemps une partie de ses reliques, mais nous n'insistons pas, puisque c'est ici un point sur lequel il nous faudra revenir.

3° SAINT GOUESNOU.

Il est impossible de consacrer une notice à saint Hoardon, qui succéda immédiatement à saint Ténénan. Tout ce que l'on sait de ce saint évêque se réduit à quelques rapports avec saint Gouesnou, rapports dont nous aurons naturellement à nous occuper.

Une tradition populaire dit que saint Hoardon, pour venir d'Irlande en Armorique, s'embarqua dans une auge de pierre que les anges poussèrent jusqu'à la côte de Léon. On a supposé la même chose pour plusieurs autres Saints émigrés. Quelques auteurs pensent que les sarcophages de ces Saints ayant été conservés, et le public ignorant que ce fussent là des tombeaux, finit par y voir des navires d'un nouveau genre. La légende du voyage de saint Hoardon dans son auge a fourni à M. Yan Dargent le sujet d'un tableau remarquable, qui décore l'église de Landerneau.

Avant de raconter la vie de saint Gouesnou, je dois déterminer, autant qu'il est possible, à quelle époque il a vécu. Seul, Albert-le-Grand a fourni des indications sur la durée de l'épiscopat des successeurs de saint Pol. J'ai déjà dit que les assertions de notre auteur sur la chronologie sont quelque peu hasardées, on ne doit donc ici les accepter que comme des *à-peu-près*.

Saint Pol étant mort vers 600, Cétomérin siégea encore huit ans ; l'épiscopat de saint Goulven fut de quatorze ans ; celui de saint Ténénan dura dix-neuf ans, et celui de saint Hoardon quinze ans. Ceci nous conduirait donc au milieu du viie siècle, et nous pourrions croire que saint Gouesnou, élu et sacré entre 650 et 660, serait venu au monde sous l'épiscopat de saint Goulven.

« Il nasquit en l'Isle de Bretagne, de parens de fortune médiocre, mais vertueux et bons catholiques, qui furent soigneux de l'élever en la crainte de Dieu et de le faire instruire ès bonnes lettres. »

Dom Lobineau, d'accord avec les bréviaires de Dol et de Léon, contredit ici Albert-le-Grand, en établissant que le père et la mère du saint enfant étaient « distingués par leur noblesse, et non pas de fortune médiocre ». Il semble que la contradiction aurait pu être plus judicieuse : la noblesse et la fortune sont choses différentes, et les plus nobles insulaires, fuyant devant les Saxons, devaient bien quelquefois n'apporter en Armorique que de bien tristes debris de leur première opulence.

« Estant encore enfant, saint Goeznou perdit sa mère, et estant âgé de dix-huit ans, il sortit de son pays avec son père Tugdonius, son frere aisné Majan, et sa sœur Tugdona, qui ayaus passé la mer, arriverent au port de Brest. »

Dire que Majan était « l'aisné » c'est donner à croire qu'ils avaient un autre frère, ce qui est vrai ; ce troisième fils de Tugdonius s'appelait Tugdon.

« Ayant distribué leurs biens aux pauvres, ils se retirerent en divers hermitages pour y passer le reste de leur vie au service de Dieu. Saint Majan se retira au lieu qui, de son nom, s'appelle *Loc-majan* (1) ; sa sœur se renferma en un monastère de vierges qui estoit, pour lors, en la ville de *Loc-Renan-ar-Fanq* (2), fondé jadis par saint Paul evesque de Léon, et saint Goeznou s'habitua en un lieu qui s'appelloit *Land* (3), distant d'une lieue et demie de la ville de Brest, où ayant édifié une petite chambre, il vaquoit à prières, jeusnes et oraisons. »

Saint Tugdon établit son ermitage sur le territoire actuel de Guipavas, et plus tard, à l'endroit sanctifié par sa présence, on construisit une chapelle en son honneur.

A l'époque où toute cette pieuse famille s'établissait ainsi sur le sol armoricain et commençait à édifier le Léon, un seigneur riche et puissant exerçait son autorité sur cette contrée. Albert-le-Grand dit que c'était « Comorre fils d'autre Comorre, que Judwal, roy de Bretagne Domnonée, avoit vaincu et tué en la montagne d'Aré. » La chronique briochine parle au contraire ici de Comorre, le père, cet horrible tyran qui fut excommunié par les évêques bretons réunis sur le *Menez-Bré*.

Sans nous prononcer sur les différentes hypothèses que l'on a faites à ce sujet, rappelons que si Judual vivait encore en 590, époque présumée du sacre de Cétomérin, il devait être mort depuis plusieurs années lorsque saint Gouesnou arriva dans la Petite-Bretagne. Nous ne pouvons pas assurer davantage qu'il s'agit ici de son fils. Le nom de Comorre n'est nullement un nom propre, comme nous l'avons déjà dit ; beaucoup de princes bretons se firent désigner par le titre de *Con-Mawr* ou Grand-Comte, qui flattait leur orgueil sans porter ombrage aux rois francs. Quoiqu'il en soit, ce « Comorre chassant dans la forest de Land, se trouva prés l'hermitage de saint Goeznou, et, curieux de sçavoir qui demeurait en

------

(1) C'est une jolie chapelle, sur le bord de la mer, dans la paroisse de Plouguin. *(Note de M. de Kerdanet.)*

(2) Saint-Renan.

(3) *Land* n'est usité que comme préfixe dans la composition des noms propres bretons ; il n'y a pas d'exemple qu'il ait été employé seul.

cette hutte, frappa à sa porte, entra dedans, salua gracieusement le saint et l'interrogea qui et d'où il estoit, et ce qu'il faisoit en ce lieu desert et solitaire, et ayant entendu de luy un ample recit de sa vie passée, et que le desir de servir Dieu éloigné du bruit et tracas du monde l'avoit conduit en ce lieu, il le prit en affection, et inspiré de Dieu luy fit offre d'autant de terre, pour bastir un monastere, qu'il en pourroit clorre de fossez en un jour. Le Saint accepta le don, et, ayant mandé à son frère saint Majan qu'il vinst, il prit une fourche, et la traisnant par terre, il marcha environ deux lieuës de Bretagne, en quarré ; et, à mesure qu'il traisnoit ce baston fourché, la terre, chose étrange, se levoit de part et d'autre, et forma un gros fossé, qui servoit pour separer les terres qui luy avoient été données, de celles de son fondateur. »

Dom Lobineau insinue qu'il doit y avoir de l'exagération dans ce récit, et que ce miracle du fossé se formant lui-même n'offre qu'une faible certitude ; mais il est obligé de reconnaître que les faits sont ainsi exposés dans les Actes de saint Gouesnou.

M. de Kerdanet dit que l'enclos de saint Gouesnou présente un pourtour non de deux lieues, mais d'une lieue et demie seulement, d'après l'opinion commune du pays. Il arriva pour ce territoire ce qui était arrivé pour la forêt donnée par le comte Even à saint Goulven, la vénération publique s'y attacha. « Cet enclos, dit Albert-le-Grand, a esté toujours tenu en telle reverence qu'autrefois il servoit d'azile et de lieu de refuge aux mal-faiteurs, et n'y eust-on ozé rien semer, ny labourer les terres comprises dans ce pourpris, pour les punitions arrivées à plusieurs, qui, ayans attenté de prophaner ce lieu, avoient esté chastiez de mort subite. »

Ce qu'il y avait de superstitieux dans ce respect a disparu aujourd'hui ; l'enclos de saint Gouesnou n'est nullement un terrain en friche, mais les fidèles en font encore dévotement le tour chaque année, le jour de l'Ascension.

« Le comte Comorre ayant veu de ses yeux ce grand miracle (le fossé qui se formait de lui-même), outre le don du fond du monastere, le fit bastir à ses frais, ayant convoqué des ouvriers de toutes parts à cette fin, auxquels saint Majan donna le plan et dessein du bastiment. Tandis qu'on édifiait le monastere materiel, saint Goeznou disposoit les pierres vives pour le bastiment spirituel d'une sainte communauté, instruisant grand nombre de jeunes hommes, qui, desireux de la perfection, s'estoient rendus ses disciples. Une seule chose incommodoit saint Goeznou en ce lieu, c'estoit la disette d'eau, tant pour l'usage de son monastere, que pour la commodité des ouvriers qui l'alloient querir bien loin de là ; mais Dieu y pourveut, et luy revela un certain endroit, où ayant foüi deux pieds en terre, il trouva une bonne source d'eau vive, laquelle saint Majan nettoya et dressa, ayant cavé (1) un bassin de pierre grise pour recevoir l'eau, qui de là alloit, par un petit ruisseau, arroser un ebène que saint Goeznou avoit planté de sa propre main. »

Il n'est plus trace du bassin de pierre grise creusé par saint Majan, mais la belle fontaine donne toujours son eau abondante et pure, et toujours aussi on la vénère comme rappelant la sainteté et la puissance miraculeuse du serviteur de Dieu.

A propos de la construction du monastère, M. de Kerdanet remarque très judicieusement que c'est autour des bâtiments claustraux et non autour du grand enclos ou *minihi,* que saint Gouesnou aurait creusé son fameux sillon ; en effet, au midi de l'église on distinguerait quelques restes de douves ou de fossés, tandis que rien de semblable n'existe sur le parcours de la procession traditionnelle.

« Le monastere estant achevé, l'église fut dédiée par saint Hoüardon, evesque de Leon, l'an 642 (2). Lequel, admirant la sainteté de saint Goeznou, trois ans après, l'appella près de soy, et, pour l'arrester, luy donna un canonicat en son église. »

Cet étrange moyen employé par saint Hoardon pour « arrester » saint Gouesnou ne nous est pas révélé par Albert seulement, mais aussi par le *propre* de Léon : « *In canonicorum suæ cathedralis numerum cooptavit, ejus ut consilio uteretur :* afin de pouvoir user de ses conseils, il le mit au nombre des chanoines de sa cathédrale. »

----

(1) C'est-à-dire : creusé.
(2) Ou plutôt : l'an 648.

J'ai déjà eu occasion de dire que l'institution des chanoines n'était pas encore créée ; il est certain toutefois que chaque église cathédrale voyait se ranger autour de l'évêque un certain nombre de prêtres et de clercs plus spécialement chargés de célébrer l'office divin et d'assister le pontife dans les cérémonies solennelles ; il n'est pas moins évident que l'archidiacre et les prêtres les plus anciens et les plus vénérables étaient parfois appelés à donner leur avis à l'évêque. Pour un moine, pour un abbé surtout, accepter un canonicat (à supposer que la chose eut été possible), n'était pas conforme aux vœux de religion ; sans doute, la règle des premiers chanoines était presque calquée sur celle des moines, mais encore en différait-elle sur quelques points qui créaient de réelles obligations ; donc, tout ce que saint Hoardon put faire ce fut d'appeler près de lui saint Gouesnou pour un temps limité, soit qu'il se trouvât en face de difficultés particulières et qu'il eut plus besoin d'aide, soit pour tout autre motif.

Dans tous les temps l'on a vu ainsi des religieux vivre momentanément loin de leurs monastères et même exercer certaines fonctions canoniales : au temps de Michel le Nobletz, le théologal du chapitre de Quimper est Frère Yves Pinsart, de l'ordre de saint Dominique, et à ce titre, il résidait souvent à Quimper où cependant les Frères Prêcheurs n'avaient point de communauté. On pourrait citer d'autres exemples de faits semblables, mais encore une fois, un moine ne reçoit point de canonicat ; et quant à saint Gouesnou, le séjour de la ville épiscopale lui pesait lourdement : « Le saint abbé, ne pouvant oublier sa chère solitude, obtint par importunité, permission de retourner en son monastère, à l'extrême contentement de ses religieux. »

Ce ne fut pas seulement à ses moines que le Saint donna l'exemple de ses vertus : les populations du voisinage se ressentirent de sa charité, et en voyant les miracles dont Dieu le favorisait, elles se sentaient grandement édifiées. Cependant c'étaient ces vertus mêmes et ces prodiges qui allaient les priver bientôt de la consolation de sa présence. L'évêque qui lui avait donné la bénédiction abbatiale, qui avait consacré son église et qui enfin avait voulu s'aider de ses conseils dans l'administration de son diocèse, fut atteint par une grave maladie. Quand il sentit que sa fin était prochaine, saint Hoardon voulut avoir près de lui le moine auquel il avait témoigné tant d'affection et de confiance, et dès qu'il eut reçu l'invitation qui lui en était faite, saint Gouesnou partit pour la ville épiscopale. Non seulement le pieux prélat voulut recevoir de lui le viatique et l'extrême-onction, mais il exprima à son clergé le désir qu'il éprouvait d'avoir Gouesnou pour successeur. Venant d'un Saint que ses prêtres aimaient et vénéraient, un tel vœu devait être et fut favorablement accueilli. Élu évêque de Léon, il fut bientôt sacré, prit possession de son siège et l'occupa pendant vingt-quatre ans, d'après Albert-le-Grand ; l'ancien bréviaire de Léon moins explicite dit seulement que l'épiscopat de saint Gouesnou dura bien des années. Aucun événement particulier ne nous est connu comme ayant signalé cette période. Ce que nous allons raconter sur sa mort est révoqué en doute par dom Lobineau, comme ne se trouvant pas dans les actes anciens de saint Gouesnou ; évidemment Albert-le-Grand fait son récit d'après les documents, dont il nous a laissé la liste détaillée.

« Saint Goeznou estant allé, avec son frère saint Majan visiter saint Corbasius, qui faisoit bastir un monastere, au lieu où, à present, est la ville de Kemperlé, Dieu le retira de ce monde par un étrange accident. Considerant la structure de l'édifice, en la compagnie de saint Corbasius, de propos en autre, on vint à parler du monastere de saint Goeznou, lequel commença à en faire une ample description et loüer l'ouvrage, specialement du chœur de l'église, pour l'embellissement duquel saint Majan avait employé toute son industrie, car il estoit excellent architecte. Ces discours déplaisoient extremément au maistre architecte de saint Corbasius, lequel, pensant que, loüant autre de sa profession en sa presence, et préferant l'ouvrage d'autruy au sien, on luy faisoit tort, conceut une estrange haine contre saint Goeznou ; et, estant monté sur les échaffaux dressez pour lembrisser l'église, se promenoit d'un bout à l'autre, et passant par dessus le Saint, il laissa, comme par mégarde, tomber son marteau, droit sur sa teste, qui luy brisa le crane, et penetra jusques dans le cerveau.

« Le saint prelat tomba à terre de la violence du coup, et

s'estant fait porter dans l'infirmerie, se disposa à la mort, ayant très expressement deffendu qu'on ne s'enquist de l'auteur de sa mort. Il receut ses sacremens avec une extraordinaire devotion, et ayant recommandé son eglise au souverain Pasteur, rendit son ame entre ses mains, le 25 octobre, et fut solennellement enterré par saint Corbasius et ses religieux, crainte que les députez du chapitre de Leon ne leur enlevassent son corps, lequel ne fut guere sous terre, que Dieu commença à manifester, par miracles, la gloire dont son âme jouissait dans le ciel : ce qui fit qu'on leva ses ossemens de terre et les mit-on en la sacristie parmy les autres reliques. Saint Majan se trouva à cette translation, et demanda instamment quelques portions des reliques de saint Goeznou, pour emporter en Leon, mais il en fut éconduit : neanmoins, il fut si importun, que l'abbé saint Corbasius luy promit, que, s'il les pouvoit reconnoistre parmy les autres reliques qui estoient dans le thresor dudit monastere, on les luy donneroit. Il accepta la condition, et passa la nuit suivante en oraison, et, environ la my-nuit, saint Goeznou luy apparut, environné d'une admirable clarté, ayant la mitre en teste et la crosse en main, le remerciant du soin qu'il avoit de transporter ses reliques en son diocese, l'asseura que tout réussiroit à son contentement. Saint Majan remercia Dieu de cette faveur, et, le matin, ayant celebré la messe, il fut conduit en la sacristie, où on avoit exposé à nud toutes les reliques, qui estoient en grand nombre en cette abbaye ; lesquelles ayant devotement baisées, il posa les genoux en terre, et pria Dieu de luy daigner reveler lesquelles estoient celles de son frère saint Goeznou : sa priere faite, il se leva ; et comme il eut déployé le linge dans lequel il les vouloit envelopper, tous les ossements du corps de saint Goeznou s'osterent d'avec les autres, et se poserent sur ledit linge, mesme son chef, qui avoit esté séparé du corps, s'y trouva aussi, dans lequel paroissoit la marque du coup de marteau qu'il avoit receu. Saint Majan, extrémement réjoüy de ce succès, prit congé de saint Corbasius et des religieux, et apporta ce thresor en Leon, mettant une portion desdites reliques au thresor de l'église cathedrale, et le reste en l'église de Land-Goeznou, où elles sont révérées du peuple en grande devotion. »

Quelques lecteurs, sachant que l'abbaye de Sainte-Croix de Quimperlé dut sa fondation au comte de Cornouailles, Alain Canihart, et ne remonte pas par conséquent au-delà du x1ᵉ siècle, s'étonneront sans doute devant la mention d'un monastère de Quimperlé où saint Gouesnou serait venu dans le vIIᵉ siècle. Rien cependant n'est plus certain que l'existence de cette première abbaye au lieu sanctifié jadis par la pénitence de saint Gurthiern. M. de la Villemarqué l'a ainsi décrit : « C'était un îlot encadré entre deux montagnes couronnées de chênes et de hêtres touffus, à l'abri des vents de l'Est et du Nord et s'ouvrant au soleil, vrai bouquet de verdure et de fleurs noué d'un ruban d'argent. L'harmonie des noms du lieu répondait à l'harmonie du paysage ; le fleuve s'appelait Ellé, la rivière Izol, et leur union Léta ; l'îlot se nommait Anaurot (*Ann daou rod*, dans le langage moderne), à cause des « deux gués » qui permettaient d'y arriver à pied, un peu au-dessus du confluent des eaux. » Le monastère d'Anaurot subsista trois siècles ; l'église que construisait saint Corbasius et où saint Gouesnou trouva la mort, retentissait des louanges de Dieu depuis plus de deux cents ans quand les pirates normands remontèrent la Léta et ruinèrent avec l'abbaye la ville qui s'était formée autour de ses murs.

Le saint abbé, dont notre saint Gouesnou était l'ami, n'est connu que par la mention qui est faite de son nom dans cette légende, et il ne reçoit pas de culte public.

Maintenant, la première et la plus importante partie de notre tâche est accomplie. Nous avons essayé de réunir les documents historiques et les traditions populaires qui pouvaient nous faire connaître saint Pol Aurélien et ses premiers successeurs, c'est-à-dire les hommes qui, après Dieu, ont donné aux populations de Léon cette foi robuste, ces habitudes chrétiennes dont les luttes de l'heure présente n'ont pu amener la défaillance. N'est-il pas vrai qu'ici le passé et le présent nous donnent le droit de bien augurer de l'avenir ?

Nous ne revenons pas sur ce que nous avons dit de chacun de nos Saints en particulier. Que le lecteur reporte lui-même son souvenir sur ces hommes, si semblables par la sainteté et l'ardeur apostolique, si différents quant au caractère propre et au choix des moyens employés par leur zèle : Pol, Joévin, Cétomérin, Goulven, Ténénan, Gouesnou, et à côté d'eux leurs collaborateurs dans les rangs inégaux de la hiérarchie : Tanguy, Hervé, Guévroc, Majan, ou dans le siècle, les rois comme Childebert, les comtes comme Withur et Even-le-Grand, les soldats comme Kergournadec'h ou comme le premier des Carman. Ces hommes n'étaient, il est vrai, que les instruments de la Providence, mais des instruments intelligents et dociles, et c'est pour cela que leur souvenir doit nous être si cher !

Il nous reste à voir précisément comment leur mémoire s'est maintenue dans le culte que l'Église rend aux Saints, dans la reconnaissance que les peuples conservent pour leurs bienfaiteurs.

CHAPITRE VI

LES RELIQUES DES APOTRES DU LÉON

1° RELIQUES DE SAINT POL

Je n'ai pas à revenir sur la lutte pacifique mais si touchante des moines de l'île de Batz et du clergé de l'église cathédrale de Léon relativement à la possession des restes de leur Evêque et de leur Père. Qu'on se rappelle comment Dieu lui-même daigna intervenir pour donner raison à la prophétie et à la prescription formelle du Saint mourant.

Pol-Aurélien avait donc été enseveli dans l'église qu'il avait construite en l'honneur de saint Martin ; c'est là qu'il reposa au milieu du chœur à l'endroit même qu'indique encore aujourd'hui une plaque de marbre dont l'inscription a été effacée pendant la Révolution. Si nous en croyons Albert-le-Grand : « Ce saint thrésor ne fust pas long-temps caché sous terre, que Dieu ne le manifesta par grands miracles si frequens, que saint Goulven le leva de terre et colloqua ces saints ossemens, richement enchassez, parmy les autres reliques de son eglise de Leon, où ils ont esté reveremment gardez et religieusement visitez par les Bretons et etrangers jusques à l'an de grace 878, que les Danois, estans descendus en Bretagne-Armorique, ravagerent le pays, renversans les églises, brûlans les saintes reliques et mettans tout à feu et sang par tout où ils passoient. Liberal, pour lors evesque de Leon, enleva les reliques de saint Paul et les porta au monastère de

Saint-Florent, là où elles ont demeuré jusques à l'an 1567, que les Huguenots, s'estans rendus maistres de ce celebre monastere, brûlerent ou jetterent les saintes reliques et butinerent les riches chasses où elles estoient encloses. » Ces quelques lignes renferment plusieurs erreurs. Rien ne rend probable l'ouverture du tombeau de saint Pol par saint Goulven, et ceci est même contraire au dire formel de Wormonoc. De plus, Libéral était un des évêques bretons qui furent déposés par Nominoé pour cause de simonie, déposition absolument contraire au droit, car un prince temporel ne saurait user d'une autorité appartenant au Souverain-Pontife et à lui seulement, mais nous devons reconnaître que si la déposition était illégale, elle se trouvait motivée par des abus déplorables. C'est dire qu'un évêque comme Libéral n'était pas de ceux qui se donnent tant de mal pour sauver les reliques des Saints. Albert-le-Grand se trompe encore quand il indique l'an 878 comme date de la translation de saint Pol, et le monastère de Saint-Florent comme le lieu où fut déposé la principale partie des reliques. Un ou plusieurs fragments en furent détachés pour Saint-Florent de Saumur (1), comme pour saint Germain-des-Prés et saint Magloire de Paris, mais c'est à Fleury, au monastère aussi appelé Saint-Benoit-sur-Loire, que fut déposée la presque totalité des reliques de saint Pol. Enfin, Albert commet un oubli regrettable quand il omet de dire que la cathédrale de Léon conserva la tête de son saint patron, un os du bras et un doigt entier.

L'abbé Tresvaux, dans son volume sur l'Église de Bretagne, dit que Mabbon, évêque de Léon, transporta le corps de saint Pol à l'abbaye de Fleury-sur-Loire pour le soustraire à la fureur des Normands, et y fut reçu par Vulfade, célèbre abbé de cette maison, qui lui donna l'habit monastique et l'admit à la profession religieuse. Cette translation fut faite sous le règne de Lothaire, qui monta sur le trône en 954. Mabbon ne revint point à son église. Il souscrivit, vers l'an 954, à la charte de Ragenfroi,

---

(1) La ressemblance du nom de Saint-Florent avec le nom latin de Fleury-sur-Loire, *monasterium floriacense*, aura sans doute induit Albert-le-Grand en cette erreur.

évêque de Chartres, pour le rétablissement de l'abbaye de Saint-Père-en-Vallée, et mourut dans l'abbaye de Fleury.

C'est tout ce que nous savons sur cet évêque et sur la translation opérée par lui.

Les moines qui devenaient les dépositaires du trésor apporté par cet émigré d'Armorique, l'apprécièrent à sa juste valeur. « La châsse de saint Paul, nous dit dom Lobineau, fut mise auprès de celle de saint Benoit, et toutes les deux furent couvertes d'une caisse revêtuë d'argent. »

Ainsi donc, c'est auprès des restes vénérés du Patriarche des moines d'Occident qu'allait reposer pendant près de six siècles ce Pol-Aurélien qui avait été lui-même un religieux parfait : moine dès l'enfance quand il grandissait près de son maître Hiltut, comme avaient grandi Maur et Placide près de leur père Benoit ; moine dans la jeunesse quand il attirait à lui ses premiers compagnons ; moine jusque dans ses affections fraternelles quand il s'entretenait avec la sainte moniale, sa sœur, comme Benoit avec sa sœur Scolastique ; moine quand il faisait naître les communautés sur son passage, quand il prêtait son concours aux fondations de saint Tanguy, de saint Hervé ; moine enfin, quand il résignait ses fonctions épiscopales pour venir vivre ses dernières années dans son abbaye de l'île de Batz.

On dit que quand les reliques du protomartyr saint Etienne furent transférées à Rome et déposées sous l'autel de saint Laurent dans sa basilique hors les murs, le Saint qui, depuis des siècles, reposait en ce lieu, s'écarta pour faire place à son frère dans le martyre et dans le diaconat. La même Providence qui réunit ainsi saint Etienne et saint Laurent n'a-t-elle pas présidé aussi à la réunion de saint Benoit et de saint Pol-Aurélien ?

Ce qui est certain c'est que la translation de saint Pol des rivages de la mer aux bords de la Loire, et dans un sanctuaire connu et vénéré comme l'église de Fleury, contribua à la diffusion du culte du saint évêque jusque-là localisé dans les églises de Bretagne, ou du moins peu s'en faut. Ce furent surtout les moines de Fleury qui s'appliquèrent à l'honorer « presque à l'égal de saint Benoit », à ce que dit dom Plaine ; mais ce que ces religieux ne purent point, ce fut empêcher les profanations d'atteindre les reliques de saint Pol et de les anéantir.

On ne sait pas d'une manière certaine ce qu'elles devinrent depuis le pillage du monastère par les calvinistes, mais il est bien probable qu'elles furent livrées aux flammes après avoir été l'objet des moqueries et des blasphèmes de ces apôtres de la tolérance, de ces précurseurs des modernes amis de la liberté.

Il ne reste donc plus aujourd'hui de relique notable de saint Pol que celles qui ont été déjà signalées comme appartenant à la cathédrale de Léon, ainsi que la cloche précédemment décrite et l'étole conservée à l'île de Batz. La tunique du Saint, qui se conservait partie à Saint-Magloire de Paris, partie à Saint-Germain-des-Prés, n'est plus connue actuellement, ainsi que nous l'apprend encore dom Plaine.

Comment la cathédrale de Saint-Pol a pu sauver les reliques de son patron, c'est ce que nous ne saurions dire pour encore.

Les perquisitions que nous avons faites de différents côtés n'ont pu nous fournir aucun renseignement sur les personnes qui auraient sauvé ces précieux débris et sur la manière dont on s'y serait pris pour les soustraire aux fureurs des terroristes. Nous n'avons pu davantage nous renseigner sur la beauté artistique ou la valeur intrinsèque des reliquaires où ils étaient jadis enchâssés. Le procès-verbal par lequel Mgr Dombideau de Crouseilhes a reconnu l'authenticité des reliques conservées par la cathédrale de Saint-Pôl ne nous fournit non plus aucune lumière sur ce point. Voici cet acte dont on pourra constater l'importance, tout en regrettant que son vénérable auteur n'ait pas cru devoir y intercaler des détails inutiles peut-être en 1809, mais qui, en 1890, auraient eu un grand intérêt pour l'histoire :

« PIERRE VINCENT DOMBIDAU DE CROUSEILHES,

« PAR LA MISERICORDE DIVINE ET LA GRACE DU SAINT-SIÈGE APOSTOLIQUE
« EVÊQUE DE QUIMPER.

« Un ecclésiastique du diocèse, nous ayant apporté deux boëtes
« qu'il nous a assuré contenir les Reliques enlevées de la ci-devant
« église cathédrale de Léon, nous avons pris les informations

« les plus détaillées pour en suivre la trace dans le cours de la
« Révolution. Ces informations, tant verbales que par écrit, nous
« ayant pleinement convaincus que la divine Providence avait
« veillé d'une manière toute particulière à la conservation des
« dites Reliques, nous avons procédé à l'ouverture des dites boëtes
« en présence de MM. de Tromelin et de Poulpiquet, nos Grands-
« Vicaires, anciens Vicaires généraux du diocèse de Léon et cha-
« noines du dit Léon, lesquels nous ont dit être dans le cas de les
« reconnoitre comme les ayant souvent vues et portées en proces-
« sion.

« Ouverture faite des dites boëtes, nous avons trouvé :

« 1° Le doigt de saint Paul, intact, conservé dans sa châsse
« d'argent avec l'inscription : *Doet de Mo*ns. *St Paul, Evesque e*
« *Patron de Leon ;*

« 2° Le chef de saint Paul et un os de son bras ;

« 3° L'omoplate du côté gauche et une vertèbre du col de saint
« Hervé, accompagnés de deux authentiques, l'un de Mgr Mauclerc
« de la Muzanchère, évêque de Nantes, en date du 17 septembre
« 1750, et l'autre de Mgr Jean-Louis Gouyon de Vaudurant, évêque
« de Léon, en date du 24 mars 1751. Dans ces deux authentiques
« se trouve la description la plus exacte des dites Reliques et
« de leurs dimensions, faites d'après le rapport des chirurgiens
« appelés pour cet effet par les dits Seigneurs Evêques, et d'après
« notre examen, nous les avons trouvées parfaitement conformes
« aux dits rapports et procès verbaux.

« 4° Un tube de christal dont la partie supérieure se trouvant
« séparée de la base, renferme une Relique que nos dits Grands-
« Vicaires ont aussi reconnue être identiquement la sainte Épine
« qu'ils ont souvent portée en procession ainsi que ledit tube de
« christal.

« 5° Un os de saint Laurent martyr reconnu, par un chirur-
« gien que nous avons appelé, pour être la partie inférieure du
« fémur.

« En conséquence de notre examen et de la connoissance exacte
« que nous avons prise des dites Reliques, des dits procès-ver-
« baux et de la déclaration à nous faite par nos Grands-Vicaires

« cy-dessus dénommés de l'identité des Reliques enlevées de
« l'église de Léon, nous avons déclaré et déclarons les dites Reli-
« ques authentiques, et les avons fait enfermer dans deux Boëtes
« de fer blanc duement ficelées et scellées du sceau de nos armes,
« que nous nous proposons de transporter et de déposer nous
« même dans l'église de Léon, pour être exposées à la vénération
« des fidèles, lorsqu'elles auront été enchâssées d'une manière
« convenable.

 « A Quimper, le six juillet mil huit cent neuf. .

« DE POULPIQUET, vic. gén.,

« LE DALL DE TROMELIN, vic. gén.

 « † P. V., Evêque de Quimper. »

On l'a vu, par le procès-verbal qui précède : Mgr Dombideau
se proposait de présider lui-même à la translation solennelle des
reliques de saint Pol et des autres reliques appartenant à la cathédrale de Léon. Il avait avisé au plus pressé en reconnaissant les
précieuses épaves recueillies après la tempête révolutionnaire ;
il aurait été heureux d'achever son œuvre en les rendant à la
vénération des fidèles ; pour cela, comme il le dit lui-même, il
n'attendait qu'une chose : « que les reliques fussent enchâssées
d'une manière convenable. » Non seulement il attendit toujours,
mais son successeur lui-même comptait déjà six ans d'épiscopat
lorsque furent faits les reliquaires dont il va nous falloir parler.
Mgr de Poulpiquet ne présida point par lui-même à la déposition
des reliques dans les nouvelles châsses, ainsi qu'on le verra par la
teneur du procès-verbal suivant :

« Le douze octobre mil huit cent trente neuf, nous Guillaume
« Le Toux, Aumônier des Ursulines de St-Pol-de-Léon, requis par
« Monsieur François Le Goff, curé de St-Pol-de-Léon, en vertu d'une
« commission spéciale donnée à nous par Monseigneur l'Évêque de
« Quimper, en date du vingt-cinq mars mil huit cent trente neuf,
« nous sommes transporté à la sacristie de l'ancienne Cathédrale de
« cette ville, et là, assisté de Messieurs Le Goff, curé, et Montfort,
« principal du collège, en présence de MM. de Kertanguy, de

« Kerminguy, du Penhoat, chevalier de S¹ Louis, de Rodellec, de
« Jean-Marie Le Roux, Bohic, et de MM..les Vicaires de S¹-Pol,
« nous avons procédé à l'ouverture de deux boîtes en bois ordi-
« naire, dont l'une contenait 1° le chef de S¹ Paul, 2° le doigt de
« S¹ Paul intact, conservé dans sa châsse d'argent, avec l'inscrip-
« tion : *Doigt de M* S* Paul, Evesque et Patron de Leon*, 3° l'omo-
« plate du côté gauche et une vertèbre du cou de S¹ Hervé ;

« L'autre, 1° un os du bras de S¹ Paul, 2° un os de S¹ Lau-
« rent martyr, reconnu pour être la partie inférieure du fémur,
« 3° dans une boîte en fer blanc, un tube de cristal dont la partie
« supérieure de sa base renferme une épine de la S¹ᵉ Couronne,
« 4° quatre paquets contenant des cendres sans authentiques, et,
« portant les inscriptions *Sancti Cyrii Martyris, S¹ⁱ Vitalis Martyris,*
« *S¹ⁱ Felicis Martyris, S¹ⁱ Juvenalis,* 5° deux authentiques, l'un
« de Monseigneur Mauclerc de la Muzanchère, Evêque de Nantes,
« en date du dix-sept septembre mil sept cent cinquante, et l'autre
« de Monseigneur Jean-Louis Gouyon de Vaudurant, évêque de
« Léon, en date du 24 mars 1751 ; un certificat de M. Antoine
« Villeneuve, maître chirurgien, en date du 23 mars 1751 ; la
« confirmation de l'authenticité des susdites reliques accordée
« par Mgr Pierre Vincent Dombideau de Crouseilhes, évêque de
« Quimper.

« Ces deux boîtes, ayant paru dans un état de vétusté, de mal-
« propreté, peu conforme à leur destination, et des boîtes en bois
« d'ébène, soutenues par des socles, à quatre frontons funéraires,
« le tout avec astragales de citronnier, revêtues d'ornements argen-
« tés, et surmontées du buste de S¹ Paul, ayant été présentées, nous
« en avons fait la bénédiction, et avons déposé dans l'une : 1° le
« chef de S¹ Paul, — 2° un os du bras de S¹ Paul, — 3° le doigt de
« S¹ Paul, — 4° l'épine de la Couronne, laquelle avec son tube est
« renfermée dans une fiole ;

« Dans l'autre : 1° l'os de S¹ Laurent, — 2° l'omoplate du côté
« gauche et la vertèbre du cou de S¹ Hervé, — 3° les quatre
« paquets de cendre, — 4° les authentiques sus-mentionnés, après
« quoi nous avons déposé dans chacune des boîtes, une expédition
« du présent procès-verbal, fermé les deux boîtes aux deux bouts

« par des pointes scellées de rubans violets, avec le sceau de la
« paroisse, le dit jour et an que dessus.

> « Frs Le Goff, curé, chan. hon.,
> « Monfort, chane hore pal du collège,
> « Le cher Salaun de Kertanguy,
> « de Kermenguy,
> « du Penhoat,
> « J Mie Le Roux,
> « Bohic, f. p.,
> « Le Trohadec, Vre de St-Pol,
> « Boizar, Vre de St-Pol,
> « Brénéol, Vre de St Paul,
> « G. Toux, aum. des Ursulines. »

Loin de nous l'idée d'infliger un blâme aux prêtres vénérables qui relevèrent tant de ruines dans l'Église de France pendant la première moitié de ce siècle, mais nous n'étonnerons personne en disant que précisément à cette période le goût général étant déplorable, le clergé n'était nullement coupable en restant étranger à l'esthétique, et il faut bien reconnaître qu'il avait ce malheur. Les deux boîtes décrites en si grand détail par le vénérable aumônier des Ursulines, subsistent toujours et ont continué depuis 1839 à renfermer les reliques de saint Pol.

Ce sont des bois précieux que le citronnier et l'ébène, mais rarement ils ont servi à faire quelque chose d'aussi laid. Des ornements argentés sont souvent d'un effet heureux sur le bois noir, mais ici ce n'est certes point le cas ; les deux bustes de saint Pol placés sur les couvercles des deux châsses sont loin d'être l'œuvre d'un sculpteur habile ; enfin, l'idée de donner à des reliquaires des frontons funéraires et même dans l'ensemble une forme qui rappelle les tombeaux, n'indique-t-elle pas chez le malheureux qui a dessiné ces châsses, une complète oblitération du sens catholique. Rien autour des reliques des Saints ne doit rappeler la mort ; c'est là un principe liturgique tout-à-fait élémentaire ; il est vrai qu'en 1839 le diocèse de Quimper et de Léon avait depuis quatre ans divorcé avec la liturgie.

Si nous insistons sur ces reliquaires, c'est que leur aspect lamentable a dû contribuer selon nous à faire trop négliger les reliques de saint Pol. Sans doute on les expose à la vénération le jour du pardon, et devant ces restes précieux beaucoup de bonnes âmes répandent leurs prières; mais, pour ceux qui ont vu comment les reliques de saint Corentin sont vénérées à Quimper surtout depuis la grande fête du 12 décembre 1886, il y a lieu de se demander si les fidèles du Léon honorent ces restes précieux autant qu'on peut et qu'on doit le désirer. N'ayant jamais assisté au pardon de saint Pol, nous ne disons point ceci de nous-même, nous exprimons simplement l'avis de témoins dignes de foi, et c'est encore leur opinion que nous émettons en disant que le culte de saint Pol reprendra son ancien éclat seulement le jour où le chef et le bras du saint patron ayant été convenablement et même richement enchâssés, seront l'objet d'une translation solennelle. Nous l'appelons de tous nos vœux.

Nous savons que les vieux reliquaires dont nous avons tant médit sont chers à quelques amis du passé, dont nous respectons le sentiment ; mais, puisque la cathédrale de Quimper garde avec si grand soin les deux boîtes où a été enserré le bras de saint Corentin, rien n'empêchera la cathédrale de Léon de conserver aussi les reliquaires si bien décrits par M. Le Toux ; il est même à désirer qu'on ne laisse rien perdre de ce qui pendant bien des années a été en contact avec les restes des Saints. Même séparées de leur précieux contenu ces châsses rappellent d'une manière touchante la pauvreté de l'Église de France dans les années qui ont suivi la Révolution ; de plus, quand on les comparera aux œuvres de l'orfévrerie ou de la sculpture à notre époque, elles montreront les progrès accomplis par l'art catholique dans la seconde moitié du siècle.

Le lecteur aura remarqué que le doigt de saint Pol est enfermé dans ce que le procès-verbal de Mgr Dombideau appelle une châsse d'argent. C'est une petite boîte très simple fermée par un cristal biseauté qui permet de lire l'inscription gravée à l'intérieur, et aussi de voir la relique.

Si cette partie des restes du Saint avait reçu un reliquaire spécial, c'est sans doute qu'elle était destinée à être offerte aux baisers des fidèles, et l'on pourrait désirer qu'elle soit rendue à cette destination.

On ne sait à quelle époque fut brisé le sceau de la paroisse appliqué sur les deux châsses par M. Le Toux ; mais, pendant bien des années elles restèrent ouvertes l'une et l'autre ; plus tard les rubans des couvercles furent de nouveau fixés aux boites par de la cire, mais sans empreintes de sceaux. Il y a quelques années, M. Messager, actuellement archiprêtre de Saint-Pol, pria Mgr Nouvel de visiter les reliquaires et de les sceller de ses armes, ce qui fut fait, mais sans que l'évêque rédigeât de nouveau procès-verbal. Quant aux procès-verbaux anciens, ils étaient depuis longtemps et restèrent sous scellés dans les reliquaires, tant ceux qui ont été cités que ceux qui restent à transcrire, lorsque nous en serons aux reliques de saint Hervé. Pour en avoir communication, afin de leur donner place dans cette étude, nous avons donc sollicité et obtenu de Mgr Lamarche l'autorisation de rompre les sceaux de Mgr Nouvel.

Le 18 juillet 1889, nous avons donc pris ou fait prendre copie de tous ces actes, puis nous avons remis les originaux dans les deux châsses que nous avons scellées du sceau de Mgr Lamarche.

Les reliques tant de saint Pol que de saint Laurent et de saint Hervé reposaient sur de la ouate disposée un peu pêle-mêle ; cette ouate, ainsi que de vieux linges longtemps en contact avec ces vénérables ossements, fut cousue dans des pièces de soie également trouvées dans les reliquaires et l'on forma ainsi des coussins qui furent placés sous les mêmes reliques. Nous signalons ce détail, parce que si un jour ces coussins étaient remplacés et mis hors d'usage, ils seraient aussi à conserver.

19 Mars 1890. — Il y a huit jours, la liturgie ramenait pour notre diocèse la fête de saint Pol-Aurélien, et mettait sur les lèvres des prêtres l'éloge de cet homme apostolique. La pensée de toutes les splendeurs dont se serait autrefois revêtue la cathédrale de Léon à la date du 12 mars, ajoutait encore aux regrets que nous ressentions en constatant l'oubli relatif dans lequel sont tombées les reliques du glorieux patron de cette église.

Or, à l'heure même où l'expression de ces sentiments se faisait jour, ces regrets allaient perdre leur raison d'être, car les reliques de saint Pol recevaient des hommages comme elles n'en avaient pas reçu depuis longtemps.

Dieu a ses heures. Nous avons eu occasion de le dire déjà pour ce qui concerne le nouvel éclat qui s'est attaché au culte de saint Corentin et de saint Ronan, mais surtout pour la recrudescence de dévotion amenée par le couronnement de Notre-Dame du Folgoat. Nous espérons le prouver encore à l'avenir en entretenant nos lecteurs de la translation de saint Maurice, à Notre-Dame de Langonnet en 1880. Nous serions bien heureux s'il nous était donné de le montrer une fois de plus en disant quels honneurs recevra dans l'avenir le crâne de saint Guennolé dont, après un sérieux examen, l'autorité épiscopale a reconnu l'authenticité, l'année dernière (1).

Ces heures choisies de la Providence nous les avons reconnues encore à l'ouverture des procès diocésains pour la glorification de saint Jean Discalcéat et de Michel Le Nobletz ; et maintenant vient d'apparaître l'aurore du jour où saint Pol Aurélien, sous les voûtes de sa vieille cathédrale et dans les rues de sa cité fidèle verra se presser ses enfants. Nous pouvons déjà lui dire, en empruntant les paroles du prophète Isaïe : « Autour de toi lève les yeux et vois : cette assemblée toute entière est accourue pour toi. Tes fils viendront de loin et tes filles se lèveront à tes côtés ; telle en ce jour sera ta richesse ; à cette vue tu seras dans l'admiration et ton cœur se dilatera quand tu auras ainsi attiré la multitude des bords de la mer, la race forte...; elle viendra portant l'or et l'encens et chantant les louanges du Seigneur (2). » Quand cela se réalisera-t-il ? C'est le secret de Dieu. Nous espérons cependant que l'heure ne tardera guère, mais surtout nous croyons qu'elle sera l'heure opportune et l'heure choisie du Seigneur.

---

(1) Ces dernières lignes s'adressaient surtout aux lecteurs habituels de la *Semaine Religieuse ;* cependant, nous n'avons pas cru devoir les supprimer ici.
(2) Isaïe, ch. LX.

« Les étoiles ont été appelées et elles ont dit : « Nous voici, »
et elles ont pris plaisir à briller pour obéir à Celui qui les a
faites (1). »

Ces astres qui brillent non au firmament visible sur notre
terre mais des profondeurs du paradis sur le champ de bataille de
l'Église militante peuvent subir pour nous des éclipses partielles ;
toutefois, quand le souverain Maître juge leur splendeur d'une particulière utilité, il les appelle, les nuages de l'oubli disparaissent
et nos regards ravis contemplent ces douces lumières qui brillent
pour obéir à Celui qui les a faites. Elles nous conduisent alors
dans la voie de la fidélité, comme la colonne dirigeait les Hébreux
dans leur marche au désert. Il y a plus encore : les Saints ne
sont pas seulement nos bons et puissants amis ; à l'heure de la
lutte ils se font nos défenseurs ; enfants de la lumière, ils combat-
tent pour nous les enfants des ténèbres : « *Stellæ manentes in
ordine et cursu suo, adversus Sisaram pugnaverunt.* Les étoiles
demeurant dans leur ordre, immobiles dans leur cours, combattirent contre Sisara. » Qu'il apparaisse donc l'ancien vainqueur du
dragon, et que les ennemis de Jésus-Christ soient encore enchaî-
nés par sa main victorieuse !

Mais pourquoi ces espérances de glorification pour saint Pol
Aurélien, et d'une protection plus efficace de sa part ?

Le mercredi 12 mars, Mgr Lamarche, évêque de Quimper et de
Léon, se trouvait à Saint-Pol. Sa Grandeur voulait satisfaire sa
dévotion personnelle, pour le fondateur d'une des deux églises
réunies sous son autorité.

Monseigneur voulait que cet acte de piété qu'il accomplissait
pour le bien de son diocèse, gardât un caractère absolument privé,
et c'est pourquoi il avait choisi le douze mars, fête liturgique, au
lieu du seize mars, pardon solennel de Saint-Pol. M. le Curé archiprêtre avait bien cru ne pas se mettre en opposition avec les désirs
de Monseigneur en faisant connaître à ses paroissiens, dès le
dimanche précédent, que l'Évêque se proposait de dire la messe à
la cathédrale, le mercredi. A neuf heures, Monseigneur célébrait

____

(1) Baruch, ch. III.

donc une messe basse, mais non pas dans le demi isolement qu'il
avait prévu ; la belle et vaste nef était remplie ; dans les bas-côtés
de la nef et dans le pourtour du sanctuaire se pressaient de nombreux fidèles profondément recueillis. C'était une manifestation
de foi et de dévotion, silencieuse, mais bien éloquente et bien
douce à contempler pour le Pasteur de la paroisse comme pour le
Pasteur du diocèse. Devant un tel spectacle, Monseigneur sentit
un vif désir de féliciter ce bon peuple et il le fit brièvement, mais
avec une émotion profonde. Puis, pour satisfaire cette piété, Sa
Grandeur voulut qu'une relique de saint Pol fût proposée à la
vénération des fidèles ; mais la châsse est grande, fort lourde et
d'une conformation qui la rend peu portative ; on l'ouvrit donc,
pour en extraire l'étui d'argent renfermant le doigt de saint Pol.
Conformément au désir que nous exprimions, il y a quelques jours
à peine, le petit reliquaire a donc été rendu à sa première destination. Pendant une demi-heure, Monseigneur donna lui-même
la relique à baiser, mais après ce temps il lui fallut se faire remplacer dans ce pieux office par un des prêtres attachés au service
de la Cathédrale.

La foule ne diminuait pas dans l'église, car les premiers sortis
faisaient savoir en ville qu'on offrait à la vénération publique les
reliques de saint Pol, si bien que cette cérémonie dura encore plus
d'une heure. Ouvriers et ouvrières quittaient leur travail, les
enfants de toutes les écoles accouraient pour se joindre à leurs
parents, et comme il n'y a pas de fête sans musique, l'orgue qui
était resté silencieux d'abord, trouvait une voix à laquelle répondaient les milliers de voix de la foule pour chanter d'abord le
Magnificat, puis les strophes d'un cantique français entre lesquelles
on avait eu la pieuse pensée d'intercaler le refrain :

> Saint Pol, ô notre Père,
> Toi que nous invoquons,
> Entends notre prière
> Et bénis tes Bretons.

C'était très-bien pour cette année ; cet emprunt fait à sainte
Anne n'aura certainement pas porté ombrage à notre bien-aimée
patronne ; mais si l'emprunt se renouvelait, il deviendrait un vol ;

ce serait de nature à porter préjudice à la réputation des braves habitants du Léon, et, d'autre part, saint Pol ne pourrait s'attribuer légitimement le bien dérobé à la sainte aïeule du Sauveur. Ceci soit dit pour exciter la verve d'un poète dont notre *Semaine Religieuse* a plus d'une fois reproduit les œuvres, et que la ville de Saint-Pol compte parmi ses enfants. A lui donc de prendre la plume ; saint Pol lui inspirera certainement un beau cantique français, poétique et pieux comme nos vieux *gwerz* bretons, et c'est avec bonheur qu'on l'entendra chaque année, quand se renouvellera, avec une solennité plus grande encore, l'ostension et la vénération des saintes reliques, mais surtout au jour ardemment désiré où la générosité du Léon ayant abrité dans de nouvelles châsses les ossements vénérés de l'Apôtre du pays, une translation solennelle viendra réveiller les indifférents et renouveler l'enthousiasme des plus fervents. Ce jour-là, d'ailleurs, le Léon ne sera pas seul, et l'alliance fraternelle consommée entre les deux diocèses d'autrefois s'affirmera une fois de plus quand les descendants des Bretons évangélisés par saint Pol lui diront de tout cœur :

> Vicinæ sobolis nunc quoque suscipe
> Curam, ferque preces votaque Numini :
> Imo jam domus una est,
> Cujus tu decus alterum.

« Veille aussi désormais sur le peuple qui confine au nôtre. Porte à Dieu ses vœux et ses prières. Avec lui nous ne formons plus qu'une seule famille dont tu es la seconde gloire. »

2° RELIQUES DE SAINT JOÉVIN.

Après avoir consigné tout ce qu'il nous a été possible de recueillir sur les restes du premier Évêque de Léon, il n'est que juste de dire ce qu'il advint des restes de saint Joévin, neveu de saint Pol, et le premier à lui succéder quand le saint vieillard eut repris le gouvernement de son monastère de l'Ile de Batz.

Nous avons dit *(page 141)* comment le jeune prélat mourut à Brasparts, comment son corps fut transporté en Léon jusqu'à l'endroit où un fait, regardé comme miraculeux, détermina l'emplacement de sa sépulture et de la chapelle qu'on bâtit en son honneur à *Porz-ar-C'hroaz,* sur le territoire de Plouvien.

Il y a dans la paroisse de ce nom un prêtre érudit qui s'est beaucoup occupé des souvenirs historiques se rattachant au pays de Léon. Or, l'abbé J.-L. Le Guen a donné, dans le *Bulletin de la Société archéologique du Finistère* (1), quelques détails rectifiant et complétant la note de M. de Kerdanet, que nous avons citée.

1° Dans l'inscription de ce tombeau, chef-d'œuvre du xive siècle, il faudrait lire le nom du Saint : Sas Joeuin au lieu de D. Joeuoa.

2° M. l'abbé Le Guen reproche à M. de Kerdanet de n'avoir fait aucune mention du cordonnet qui pend à la crosse. Pour lui, « ce cordonnet est un symbolisme significatif et important, parce que, joint à l'emblème de la direction de la volute à l'intérieur, il confirme d'une manière incontestable l'opinion qui ne fait de saint Joévin qu'un chorévêque. »

J'ai dit au chapitre IV ce que je pensais de la juridiction épiscopale des prélats consacrés par saint Pol. S'ils avaient été simplement des chorévêques, pourquoi Wormonoc ne l'aurait-il pas dit et la tradition ne l'aurait-elle pas conservé. J'aime mieux croire le témoignage formel d'un savant moine du ixe siècle, que le cordonnet et la volute sculptés par un artiste du xive siècle et dont le témoignage pourrait me paraître simplement sérieux, mais nullement « incontestable ». Il est, d'ailleurs, si peu de choses incontestables !

3° D'après Albert-le-Grand, j'avais avancé que les reliques de saint Joévin « furent levées et transportées en la cathédrale de Léon ». Mais il faut rejeter cette affirmation, au moins dans ce qu'elle a d'absolu. La cathédrale de saint Pol n'a pu recevoir qu'une partie de ce trésor, et les reliques de saint Joévin reposent encore, dans leur cercueil de pierre, sous le monument déjà décrit. Elles ont été vérifiées en 1856. C'est encore M. l'abbé Le Guen qui nous fournit ce précieux détail.

On ne sait rien sur les sépultures et sur les restes des autres successeurs que se donna saint Pol encore vivant, ni sur les tom-

______

(1) 4e livraison de 1888, pages 143 et 146.

beaux de saint Tanguy et de sainte Haude, non plus que de saint
Guévroc, pieux personnages dont la vie se lie à celle du premier
évêque de Léon. Pour le dernier, nous dirons cependant que son
corps ayant été transporté à son monastère de Locquirec, au pays
de Tréguier, y reposa jusqu'à l'époque des invasions normandes.

Venons en donc aux reliques de saint Hervé.

3° RELIQUES DE SAINT HERVÉ.

« Incontinent qu'il eut rendu l'esprit, l'Evesque Pol-Aurélien
(il avait été mandé par le saint aveugle mourant) et les autres
moynes entendirent une musique mélodieuse résonnant en l'air.
Le saint Prélat, avec les saints Abbez Guenegan, Majan et Mor-
medus, accompagnez de leur clergé et moynes, celebrerent son
enterrement, le déposant devant l'autel de son oratoire, dans un
coffret de pierre, qu'ils lierent bien et fermement de lames de fer
et de plomb. Du depuis, par dessus ce petit oratoire, fut bastie
l'église parochiale qui, de son nom, s'appelle Land-Hoüarné (1),
où se voit son sépulchre, auquel se font encore plusieurs miracles
par les mérites de ce Saint.

« Son corps saint demeura en son église de Land-Hoüarné jusques à l'an 878, que, pour éviter la rage des Normands, il fut
porté en la chapelle priorale du chasteau royal de Brest, où il fût
jusques à l'an 1002, que le duc Geoffroy, I du nom, le fit mettre en
une grande châsse d'argent, historiée des principales actions de sa
vie, enrichie de pierreries, et en fit présent à son confesseur et
aumosnier Hervé, Evesque de Nantes, lequel le mit au thresor de
sa cathedrale, parmy les autres Reliques, où il est honorablement
conservé en une chappelle en la mesme eglise, qui est la première de la nef a costé droit, bastie par Guillaume Guéguen, jadis
Evesque de Nantes, qui y gist en un sepulchre de marbre blanc.
Ce Saint est ennemy juré des parjures, lesquels jurans à faux sur
sa chasse estoient severement punis ; et anciennement les ser-

---

(1) Aujourd'hui Lanhouarneau entre Landivisiau et Saint-Pol, et sur la
route de Saint-Pol à Lesneven.

ments solennels, par ordonnance de justice, se faisoient sur la chasse de saint Hervé, comme l'a remarqué l'ancien rituel manuscrit sur vellin de l'Office propre de l'Eglise de Nantes, dressé dès l'an 1225. »

Ces intéressants détails nous sont transmis par Albert-le-Grand, dont le lecteur aura d'ailleurs reconnu le style. A ce qui précède nous pouvons ajouter encore cette particularité : c'est sur les mêmes reliques de saint Hervé que François II, duc de Bretagne, promit en 1475 « d'entretenir la paix, amitié, union, alliance et confederation d'entre lui et Monseigneur le roi de France, sans jamais aller ni venir à l'encontre. » C'est à ce dernier fait historique que fait allusion M. de la Villemarqué dans une page que je ne puis omettre de citer ; on y verra d'ailleurs ce qu'il advint de la presque totalité des reliques du saint aveugle :

« On conservait avant la Révolution, dans le trésor de la cathédrale de Nantes, une châsse d'argent enrichie de pierreries, présent d'un ancien chef breton. Dans les grandes causes judiciaires, elle était portée processionnellement devant les juges pour recevoir les serments solennels que l'on prêtait ailleurs sur le livre des Évangiles. Un roi de France et un duc de Bretagne, après de longues guerres, unirent sur cette châsse leurs mains reconciliées.

« A la même époque se voyait, au fond de la Basse-Bretagne, dans la sacristie d'une petite église de campagne, un berceau de chêne sans rien de remarquable que sa vétusté. Les habitants de la paroisse le vénéraient cependant à l'égal de la châsse d'argent ; les chanteurs mendiants surtout avaient pour lui un culte particulier. Ils aimaient à y faire toucher leurs grossiers instruments de musique, leurs coquilles de pèlerins, leur chapelet, leur bâton de voyage, tout ce qu'ils avaient de plus précieux. Agenouillés devant ce berceau, ils le baisaient avec respect, et, arrivés tristes, ils repartaient joyeux.

« Or, la châsse d'argent contenait, enveloppées dans la pourpre et la soie, les reliques de saint Hervé. Le berceau de chêne était celui-là même où l'endormirent de leurs chansons le barde et la femme poëte que Dieu lui donna pour père et pour mère.

« Aujourd'hui, le reliquaire ducal n'existe plus. Le métal trois fois consacré par la sainteté, la justice et la royauté, a été volé et fondu à l'époque de triste mémoire où ces trois choses, foulées aux pieds, valurent moins qu'un lingot d'argent. Mais le berceau de bois de l'humble patron des chanteurs de Bretagne, ce pauvre berceau, si conforme à sa destinée sur la terre, n'a tenté la cupidité de personne, et plus d'un mendiant, après y avoir collé dévotement ses lèvres, comme ses pères autrefois, s'en va chantant d'une voix plus pure et le cœur consolé. » (1)

Oui, c'était bien vraiment là une relique de gracieux souvenir ; et cependant la conservation du berceau n'aurait pu dédommager l'Église de Léon d'avoir perdu les ossements de son Saint le plus populaire, si la Providence ne lui avait donné d'en conserver ou d'en recouvrer quelques fragments. A Lanhouarneau même, de temps immémorial une partie de ces restes sacrés demeure en possession de la vénération. Il est possible que au moment de la translation au château de Brest on ait déjà gardé ou dans le tombeau primitif, ou dans une châsse, quelques fragments de ce corps dont on ne se séparait qu'à grand peine, et dans le désir de le conserver plus sûrement. Ces fragments renfermés dans un bras en bois recouvert d'une légère feuille d'argent ont échappé aux profanations révolutionnaires.

Reconnus par Mgr de Poulpiquet, ils ont été par son ordre placés dans une châsse en 1828. Le but de cette ordonnance épiscopale était de faire cesser un usage assez étrange : chaque année, le lundi de la Pentecôte, le reliquaire en forme de bras, était plongé dans la fontaine du Saint pendant la procession solennelle. Depuis l'interdiction de cette coutume, on se contente d'exposer la châsse au-dessus de la même fontaine pendant que la procession s'arrête pour chanter l'antienne *Similabo*.

Un autre fragment, ou pour mieux dire, une parcelle des reliques de saint Hervé, se voit dans le beau reliquaire d'argent donné par la princesse Blanche de Bretagne aux Frères prêcheurs de Quimperlé, et possédé aujourd'hui par les Religieuses de la

---

(1) Le berceau dont il vient d'être question n'existe plus.

Retraite qui occupent en cette ville l'ancien couvent des fils de saint Dominique.

Mais nos lecteurs n'ont pas oublié que la cathédrale de Léon, elle aussi, possède des reliques notables du même Saint ; car il en a été question dans les procès-verbaux relatifs aux reliques de saint Pol. Les procès-verbaux suivants montreront comment, au milieu du xviiie siècle, l'église de Saint-Pol obtint de l'église de Nantes une partie des ossements sacrés, qui depuis plus de sept cents ans avaient quitté la terre de Breiz-Izel.

Pierre Mauclerc de La Muzanchere,

« par la miséricorde de Dieu et la grace du Saint Siege Apostolique,
« Evesque de Nantes, Conseiller du Roi en touts ses conseils, etc...

« Scavoir faisons que ce jour dix septieme décembre mille
« sept cent cinquante, ont comparu devant nous en notre palais
« Episcopal nobles et discrets Augustin de Langle et Hervé René
« Boureau de Maisonneuve, pretres chanoines de notre Eglise
« Cathedrale, lesquels nous ont exposés que noble et discret
« Hervé Prigent Prestre Licencié en Théologie et Chanoine théo-
« logal de l'Eglise de Léon en cette province s'étant presanté le
« seize de ce mois au Chapitre de notre d^{ite} Eglise Cathedrale, y
« auroit temoigné que tout le clergé du diocese de Lëon, et
« entrautres le Chapitre de l'Eglise Cathedrale du dit lieu, desi-
« roit avec empressement de posseder quelques Reliques de Saint
« Hervé Confesseur, originaire du d^t Diocese de Leon, et qu'il
« etoit chargé d'engager le Chapitre de notre ditte Eglise Cathe-
« drale de luy en delivrer quelque portion, attendù que les osse-
« ments du d^t Saint sont conservés dans le tresor de notre d^{tte}
« Eglise depuis l'année mille deux ou environ, auquel temps
« Geoffroy premier, Duc de Bretagne luy en fist present du temps
« de l'Evesque Hervé l'un de nos predecesseurs, suivant les
« Chronologies deposees aux archives de notre ditte Eglise, a
« quoy le Chapitre ayant acquiescé, les d^{ts} Sieurs de Langle et
« Boureau de Maisonneuve auroient été deputés pour nous sup-
« plier de vouloir bien faire l'ouverture du Reliquaire ou sont
« renfermes les d^{ts} Ossements, l'Examen et la Visite de ces osse-

« ments et la Delivrance de la Portion qui en sera accordée au
« d' sieur Prigent suivant sa demande. Ce que ayant agréé ainsy
« que la demande faitte par le d' sieur Prigent, et étant accom-
« pagnés des d^{ts} Sieurs Deputez et du d' Sieur Prigent nous nous
« sommes transportez au cœur de notre ditte Eglise, ou etant
« arrivez à l'yssue des vespres, nous nous sommes revestus d'un
« rochet et d'une etolle, et aprez avoir fait allumer plusieurs
« cierges et flambeaux, et avoir fait quelques prieres a genoux
« au pied du Grand autel, les d^{ts} Sieurs deputes nous ont pre-
« sentes une chasse d'argent qui a été tirée du trésor de notre
« ditte eglise et posée sur la table du Grand autel du costé des
« stalles, laquelle chasse est enrichie de pierreries, et autour de
« laquelle sont représentés en relief les principaux traits de
« l'histoire de la vie de saint Hervé, nous avons à l'instant fait
« ouverture de la d^{tte} chasse dans laquelle nous avons trouvés
« plusieurs ossements des differentes parties du corps sans aucune
« corruption ni poussiere, decemment enveloppes dans un dou-
« ble sac, le premier ou celuy de dessus, de damas blanc, l'autre
« de satin pareillement blanc, sur lequel est cette inscription,
« Ossements de Saint Hervé : parmi lesquels nous avons avec les
« d^{ts} sieurs deputes choisis deux ossements, que nous avons fait
« remarquer, pour en avoir la denomination, aux Sieurs François
« Bournave et Julien Mïnée maitres en chirurgie de cette ville
« appellés pour assister à notre present procez-verbal, et nous
« donner tels eclaircissements que de besoin, lesquels nous ont
« dit et declaré après l'examen qu'ils en ont fait que l'un des
« d^{ts} ossements qui a environ six pouces de longueur est l'omo-
« plate du costé gauche, et l'autre qui est beaucoup moindre est
« une vertebre du col, lesquels deux ossements, nous avons mis
« sur un vase d'argent, aprez quoy nous avons renfermés touts
« les autres ossements dans les mesmes sacs que nous avons remis
« dans la d^{tte} chasse, laquelle aprez avoir été fermée a été aussy
« tost replacée au tresor de notre ditte Eglise, et ensuitte aprez
« avoir fait mettre sur chacun des deux susdits ossements une
« etiquette ou inscription en ces termes, S: Hervæus Conf: nous
« les avons enveloppés dans un taffetas blanc que nous avons liés

« d'un ruban blanc et cachetés de nos armes, et les avons ainsy
« enfermés dans une boëtte de fer blanc remplie de cotton laquelle
« nous avons fermés de son couvercle et l'avons aussy liée d'un
« ruban de soye blanche et cachetée en dessous et aux deux bouts
« du cachet de nos armes laquelle boette nous avons mise entre
« les mains du d^t Sieur Prigent pour etre par luy transportée
« dans la ditte ville de Léon et les deux ossements qui y sont
« renfermés être déposés dans l'Eglise Cathedrale de la mesme
« ville et exposés a la veneration des fidelles, observant les for-
« malités requises.

« DE TOUT QUOY nous avons rapportez notre present Procez
« Verbal par double pour l'un etre delivré au d^t Sieur Prigent et
« l'autre déposé aux archives du Chapitre de notre ditte Eglise
« pour y avoir recours au bezoin. Fait à Nantes les dits jours et
« an sous notre seing et le scëau de nos armes et de celles de
« notre dit Chapitre comme aussy sous les seings des dits sieurs
« deputés, du d^t sieur Prigent et des dits sieurs Bournave et Minée
« et autres presents et de maitre Jean Gabriel Texier pretre secre-
« taire de notre dit chapitre que nous avons pris pour notre
« adjoint en cette partie.

« † PIERRE, Evêque de Nantes,
« A. DE LANGLE cha: de l'Eglise de Nantes,
« H. BOUREAU DE MAISONNEUVE, chanoine
« de Nantes,
« PARIS chanoine de l'Eglise de Nantes,
« H. PRIGENT ch^{ne} th^{gal} de Léon,
« DU DRESNAY,
« R. CHARETTE DE LA CONTRIE chanoine
« de l'Eglise de Nantes,
« MINÉE M. en chirurgie à Nantes,
« BOURNAVE chirurgien juré,
« TEXIER Secret^{re} du chapitre de l'eglise
« de Nantes. »

Quelques lecteurs auront sans doute remarqué dans la pièce
qui précède le nom du maitre en chirurgie appelé comme expert
par l'Évêque de Nantes. Ce Minée n'a pas de commun que le nom

avec Julien Minée. Le misérable prêtre qui, en 1791, acceptait
le triste honneur d'être l'évêque intrus et schismatique de la
Loire-Inférieure, qui prétendit, plus tard, rejeter son sacerdoce et
renier la foi chrétienne, était le fils du chirurgien qui avait
reconnu les reliques de saint Hervé. L'apostasie du prélat consti-
tutionnel est du 18 novembre 1793 ; quelques jours après, le 24
du même mois, ce même homme présidait à la violation des sépultures et à la profanation des restes des évêques de Nantes. Non
seulement il laissa déchirer le corps de Mgr de la Muzanchère,
embaumé par les propres mains de son père, mais il fut assez
lâche pour ne pas arrêter les misérables qui se disputaient les
restes du corps et du cercueil du vénérable chirurgien « aimé et
respecté du chapitre, et qui avait été inhumé sous les dalles de la
cathédrale ». Ce que devint ce répugnant spécimen de l'église
révolutionnaire n'a pas de rapport avec notre sujet.

Les reliques de saint Hervé apportées de Nantes à Saint-Pol
par le chanoine Prigent furent reçues avec grand respect par
l'évêque qui occupait alors le siège de Léon. L'on verra dans le
procès-verbal suivant, de quels honneurs elles furent l'objet dès
leur arrivée. Les deux évêques que cette circonstance avaient mis
en rapport fixaient alors l'attention de l'Église de Bretagne ; on
était à l'époque des malheureuses querelles du Jansénisme; Pierre
Mauclerc de la Muzanchère combattait vigoureusement l'erreur,
non sans avoir beaucoup à souffrir en défendant ainsi les droits
de la vérité. Au contraire, Jean-Louis Gouyon de Vaudurand,
homme de naturel bon et doux, usa surtout de cette mansuétude
à l'égard de ceux qui professaient les doctrines de Jansénius ; sans
les favoriser absolument, il les laissait faire ; aussi publièrent-ils
que ce prélat était le plus pacifique de tous ceux de la province
ecclésiastique de Tours. C'est peut-être en raison des difficultés
que lui créèrent ses faiblesses pour des Jansénistes obstinés de
son diocèse, qu'il se démit de l'épiscopat en 1763, treize ans après
avoir reçu les reliques de saint Hervé; il mourut en 1780.

Voici donc l'acte par lequel il reconnut et offrit à la vénération
publique les deux ossements donnés par l'Évêque et le chapitre
de Nantes :

Jean Louis Gouyon de Vaudurand,

« par la miséricorde de Dieu et la grace du Saint-Siège Apostolique,
« Evêque Comte de Léon, Conseiller du Roy en ses conseils.

« Nous avons procédé à l'ouverture d'une Boette de Reliques à
« la Requête du Sr Prigent chanoine théologal et fabrique de notre
« Eglise cathédrale, qui nous a aussi presenté le procez verbal fait
« par Illustrissime et Reverendissime Pierre Mauclerc de la Muzan-
« chère Evêque de Nantes, le dix sept décembre dernier, signé
« dudit seigneur Evêque et de plusieurs Chanoines de sa cathé-
« drale, et autres, et scellé du sceau de ses armes et de celles du
« chapitre de la dite Eglise cathédrale de Nantes, contenant que
« d'une chasse d'argent du Trésor de ladite Eglise ont été tirées
« les Reliques de saint Hervé que l'on a enveloppées dans un
« taffetas blanc, qui a ete lié d'un ruban blanc cachetté des armes
« dudit Seigneur Evêque, et enfermées dans une boette de fer
« blanc remplie de cotton, laquelle a été fermée de son couvercle
« et aussi liée d'un ruban de soye blanche, et cachettées du cachet
« des mêmes armes, et avant de proceder à l'ouverture de la même
« boëtte, nous avons appellé maitre Antoine Villeneufve chirurgien
« juré de nôtre ville de Leon, et Joseph Villeneufve aussi chirur-
« gien de nôtre diteville, pour reconnoitre et verifier les Reliques
« contenues en la dite boette garnie de cotton ; et ayant levé une
« partie de ce cotton, nous avons trouvé dans l'enveloppe de taffe-
« tas, telle qu'elle est marquée dans le susdit procez verbal, deux
« ossemens, dout l'un est l'omoplate de l'épaule gauche et l'autre
« une des vertèbres du col que les dits chirurgiens nous ont dit
« être véritablement d'un homme, et sur chacun des deux sus-
« dits ossemens, nous avons trouvé une inscription en ces termes :
« *S:Hervæus Conf:* le tout bien examiné et trouvé conforme au pro-
« cez verbal dudit Seigneur Evêque de Nantes, nous avons permis
« et permettons d'exposer les dites Reliques à la vénération des fidè-
« les et de les porter en procession, et après en avoir conféré avec
« nos vénérables confrères les Chanoines de notre Eglise cathé-
« drale, avons fixé que nous ferons la translation des dites Reliques
« de l'Eglise de St-Pierre près notre dite ville à nôtre Eglise cathé-

17

« drale, le mardy trente du présent mois ; avons permis de faire
« l'office double dudit saint Hervé, en notre Eglise cathédrale, et
« tous les ans à pareil jour commémoration simple de ladite trans-
« lation, à tous les Ecclésiastiques de cette ville et ceux qui sont
« actuellement en notre séminaire, et les corps des communautés
« régulières et confréries séculières, accordons quarante jours
« d'indulgences, lesquelles dites Reliques liées d'un ruban blanc
« cachetté de nos armes, nous avons fait surément renfermer dans
« ladite boette enveloppée d'un taffetas bleu, et couverte d'un vere
« et liée d'un ruban blanc que nous avons fait aussi cacheter du
« cachet de nos armes, dans laquelle elles seront exposées en
« attendant qu'on ait une chasse convenable pour les renfermer
« à demeure, de tout quoy nous avons rapporté le present procez
« verbal signé de nous et de notre secrétaire, et scellé du sceau de
« nos armes. A Leon dans nôtre palais épiscopal le vingt quatre
« mars mil sept cent cinquante et un.

« † J. L. evéque, c. de Leon.

« Par Monseigneur :

   « F. Cazuc, Secret. »

Afin de montrer aux fidèles de quelles précautions l'Église a
soin d'user pour examiner et déclarer l'authenticité des reliques
des Saints, nous donnerons le procès-verbal des deux chirurgiens
qui reconnurent dans les ossements apportés à Saint-Pol-de-Léon,
les mêmes restes humains qui avaient été précédemment donnés
par Mgr de la Muzanchère et les chanoines de l'église de Nantes.

« Nous soussignés Antoine Villeneufve, m^{tre} chirurgien juré
« de la ville de St Paul de Léon y demeurant, et Joseph Ville-
« neufve chirurgien demeurant en la mesme ville, paroisse du
« Minihy, certifions que ce jour vingt troisième mars mil sept
« cent cinquante un nous aurions esté requis de nous randre au
« palais Episcopal de Monseigneur l'Illustrisime et Reverandissime
« Jean Loüis Gouyon de Vaudurant, Evesque et Comte de Léon,
« pour voir et visiter des Reliques. Et nous y estant randus envi-
« ron les deux heures de l'après midy, on nous aurét fait voir
« une boitte de fer blanc liée d'un ruban blanc et cachetée de cire
« rouge, laquelle boitte estant ouverte par Sa Grandeur nous y

« avons trouvé deux os dont l'un est lomoplate dans son entier
« de l'épaule cotté gauche, le second est une des vertèbres du col,
« lesquels ossements estimons estre humains.

« Tel est notre raport que nous affirmons véritable. A St Paul
« de Léon ce vingt troisième mars mil sept cent cinquante un.

« A. VILLENEUFVE, m^{tre} chirurgien.

« Joseph VILLENEUFVE, chirurgien. »

Nous pensons que les reliques de saint Hervé furent grandement honorées par les habitants de la cité et les populations du
voisinage jusqu'à la tourmente révolutionnaire ; après cette époque, leur histoire se lie étroitement à celle des reliques de saint
Pol lui-même, et nous n'avons qu'à renvoyer le lecteur à ce qui a
été dit des unes et des autres dans le procès-verbal dressé par
Mgr Dombideau de Crouseilhes. Les reliquaires des deux Saints
sont absolument semblables et surmontés du même petit buste
d'évêque.

Par ce que nous dirons tout-à-l'heure des reliques de saint
Goulven, l'on verra que la tête de saint Hervé était conservée à
Rennes. Comment était-elle venue dans la capitale de la Bretagne ?
Peut-être le duc Geoffroy Ier l'y avait-il transportée au moment où
il avait donné à Hervé, évêque de Nantes, les reliques de son
saint patron. Nous ignorons si elle a échappé aux profanations du
dernier siècle.

En ce qui concerne les honneurs que l'avenir verra rendre aux
restes de saint Hervé, nous exprimons les mêmes vœux que pour
les reliques de saint Pol.

A Lanhouarneau, l'avant-bras du Saint est toujours dans le
bras revêtu d'argent dont nous avons parlé précédemment. La
châsse dans laquelle il avait été déposé par ordre de Mgr de Poulpiquet a été remplacée, depuis quelques années, par un reliquaire
de style ogival. Les sceaux épiscopaux apposés autrefois sur la
relique n'existent plus ; on y voit bien encore quelques débris de
cire d'Espagne, mais sans empreintes.

4° RELIQUES DE SAINT GOULVEN.

Saint Goulven étant mort à Rennes, son corps est demeuré dans cette ville où il n'a cessé d'être honoré d'un culte public. Nous n'avons pas ici à présenter à nos lecteurs un travail qui nous soit personnel. M. l'abbé Guillotin de Corson, dont on connaît la science archéologique, a publié dans la *Semaine Religieuse de Rennes* et dans la *Revue de Bretagne et Vendée* une étude très complète et fort intéressante sur la châsse de saint Goulven (ou Golven comme on l'appelle à Rennes, ainsi que nous l'avons déjà observé). Plus tard, cette même étude a été reproduite dans la deuxième série de *Mélanges historiques sur la Bretagne et les Bretons,* et l'auteur nous a gracieusement autorisé à la transcrire dans notre histoire de saint Pol et de ses successeurs.

« Il est certain que le corps de saint Golven, conservé tout entier à Rennes, d'abord dans l'église abbatiale de Saint-Melaine, puis dans l'église cathédrale de Saint-Pierre, a toujours été durant le moyen-âge un objet de vénération particulière pour le peuple de Rennes ; on le portait dans toutes les processions générales des Rogations, et c'était aux neuf recteurs de Rennes qu'incombait la glorieuse charge de soutenir ces saintes reliques.

« La fête de saint Golven était célébrée avec solennité dans la cathédrale : « Elle est double de distribution et de sonnerie, et « l'on doit mettre la châsse du saint sur le grant autel ès quatre « heures principales, » chantées par le Chapitre, nous dit le *Livre des Usages, en 1415,* « on doit apparoir (c'est-à-dire exposer) « icelui jour les autres reliques de l'église : il y a procession après « Vespres devant l'image (du saint évêque) pour la devocion du « peuple, » de plus, « les enfants serviteurs du cueur y doivent « à matines chappeaulx d'osier blanc aux seigneurs (c'est-à-dire « aux chanoines) et aux gens du cueur. » Enfin, ce jour-là, en signe de réjouissance, le Chapitre de Rennes offrait une collation de cerises et de vin à tous ceux qui ont chanté l'office de saint Golven. « Et est à scavoir que, après les leczons de matines, l'on

« fait potacion avec des cerises, et à chacun son plat de cerises,
« son pot de vin, etc. (1). »

« Nous allons voir dans ce qui suit avec quel soin l'on conservait le corps du bienheureux prélat, mais nous verrons aussi que
rien, dans les traditions rennaises ni dans le culte spécial qu'on
lui rendait, ne prouve que nos ancêtres aient regardé ce saint
comme ayant été l'un de nos évêques. Malgré l'autorité de d'Argentré, il n'est pas possible d'admettre son sentiment sur saint
Golven, lorsque l'on retrouve tant d'honneurs décernés par
Rennes à ce pontife vénéré comme évêque de Léon, sans qu'il soit
fait mention de son épiscopat parmi nous.

« Il est difficile de savoir à quelle époque les bénédictins de
Saint-Melaine consentirent à se dessaisir en faveur de la Cathédrale de Rennes, d'une partie du corps précieux de saint Golven
déposé dans leur église abbatiale ; il semble que ce dut être avant
1244. Lorsque le Chapitre de Saint-Pierre fit faire une nouvelle
châsse en 1743 pour renfermer ces reliques, on trouva dans
l'ancienne châsse trois petits parchemins dont le plus ancien contenait ces mots : « Ici est renfermé le corps entier, *hic continetur
totum corpus* de saint Golven, évêque de Léon, excepté la tête que
vénérable père en Dieu, Jean, évêque de Rennes, a placée dans
un vase d'argent artistement fabriqué à ses propres dépens, l'an
de l'Incarnation du Seigneur 1244. Ce prélat était Jean Gicquel,
qui gouverna l'église de Rennes de 1239 à 1258 ; Joinville nous
apprend qu'il se croisa à l'exemple de quelques évêques, il fit le
voyage de Terre-Sainte avec saint Louis et s'y distingua par sa
vaillance et sa piété. Il n'est point dit dans ce titre à quelle église
appartenait alors le corps du saint évêque Golven ; mais en
signalant la division de ces reliques, dont le chef recevait un
honneur particulier de la part de Mgr Jean Gicquel, on semble
indiquer qu'elles se trouvaient déjà à la Cathédrale, et si le corps
était tout entier dès lors en la possession du Chapitre, il est
croyable que les moines de Saint-Melaine ne tardèrent pas à recouvrer quelques parties de ce pieux trésor.

---

(1) *Livre des usages de l'Église de Rennes* (Archives du Chap.).

« Le deuxième parchemin nous apprend, en effet, que, moins de cent ans après, Guillaume Ouvrouin, évêque de Rennes, transféra dans une nouvelle châsse les saintes reliques du très saint confesseur l'évêque de Léon Golven, *iste sancte reliquie sanctissimi confessoris episcopi Leonensis Golvenni* ; il n'est plus ici question du corps entier de saint Golven. Cette translation se fit très solennellement, le 23 août 1336, par les mains de Pierre Frétault, archevêque de Tours, et de notre évêque Guillaume Ouvrouin, en présence de Nicolas de Tréal, abbé de Saint-Melaine, et de Constance de Pontblanc, abbesse de Saint-Georges. A cette époque, l'abbaye de Saint-Melaine était probablement rentrée en possession d'une partie des reliques du bienheureux, reliques qu'elle honorait au xviie siècle, au rapport du P. A. Le Grand et de Dom Lobineau.

Au xvie siècle, le bienheureux Yves Mahyeuc, natif du pays de Léon, étant évêque de Rennes, fut sollicité par ses compatriotes de leur accorder quelques portions du corps de saint Golven, l'apôtre avec saint Pol de leur pays commun. Le bon prélat ne put les refuser, et, en considération du culte que recevait saint Golven dans la paroisse qui portait alors son nom, mais qu'on appelle maintenant Goulven, le premier juillet 1533, il tira de la châsse que possédait la cathédrale de Rennes un ossement de la partie inférieure du bras, et il le remit aux paroissiens de Saint-Goulven. Cette translation se fit en présence des chanoines de Rennes, Hervé Mayeuc, scholastique, Hervé Colson, Georges du Tertre, Jean Jamois, Pierre de la Beude, Guillaume Agaice, etc. Tous ces détails nous sont donnés par le troisième des parchemins dont nous avons parlé en commençant (1).

« En 1743, le Chapitre de Rennes crut devoir changer la châsse en bois couverte de feuilles d'argent qui renfermait depuis 1336 les reliques de saint Golven ; il commanda une châsse nouvelle à un orfèvre nommé Gailleau, et lui remit pour la faire les débris de l'ancienne, trois croix pectorales d'or, le haut de la crosse de Mgr de Cornulier, une boîte d'argent en forme de

---

(1) La teneur de ces parchemins est relatée dans les *registres de délibérations du Chapitre en 1743. (Archiv. Départ. d'Ille-et-Vilaine.)*

ciboire, un vieux bâton de croix, deux bras de croix couverts de feuilles d'argent, deux boîtes d'argent dorées, l'une aux armes de Mgr Hennequin, l'autre à celles de M. de Francheville, etc., etc. A tous ces objets d'or ou d'argent le Chapitre joignit une somme de 600 livres formée par les offrandes de quelques pieux personnages, tels que M. Le Gault, chanoine théologal, qui donna 100 livres, M. de Guersans, vicaire-général, qui offrit 245 livres, M. Vivier, recteur d'Ossé, ci-devant sacriste de la Cathédrale, qui envoya 50 livres, etc.; enfin, les chanoines en corps prélevèrent sur leur manse capitulaire la somme de 204 l. 17 s. pour le même objet.

« Avec tout cela le sieur Cailleau fit une châsse digne du précieux dépôt qu'elle devait renfermer, et le Chapitre fixa au jeudi 16 mai 1743 la translation des ossements de saint Golven et de saint Hervé dans ce nouveau reliquaire. Lorsqu'on ouvrit, en effet, la vieille châsse pour en extraire les corps saints et la livrer elle-même à l'orfèvre, l'on y trouva, outre « le chef en deux parties de saint Golven et parties très-considérables des ossements de son corps » accompagnés des parchemins dont nous avons parlé, le chef de saint Hervé. Cette dernière relique était très précieuse, car l'on sait avec quel respect était honorée dans la cathédrale de Nantes la châsse du saint poète, ermite du Léon, aveugle-né, et patron des chanteurs de Bretagne. Il ne semble pas toutefois que Rennes ait honoré saint Hervé avec autant de solennité que le faisait Nantes, où dans les grandes causes judiciaires la châsse de ce bienheureux était portée processionnellement devant les juges pour recevoir les serments solennels que l'on prêtait ailleurs sur le livre des Évangiles.

« Au jour fixé, Jean-François de Guersans, chanoine, archidiacre et vicaire-général de Rennes, bénit la nouvelle châsse et y déposa les reliques de saint Golven et de saint Hervé, et le dimanche suivant l'on célébra solennellement à la Cathédrale l'office de saint Golven : ce jour-là, et pendant les trois jours des Rogations qui suivirent, la châsse fut exposée à la vénération des fidèles et portée

---

(1) *Délib. du Chap. (Archiv. départem.).*

processionnellement le lundi à la chapelle de l'Hôpital-Général, le mardi à Saint-Melaine et le mercredi à Saint-Georges. A cette occasion, le Chapitre décida que la fête de saint Golven, qui se célébrait jusqu'à ce jour au commencement de juillet, serait dorénavant solennisée, sous le rit double de seconde classe, le cinquième dimanche après Pâques, veille des processions solennelles où l'on portait la châsse du Saint, et que dans le cas où la Saint-Yves arriverait ce jour-là, cette dernière fête serait avancée et célébrée le 17 mai (1).

« C'est ainsi que le culte de saint Golven, honoré comme évêque de Léon, se perpétua à Rennes durant tout le moyen-âge et jusqu'à nos jours. Maintenant la châsse de ce bienheureux, que portaient sur leurs épaules les recteurs de Rennes avant la Révolution, n'existe plus, mais les reliques qu'elle renfermait ont, en partie du moins, échappé à l'impiété des hommes de 93, et elles sont encore vénérées dans l'église métropolitaine de Rennes et dans l'ancienne église abbatiale de Saint-Melaine. Nul corps saint ne reçoit plus légitime hommage, et il n'est pas besoin de ranger saint Golven parmi nos évêques pour lui rendre les honneurs qu'il mérite. »

Nos lecteurs auront certainement remarqué dans les pages qui précèdent la mention de deux usages particuliers au Chapitre de Rennes.

L'ancienne société française aimait la fidélité aux vieilles traditions ; ecclésiastiques et gentilshommes, bourgeois, ouvriers et paysans trouvaient bien plus de charme aux réjouissances quand elles étaient consacrées par la coutume. Généralement, toute fête avait alors une origine religieuse, et comme les jours fériés étaient nombreux, nombreuses aussi étaient les occasions de se récréer honnêtement et gaiement après l'assistance aux offices. Donc en la vieille capitale de la Bretagne, après matines de la fête de saint Goulven, tous ceux qui avaient pris part au chant faisaient « potation avec des cerises » ; et non-seulement chacun recevait son plat de cerises et son pot de vin, mais même un etc., auquel il ne faudrait pas donner un sens moderne en parfait désaccord avec les usages de 1415.

Ce repas commun pris par les chanoines, par les autres ecclésiastiques qui les aidaient dans le chant de l'office, par les chantres et les enfants de chœur, prouverait, s'il était besoin de le démontrer une fois de plus, que les distances sociales n'établissaient pas de si terribles barrières avant l'époque qu'on veut nous donner comme ayant inventé l'égalité et la fraternité.

Le second usage que je voudrais faire remarquer, c'est *le devoir des chapeaux d'osier,* simple hommage de déférence et de reconnaissance des enfants de chœur envers MM. du Chapitre. Comme il a été dit, c'est en 1415 que fut écrit le *livre des usages de l'église de Rennes* ; ce précieux manuscrit, dû au chanoine Jean de Beaumont, apprend que les enfants de chœur devaient offrir ces chapeaux quatre fois dans le courant de chaque été ; le 24 juin, fête de la nativité de saint Jean-Baptiste ; le 29 juin, fête de saint Pierre, patron de la cathédrale et du diocèse ; le 8 juillet, fête de notre saint Goulven, et le 15 août, fête de l'Assomption de Notre-Dame. Jean de Beaumont n'indique pas l'origine de cet usage.

Personne n'ignore qu'actuellement beaucoup de chapeaux appelés du nom de chapeaux de paille sont faits de petites lames d'osier ; ceux que les enfants de Rennes offraient aux dignitaires du clergé n'étaient probablement pas tressés avec une grande finesse ; on peut croire que c'étaient là plutôt des coiffures assez grossières destinées à être distribuées aux pauvres pendant la saison des chaleurs ; du moins, la couleur blanche qu'on leur laissait semble indiquer qu'ils ne pouvaient convenir à MM. les chanoines.

Cette petite digression sur les chapeaux d'osier blanc ne doit pas détourner notre attention de la châsse de saint Goulven. Dans les pages précédentes un fait très important se trouve mentionné : au xvie siècle, le bienheureux Yves Mahyeuc concéda à la paroisse de Goulven la partie inférieure du bras de son saint patron. Un procès-verbal de donation établissant l'authenticité de la relique fut alors écrit sur parchemin, et en double expédition.

Le premier exemplaire, trouvé en 1743, fut transcrit dans les *Registres de délibérations,* comme on l'a vu dans une note précédente. Le second exemplaire, destiné à l'église de Goulven, n'existe plus ; mais il a été remplacé, au commencement du xviiie siècle, par

une copie reconnue conforme à l'original, comme on le verra ci-
après.

« Yvo, Dei et Apostolicæ Sedis gratiâ, episcopus Rhedonensis, et humile
« Capitulum indictæ Ecclesiæ Rhedonensis, videlicet Hervœus Colson, Georgius
« du Tertre, Joannes Jamoys, Petrus de la Beude, Guillelmus Agaice, Oliva-
« rius.... et canonici dictæ Rhedonensis Ecclesiæ......................
« .... convocati et congregati, universis et singulis Christi fidelibus, ac illi,
« vel illis, ad quem, seu quos nostræ præsentes litteræ pervenerint, salutem
« in Domino et præsentibus fidem indubiam adhibere harum serie notum faci-
« mus, quod die, et anno infra scriptis, intellectâ et auditâ ferventi et assi-
« duâ devotione dilectorum nostrorum magistri Hervæi Mayeuc scholastici et
« canonici Rhedonensis, et honorabilis viri Golvenni Abguillermi domini loci
« temporalis De Champeaux scutiferi nostri Yvonis episcopi præfati humiliter
« supplicantium, ad laudem et honorem Dei Omnipotentis et beati Golvenni,
« et populi devotionis augmentum reliquiare nostræ Ecclesiæ Rhedonensis
« aperuimus, et visitavimus, in quo invenimus unam capsam seu repositorium
« sacrarum reliquiarum argento confectum, et in eodem repositorio compe-
« ruimus sacratissimas reliquias sancti Golvenni, dum in humanis agebat,
« episcopi Leonensis, jamdudum uti scripto ibidem incluso nobis constitit,
« repositas et in nostramet Ecclesia publice veneratas : ex illis reliquiis unam
« portionem, videlicet unum os ex brachio de parte inferiori, ad humilem et
« supplicem petitionem et devotionem eorumdem magistri Hervæi et Gol
« venni Abguillermi extraximus, ...ut venerabilius et ferventius populi
« devotio accendatur et beatus Golvennus excolatur et veneretur a parochia-
« nis parochiæ Sancti Golvenni leonensis diœcesis, de qua diœcesi sanctus
« præfatus, ut præmis.... fuit, ex quaque, nos Yvo Episcopus prædictus
« Rhedonensis originem traximus, de prædictorum confratrum nostrorum
« consilio et assensu venerandam transmisimus, et ita referimus, et attesta-
« mur, et in fidem veritatis præmissorum præsentes litteras exinde fieri, et
« per infra scriptum notarium publicum scribam nostrum capitularem sub-
« scribi, et signari, nostrisque sigillis communiri fecimus.
« Datum et actum in loco capitulari sæpe dictæ nostræ Ecclesiæ Rhedo-
« nensis, die prima mensis Julii festo solemni dicti sancti Golvenni anno
« Domini millesimo quingentesimo tertio.
« ....ibidem dominis Juliano Bourdinaye sacrista et Gu.... presbytero
« chorista dictæ nostræ Rhedonensis Ecclesiæ, testibus ad præmissa vocatis
« et rogatis, et.... G. Agaice clericus Rhedonensis diœ publicus aucto apost
« præmissis interfui et subscripsi. »

« Collationné fidèlement à l'original sur vellin apparu et
« retenu avec le présent par vénérable et discret missire René
« Le Breton, prêtre, recteur de la paroisse de Goulven. »

Puis d'une écriture différente :

« Iceluy le requérant aux soussignants nottaires royaux et
« apostoliques au siège royal de Léon à Lesneven, la présente

« copie trouvée conforme à l'original et le tout rendu au dit sieur
« recteur à luy valloir et servir comme il appartiendra.

« Lesneven, ce dix neuvième juillet mil sept cent quatorze
« avant midy.

—   « R. BRETON, *recteur de Goulven.*

    « GELLARD.   « *Signature illisible.*

    « Nº Royal.   « Nº Royal apostolique.

« Controlé à Lesneven, le 19 juillet 1714.

« Receu cinq sols six d : et pour nott^re sindic

« trois sols six d du d^t Sr Recteur.

            « LA BRIFF. »

L'église de Goulven n'eut pas seule l'avantage d'entrer en
possession d'une relique notable de notre Saint. La cathédrale
de Léon reçut beaucoup plus tard un fragment des os de saint
Goulven, et la translation se célébra en grande pompe, vu le
nombre considérable des paroisses convoquées. C'était l'époque où
déjà la contrée si riche qui avoisine Saint-Pol possédait ses belles
croix de processions et ses admirables bannières. Voici le billet de
convocation des paroisses :

                              « Jeudi 24 may 1668.

« Mgr de Léon ayant proposé de faire la translation des reliques de saint Goulven obtenues par Mgr et par MM. du Chapitre,
de Mgr l'Evêque et du Chapitre de Rennes, après avoir pris l'avis
de MM. du Chapitre, etc., donne le dimanche 10 juin pour faire la
dite translation de reliques de l'église Saint-Pierre à la Cathédrale, et à cette fin les paroisses de Taulé, Pleyber, Saint-Thégon-
nec, Guiclan, Guicourvest, Plouzévédé, Saint-Vougay, Plouénan,
Plougoulm, Cléder, Treflaouénan, Plouvorn, Sibiril et Plouescat
sont averties de se trouver à la dite Cathédrale le dit jour pour
assister en la procession générale du Minihy de Saint-Paul. » (1)

En cette année 1668, le siège de Rennes était occupé par Charles-
François de la Vieuxville, et l'Évêque de Léon qui reçut de lui la
relique de saint Goulven, était François de Visdelou.

---

(1) Cette pièce inédite a été recueillie par M. l'abbé Peyron, secrétaire de
l'évêché.

La relique obtenue par ses soins a disparu de la cathédrale de Saint-Pol, très probablement pendant la Révolution.

Si l'église épiscopale de Léon s'est vu dépouiller de ce que la piété de son Évêque et de son Chapitre avait obtenu en 1668, l'église paroissiale de Goulven garde précieusement le bras de son patron, tel qu'il lui fut donné en 1533. Cette affirmation ne laissera pas que d'étonner les lecteurs du *Bulletin de la Société archéologique du Finistère,* mais nous n'avançons pareil fait qu'avec preuve à l'appui.

Dans la 2e livraison de 1890 (tome XVII du *Bulletin*) commence, à la page 24, une publication intitulée : Vie inédite de saint Goulven, *évêque de Saint-Pol-de-Léon (550-614 ?) traduite du latin avec prolégomènes et éclaircissements par le R. P. Dom François Plaine, bénédictin de la Congrégation de France, du monastère de Saint-Martin-de-Ligugé.* A ces prolégomènes et éclaircissements nous aurons bientôt à faire quelques emprunts pour rectifier ce que nous aurions avancé d'inexact sur la vie du saint prélat, et surtout pour établir la certitude de quelques faits ou de quelques dates que nous avions proposés avec quelque hésitation ; mais pour le moment, il nous faut nous arrêter uniquement à ce que les prolégomènes de Dom Plaine disent du bras de saint Goulven (page 32) : « On conserve à Goulven quelques petites reliques du Saint ; mais *l'os du bras,* ou du *fémur,* selon d'autres, qui fut donné en 1533, a perdu son authenticité et n'est plus vénéré. »

Dom Plaine, dont le nom s'est si souvent trouvé sous notre plume, continue à s'intituler bénédictin du monastère de Saint-Martin-de-Ligugé ; nos lecteurs trouveront comme nous bien touchant ce patriotisme qui porte le moine exilé à faire suivre son nom du nom de cette abbaye, fille aînée de Solesmes (du moins dans sa seconde existence) et l'une des gloires de la France catholique ; mais si les crocheteurs ont exercé leur rage imbécile sur des communautés nombreuses, aucune n'a éprouvé les mêmes rigueurs que les deux grandes abbayes des Bénédictins de France, en sorte qu'après dix ans, l'abbé de Solesmes et ses moines sont encore plus ou moins dispersés dans le village où s'élève leur monastère, tandis que les moines de Ligugé occupent pour la plupart l'abbaye de Santo-Domingo de Silos qu'ils ont soustraite à une ruine imminente. Mais la province de Burgos, en Espagne, est loin de notre Armorique, et à de si grandes distances il est quelquefois difficile d'être renseigné d'une manière bien exacte. Ceci expliquera donc à nos lecteurs comment Dom Plaine, si bien au courant des documents anciens, s'est trompé sur l'état actuel des reliques du saint patron de Goulven.

1° On ne conserve pas à Goulven quelques petites reliques du Saint, et si elles ont existé elles n'ont pas même laissé de souvenir.

2° L'os du bras est bien un *avant-bras,* comme il est dit dans le procès-verbal que nous avons cité : *unum os ex brachio de parte inferiori ad humilem,* et il ne saurait être pris pour un fémur, du moins par les gens experts dont on aurait à invoquer le témoignage.

3° Il n'a jamais perdu son authenticité et n'a jamais cessé d'être honoré. On ignore par qui et comment il a été soustrait à la profanation et à la destruction pendant la période révolutionnaire, mais actuellement il est porté en procession, exposé à la vénération et plongé dans la fontaine la veille du pardon qui se célèbre le premier jour de juillet. On l'expose encore pour les deux grandes foires qui ont lieu dans le bourg ; c'est à cette occasion qu'il était précisément exposé au moment même où ces renseignements m'étaient adressés (1).

4° Plusieurs historiens de saint Goulven auraient parlé d'un *fémur* conservé dans l'église de sa paroisse natale. Est-ce une simple confusion anatomique ? Y a-t-il eu possession d'une double relique ? On ne saurait le dire ; ce qui est certain c'est qu'assez récemment on a trouvé dans les ruines d'un pan de mur écroulé un os de grande dimension. Cet os que l'on a déposé à la sacristie n'était accompagné d'aucun document, il ne porte aucun cachet ni aucun autre signe qui puisse en indiquer la provenance, et par

(1) *Lettre du 21 avril.* Je dois à M. le Recteur de Goulven les détails consignés ici, et ce qui sera dit plus tard du culte de saint Goulven à notre époque.

conséquent il ne reçoit aucun culte, mais par cela même il est impossible de le confondre avec le Bras toujours vénéré de saint Goulven.

Si les fidèles du pays de Léon continuent à vénérer le Bras de saint Goulven, à l'extrémité de la Cornouailles, la paroisse de Goulien, dans le Cap-Sizun, garde respectueusement la cloche qui, d'après une tradition constante, aurait appartenu à son saint Patron. Elle diffère des cloches de saint Ronan et de saint Pol en ce qu'elle a un son fort et strident, ce qui tient sans doute à ce qu'elle n'est pas formée d'une feuille de métal contournée ; du moins ne porte-t-elle pas traces de rivets destinés à rejoindre les bords. La forme est à peu près la même que celle des autres cloches déjà indiquées, une pyramide quadrangulaire, mais les contours sont plus réguliers. La hauteur totale (y compris l'anse) est de $0^m 19^c$, (non compris l'anse) $0^m 14^c 1/2$; diamètre de l'ouverture dans un sens $0^m 12^c$, dans l'autre sens $0^m 11^c$; diamètre du sommet dans un sens $0^m 10^c$; dans l'autre sens $0^m 08^c$. L'anse a $0^m 08^c$ de largeur et $0^m 04^c 1/2$ de hauteur (y compris l'épaisseur du métal). A la base d'un des petits côtés, il manque un fragment du métal, il serait difficile de dire si ce fragment a été brisé, ou si l'endroit a été simplement usé par le frottement. Le métal est jaune, et c'est encore une différence avec les cloches déjà signalées (1).

Le dernier dimanche de juillet et le jour de la fête de saint Étienne, les personnes souffrant de maux de tête viennent se faire appliquer la cloche de saint Goulven, qui demeure l'objet d'une grande vénération dans la paroisse et dans tout le voisinage.

La cathédrale de Quimper possède une parcelle des reliques de saint Goulven ; elle est toujours exposée à la chapelle des *Trois Gouttes de Sang,* où l'on honore également une relique de saint Pol-Aurélien.

---

(1) C'est la première fois, croyons-nous, que la cloche de saint Goulven a été décrite. Nous devons ces indications à M. l'abbé Rogel, vicaire de Goulien.

5° RELIQUES DE SAINT TÉNÉNAN.

Au dire d'Albert-le-Grand « saint Ténénan décéda dans son
chasteau ou manoir épiscopal de Léon, et fut honorablement
enseveli dans sa cathédrale. Une partie de ses reliques fut portée à
Ploa-bennec. » Dom Lobineau n'est pas du même avis sur le lieu
de sépulture du saint évêque : « Les actes que nous avons suivis,
dit-il, nous portent à croire que ce fut Plabennec, où ses reliques
ont été gardées pendant quelque temps. Elles en furent ôtées pendant les guerres (on ne dit point quelles guerres), et cachées dans
l'étang de Meloüet, avec une cloche. La cloche est restée dans
l'étang, mais les reliques ont été retirées et portées dans l'église ;
nous ne dirons point dans laquelle, puisque les actes ne s'expliquent pas davantage : il y a de l'apparence qu'ils entendent par là
celle de Plabennec. »

Quoiqu'il en soit de la sépulture primitive et du partage fait
entre la cathédrale de Léon et l'église de Plabennec, ce qui est
certain, c'est que la ville de Saint-Pol ne possède actuellement
rien des reliques de saint Ténénan, et l'église de Plabennec n'a pu
en sauver la moindre partie ; c'est donc que notre diocèse a perdu
jusqu'à la dernière parcelle des restes de cet évêque au si grand et
poétique souvenir. Cependant ces reliques vénérées ne furent pas
emportées loin de Bretagne au ixe siècle, comme il arriva de tant
d'autres ; elles ne furent pas non plus, du moins en totalité,
détruites par les Barbares envahisseurs. Le monastère d'Anaurot,
à Quimperlé, en avait recueilli quelques fragments ; lors des invasions normandes, les religieux emportèrent les nombreuses reliques qu'ils possédaient et les cachèrent dans l'île de Groix. La
tourmente ayant duré longtemps, les moines moururent sans avoir
relevé leur couvent ni retiré les reliques enfouies dans l'île. Ce ne
fut que vers 1070 que les religieux du nouveau monastère de
Sainte-Croix de Quimperlé y firent des recherches sur les indications du moine Oédrius et y découvrirent « les reliques de saint
Gunthiern, avec sa vie écrite sur un cahier fort gasté de vieillesse,

une partie du chef de saint Guénolé, des reliques des Saints...
Ténénan, Guenel, Idunet et autres Saints. » (1) Mais à l'exception
du crâne de saint Guénolé, ces reliques ne subsistent plus (2).

L'église paroissiale de La Forest qui, comme Plabennec, doit son
existence à saint Ténénan, ainsi que nous l'avons vu, ne possède
même pas une parcelle des restes de son patron.

6° RELIQUES DE SAINT GOUESNOU.

Entre saint Ténénan et saint Gouesnou se placerait saint
Hoardon, mais nous ne savons rien de ses reliques.

Nous avons déjà dit que saint Majan étant allé à Quimperlé pour
demander à saint Corbasius les reliques de son frère saint Gouesnou, les reconnut par miracle au milieu de beaucoup d'autres, les
apporta en Léon et en déposa une partie à la cathédrale de saint
Pol, une autre partie à l'église de son abbaye de Gouesnou « où,
dit Albert-le-Grand, elles sont vénérées du peuple en grande dévotion. » Mais ce qui était vrai du temps du bon dominicain, ne
l'est plus absolument aujourd'hui.

Le chef de saint Gouesnou renfermé dans une boîte en argent,
et le bras du saint contenu dans un autre reliquaire furent apportés à Brest au commencement de la Révolution, probablement à
l'époque où fut confisquée l'argenterie des églises, et où disparurent tant de chefs-d'œuvre d'orfévrerie. Les reliquaires furent
fondus et la tête de saint Gouesnou fut déposée à l'amphithéâtre
de Brest.

A l'époque où M. de Kerdanet donnait sa nouvelle édition
d'Albert-le-Grand (1837), vivaient encore plusieurs personnes qui
affirmaient avoir vu cette tête vénérable, et y avoir remarqué la
lésion dont parle la légende.

---

(1) *Histoire du diocèse de Vannes,* par M. l'abbé Le Mené, tom. I., p. 206
et 207.
(2) Le crâne de saint Guénolé, possédé jusqu'à la Révolution par l'abbaye
de Sainte-Croix, a été pieusement recueilli, donné à la communauté des
religieuses Ursulines de Quimperlé, et reconnu juridiquement à une époque
récente.

L'église de Gouesnou ne conserve aujourd'hui de son saint Patron qu'un doigt enfermé dans un étui d'argent. Nous avons déjà parlé, et nous parlerons encore de la procession qui se fait à Gouesnou le jour de l'Ascension. Décrivant la manière dont elle se célébrait autrefois, Albert-le-Grand disait :

« Deux grands seigneurs, teste nüe, revestus de surplis, portent, sur un riche branquart, les reliques de saint Goeznou, à l'entour de son enclos miraculeux qui contient, pour le moins, deux bonnes lieues de chemin ; ces seigneurs, autrefois nos anciens ducs et princes de Bretagne, se trouvans bien honorez de rendre cet officieux et devot service à ce grand Saint, à la gloire de Celuy qui l'a conduit à la béatitude dont il jouït ès cieux. » Le Père Albert cite en marge : « Charles de Blois, l'an 1342 ; Jean V, l'an 1417, et le prince Pierre, l'an 1455, avec son oncle Arthur, connestable de France. »

M. de Kerdanet remarque avec raison que c'est à Saint-Gouéno, au diocèse de Saint-Brieuc, et non à Gouesnou en Léon, qu'ils donnèrent ces exemples de piété, d'autant plus que, suivant le Propre de Dol, dans ces deux paroisses qui honoraient le même patron, l'on exécutait le même cérémonial ; ce même Propre dit aussi que l'église de Saint-Gouéno (à deux lieues de Moncontour) possédait également des reliques du Saint.

Nous avons dit tout ce qu'il nous a été possible de recueillir sur les reliques de saint Pol, des collaborateurs de son œuvre et de ses premiers successeurs. Que nos confrères qui nous ont aidé dans cette tâche veuillent bien agréer nos remercîments.

CHAPITRE VII

LE CULTE DES APOTRES DU LÉON

En réalité, le chapitre que nous venons de terminer avait déjà rapport au sujet indiqué par le titre qui précède ; mais, nous nous sommes borné jusqu'ici à donner l'histoire des reliques de nos Saints, et nous avons passé légèrement sur les honneurs qui leur sont rendus. Il nous reste une tâche à remplir, tâche particulièrement douce : montrer les témoignages de la reconnaissance envers les Saints dans les temps passés, voir ce qui demeure aujourd'hui de la gratitude d'autrefois, nous réjouir là où ce sentiment est vivant et fort, et, si Dieu bénit nos efforts, le réveiller là où il est endormi. En effet, la situation n'est pas la même partout ; il y a telle paroisse où un vieil usage pieusement conservé a maintenu à travers les siècles la dévotion populaire ; il en est d'autres où les circonstances ont fait disparaître une ancienne coutume, et avec elle jusqu'au souvenir des Saints les plus aimés. Mais, partout, il ne servirait à rien de le dissimuler, les dévotions particulières et locales n'indiquent plus la même ferveur et ne donnent plus lieu aux mêmes manifestations qu'autrefois. Faut-il désespérer ? — Non, certes ; l'espérance de voir revivre l'antique dévotion aux Saints de Bretagne n'est nullement illusoire, car c'est précisément parce que tout semble annoncer sur ce point une rénovation complète que nous avons le devoir d'y aider dans la mesure où la chose est possible. Pour atteindre ce but, il ne sera peut-être pas inutile d'indiquer les causes auxquelles il faudrait attribuer une notable diminution de la dévotion qui nous occupe.

La première fut l'influence du protestantisme.

L'un des plus dignes successeurs de saint Pol-Aurélien, Rolland de Neufville, mourant après un épiscopat d'un demi siècle, se félicitait, le 5 février 1643, de ce qu'il laissait son évêché sans aucun hérétique. Et c'était vrai. Là où les seigneurs de la famille de Rohan, la race la plus illustre de Bretagne, exerçaient leur influence autrefois si heureuse et féconde et devenue néfaste depuis qu'ils avaient abandonné la foi catholique pour suivre les erreurs de Calvin, pas un de leurs vassaux n'adhérait au protestantisme. Et cependant, si la prétendue réforme n'avait séduit personne au pays de Léon, tandis que les huguenots n'étaient que trop nombreux dans plusieurs diocèses voisins, le poison des nouvelles doctrines se glissait bien un peu dans les masses. De même qu'une épidémie tue les uns, en rend d'autres plus ou moins malades, et incommode ceux-là même qui se félicitent d'avoir échappé au fléau, de même une hérésie altère bien souvent la foi de ceux à qui l'apostasie ferait horreur. Ceux qui eurent à combattre les fanatiques adversaires du culte de la Vierge et des Saints, de leurs reliques et de leurs images, ne s'aperçurent peut-être pas au moment de la lutte du changement qui s'opéra dès lors, mais il est certain que le culte d'intercession et d'hommage envers les habitants du ciel ne respira plus l'enthousiasme et la confiance ; c'est ce qui donna à la piété des meilleures âmes dans le xviie et le xviiie siècle quelque chose de froid et de compassé. On n'aurait pas voulu être protestant, et cependant on rougissait de pratiques jusque-là en honneur, qu'on était tenté de regarder comme puériles, et qui néanmoins manifestaient bien la vraie dévotion catholique.

Mais, ce qui en Léon fit plus de mal encore que le protestantisme, ce fut le jansénisme. Cette hérésie maussade fut ouvertement professée et avec obstination par plusieurs ecclésiastiques du diocèse. On cite en particulier le Père Pacifique de Saint-Jean-Baptiste, prieur des Carmes déchaussés de Brest, qui mourut le 4 avril 1766 ; la secte l'estimait tellement, qu'elle fit écrire et publier sa vie dans le recueil intitulé : *Nécrologe des défenseurs de la vérité.* Nous avons déjà dit que l'évêque Jean-Louis Gouyon de

Vaudurand, sans adhérer formellement au jansénisme, usait d'une regrettable indulgence vis-à-vis de ceux qui en professaient les doctrines. Nul n'ignore que sous l'influence du jansénisme la liturgie fut bouleversée, les usages anciens les plus respectables abandonnés ou du moins modifiés, la tradition comptée pour rien ; il n'y aura donc pas lieu de s'étonner si, dans des conditions particulièrement défavorables, le diocèse de Léon vit alors tomber dans une sorte d'oubli ce qui jusque-là était l'objet de sa plus légitime fierté. En ce même moment, la Cornouailles, au contraire, avait pour évêque Auguste-François-Annibal de Farcy de Cuillé, dont l'orthodoxie parfaite et le courage invincible s'opposaient énergiquement à toute tentative de l'hérésie, tandis que son ardente piété était le meilleur stimulant pour la piété de ses diocésains. Les tendances si différentes de ces deux prélats, la direction qu'ils donnèrent à leur clergé, expliqueraient suffisamment comment les dévotions locales sont restées sensiblement plus populaires en Cornouailles qu'elles ne le sont en Léon.

A la suite du protestantisme et du jansénisme vint la Révolution française, dont une des conséquences fut pendant un temps la cessation de tout culte public. Quand les églises et les chapelles furent rendues, d'abord au clergé schismatique, plus tard aux prêtres fidèles, les images et les reliques des Saints demeuraient encore sous la garde des vaillants chrétiens qui les avaient sauvées ; craignant de voir revenir la *Terreur,* ils attendaient des circonstances plus favorables pour les restituer à qui de droit ; d'ailleurs les statues vénérées étaient endommagées, les reliques avaient perdu leurs chasses précieuses et trop souvent leurs attestations d'authenticité, les processions traditionnelles devenaient donc impossibles. Une autre difficulté se présentait encore qu'il est difficile d'apprécier aujourd'hui : avant le *Concordat,* les fêtes patronales des diocèses et des paroisses étaient fêtes d'obligation au jour même de leur occurrence ; depuis le *Concordat,* elles ne sont plus fériées ou chômées, et l'office solennel du patron est remis au dimanche suivant. Nous en avons pris notre parti, mais en 1801 et dans les années qui suivirent, la concession faite sur ce point par le Saint-Siège au premier Consul fut très mal accueillie, et au moins à Lampaul-Guimiliau, il y eut protestation énergique contre la translation de la fête de saint Pol-Aurélien du 12 mars au dimanche suivant. Il faut bien reconnaître que cette translation faisant perdre à une fête liturgique son caractère d'anniversaire, lui enlève ce qui fait son charme principal. Les *pardons* étaient un peu, dès lors, des dimanches comme les autres ; une fête vue de mauvais œil pouvait-elle être l'objet de la même dévotion que la fête si populaire du vieux temps ?

Enfin, après l'influence des faits matériels, signalons encore l'influence de l'esprit dominant pendant la première moitié de ce siècle. Nous reprochons souvent à nos adversaires, et avec raison, de tout faire remonter dans notre histoire à une date récente.

Mais, nous-mêmes catholiques, sommes-nous bien sans reproches ? Peut-être ; cependant, si nous pouvons nous rendre ce témoignage, avouons que la génération qui nous a précédés a souvent témoigné d'un dédain réel pour le passé. La Révolution avait dépouillé et profané les églises, elle les avait fermées ; mais, quoi qu'on ait dit, rarement elle les a détruites. Elle demeure bien responsable de la disparition de tous ces sanctuaires, parce que l'abandon dans lequel ils sont tombés a bien été son œuvre ; mais ni la collégiale de Notre-Dame du Mur à Morlaix, ni l'église des Sept-Saints à Brest, ni l'église abbatiale de Landévennec, ni Saint-François, Saint-Nicolas, le Guéodet et le Pénity de Quimper n'ont été démolis par les terroristes. Ceux qui ont laissé disparaître tant de merveilles manquaient de goût et manquaient de respect ; ils ne manquaient pas de zèle, et ils l'ont prouvé. Ce manque de respect pour de grands souvenirs est un malheur réel et, à certains égards, irréparable. Quand il était facile de relever les tombeaux déplacés, renversés, mais non détruits, on en a fait des dalles de pavés ; quand on devait conserver des statues, objets d'une vénération bien des fois séculaire, on les a remplacées par des morceaux de sculpture sortis des ateliers du port de Brest et que taillaient, non sans art, d'ailleurs, les ouvriers chargés de faire des Terpsichore et des Méduse pour décorer les vaisseaux de la flotte ; quand on devait soumettre les reliques au visa de Mgr André ou de Mgr Dombideau, qui ont témoigné d'un grand zèle pour reconnaître ce qui avait échappé au vandalisme, on a trop souvent jugé commode de se dire : « Il n'y a plus rien à faire, les cachets et les authentiques ont disparu. » Mais la tradition n'avait pas encore disparu, et quelques années après, il n'était plus temps !

Enfin, jusqu'aux usages particuliers, qu'il eut été si facile de maintenir : le chant de telle ou telle hymne, d'un vieux *gwerz* breton, les stations aux fontaines ou à d'autres endroits consacrés, tout cela a été trop souvent modifié pour faire place à un usage uniforme, beaucoup trop uniforme : le chant des litanies de la Très-Sainte-Vierge, chant bien pieux et touchant, à coup sûr, mais qui devait garder sa place.

Soyons franc jusqu'au bout ; une œuvre bien désirable et dont on ne saurait trop louer Mgr Graveran, le retour à la liturgie romaine, contribua peut-être à la rupture avec la tradition ; aux époques de réaction il est rare qu'on ne dépasse pas la mesure dans le sens où l'on réagit. En revenant aux règles de la Sainte-Église, quelques-uns exagérèrent le désir du Souverain-Pontife en ce qui concerne l'unité ; et sous prétexte de plus grande union avec Rome, on abandonna plusieurs usages qui constituaient ce que le droit regarde comme *coutumes légitimes,* et qui par conséquent auraient pu et dû être scrupuleusement conservés.

Depuis bientôt un siècle, il y a en France nombre de villes qui ont perdu leur ancien caractère et pris par suite une physionomie qui ne manque pas de poésie, c'est bien vrai, mais dont la vue fait naître la tristesse. Ce sont les anciennes cités épiscopales.

Parmi ces villes françaises, il en est quatre qui sont des villes bretonnes : Dol, Saint-Malo, Tréguier et Saint-Pol.

Oui, en dépit de la richesse du pays qui l'entoure, de sa baie si riante et du splendide horizon que lui forme la côte de Plougasnou, malgré le caractère spécial que donne à la plaine l'incomparable clocher du Kreïsker regardant de bien haut les flèches de la cathédrale, malgré le charme des vieilles demeures aux façades si originales et si élégantes, malgré le plaisir qu'on trouve à errer librement, en ce siècle d'agitation, par des rues paisibles et presque silencieuses, il faut bien reconnaître que la vue de Saint-Pol produit une impression de tristesse : de son évêque, de son chapitre, de ses grandes solennités d'autrefois, cette ville ne garde que le souvenir, ou plutôt, le regret.

Le poète qui a si bien senti et si bien exprimé le caractère de tout ce qui est breton, a dit en parlant de Quimper :

« Tous les esprits et les saints d'Armorique
M'apparaissaient dans la cité celtique,
Et Corentin, et le roi Grâlon-Maur
Sur les deux tours semblaient régner encor. » (1)

Dans les murs de Saint-Pol, Brizeux ne parait sensible qu'aux destructions sacrilèges et au veuvage de la noble église :

« Mais Conan (lui, le chef de la tribu guerrière),
Ils ne l'ont plus trouvé dans sa couche de pierre !
On a brisé son trône et vidé son cercueil,
Et Pôl n'a plus de fils siégeant sur son fauteuil !
O ville de Léon, ton langage sonore,
Ton langage de miel seul te console encore ;
Ou bien tu vas prier sous ton clocher à jour,
Orgueil de tes enfants et du passant l'amour ! » (2)

Et cependant, il est une chose que le poète n'a point vue : si les habitants de Saint-Pol ont mis leur orgueil dans leur clocher à jour, ce qu'ils aiment par dessus tout c'est leur cathédrale. Comme ils l'ont faite belle depuis quelques années, rien qu'avec leurs propres ressources ! C'est tout ce qui leur reste d'un glorieux passé. Mais lors même que saint Pol-Aurélien n'aurait eu qu'un titre à la vénération, celui d'être maître après Dieu d'une église aussi belle et aussi vénérable, de lui avoir donné son nom, c'était assez pour qu'il y eut à se demander quel fut l'homme dont le seul souvenir a suffi à faire entreprendre une création semblable, à provoquer les innombrables sacrifices par le moyen desquels elle s'est élevée, maintenue et embellie à travers les siècles.

Ozanam a dit que : « Si un ange descendait du ciel, il poserait le pied sur le clocher de Creizker avant de l'arrêter sur la terre d'Armorique, » mais cet ange voyageur ne reprendrait pas son vol avant d'avoir reposé ses regards sur le merveilleux intérieur de la cathédrale ; et si ce n'est pas Ozanam qui a ajouté ceci, il ne

---

(1) Brizeux. *La fleur d'or :* « En passant à Kemper. »
(2)   Id.   *Les Bretons.* Chant XIe.

le démentirait pas, lui qui ne pouvait croire qu'à la fin des temps, au jour de l'universelle destruction par le feu, Dieu consentirait à laisser s'écrouler les grandes églises chefs-d'œuvre de l'art chrétien au Moyen-Age.

Bien que cela rentre dans mon sujet, je ne décrirai point la cathédrale de Saint-Pol. Je me contenterai de donner un résumé de son histoire, en l'empruntant à M. Pol de Courcy, auquel je renvoie d'ailleurs ceux qui n'ayant pas vu l'ancienne église épiscopale de Léon voudraient la connaître en détail (1). Si je ne fais pas ici de description, c'est parce que, même en évitant les expressions techniques, je ne pourrais me faire comprendre que des lecteurs ayant des notions d'archéologie ; d'autre part les photographies très répandues qui reproduisent l'ensemble de cette église à l'extérieur, le chœur et la nef à l'intérieur, valent mieux que toutes les descriptions écrites.

L'an 875 les Normands assiégèrent et prirent Saint-Pol, et dévastèrent sa cathédrale. L'évêque Hamon, mort en 1171, fut le fondateur d'une église romane qui remplaça la première ; cette église du xiie siècle était plus courte que l'édifice actuel.

La cathédrale que l'on admire aujourd'hui remonte en grande partie au xiiie siècle. La plus grande partie de la façade occidentale peut être attribuée à l'évêque Derrien, qui contribuait à la fondation des Dominicains de Morlaix, l'an 1237.

La nef et le porche latéral durent être élevés par l'évêque Yves et par son successeur Guillaume de Kersauzon, qui assistait à la fondation de Notre-Dame du Mur à Morlaix, en 1295. On attribue particulièrement à ce dernier prélat la tour nord-ouest avec sa flèche, et l'adjonction, au commencement du xive siècle, le long du collatéral sud, de la chapelle Saint-Martin, où il fut inhumé en 1327.

Les voûtes de la nef et celles des collatéraux furent construites sous l'épiscopat de Guillaume de Rochefort, sacré en 1349.

La chapelle Saint-André, aujourd'hui divisée en deux, avait été

____

(1) Voir dans la collection des Guides-Joanne : *De Rennes à Brest et à Saint-Malo, itinéraire descriptif et historique,* par POL DE COURCY.

élevée à l'est du transept méridional, par l'évêque Guy-le-Barbu, qui y fut inhumé en 1410.

L'évêque Jean Validire construisit le chœur en 1431, et obtint du duc Jean V la somme de 12,000 livres pour l'aider dans cette entreprise. A la même époque les deux transepts subirent une transformation analogue à celle de la chapelle absidale dans la cathédrale de Quimper : la construction de l'évêque Hamon ne fut pas rasée, mais son aspect général devint tout autre. Un revêtement dissimula une partie des murs primitifs ; les fenêtres romanes disparurent et des fenêtres ogivales furent ouvertes dans les murs latéraux ; les lambris à poutres ou entraits sculptés furent remplacés par des voûtes ; enfin la magnifique rosace du transept sud fit entrer à flots la lumière dans l'église ; au-dessus de cette dentelle de pierres apparaissait extérieusement la fenêtre de l'*excommunication,* construction originale qui ajoute à la beauté du grand pignon méridional. Ce fut encore Jean Validire qui établit les portes géminées dans le porche latéral.

Les chapelles des déambulatoires furent successivement élevées, dans le courant du xvᵉ siècle et au commencement du siècle suivant, aux frais des seigneurs qui y possédaient des enfeux. C'est vers cette même époque que se terminait le *triforium* ou galerie dont les arcades du bas de la nef accusent le commencement de la période ogivale, tandis que les autres arcades offrent les caractères du gothique dit *flamboyant.*

Les stalles du chœur, remarquable chef-d'œuvre de la sculpture sur bois, servirent de modèle pour celles de la cathédrale de Tréguier, en 1512. A cette date elles devaient être terminées depuis peu de temps.

Lorsque M. Pol de Courcy livrait au public, en 1864, les indications que je viens de reproduire en les abrégeant, il ajoutait quelques réflexions pleines de tristesse, voire même d'une légitime indignation, sur l'état où se trouvait la cathédrale de Saint-Pol : dans le présent, c'était le badigeon à l'intérieur, la malpropreté et la dégradation à l'extérieur ; dans l'avenir, c'était une ruine imminente.

Aujourd'hui, l'ignoble badigeon a disparu ; les détails si délicats de la colonnade de la nef apparaissent dans toute leur élégance et leur correction ; la belle pierre de Normandie, originairement blanche, est maintenant dorée par les siècles (1) ; dans le chœur, le granit lavé avec soin offre des nuances adoucies ; les sépultures épiscopales ont, pour la plupart, repris leurs places, et à ces tombeaux est venu se joindre un monument devant lequel on ne saurait passer avec indifférence, non seulement à cause de sa valeur artistique, mais encore et surtout à cause de la grande mémoire qu'il rappelle.

Parmi les évêques qui émigrèrent nécessairement pendant la période révolutionnaire, nul sur le sol de la Grande-Bretagne, si hospitalière au clergé français, ne s'attacha la vénération, comme Jean - François de la Marche, dernier évêque de Léon. Le roi Georges, qui lui voua une particulière estime, le chargea d'organiser la répartition des secours aux ecclésiastiques ses compatriotes ; dans l'assistance de ces vénérables confesseurs de la foi, il se montra doué d'un merveilleux esprit d'organisation. Lorsque la paix fut rendue à l'Église de France, il aurait pu rendre d'immenses services dans l'administration d'un des nouveaux diocèses ; mais il éprouvait pour les exigences du premier Consul et pour les concessions qu'avait dû faire le Saint-Siège, d'invincibles répugnances. Trop attaché à l'unité pour s'engager dans la *Petite-Église,* trop consciencieux pour gêner l'administration du prélat qui unissait désormais la juridiction sur le Léon à son autorité sur la Cornouailles, il continua de vivre dans l'exil jusqu'au 25 novembre 1806. Cet évêque, qui avait eu la libre disposition de ressources si importantes, laissait à peine de quoi fournir aux frais de ses funérailles, faites cependant sans pompe, et sans que rien rappelât sa dignité épiscopale. Telle avait été sa dernière volonté, et il indiquait bien par là qu'il était soumis de cœur et d'esprit à l'autorité du Souverain-Pontife, qui avait supprimé son siège.

______

(1) C'est à tort que l'on a désigné sous le nom de tuffeau la pierre de Normandie employée dans la construction de la nef de Saint-Pol. Le tuffeau s'altère avec le temps ; la pierre de Normandie, d'un grain très fin, durcit avec les siècles. Le tuffeau n'a été employé à Saint-Pol que pour les travaux de restauration.

Dans une histoire de saint Pol, il convenait de s'arrêter un instant au souvenir de celui qui fut le dernier à succéder au premier évêque de Léon, sans occuper en même temps l'héritage de saint Corentin, Jean-François de la Marche est doublement la gloire de notre diocèse. La Cornouailles l'a vu naître, et le Léon l'a eu pour pasteur.

Mgr Sergent, l'homme de toutes les pieuses initiatives, voulut donner à la ville de Saint-Pol la joie de posséder les restes du prélat qui, à une époque terrible, avait été si noble dans son attitude, si ferme contre les oppresseurs, si charitable pour tous. M. l'abbé Mahé, qui avait exercé pendant plusieurs années son ministère auprès des soldats catholiques dans l'armée de Sa Majesté, la Reine Victoria, se rendit à Londres, présida à l'exhumation des restes de Mgr de La Marche au cimetière Saint-Pancrace, lieu de sépulture des émigrés français, transporta ce précieux dépôt à Saint-Pol, et c'est là, près du sanctuaire, qu'il attend la résurrection glorieuse. Son monument funéraire se compose d'un beau soubassement supportant une statue en marbre qui représente l'évêque agenouillé et présentant au roi Georges sa supplique pour les prêtres émigrés. Cette belle œuvre est dûe au ciseau du sculpteur Léon Cugnot.

Une cathédrale est l'œuvre de tous ; cela est surtout vrai de celles qui ont été construites au moyen-âge, et en aucune circonstance, si ce n'est pour les croisades, l'union de toutes les classes dans la conception et l'exécution d'un même dessin ne s'est plus éloquemment affirmée. L'évêque donnait ordinairement l'impulsion, le prince s'inscrivait comme fondateur, et de concert avec les membres de sa famille, donnait de l'or ou cédait quelque part de ses revenus ; les gentilshommes et les nobles dames rivalisaient de générosité ; les chapitres s'imposaient extraordinairement ; ceux de leurs membres qui étaient riches y ajoutaient leurs largesses personnelles ; les corporations ouvrières érigeaient chacune leur chapelle ou du moins la dotaient de verrières, de statues et d'orfévrerie ; enfin, les bourgeois quelquefois plus opulents que les gentilshommes et supportant, quoi qu'on en dise, de moins lourdes charges, donnaient l'argent à pleines mains.

C'est exactement ainsi que les choses se sont passées à Quimper, comme le prouve la savante monographie faite par M. Le Men. La cathédrale de Saint-Pol n'ayant pas sa monographie, nous sommes réduits aux conjectures, mais nous ne sortirons pas de la vraisemblance en supposant que les choses se sont passées en Léon absolument comme en Cornouailles. Il était donc juste en parlant du culte de saint Pol, de montrer d'abord dans la construction de la cathédrale la manifestation la plus générale de la reconnaissance envers l'apôtre du pays.

Avec les monuments taillés dans la pierre, ce qu'il y a de plus durable comme témoignage de la dévotion, ce sont les monuments liturgiques ; mais ici ce n'est plus l'œuvre commune. Si tous les membres de l'Église sont invités à se familiariser avec les différentes formules de la prière publique, il n'appartient qu'au Souverain-Pontife, et dans une certaine mesure aux évêques, d'en déterminer le choix. Sans doute, rien n'interdit aux simples prêtres et même aux fidèles de consacrer leur talent littéraire ou leur génie à des compositions liturgiques, mais fussent-elles des chefs-d'œuvre celles-ci n'ont droit de cité qu'au jour où l'autorité légitime veut bien elle-même les intercaler dans le missel ou le bréviaire. Sans parler des œuvres des prêtres comme saint Bernard et saint Thomas d'Aquin, citons parmi les laïques, Charlemagne comme auteur du *Veni Creator*, Robert-le-Pieux comme auteur de l'hymne des martyrs *Sanctorum meritis*, et disons que les femmes n'ont pas été exclues de l'honneur d'apporter leur concours à la prière officielle de l'Église : c'est ainsi que l'épouse du philosophe Boëce, « l'illustre et charmante Elpis » (comme la qualifie Louis Veuillot), mit toute son âme de catholique et de Romaine, dans l'hymne admirable des saints apôtres Pierre et Paul :

Aurea luce et decore roseo...

Nous comparions tout-à-l'heure la durée des monuments liturgiques à la solidité des vieilles cathédrales ; hélas, même ici rien n'est impérissable. L'Église, en mère pleine de condescendance, ne se contente pas d'ajouter au livre de la prière les formules exigées par l'inscription de nouveaux élus à son martyrologe, elle veut bien tenir compte des changements qui se font dans le goût général, et c'est pour cela qu'à une époque où la poésie de la Rome ancienne était devenue familière au grand nombre et l'objet d'un engouement sans exemple, elle consentit à modifier les hymnes si poétiques et si pieuses que lui avaient léguées les siècles et dont chacune avait son histoire. Une faute de métrique dans les œuvres de saint Ambroise, de saint Anselme, d'Innocent III, d'Adam de Saint-Victor, n'aurait pas manqué de donner une crise de nerfs aux prêtres érudits du xvie siècle. L'Église avait d'ailleurs d'autres motifs d'opérer une réforme dans la liturgie ; elle n'y procéda qu'avec une grande sagesse, et l'ensemble de la réforme donna les meilleurs résultats ; mais nous ne pensons pas être téméraire en exprimant un regret sur les changements apportés aux hymnes. Pourquoi d'ailleurs, en constatant que l'Église tient compte des tendances d'une époque, n'espérerions-nous pas un retour au passé ? Si les prêtres, les moines et les clercs réguliers de ce temps-là voulaient prier dans le style de Virgile et d'Horace, tous aujourd'hui, bénédictins, franciscains, jésuites ou séculiers, nous faisons profession de connaître une autre poésie pleine de saveur, la vraie poésie catholique, et s'il faut tout dire nous n'avons aucun enthousiasme pour les froids pastiches de la renaissance païenne, tandis que nous apprécions à leur valeur les œuvres originales des premiers siècles ou du Moyen-Age.

La réforme commencée par Paul IV, mais sans succès, reprise par Pie IV et le saint Concile de Trente, achevée par saint Pie V qui publia le *Bréviaire romain* en 1570 et le *Missel* deux ans plus tard, fut admise dans presque tout le monde catholique. Elle laissait aux diocèses en possession d'une liturgie vieille de plus de deux cents ans, la faculté de la conserver. Quelle était la situation du diocèse de Léon sur ce point ? Je ne saurais le dire d'une façon complète : il n'existe probablement aucun manuscrit ancien qui puisse nous faire connaître la liturgie léonaise, dont le plus ancien monument, d'ailleurs fort remarquable, est un missel imprimé. Il s'en conserve au moins un exemplaire, appartenant au grand séminaire de Quimper.

En reproduisant textuellement la dernière page de ce missel, nous renseignerons à peu près le lecteur sur sa teneur et sur son histoire, et pour faire connaître complètement le livre, il nous restera bien peu à ajouter (1).

Ad laudem Dei omnipotentis, eiusque intemerate genitricis et virginis Marie, ac sancti Pauli patroni ecclesie Leonensis in cuius honorem fundata est ecclesia dicti Pauli, totiusque curie celestis, actum et completum extat arte impressoria presens hoc missale, seu misse ordinarium hucusque nunc impressum in preclara urbe Parisiensi : prefateque ecclesie ritui adaptatum : in quo diligenter adiunctis ipsius ecclesie constitutionibus, atque consuetudinibus : singulisque festivitatibus cum prosis orationibusque cuilibet festo propriis adiunctis, suum ad locum appositis, cumque pluribus missis votivis in fine additis : atque insuper quorumvis sacramentorum, quorum a baptismo usque ad extremam unctionem quisque animarum rector (non pontifex) accepit ministerium administrationis tenor : et ea que circa eam contingere possunt dubia, exarata sunt. Impressum per Nicolaum Prevost, impensis Yvonis Quillevere. Anno Domini MCCCCCXXVI, die vero XIIII Julii.

Vient ensuite une petite gravure sur bois représentant à droite saint Pol, tenant son dragon en laisse, à gauche saint Yves, faisant du doigt le geste d'un argumentateur, il est coiffé de la barette et porte une sorte de dalmatique semée d'hermines, probablement le costume d'official ou d'avocat ; le patron du Léon et le patron d'Yves Quillévéré sont séparés par un arbre chargé de fruits ; au pied de cet arbre est un blason à l'hermine barbelée accostée des initiales Y. Q. Deux aigles servent de supports à ce blason. Au dessous de la petite gravure on lit :

Cum nichil absque Deo fit proficui vel honoris,
Primum regnum Dei queras et in omnibus horis.
Et sic omne bonum tibi plenius adicietur.
Quisque Deo seruit, regnare Deo perhibetur.

Ceci semble indiquer que Messire Yves Quillévéré attendait sa récompense de Dieu et n'espérait pas gagner grand argent en publiant son édition.

C'était cependant une belle œuvre typographique, imprimée sur beau papier, en caractères rouges et noirs d'une rare netteté, dont la lecture est aujourd'hui encore relativement facile.

____

(1) Nous supprimons les abréviations, mais nous laissons subsister l'orthographe latine du xvi⁰ siècle.

Quant au texte, les formules liturgiques sont surtout romaines par le choix et l'agencement ; le calendrier, au contraire, est surtout parisien. La part faite aux Saints du Léon est plus large que dans les *propres* modernes. Ainsi, nous trouvons là saint Derrien, saint Sané, saint Carantec, saint Suliau, saint Armel, saint Thégonec, saint Sezni (1), saint Ternoc (2), mais il subsiste aussi d'étranges lacunes dans ce missel, car on y cherche en vain les noms de saint Tanguy et de sainte Haude, etc. Il en est de même pour ce qui concerne la mention des principaux Saints appartenant aux autres diocèses bretons, ou des saints étrangers spécialement honorés en Bretagne : des mentions très heureuses à côté d'oublis inexplicables ; c'est ainsi que nous trouvons des messes de saint Clair, de saint Budoc, de saint Maudet, de saint Brandan, de sainte Brigitte d'Irlande, de saint Mathurin, de sainte Barbe, etc.

Le missel de Quillévéré mériterait d'être l'objet d'une sérieuse étude ; mais comme elle n'intéresserait que les liturgistes, bornons ici nos indications générales, et restreignons-nous à ce qui concerne le culte de saint Pol et des premiers Saints du Léon.

A la fête principale de saint Pol, le 12 mars, nous trouvons comme titre : *In obitu sancti Pauli epi Leon.* La messe est la première du Commun des confesseurs pontifes : *Statuit ei Dominus,* comme dans le missel romain, mais avec les différences que nous allons indiquer.

A l'*Introït,* le verset du psaume est remplacé par l'invocation :

Ora pro nobis beate Paule :
Ut digni efficiamur promissionibus Christi.

COLLECTE.

Deus qui hunc præclarum diem per obitum sancti confessoris et episcopi tui Pauli consecrasti : da quæsumus : ut ejus intercedentibus meritis, a peccatorum nexibus te miserante mereamur clementer absolvi.

L'épître est tirée du livre de l'Ecclésiastique, Ch. L du verset 6 au verset XXII, mais avec suppression de quelques courts passa-

____

(1) Ne pas confondre avec saint Sané.
(2) Patron primitif de Landerneau ou *Land-Ternoc.*

ges. Cette magnifique page de la Sainte Écriture est celle où Jésus, fils de Sirach, fait l'éloge du grand prêtre Simon, fils d'Onias, et elle s'applique très heureusement à saint Pol-Aurélien. Après l'épitre se trouve un *responsoire* précédant le *trail* ; cette particularité est aujourd'hui exclue de la liturgie romaine.

Le verset: *Domine prævenisti eum in benedictionibus dulcedinis* et les versets suivants ont fourni le texte de ce *responsoire*.

OFFERTOIRE.

Veritas mea et misericordia mea cum ipso : et in nomine meo exaltabitur cornu ejus.

SECRÈTE.

Munera quæsumus, Domine, per manus meas humiliter tibi oblata, per invocationem sancti nominis tui, intercedente sancto Paulo confessore tuo, ab omni pollutione tu digneris sanctificare : ut ad medelam nostræ animæ proficiant sempiternam.

COMMUNION.

Beatus servus quem cum venerit.... etc.

POSTCOMMUNION.

Repleti cibo potu benedictioneque cœlesti, te Domine, supplices exoramus : ut quæ fragili celebramus officio, beati confessoris tui Pauli prodesse nobis sentiamus auxilio.

Au 10 octobre, nous trouvons la fête de la Translation de saint Pol. C'est encore la messe *Statuit* avec les modifications précédemment indiquées, et en outre les suivantes.

VERSET DU PSAUME A L'*Introït*.

Misericordias Domini : in æternum cantabo.

COLLECTE.

Da nobis, Domine, quæsumus beati Pauli pontificis attolli suffragiis : ut qui pontificalem sanctis meritis suscepit dignitatem, impetret apud te nobis supernam protectionem.

Alleluia : *Pie Pater Leonie* *Sidus in cœlo præsulum* *Paule lumen Britanie* *Tuum defende populum.*	Alleluia : *Paule præsul Leonie* *Precatu semper sedulo* *Sta coram rege glorie* *Pro naufragante sæculo.*

Prose.

Lætabundus
Pastori det grex jocundus
   Alleluya.

Ut ignaves
Pennatas concludit aves
   Res miranda.

Post palmam ingreditur
Et tipice nascitur (1)
   Sol de stella.

Exemplar se præbuit
Gregem voce monuit :
   Semper clara.

Sicut Christum docuit
Vite viam tenuit
   Pari forma.

Exul esse voluit,
Possidere respuit
   Hec corrupta.

Jam in cœlis jubilat
Multis signis rutilat
   Valle nostra.

Per hunc benedicitur
Qui pro nobis moritur
   Carne sumpta.

Os mutorum solvitur
Cecis lumen redditur
Plebs errans non sinitur
   Esse ceca.

Mare fugit, saliunt
Claudi, surdi audiunt,
Multe terre sentiunt.
   Hec predicta.

Plebs Christi propera
Depone vetera :
   Hec sequens
   Ne sis gens
   Misera.

Sequi nos opera
Ejusque munera :
Da quem genuit puerpera.

   Amen.

Secrète :

Beatissimi pontificis tui Pauli nos quesumus muniat ibique oratio : et munera que tibi offerimus : placitis deferantur angelicis manibus.

Postcommunion :

Preces nostras quesumus Domine clementer exaudi : et intercedente beato Paulo confessore tuo atque pontifice, supplicationes nostras placatus impende.

Les trois oraisons précédentes reviennent à chaque jour de l'octave, mais par ailleurs les messes changent. Le premier jour, c'est *Sacerdotes tui, Domine ;* le second, *Os justi ;* le troisième, *Sacerdotes Dei benedicite ;* le quatrième, *Sacerdotes ejus induam salutari ;* le cinquième jour et les suivants on devait dire la messe de la fête ; mais le dimanche dans l'octave on chantait une prose particulière.

---

(1) *Tipice* pour *typice ;* c'est-à-dire : d'une manière figurative ou symbolique.

Leonensis terra plaude,
Celebrata festa gaude
Sancti Pauli presulis.

Cujus sensu gubernata,
Cujus es tam illustrata
Fide quam miraculis.

Is a pueritia,
Regna linquens patria,
Sub Ilduto studuit.

Tribus junctis sociis,
Sacris se non studiis
In parem exhibuit.

Quasi gregem ovium,
Paulus turbam avium
Noxiam incarcerat.

Doctor fit attonitus,
Filii dum tacitus
Meritum considerat.

Tandem patri pandit votum,
Et ad heremum remotum
Recedit secretius.

Ibi carne macerata,
Ut non satagat cum Martha
Fit Maria potius.

Instruit ad fidem Marcum,
Sed ostendit rex se parcum
Negans tintinnabulum.

Quod a Marco denegatur
A superno Rege datur
Piscis per miraculum.

Mirum est quod dicitur,
Alveo concluditur
Maris Pauli precibus.

Fratris beneficio
Major servit natio
Monialis usibus.

Bubalum hic fugat sontem
Et propinat novum fontem
Sitibundis sociis.

Per hunc fera sus paccatur (1)
Ursus preceps sponte datur
Illius imperii.

Serpens ferox miro modo
Se centeno plicans nodo
Junus mari gurgitat.

Videt comes et miratur,
Universa gens letatur
Quod hostis periclitat.

Postquam virgo sublimatur,
Et invitus consecratur
Cessat idolatria.

Fides una predicatur
Et Trinitas veneratur
In Ima Britannia.

Fit propheta servus Dei
Tandem vite finis ei
Ab angelo panditur.

Discipulis hic vocatis
Fidem sancte Trinitatis
Predicans, assumitur.

Paralitici curantur,
Cecis visus instauratur,
Mutis lingue gratia.

Ergo sanctus revelatur,
Quia per hunc operatur
Deus mirabilia.

Qui nos sua gratia
Trahat ad celestia,
Ubi summa premia
Sunt et vera gaudia.
        Amen.

Nous aurons encore un emprunt à faire au missel de Quillévéré, quand nous en viendrons au culte de saint Goulven, mais disons dès maintenant ce qui nous reste à ajouter sur cette belle œuvre typographique.

---

(1) Le texte porte *feras ;* c'est une des rares fautes que je trouve dans le missel.

L'ouvrage imprimé était-il la reproduction d'un ancien missel manuscrit en usage dans le diocèse de Léon ? — La dédicace que nous avons reproduite l'affirme catégoriquement, et cependant nous ne pouvons écarter ici un doute. En 1526, la Bretagne n'était réunie à la France que depuis trente-quatre ans, et douze années seulement s'étaient écoulées depuis la mort d'Anne la Bonne Duchesse ; comment la liturgie bretonne aurait-elle été assez française avant le pacte d'union pour célébrer sous le rite double ou semi-double la mémoire de près de trente saints appartenant à la vieille Gaule, mais dont l'office ne s'est jamais trouvé au calendrier romain ? Comment surtout la part aurait-elle été faite si large aux Saints du diocèse de Paris ? Ces nombreux emprunts faits aux *propres* d'églises étrangères donnaient au missel de Quillévéré un caractère de jeunesse qui a dû lui être funeste.

La bulle de saint Pie V l'atteignit donc en 1570, quarante-quatre ans après sa publication, et il n'aura certainement pas tardé à disparaître de l'usage général ; mais nous lui devrons toujours de nous avoir conservé certaines compositions liturgiques d'un réel intérêt, en particulier les deux proses que nous avons citées et celle de saint Goulven que nous donnerons bientôt. Les messes de saint Ténénan, de saint Gouesnou, de saint Hoardon, de saint Hervé, n'ont point de séquences propres ; elles en empruntent une au Commun des Confesseurs. Saint Joévin n'a même pas cette séquence commune, parce que sa fête tombe ordinairement en carême ; c'est pour ce même motif que nous ne trouvons pas de prose pour la principale fête de saint Pol, tandis que le missel en donne deux pour la translation de ses reliques et pour le dimanche dans l'octave. Cependant la liturgie du xvie siècle n'excluait pas absolument les séquences pendant la sainte quarantaine, car dans notre missel même nous en trouvons une pour le jour de l'Annonciation. En terminant, faisons remarquer le titre même de la fête de saint Pol au 12 mars : *In obitu sancti Pauli epi. Leon.* Depuis fort longtemps le mot *obitus* (mort), n'est plus employé pour indiquer la mort des Saints ; l'Église regarde au contraire comme une véritable naissance leur bienheureux trépas.

Après la messe de saint Pol nous avons à examiner maintenant son office. La plus ancienne édition que j'ai pu étudier est de 1705. Elle fut faite par ordre de l'évêque Jean - Louis de La Bourdonnaye, et par lui reconnue conforme à l'édition primitive. L'évêque Henry de Laval de Boisdauphin (1651 - 1661) avait pris l'initiative de la publication d'un *propre* en harmonie avec les exigences de la liturgie romaine. Jean-Louis de La Bourdonnaye le réédita deux fois, d'abord à Morlaix chez l'imprimeur D. P. de Ploësquellec, à l'enseigne de la Croix-d'Or, près du pont de Bourret, puis en 1736 à Saint-Pol, chez Jean-Joseph Le Sieur, imprimeur et libraire de l'évêque, du clergé et du collége.

Ce *propre* différait probablement fort peu de celui qui avait été édité en 1516, dix ans avant le missel.

La maison mère des Frères de l'Instruction chrétienne à Ploërmel conserve un exemplaire de cet ancien *bréviaire* de Léon. Nous disons *bréviaire,* car ici les offices propres au diocèse prennent leur place naturelle, suivant la date, parmi les offices adoptés pour l'usage universel de l'Église.

Quelques feuillets d'un ancien *bréviaire* manuscrit ont aussi échappé à la destruction. On y trouve des fragments des *leçons* de saint Pol Aurélien pour les jours dans l'octave de sa fête. Ces feuillets sont conservés aux archives départementales ; l'écriture y est fort nette, d'un gothique assez facile à lire ; les lettres capitales, bleues et rouges, sont très - belles et d'une remarquable netteté.

Il y a lieu de s'étonner de ce qu'en rédigeant le *propre* actuellement en usage dans le diocèse de Quimper et de Léon, la commission nommée par Mgr Graveran n'ait presque rien gardé des monuments liturgiques de nos deux anciens diocèses. L'office de saint Pol-Aurélien a été encore plus complètement transformé que celui de saint Corentin ; mais cependant on peut reconnaître que si notre *propre* est par ailleurs d'une remarquable pauvreté, les deux nouveaux offices des patrons du diocèse valent les offices anciens comme rédaction, et leur sont même supérieurs dans certaines parties, sauf pour les leçons. Les psaumes sont, comme actuellement, du Commun des confesseurs pontifes.

On remarquera que les antiennes sont rythmées de telle sorte

qu'elles semblent empruntées à des hymnes aujourd'hui hors
d'usage. Cette particularité se rencontre dans d'autres créations
liturgiques adoptées par l'Église romaine, par exemple à l'office
de la Très-Sainte Trinité.

PREMIÈRES VÊPRES.

1re Ant. — Generosa Paulus Anglici proles patris, generosiorem
mentis Angelicæ facem a Patre summo luminum nascens capit.

2e Ant. — Studet magistro dignus Ilduto.

3e Ant. — Cœlo quod hausit, prodigo fundit.

4e Ant. — Regi salutis indicat Marco viam.

5e Ant. — Ne quasset impar infulæ pondus caput, fugit : jubentem,
quo vocat, sectans Deum.

HYMNE.

Cœlitus missum resonare munus,
Præsulem gestit lyra nostra Paulum :
Ut tuo laudes operi, Redemptor,
*   Christe rependat.*

Pectori mentem tenero virilem
Inferens : mores puer Angelisans
Haurit Ilduti, sophiamque prona
*   Ebibit aure.*

Alitum turbam sata sublegentem,
Ut gregem cogit caveaque claudit :
Cum jubet, nunquam reditura sanctis
*   Exulat agris.*

Ut voluptates fugiat fugacis
Sæculi : solo sale, pane, lympha
Pastus, æternum meditatur arcta
*   Numen eremo.*

At Leonensem mare per Britannum
Vectus ad ripam, domuit cruentum
Victor invictus : domitumque mersit
*   Æquore monstrum.*

Laus Deo Patri, decus atque virtus,
Laus Dei Nato, parilisque Sancto
Pneumati, cujus viget universus
*   Numine mundus. Amen.*

Ant. de Magnificat. — Ad æternæ civitatis gaudia, in qua Deus
omnibus est omnia, Paulum perduxerunt fides, spes et charitas : quas
ut nobis atque suo populo impetret a Domino, supplices postulamus.

L'*oraison* est la même que la *collecte* du missel de Quillévéré,
mais *Episcopi* est remplacé par *Pontificis* ; à l'expression *per obi-*

tum, que nous avons déjà signalée comme en contradiction avec les règles de l'Église, est substitué le mot *natalitiis.* Dans la finale : *mereamur clementer absolvi,* le mot *clementer* a été judicieusement supprimé. Ces réformes, qui paraîtront minutieuses à quelques-uns, m'ont paru très intéressantes à signaler. Elles prouvent chez le vénérable évêque Henry de Laval de Boisdauphin un grand respect pour le passé, mais un respect intelligent. Il ne modifie que le moins possible, et il le fait avec une profonde connaissance des traditions romaines.

ORemus. — Deus, qui hunc præclarum diem, Sancti Pauli Confessoris tui atque Pontificis Natalitiis consecrasti : da quæsumus, ut ejus intercedentibus meritis, a peccatorum nostrorum nexibus, te miserante, mereamur absolvi.

MATINES.

Invitatoire : Collaudemus conditorem sæculorum*, Quem collaudat multitudo Confessorum.

HYMNE.

Præsulum princeps, opifexque mundi,
Christe : fac gestis celebrem coruscis,
Quem tuo clemens populo dedisti,
          Clangere mystam.

Hoc reviviscit novus orbe Moses,
Qui fugans jussu mare retroactum,
Refluis metas silices adauctos
          Objicit undis.

Ille de gleba sitiente dives
Profluos fontes aquilex perennat,
Deque prædulci saliente falsas
          Rorat arenas.

Hoc frequens æger medicante vires,
Cepit amissas, oculosque cæcus,
Clinicus robur, religata vocem
          Lingua disertam.

Præsuli nolam vehit Anglicana
Cetus ex aula ; famulo fideli
Numinis totus famulatur æther
          Pontus et orbis.

Sponte qui nobis pius exulasti
Præsul, æterna statione gaudens,
Exules cura patrio, præcamur,
          Reddere cœlo. Amen.

1ᵉʳ Nocturne.

1ʳᵉ Ant. — Deo probatos exigit vitæ dies.
2ᵉ Ant. — Nulli secundus ; vix habet Doctor pares.
3ᵉ Ant. — Portenta mirus artifex nutu patrat.

Les trois leçons du commun : *Fidelis sermo.*

1ᵉʳ Responsoire. — Inclytus Christi Confessor Paulus in ipsis teneræ infantiœ diebus, * Spiritus-Sancti gratia fuit perfusus. ℣ Cujus sacra unctione edoctus, Deo placebat et hominibus. * Spiritus-Sancti.
2ᵉ Responsoire. — Ex numerosa fratrum progenie, Paulum Deus sibi servum elegit : * Quem donis exornavit innumeris. ℣ Divina virtus pecerum lactentem implevit. * Quem donis.
3ᵉ Responsoire. — Ætate prima, dum litteris vacaret inter sodales, miraculis clarebat Paulus : * Et ideo admirabilis vocabatur. ℣ Faciebat signa magna et prodigia a cunabulis :* Et ideo. * Gloria Patri. * Et ideo.

2ᵉ Nocturne.

1ʳᵉ Ant. — Ocyus eremum grandior factus petit.
2ᵉ Ant. — Quasvis ab ore sobrio pellit dapes.
3ᵉ Ant. — Fameque panem trutinat, et lympham siti.

Les leçons de ce nocturne donnent la *légende* de saint Pol ; ici la forme est loin d'être prétentieuse et déclamatoire comme celle de la *légende* actuelle, et l'auteur s'est bien gardé de donner au peuple évangélisé par saint Pol ce nom d'Occismiens qu'on peut lui contester. Forcé de nous restreindre, nous ne donnons pas ces trois leçons.

4ᵉ Responsoire. — Dum Paulus, jussu Doctoris, segetes puer custodiret, aves perdomuit, quæ fruges carpserant :* Quas velut oves in claustrum Monasterii compegit. ℣ Facta cum lachrymis oratione aves advertit, quæ damnum frugibus intulerant. * Quas velut oves.
5ᵉ Responsoire. — Audiens Ildutus claustro conclusas aves, quæ fruges carpserant, accurrit et Pauli miratur virtutem. * Aves illœsas jubet avolare. ℣ Discipuli ad beneplacitum Ildutus temperat imperium. * Aves illœsas.
6ᵉ Responsoire. — Postquam Paulus tam stupenda patravit miracula, ut vanas hominum laudes evitaret, * Lustris tribus adimpletis eremum penetravit. ℣ Derelinquens condiscipulos, et simul honorandum præceptorem. * Lustris tribus. Gloria Patri. * Lustris tribus.

3ᵉ Nocturne.

1ʳᵉ Ant. — Ubi fuit æquor, multa nunc ridet seges : salumque vertunt in solum Pauli preces.
2ᵉ Ant. — Ut Christianam doceat Armoricos fidem impavidus animam perfido fidit mari.

3ᵉ Ant. — Béata tellus, quæ Pauli manu sata ; cœleste laxo semen excepit sinu.

7ᵉ Responsoire. — Anguis terribilis, qui homines et jumenta devorabat, collum sua stola cingens Paulus, * In mare ipsum præcipitavit. ℣ Quem plebs horrebat, ad quem miles accedere non audebat.* In mare.

8ᵉ Responsoire. — Provectus meritis et ætate Paulus, pia Guithuri Comitis fraude circumventus,* Suscepit Cathedram Leoniæ Pontificalem. ℣ Regis imperio et populi desiderio non præsumens refragari.* Suscepit Cathedram.* Gloria Patri. * Suscepit Cathedram.

Nous n'attirons pas l'attention du lecteur sur les versets et sur l'homélie, qui n'offrent rien de bien particulier.

LAUDES.

1ʳᵉ Ant. — Trino perennis gloriæ pensum Deo date : date sacrum Præsuli Paulo decus.

2ᵉ Ant. — Multis salutem prodigus vitæ parat.

3ᵉ Ant. — Mutis loquelam reddit, et cœcis diem.

4ᵉ Ant. — Artus superna firmat enerves ope.

5ᵉ Ant. — Et pecus, et homines, helluans passim draco, domitore Paulo, mersus e saxo perit.

Hymne.

Quæ Leonensis pietas, beate
Præsul, exolvit tibi Paule vota,
Et tuis laudes meritis amico
      Suscipe vultu.

O nimis felix gregis hujus actor !
Cui salutaris fidei magistro
Pressit invitum caput ambiente
      Infula gyro.

Corporis cum mens spolio soluta
Summa pernici petit astra penna,
Continens raptat spolium, parique
      Insula nisu.

Conficit litem docilis quadriga,
Corpus in curru gemino libratum
Advehens almam jubilante clero
      Urbis in ædem.

Hinc tuos noster chorus hac in æde
Conditos supplex cineres adorat,
Nos ut æternum redivivus orci
      Non voret ardor. Amen.

Ant. de Benedictus. — Pater inclytus Paulus, mundano de carcere ad æthera transiit liber : ubi perenni voluptatis fonte potatus, continuo pro nostra salute interpellat.

Comme si l'inspiration s'était épuisée chez le poète qui a composé cet office, il n'a pu trouver pour les *Petites Heures* autre chose que les *répons* et les *versets* du *Commun*. A *Sexte:* le *capitule* est *Obedite præpositis vestris;* à *None: Mementote præpositorum vestrorum.* Sauf pour le choix des *capitules,* nous trouvons la même absence d'originalité dans les deux offices de saint Corentin, celui de 1642 et celui de 1851 ; mais l'office actuel de saint Pol a des répons et des versets propres, et le choix en est très heureux. Nous ne les donnons pas ici ; ce chapitre ne s'adresse guère qu'à nos lecteurs ecclésiastiques, qui ont tous en mains le *propre* du diocèse.

DEUXIÈMES VÊPRES.

Ant. de Magnificat. — O gloriose Confessor Christi Paule, lux et decus Leoniæ, qui cœlestia eligens, mundi vanitates conculcasti : intercede pro nobis ad Deum, qui te nobis providit Doctorem.

A la fin de l'office est une *note* indiquant que pour la fête de saint Pol on dit la messe *Statuit* avec l'épître *Mementote præpositorum.* Une indication semblable termine chaque office dans les deux éditions du *propre* de Léon.

Naturellement, la fête de saint Pol, au 12 mars, n'a pas d'octave puisqu'elle tombe en carême. La liturgie locale y avait suppléé en composant des leçons pour toute l'octave de la translation. Il y en avait pour chaque jour de cette octave, sauf pour ceux où l'on célébrait les fêtes de saint Callixte et de sainte Thérèse. C'était une *légende* en dix-huit *leçons,* beaucoup plus étendue que ne le sont aujourd'hui les compositions de ce genre, et qui n'excèdent jamais trois *leçons;* c'est donc toute une vie de saint Pol. Nous ne reproduirons pas ici ce texte d'ailleurs très intéressant, mais qui répéterait ce que nous avons déjà raconté. Nous nous bornerons à traduire ce qui est dit à la fin de la dernière leçon, touchant les reliques de saint Pol :

« A l'abbaye de Fleury les reliques des Saints et les châsses qui les contenaient furent en partie jetées, en partie brûlées ; mais cependant l'église de Léon n'est pas absolument privée des restes de son patron, car elle possède tout son crâne et tout un os de son bras droit. Enfermées dans des châsses d'argent, elles ont donné aux *supplications solennelles* qu'on lui adresse, une célébrité qui s'étend au loin. »

Nous avons cru bon de signaler ici l'existence de ces châsses d'argent, parce que dans l'histoire des restes de saint Pol il nous est arrivé de nous exprimer comme il suit : « Nous n'avons pu nous renseigner sur la beauté artistique et la valeur intrinsèque des reliquaires où ils étaient jadis enchâssés. »

Sur la valeur artistique nous restons toujours dans l'ignorance, mais notre mémoire était en défaut quand nous ne disions rien des deux châsses d'argent ; en effet, ce n'est pas seulement l'ancien *propre* de Léon, c'est notre office actuel du premier dimanche de mai qui nous rappelle chaque année ce don de la générosité des ancêtres. Puisque nous en sommes aux *leçons* aujourd'hui en usage, constatons qu'elles renferment une erreur ; elles disent que Mgr Dombideau, accompagné de ses vicaires généraux, célébra solennellement la translation des reliques de saint Pol. D'après deux pièces que nous avons citées intégralement, il est facile de constater que s'il eut cette intention il ne la réalisa jamais. Saint Corentin a eu deux translations en ce siècle : celle de l'*ossiculum* et celle du *bras* ; saint Pol attend toujours la sienne.

Les feuillets échappés au vieux bréviaire manuscrit, le bréviaire imprimé en 1516, les éditions de 1705 et de 1736 du *propre* de Léon donnant invariablement la légende partagée entre les jours de l'octave, nous sommes porté à conclure, d'après cet indice, que le *propre* de Léon a été peu modifié pendant les trois siècles qui ont précédé la Révolution.

La fête de la translation de saint Pol se célébrait le 10 octobre, et à partir de 1736 le dimanche qui suivait ce jour, à moins que le 10 ne fût lui-même un dimanche.

En dehors des leçons, l'office du 10 octobre diffère peu de celui du 12 mars. Voici les deux seules divergences.

OREMUS. — Concede nos, quæsumus Domine, Beati Pauli Confessoris tui atque Pontificis attolli suffragiis : ut qui, Pontificalem sanctis meritis suscepit dignitatem, impetret apud te nobis supernam protectionem.

1re *Ant. de Laudes.* — Honor supremus, optimo sit laus Deo, Pauloque sit laus, præsuli, dono Dei.

Actuellement le premier dimanche de mai est consacré à honorer en même temps la translation des reliques de saint Corentin et celle des reliques de saint Pol. Pour ma part, j'avoue que je ne vois guère la raison de cet esprit d'économie dans la célébration des fêtes de nos patrons.

Une autre fête qui rappelait indirectement le souvenir de saint Pol est l'anniversaire de la dédicace de sa cathédrale ; dans la ville épiscopale elle se célébrait avec octave le second dimanche après la fête des saints apôtres Pierre et Paul, et sans octave dans le reste du diocèse. La messe et l'office étaient conformes au missel et au bréviaire romain ; le missel de Quillévéré ajoute seulement quatre proses pour les différents jours de l'octave. Elles n'ont rien qui se rapporte plus particulièrement à la cathédrale de Saint-Pol qu'à toute autre église.

J'aurais voulu, après les formules liturgiques en l'honneur de saint Pol, donner ici un *gwerz* breton qui résumât sa vie, mais toutes mes recherches à ce sujet sont restées sans résultat. Cette lacune n'indique-t-elle pas que l'affaiblissement de la dévotion à saint Pol est déjà ancien ?

Un des faits les plus curieux manifestant cette regrettable décroissance, c'est l'absence, jusqu'à ces dernières années, de toute statue de saint Pol dans sa propre cathédrale. Dans la chapelle qui lui est consacrée se voyait un tableau de médiocre valeur, représentant le Saint au moment où il vient d'enchaîner le dragon. Cette peinture est aujourd'hui dans la chapelle des fonts-baptismaux ; elle a été avantageusement remplacée par une statue polychrome. Saint Pol figure encore dans deux verrières du fond du chœur : au fond du sanctuaire, du côté de l'Évangile, est représentée la lutte de saint Pol contre le dragon, le jeune seigneur de Kergournadec'h y apparaît dans son rôle. Dans le même vitrail figurent saint Hervé et saint Salomon. En face, du côté de l'Épître, saint Pol reçoit de Childebert et de Judual la crosse d'ivoire symbole de l'autorité épiscopale ; aux côtés se voient la bienheureuse duchesse Françoise d'Amboise, et son patron saint François d'Assise. Ces deux verrières ainsi que celle du milieu (Notre-Seigneur remettant les clefs à saint Pierre) et presque toutes celles qui décorent la cathédrale de Saint-Pol, viennent des ateliers de M. Lobin à Tours ; ce sont des œuvres d'une grande valeur artistique.

Un autre vitrail qu'il nous faut signaler est celui où figure l'évêque Rolland de Neufville. Nous avons déjà parlé de ce grand prélat qui lutta si courageusement et si efficacement contre la diffusion du calvinisme protégé par les seigneurs de Rohan. Il est représenté agenouillé devant le Crucifix, et présenté par saint Pol Aurélien. La ville de saint Pol, telle qu'elle existait en son temps et qu'on la voit figurer dans une ancienne peinture formant retable d'autel dans la cathédrale, forme ici le fond du tableau. Toute cette belle composition reproduit une miniature extraite d'un pontifical qui appartenait à Rolland de Neufville lui-même et qui se conserve actuellement à la bibliothèque de la ville de Lyon.

Comme dans toute cathédrale, on désirerait voir à l'entrée du chœur une belle statue du saint Patron.

La piété de Mgr Sergent pour les Saints de son diocèse ne lui permettait pas de restaurer sa cathédrale de Quimper sans y faire figurer l'image du patron de Léon dans l'église du patron de la Cornouailles ; saint Pol fut donc représenté près de saint Corentin dans le grand vitrail du transept Nord ; mais ce n'était pas assez, et dans une des verrières qui décorent les chapelles latérales de la nef, la légende de saint Pol Aurélien fut reproduite en huit médaillons d'une très heureuse exécution pour la plupart ; il est seulement fâcheux qu'ils soient encadrés dans une mosaïque trop éclatante et de teintes peu harmonieuses. Voici les sujets représentés :

1° Saint Pol et les autres élèves de saint Ildut se joignent à leur maître pour faire reculer la mer ;

2° Miracle des oiseaux ;

3° Conversion du roi Marc ;

4° Un ange ordonne à saint Pol de passer en Armorique ;

5° Saint Pol enchaîne le dragon de l'île de Batz ;

6° Childebert et Judual ordonnent à saint Pol d'accepter l'épiscopat ;

7° Un ange lui annonce sa mort ;

8° Saint Pol mourant fait ses dernières recommandations à ses religieux.

Lors de la récente restauration de la chapelle de Notre-Dame de la Victoire (abside de la cathédrale de Quimper), deux panneaux émaillés sur lave furent employés pour la décoration du retable d'autel. L'un de ces panneaux représente les *Sept Saints de Bretagne* ; saint Corentin ouvre la marche ; saint Pol Aurélien occupe la place du milieu, il a été représenté d'après les fresques d'Hippolyte Plandrin à l'église de Saint-Vincent de Paul ; il figure sous les traits que le grand peintre a prêtés à saint Éloi, et le dragon qu'il mène en laisse n'est que la *tarasque* de sainte Marthe, volée à son profit. Je confesse humblement que ce vol a été exécuté d'après mes conseils. Cet aveu pourrait avoir son importance le jour où les habitants de Tarascon, apprenant que saint Pol conduit le monstre dompté par leur sainte patronne, voudraient punir cette usurpation. Les responsabilités étant bien établies, peut-être échappera-t-on à une guerre civile.

La bannière de la cathédrale de Quimper représente à son revers, saint Pol terrassant le dragon.

La paroisse où saint Pol a continué d'être honoré d'un culte plus populaire est peut-être Lampaul-Guimiliau. Il y partage avec Notre-Dame l'honneur d'être patron local.

On se rappelle comment saint Pol conduisit du Faou à l'île de Batz un dragon qui avait exercé de grands ravages en Cornouailles, or « estant arrivé en un petit bois qui est entre les paroisses de Land-Paol et Guic-Miliau, deux hommes le vinrent trouver de la part des habitants du Faou et l'avertir que ce n'estoit rien fait, s'il n'exterminoit aussi un petit faon que le serpent avoit laissé en sa tannière ; lequel, estant déjà grandelet, menaçoit le pays circonvoisin de pareilles misères. Lors saint Paul délia le dragon et luy commanda, de la part de Dieu, qu'il allast querir son faon et le luy amener en ce lieu, luy defendant très estroitement de faire mal à personne. Le serpent obéït, et ce lieu, en memoire de cecy, se nomme encore aujourd'huy *Coat-ar-Sarpant*. »

Cette dénomination employée au temps d'Albert-le-Grand est toujours en usage. L'endroit où les deux voyageurs venus du Faou rencontrèrent le saint évêque est marqué par une croix que l'on appelle *Croaz-Pol* ; elle s'élève à un demi-kilomètre du bourg. Non loin de là se trouve la fontaine dite *Feunteun-Bol.* Dans la niche qui l'abrite, se trouve une statue du Saint. Autrefois, la veille du douze mars, on recouvrait d'une mître de satin la mître sculptée faisant corps avec la statue ; maintenant encore chaque année à la même date, les deux femmes les plus honorables du village revêtent leurs habits de fête pour aller lui mettre sur la tête une couronne de fleurs. Pendant l'octave, les habitants des villages voisins viennent tous prier, boire et se laver à cette fontaine. Aussi la vénération qui s'attache à cette source a-t-elle trouvé satisfaction quand l'eau étant venu à manquer dans tout le voisinage pendant les grandes chaleurs de 1887, on vit le bassin de la fontaine de saint Pol toujours rempli, et le ruisseau versant non pas seulement son contingent habituel, mais beaucoup plus encore.

Ce fait très certain, constaté par beaucoup de personnes dignes de foi n'est pas le seul prodige attribué à l'eau de *Feunteun-Bol.* Croiriez-vous que dans la nuit du 11 au 12 mars, pendant que sonnent les douze coups de minuit, elle se convertit en vin...; mais il ne s'est encore trouvé personne d'assez hardi pour aller en faire la constatation à une pareille heure.

J'ai déjà dit qu'à Lampaul il y eut un vif mécontentement quand après le Concordat l'obligation de chômer le 12 mars fut supprimée. Le dimanche précédant la fête, le recteur ayant déclaré aux paroissiens qu'ils pourraient vaquer à leurs travaux ce jour là, on ne cacha point la répugnance qu'inspirait cette mesure. Le 11 mars au soir il n'y avait pas un seul nuage au ciel et le temps s'annonçait très beau pour le lendemain ; or, le 12 au matin quand les portes s'ouvrirent, la terre était couverte d'une couche de neige épaisse de deux pieds, si bien que tout travail extérieur était impossible, ce qui fut regardé comme l'expression formelle de la volonté de Dieu et de saint Pol.

Après sa cathédrale, saint Pol n'a probablement pas d'église aussi belle que celle de Lampaul-Guimiliau. Elle est vraiment remarquable avec ses trois larges nefs, ses poutres sculptées si originales, les merveilleux retables de ses autels, etc. A l'extérieur, une abside qui est la perfection même, un portail élégant et correct dont la façade a pour principal ornement une statue de saint Pol, en kersanton. Ce portail date de 1533. Dans l'église, une autre statue de saint Pol est adossée à une colonne près de l'entrée du chœur ; celle-ci est remarquable par la richesse des sculptures dans les orfrois de la chape.

On sait combien est grande la foi dans l'île d'Ouessant, terre privilégiée qui eut les prémices de l'apostolat de saint Pol en Armorique ; et cependant là même la reconnaissance envers un bienfaiteur si insigne aurait besoin d'être réveillée. Sans doute, dans chaque famille le saint patron de Léon est invoqué tous les jours ; sans doute, la fête patronale est solennisée chaque année le dimanche dans l'octave du 12 mars ; mais ni les confessions ni les communions n'y sont plus nombreuses que pour un dimanche ordinaire.

A l'extrémité Est de l'île, à *Lan-Arlant,* existe une croix encore appelée *Croas-Sant-Paol ;* elle s'élève non loin d'une crique où le Saint aurait embarqué en quittant Ouessant pour la grande terre ; mais ceux-là même (et ils ne sont guère nombreux) qui ont eu connaissance de ce souvenir ne portent à cette croix aucune vénération particulière. Il n'y a pas non plus dans l'île une fontaine à laquelle se soit attaché le nom de saint Pol.

En dépit de mes efforts je n'ai pu glaner rien d'intéressant sur le culte de saint Pol dans les autres paroisses où il est patron : à Lampaul-Ploudalmézeau il y avait une fontaine portant son nom, et attenant au pignon Est de l'église, mais elle était si peu vénérée qu'on n'a point cru amener du mécontentement en la faisant disparaître vers 1863.

J'ai parlé de la sépulture de saint Joévin et de la chapelle qui l'abrite. Il me reste bien peu de choses à ajouter sur le culte du neveu de saint Pol : à Brasparts où il exerça les fonctions pastorales, il était autrefois spécialement honoré ; il existe au bas du bourg, sur l'ancienne route du Faou une fontaine qui s'appelle toujours la fontaine de saint Jaoua, mais elle n'est plus l'objet de la vénération.

Saint Hervé qui a gardé une si grande place dans les traditions populaires, dont tant d'enfants bretons portent le nom, n'est cependant pas suffisamment honoré. Il semble que Lanhouarneau devrait être un centre de pèlerinage, mais ils ne viennent généralement ni de bien loin ni en grand nombre, ceux qui se rendent à son église pour vénérer les reliques du saint mendiant. Cependant son image se rencontre encore dans de trop rares églises. La plus curieuse, sans contredit, est celle qu'on remarque dans l'église de Kerlaz, non loin de Douarnenez. C'est un groupe sculpté assez grossièrement dans le granit, le saint aveugle est conduit par un jeune garçon et tient en laisse le loup qui a remplacé son chien blanc. C'est d'après une description de ce même groupe que saint Hervé a été représenté dans un panneau moderne complétant un des vieux vitraux dans la nef de la cathédrale de Quimper.

Dans l'église de Lanhouarneau l'ancienne image du saint Patron a été remplacée depuis quelques années par une grande et belle statue bien faite pour exciter la vénération.

A Lampaul-Guimiliau, dans le retable de l'autel de sainte Anne se trouvent plusieurs statuettes d'un travail exquis : la plus parfaite est celle de saint Hervé.

Mais un vrai chef-d'œuvre à signaler c'est la grande et belle statue du même saint dans l'église de Guimiliau. Elle est adossée à une colonne près de l'entrée du chœur, et elle n'a qu'un tort, c'est de ne pas attirer suffisamment l'attention, dans une église où les merveilles de la sculpture sont tellement prodiguées qu'il faut beaucoup de temps et beaucoup de soin pour tout voir.

En traitant du culte de saint Goulven, nous allons nous trouver en face de documents plus nombreux.

Avant d'aborder directement le sujet même de cette étude, je crois devoir rappeler que dom Plaine vient de rendre un nouveau service à l'hagiographie bretonne, en publiant la traduction d'une ancienne vie de saint Goulven, avec prolégomènes et éclaircissements. J'ai déjà dit que j'emprunterai à ce travail les rectifications qui me sembleraient nécessaires, car je ne me suis appuyé pour la *Vie de saint Goulven* que sur des documents de seconde main, Albert-le-Grand et Dom Lobineau ; or ces rectifications pour les faits et pour la chronologie trouvent ici leur place naturelle.

Le manuscrit publié par Dom Plaine ne porte ni nom d'auteur, ni date, mais le savant traducteur le regarde comme évidemment antérieur au xe siècle; Dom Plaine pense, en outre, que l'auteur de l'opuscule vivait au pays de Léon, à la source des renseignements les plus sûrs, et qu'il a pris pour guide constant des relations antérieures regardées par lui comme authentiques ; enfin, son travail nous est arrivé exempt de toute interpolation.

Je me trouve parfaitement d'accord avec ce que dit Dom Plaine sur l'époque où vécut saint Goulven, et j'ai montré combien peu sérieuse est la théorie de Dom Lobineau faisant vivre le solitaire d'Odéna au xe siècle, sous prétexte que dans son histoire il est question de l'invasion des Normands.

Dom Plaine pense que saint Goulven ne succéda point directement à l'évêque qui occupait le siège de Léon au moment où mourut saint Pol ; son voyage de Rome, qu'il entreprit pour se soustraire à la charge épiscopale, aurait donc effectivement réussi à l'en préserver pour un temps ; il aurait succédé probablement à saint Houardon « qui joue un rôle important dans la vie de saint Hervé, document encore inédit, et paraissant digne d'inspirer confiance. »

Ce n'est pas sans en remarquer toute l'importance que je viens de citer ces dernières paroles. Saint Houardon est tellement inconnu qu'on n'a même pu trouver pour lui la matière d'une *légende* dans les *propres* soit anciens, soit récents, des diocèses de Léon ou de Quimper. La publication de la vie inédite de saint Hervé que Dom Plaine nous donnera certainement, permettra donc de combler cette regrettable lacune, quand sera venu pour nous le temps d'avoir un nouveau *propre* diocésain.

L'auteur de la vie latine de saint Goulven ne fixe pas lui-même la chronologie de son héros : il déclare ignorer combien de temps le Saint gouverna l'église de Léon, et dit qu'il mourut *plein de jours* vers l'an 600. Voici comment dom Plaine établit la chronologie de saint Goulven, en ne donnant les dates que comme des probabilités ou des à-peu-près.

Vers 540. Naissance du Saint.

540-560. Son éducation près de son bienfaiteur Gozian.

560-590. Sa vie érémitique.—Victoire du comte Even.—Construction d'un prieuré près de l'ermitage de saint Goulven.

590-600. Saint Pol Aurélien le désigne comme devant lui succéder. — Fuite de saint Goulven à Rome.

610. Il devient évêque de Léon.

620. Appelé à Rennes pour les affaires de son église, il se sent inspiré d'y passer ses derniers jours dans une vie aussi solitaire que celle qu'il avait menée autrefois. (Dom Plaine constate que le biographe en dit seulement un mot.) La tradition et les *monuments locaux* conservés à Saint-Didier, près Rennes, porteraient à croire que le Saint dût habiter longtemps ce coin de terre, à lui cédé par les moines de saint Melaine.

625. Saint Goulven meurt. — Les moines, ses bienfaiteurs, prennent son corps et l'ensevelissent avec honneur près de saint Melaine, leur patron et leur fondateur.

Saint Goulven occupe dans l'ancienne liturgie léonaise la place la plus importante après saint Pol.

J'ai déjà dit que le missel de Quillévéré donnait pour le jour de sa fête une prose où la vie et les miracles posthumes du Saint sont racontés en détails. Voici ce curieux monument. Nous le publions avec ses fautes d'impression.

PROSE DE SAINT GOULVEN *(Missel de Léon)*

Gratulemur, Leonia,
De Golvini hystoria
Et ejus miraculis.

Presul sanctus, egregius,
Gloriosus, eximius,
In Odena nascitur.

Fontis vena aperitur
Unde puer renascitur
Et purgantur infirmi.

Domuncula construitur ;
Frigus intus non sentitur
Nec venti concussio.

Caseos tres mire mutat
In lapides, tres refutat
Mulier erogare.

Terram mutat hic in aurum,
Cumulans Dei thesaurum,
Cruces, clochas, calices.

Leoniam predantur ; ferentes
Victoriam tenuit per enses
Eveni exercitús.

Per Golvinum noxios percellit,
Bona rapta reddere compellit ;
Extirpantur pagani.

Quantum potest circuire
Uno die ac finire
Evenus contulerit.

Muri terræ eriguntur
Ubi pedes gradiuntur,
Extat apparentia.

Christianus confitetur
Se peccasse, obmeretur
Ferre penitentiam.

Golvino sic : « Retardavi
More hunc, cepit, defraudavi
Socium velle suo. »

Ait sanctus : « Corpus porta,
Trahens humo id in sporta
Romam vere bajulans.

Leve pondus invenies
Cum occisis sepelies. »
Fama Rome notuit.

Paralysis naturalis
Pellitur universalis
A pedibus filie.

Mulierem fracto crure
Liberate fuit cure
De profundo marino.

Ter scinditur die festi
Pannus disponendus vesti,
Golvino remittitur.

Forfex heret huic manui
Dissolvi nequeunt cultri ;
Intendit, liberatur.

Vir in foro equum emit,
Deviavit equus : fremit,
Vovit ipsum Presuli.

Domum venit, qua non fuit,
Sancti virtus edomuit
Quod prius perierat.

Sed bulliens corrumpere
Quartam aqua nec delere
Litteras nec infringere
Signa cere potuit.

Aquam fontis vult bullire
Igne tenso homo mire,
Cor temperat mentis dire
Quod nequit sed tepuit.

Equus potans mox sanatur,
Omnis languens hinc curatur,
Cum mens sancto conformatur
Fundens preces Domino.

Quedam domus comburitur,
Puer intus non leditur,
Ipse sanus invenitur,
Golvino conservante.

Vir jumentum nequam rapit ;
Cecitatem fine capit,
In asili malum sapit,
Iram sancti mox obcapit,
Patitur ultionem.

Jesu, nostri miserere,
Pastor bone, nos tuere,
Et pacem nobis insere,
Cum angelis fac gaudere
Golvini suffragiis. Amen.

Le missel de Rennes de 1492 (1) donne aussi une prose en
l'honneur de notre Saint. C'est à certains égards une imitation du
Lauda Sion. Dom Plaine remarque que l'auteur de ce petit poème
paraît mieux informé sur certains points que le biographe même de
saint Goulven, surtout en ce qui concerne les miracles posthumes.

PROSE DE SAINT GOULVEN *(Missel de Rennes).*

Creaturæ Creatorem
Venerantur, dum honorem
Ejus sanctis exhibent.

Laus et honor (sint) Golvino,
Quem dilectum Deo Trino
Ejus facta exhibent.

Quem in terris sublimavit,
Christus signis et ditavit
Multiformi gratiâ.

Cujus ortu, dono Dei,
Fons immensæ speciei
Prope portum oritur.

---

(1) Conservé à la Bibliothèque nationale.

Quo decumbens recreatur
Mater, infans baptizatur,
Ægris salus refunditur.

A primœvo, carnem arcet
Aquâ, pane, quod non marcet
Aspirans ad gaudium.

Christi cultor verbo, vitâ
Virgo semper, heremita,
Triplex vicit prœlium.

Ventum, frigus, nullus, domo
Quâ latebat, sentit, domo
Quam non intrat femina.

Ejus prece debellavit
Dux Evenus, et prostravit
Barbarorum agmina.

Tres campanas et totidem
Auri cruces fecit idem
De transmisso pulvere.

Ejus jussu Romam latus
Se portantem, morti datus
Nullo pressit pondere.

A Letavis postulatus,
Contradicens est sacratus
Manu Papæ propriâ.

Multa signa subticentur,
Auditorum ne graventur
Aures propter tœdia.

Laboranti Christi in vite
Dat in sero Christus vitæ
Perennis denarium.

Quem currentes sic sequamur
Ut per ipsum consequamur,
Facto cursu, bravium.

Amen.

Nous donnons cette prose d'après le *Bulletin de la Société Archéologique du Finistère,* où Dom Plaine l'a publiée (tome XVII, page 92).

Toute la messe de saint Goulven, telle qu'on la trouve dans l'ancien missel de Léon mériterait de fixer l'attention ; il nous faut nous borner, mais c'est bien à regret que nous n'avons cité ici que la *prose.*

Avec les monuments liturgiques, on pourrait aussi mentionner le *gwerz* du Saint ; si nous ne le reproduisons pas ici, c'est qu'il se lit presque intégralement dans les notes de M. de Kerdanet à son édition d'Albert-le-Grand.

Des monuments écrits passons aux monuments taillés dans la pierre. Le lecteur se rappelle peut-être que différents endroits furent consacrés par la présence de saint Goulven avant son élévation à l'épiscopat.

Ni Odena lieu de sa naissance, ni la maison de son bienfaiteur Godian où il séjourna jusqu'à ce qu'il se fît ermite, n'ont vu s'élever d'église pour rappeler ces pieux souvenirs, mais tout près cependant d'Odena, le *Peniti* de saint Goulven a été converti en chapelle. Rappelons en outre que la fontaine miraculeuse, où son père trouva l'eau pour le baptiser, continue à être l'objet d'une grande vénération, et qu'on attribue en particulier à cette eau la vertu d'éteindre les ardeurs de la fièvre ; elle est, comme nous l'avons dit, à sept minutes de marche d'Odena.

La chapelle qui a remplacé le *Peniti* est toujours debout, mais elle réclamerait en ce moment quelque restauration. Au sujet de ce petit édifice, M. de Kerdanet s'exprime ainsi :

« Il existe encore, en cet endroit, une charmante chapelle de 37 pieds de long sur 20 de large, que Jean Trévian, recteur de Goulven en 1670, fit restaurer dans son temps. En 1836, on a renouvelé le mur d'enceinte de ce petit temple : il a 620 pieds de circonférence. Plus bas que la chapelle, est l'ancien désert de l'hermite, et, contre ce désert, le sillon béni, *an Erv-viniguet,* qui produisait le meilleur grain. »

Enfin, l'église paroissiale, ancienne église prieurale, élève son beau clocher là même où le comte Even établit le monastère, où devait retentir un perpétuel concert d'actions de grâces pour la victoire que saint Goulven lui avait obtenue sur les Barbares du Nord. Le prieuré a subsisté jusqu'en 1789, sous la protection des seigneurs de Penmarc'h de la race des anciens comtes de Léon.

Quelques auteurs ont avancé que l'église paroissiale occupe l'emplacement du *Peniti,* mais l'abbé Le Guen s'est inscrit en faux contre cette assertion. Il établit qu'il y a une distance de près de deux kilomètres entre la chapelle du *Peniti* et l'ancienne église monacale.

Chaque année, le dernier jour de juin, commence la fête de saint Goulven. Le peuple de l'excellente paroisse où son souvenir demeure toujours vivant, vient entourer les cinq confessionnaux disposés dans l'église. De deux heures après-midi jusque vers sept heures, l'administration du sacrement de pénitence continue ainsi. A sept heures, on entonne les premières vêpres, et au chant des psaumes, la procession se met en marche vers la fontaine de saint Goulven. En face de la source bénie, on chante l'*Iste confessor* et le *Magnificat,* et pendant ce temps le prêtre célébrant plonge le bras de saint Goulven dans la fontaine, qui jaillit autrefois à la prière de son père. Ailleurs encore ce rite est pratiqué, mais nulle part avec la belle signification qu'il possède ici, quand il remet sous les yeux des fidèles le baptême du petit enfant des exilés Glaudan et Gologuenn. C'est ici même qu'en des temps bien reculés, il naissait à la vie chrétienne pour devenir plus tard le continuateur de l'œuvre commencée par saint Pol-Aurélien. Après cette cérémonie la procession se remet en marche vers l'église ; à mi-chemin, près d'un calvaire bordant la route, le célébrant allume un feu de joie ; ici encore on chante l'*Iste confessor.* La fête pour ce jour-là se termine à l'église par la bénédiction du Très-Saint Sacrement, et les pèlerins rentrent chez eux dans le calme et la dévotion.

Le lendemain, dès cinq heures du matin, les confessions commencent de nouveau et continuent jusque vers sept heures ou huit heures, ce qui joint aux confessions de la veille, amène un très grand nombre de communions. Puis, le *pardon* prend le caractère de presque toutes les fêtes analogues : peu de pèlerins, beaucoup de promeneurs et de curieux ; les paroissiens de Goulven, sont à peu près les seuls qui profitent de la fête de leur patron pour approcher des sacrements et gagner l'indulgence plénière accordée par le Saint-Siège à ceux qui, ce jour-là, viennent prier dans leur église après avoir observé les conditions ordinaires. Il y a donc loin du spectacle, d'ailleurs très édifiant, donné par les braves gens du pays, aux grandes manifestations d'autrefois ; et cependant disons-le, saint Goulven est entre les Saints de Léon, celui dont le culte a le mieux résisté aux épreuves du passé.

Il nous faut maintenant parler d'un autre Saint, qui lui aussi a des droits incontestables à la dévotion populaire, surtout dans les deux quartiers qu'il habita avant de s'asseoir sur le siège épiscopal de Léon. Nous avons vu comment saint Ténénan, ne se contentant pas d'être le bienfaiteur des populations bretonnes dans l'ordre religieux, fut encore leur défenseur contre les Barbares du Nord. Aussi chaque année, le jour du *pardon* de Plabennec, les fidèles accourent nombreux pour prendre part à la grande procession, qui commence vers huit heures du matin. Après les croix, les bannières, les reliques (nous avons dit qu'il n'en reste plus de saint Ténénan), les images de la Vierge et d'autres Saints, s'avance la statue du saint Patron, derrière laquelle marche le clergé suivi de la foule. Les hommes et les femmes alternent pour chanter les strophes du *gwerz* traditionnel ; tout interminable qu'il paraisse, il n'est pas trop long pour une procession qui suit un parcours de sept kilomètres, à travers des chemins et des sentiers que le Saint a bien souvent foulés lui-même. On s'arrête aux croix du chemin ornées de fleurs, de verdure et d'images. Des hommes embusqués dans les champs font de loin en loin entendre les détonations des armes à feu. Vers neuf heures et demie ou un peu plus tard, la procession rentre au bourg. En dépit de la fatigue d'une marche ordinairement pénible dans la chaleur de l'été, cette procession, cette *troménie* si l'on veut, est très populaire à Plabennec et se fait avec une vraie piété. Elle a lieu vers l'époque même de la fête liturgique de saint Ténénan, fixée au 18 juillet dans les anciens *propres* de Léon, mais renvoyée au 21, dans le calendrier diocésain actuellement en usage.

C'est en l'honneur de l'apôtre saint Pierre que saint Ténénan avait dédié la première église construite en ce lieu et où son nom s'associa plus tard à celui du Prince des Apôtres.

Plusieurs fois rebâtie, elle subit une dernière reconstruction en 1723, étant alors recteur Messire Noël Léon. C'est donc à tort que M. de Kerdanet a donné ici la date de 1761. Cette année-là, le recteur Messire Cornec répara simplement les dégâts causés par la foudre en 1755. C'est alors que le clocher aurait été couronné d'une sorte de dôme.

Dans notre notice sur la vie de saint Ténénan, nous avons beaucoup parlé de *Les-Quelen,* aussi appelé *Castel Saint-Ténénan,* lieu consacré, moitié église, moitié forteresse.

La butte artificielle subsiste toujours comme nous l'avons dit, mais qu'est devenue la chapelle ?

En 1823, elle était encore debout. La famille qui l'avait acquise comme bien national proposa à M. Le Loutre, curé de Plabennec, de la céder à la fabrique pour la somme de 600 francs. La proposition ayant été refusée, la chapelle fut peu à peu démolie et il n'en resta plus que le clocher. En 1856, la fabrique accepta pour une somme vraiment minime l'emplacement de la chapelle avec les ruines qui subsistaient et quelques dépendances tout autour. On se proposait alors de rebâtir la chapelle, mais le projet ne s'exécutant pas, le clocher très vieux et désormais privé d'appui, s'est écroulé il y a cinq ou six ans.

L'abbé Le Guen a ainsi exprimé les sentiments que lui avait inspirés la vue de ces débris vénérables : « Aujourd'hui, hélas ! ces lieux n'offrent au touriste qu'un spectacle des plus attristants. La chapelle, admirable chef-d'œuvre de la Renaissance, et son élégant minaret *(sic)*, gisent sous leurs ruines ! L'asile respectable, que Ténénan et ses compagnons ont sanctifié par leurs prières et leurs larmes, dépouillé de son revêtement par des vandales, et couvert sous les broussailles, sert de repaire aux hôtes du bois. Mais nous nous plaisons à espérer que la chapelle et le clocher ne sont pas ensevelis à jamais. »

Nous en sommes convaincu, ce souhait se réalisera ! Non seulement notre époque comprend la nécessité des restaurations, mais le prêtre à qui Dieu a confié la paroisse de Plabennec, est de ceux qui comprennent et vénèrent nos pieuses traditions, et si nous sommes bien informé, saint Ténénan sera bientôt honoré de nouveau sur ce petit coin béni qu'il a aimé et que sans doute il aime encore du haut du ciel.

Il est encore un endroit où le culte du même Saint est demeuré populaire, c'est la paroisse de La Forêt près de Landerneau. C'est là qu'il débarqua à son arrivée en Armorique. Le plus bel ornement de la charmante église, récemment reconstruite en son honneur, est la vieille statue de chêne du saint évêque. Aux pieds de l'image toute dorée de celui qui demanda lui-même de devenir lépreux, mais qui fut guéri de cet horrible mal par son maître saint Carantec, on voit fréquemment en prières de pauvres gens atteints des maladies qui ont leur siège à l'extérieur et qui excitent le plus profond dégoût (1).

Autrefois on le priait surtout à sa fontaine près du cimetière, mais les malades y venaient si nombreux que les habitants du pays s'en trouvèrent incommodés et finirent par boucher la fontaine.

---

(1) Si l'on prie saint Ténénan pour être délivré des maladies de la peau, lèpre, eczéma etc., on lui demande aussi d'être guéri des tranchées.

Saint Ténénan est encore patron de la jolie petite ville de Guerlesquin, aux confins des diocèses de Quimper et de Saint-Brieuc.

L'ancien missel et l'ancien bréviaire de Léon ne nous ont rien transmis d'intéressant sur saint Ténénan ; à défaut de composition liturgique, M. de Kerdanet reproduit le *gwerz* qui résume son histoire.

Le joli bourg qui s'est formé à l'endroit même où saint Gouesnou éleva son monastère, est traversé par la route qui va de Brest à Plouguerneau en passant par le Bourg-Blanc et Lannilis, et il n'est qu'à une médiocre distance du grand port de guerre visité par tous les voyageurs qui viennent en Bretagne. Certes, la promenade de Brest à Gouesnou a tenté bien des touristes, et il y en a eu probablement bien peu à revenir mécontents de leur excursion, car l'église de Gouesnou est une des plus belles du pays de Léon. Ses vastes proportions, la beauté de son architecture, l'élégance et le fini des sculptures, surtout dans son admirable portique, montrent suffisamment que la population de ce pays a eu à sa disposition des ressources considérables, et qu'elle a érigé ce sanctuaire non pas seulement comme l'église nécessaire aux besoins religieux de la paroisse, mais comme un centre de dévotion et un but de pèlerinage. L'œuvre entière appartient à la Renaissance et offre un caractère qui se retrouve bien souvent dans l'architecture de cette époque, surtout en Bretagne : les fenêtres en ogive et les tympans à compartiments ou soufflets flamboyants y apparaissent entre des contreforts couronnés de dômes.

Pendant la période qui a suivi la réunion de la Bretagne à la France, le pays put jouir d'une grande prospérité, et jamais peut-être on n'y construisit tant de monuments religieux ; or, parmi les œuvres innombrables de cette époque, il en est peu qui rivaliseraient avec Gouesnou. C'est qu'en effet ce bourg, alors bien solitaire pendant le reste de l'année, voyait affluer les pèlerins le jour de la fête du saint Patron (25 octobre) et le jour de l'Ascension de Notre-Seigneur. Dans sa notice sur l'*Origine de quelques paroisses du Léonnais*, l'abbé Le Guen dit qu'à ces deux pardons les pèlerins venaient par caravanes, mais qu'on en remarque désormais un bien petit nombre parmi les milliers de curieux.

J'avoue que je me défie un peu de ces appréciations pessimistes ; aux yeux de certains, il faut toujours porter un costume campagnard pour être pèlerin, et cependant à Rumengol, à Sainte-Anne la Palue, ailleurs encore, j'ai vu la dévotion se manifester autant chez les personnes venues de Quimper, de Douarnenez, de Châteaulin, de Brest ou d'ailleurs, que chez nos paysans les plus pieux. Mais cependant, il faut bien reconnaître que le pèlerinage en l'honneur de saint Gouesnou a perdu de son importance, quoiqu'il ait gardé sa forme ancienne, au moins dans ce qu'il y a d'essentiel. Le matin de l'Ascension, à six heures, la procession quitte l'église et fait le tour de l'asile ou *Minihi* de saint Gouesnou ; nous avons dit en quoi consistait ce vaste territoire. Derrière la croix on porte le reliquaire contenant le doigt de saint Gouesnou, puis vient un prêtre qui précède environ cent cinquante pèlerins. On ne porte point de bannière ; la chose serait d'ailleurs difficile, car on s'avance à marche forcée, afin d'être de retour à l'église avant la grand'messe.

Il y a quelques années, l'on fit savoir que la procession se ferait plus lentement, et, pour la première fois, l'on y vit figurer deux cents personnes au lieu de cent cinquante.

Au jour de l'Ascension, il serait difficile de donner à cette fête locale une plus grande solennité : les prêtres sont retenus dans leurs paroisses respectives et ne peuvent quitter leurs fonctions pour venir prendre part à cette procession matinale ; or, dans notre pays, la solennité d'une fête est toujours en proportion avec le concours que lui donne le clergé par sa présence. D'ailleurs, nous n'insisterons pas davantage ; quelles que soient les causes qui ont enlevé de son importance à la *Troménie* de Gouesnou, le fait lui-même est incontestable ; disons cependant que beaucoup de pèlerins, plus libres à d'autres jours, ou peu partisans d'une course précipitée, font leur pèlerinage individuellement ou par groupes.

La liturgie n'a rien consacré d'intéressant à saint Gouesnou ; les bardes populaires l'en ont dédommagé, et M. de Kerdanet a reproduit dans ses notes une grande partie du *gwerz* qui raconte sa vie et ses miracles.

Parmi les Saints dont nous nous sommes occupé, plusieurs figurent dans le plus ancien monument liturgique que possède la Bretagne, le célèbre missel de Saint-Vougay, que l'on croit avoir été écrit vers le milieu du xie siècle. Dans la litanie qui se chantait après l'administration du baptême solennel, la nuit du Samedi-Saint, on invoquait successivement saint Majan (frère de saint Gouesnou), *Sce Mayane,* saint Houardon, *Sce Huardone,* saint Hervé, *Sce Huarnueue,* saint Gouesnou, *Sce Guidnoue,* mais notre saint Pol-Aurélien n'y figure pas, car on ne pourrait prendre comme s'adressant à lui l'invocation *Sce Paulininne.* Elle se rapporte à saint Paulin ou Paulinien, dont nous avons parlé à propos de la translation des reliques de saint Mathieu. Nous ne savons rien sur ce saint évêque de Léon, si ce n'est qu'il écrivit, vers le milieu du ixe siècle, l'histoire de cette translation, opuscule aujourd'hui perdu. La mention de son nom dans la litanie est le seul acte de culte public que nous croyons lui avoir été rendu.

Si le nom de saint Pol-Aurélien ne figure pas dans la litanie dont nous venons de parler, il se lit dans les litanies anglaises du viie siècle éditées par Mabillon. Le culte du saint évêque n'était donc pas resté enfermé dans les bornes de son diocèse ; tous les évêchés de Bretagne et plusieurs grandes abbayes célébraient sa fête ; le martyrologe de France en faisait mention. Mais, comme il convenait, c'était sa ville choisie, la *ville sainte,* qui excellait à célébrer son culte. Elle recevait en cela l'exemple d'une famille à laquelle était échue depuis longtemps la principauté de Léon. Avant de parler de ce que faisait la cité, disons donc comment les vicomtes ou les ducs de Rohan et leurs fils (1) témoignaient de leur spéciale vénération « à Monseigneur saint Paoul de Léon ». L'évêché de Quimper possède en ses archives un registre de vingt-six pages *in-folio* contenant les actes relatifs aux droits des seigneurs de Rohan dans la cathédrale de Saint-Pol, et aux charges qu'ils acceptent en échange. Le premier de ces actes est du 15 sep-

----

(1) Dans cette illustre famille, le chef portait le titre de duc de Rohan, tandis que le fils aîné, jusqu'au jour où il succédait à son père, s'intitulait prince de Léon.

tembre 1444, et d'après la teneur, le Chapitre ratifie ce qui a été proposé « par le très haut, puissant et redouté seigneur Monseigneur Allain vicomte de Rohan, comte de Porhoët et seigneur de Léon », pour la fondation de certains anniversaires et services, moyennant quoi le vicomte donnait au Chapitre certaines dîmes à lui appartenant en la paroisse de Ploëvenan *(Plouénan)* avec cinq quartiers de froment. Ce n'était pas une donation nouvelle, c'était le rétablissement de ce qui ayant existé autrefois avait été supprimé, le Chapitre ayant cessé de remplir les engagements relatifs aux dites fondations. Nous ne signalerions ni les générosités des seigneurs de Rohan, ni la manière dont le Chapitre de Saint-Pol les reconnaissait, si ces obligations contractées par les deux parties n'étaient la conséquence du lien qui existait entr'elles. Ainsi s'exprime le vicomte Allain dans l'acte de 1444 :

« Le dit Chapitre nous a promis et s'est obligé, et de ce nous a baillé ses lettres, de recevoir en la ditte église, nous et nos successeurs chanoines, ainsy et en la manière qu'est accoutumé des autres seigneurs temporels qui sont chanoines dans les églises en province de Tours, et venir au devant de nous et de nos successeurs chacun en son temps successivement ô (1) croix, bannière et procession solennelle, hors du cimetière de la ditte église, et à la réception de nous, nos successeurs, faire sonnerie solempne pendant la ditte procession, et bailler à nous et à nos dits successeurs, successivement chéchund en son temps, après la ditte réception, douze pains de Chapitre (2) et l'envoyer jusqu'à notre logeis ; et quand ils saront le cas du deceis de nous ou de nos dits successeurs feront et seront tenû faire en la ditte église sonnerie solempne et dedans ouict jours apprès service solempne ou plus bel et nottable lieu de la d. église qui sera armoriée de seix escuezons des armes de Rohan et de Léon, et aussy des à présent feront elever en pierre nos armes de Rohan et de Léon en deux lieux par nous leur dessignez. »

Suivent deux grandes pages de texte où sont réglées dans le

---

(1) Avec.
(2) Dans presque toutes les cathédrales de Bretagne on distribuait chaque jour aux chanoines un pain spécial.

plus petit détail les fondations de services anniversaires et de plusieurs services annuels.

A la page quatre, lettre par laquelle « François, par la grâce de Dieu Duc de Bretagne, Comte de Monfort et de Richemond, amortit toutes et chechunes les dismes et aultres rentes et revenües transportées par son tres cher et tres amé oncle et féal le vicomte de Rohan au Chapître de l'Eglise de St Paoul de Leon. »

Cette lettre du duc François Ier est du 14 octobre de la même année 1444.

Aux trois pages suivantes est le procès-verbal d'installation de Jean, vicomte de Rohan, dans son canonicat, le 6 octobre 1503. Cette pièce est rédigée en latin. Bien que le canonicat des seigneurs de Rohan fut simplement honoraire, les chanoines titulaires témoignaient des égards spéciaux à un collègue d'aussi noble lignage ; à ce moment même, le siège épiscopal étant vacant, les chanoines firent savoir à Jean de Rohan qu'ils étaient d'accord pour élire Jean de Kermauvan, et le vicomte répondit que cette promotion lui serait très agréable, et qu'il y donnait son consentement dans la mesure où il le pouvait et où la chose l'exigeait.

Le 7 février 1505 : « Acte du Chapitre de Léon portant recognoissance et soumission aux charges attachées à la dite fondation, etc. » Cette pièce est encore rédigée en latin.

Le 1er septembre de la même année : « Acte de non-préjudice de Monseigneur de Rohan au sujet du dit canonicat et des honneurs a luy deutz. »

Voici ce qui amena le seigneur de Rohan à faire rédiger cet acte : Anne de Bretagne, reine de France, ayant fait un pèlerinage à Notre-Dame du Folgoat, alla faire la visite de toutes les *bonnes villes* du duché ; le but même d'un semblable voyage imposait à la duchesse-reine l'obligation de n'entrer dans les cités qu'en grand appareil et avec une suite digne de la majesté royale ; la princesse convoqua donc auprès d'elle les plus grands seigneurs du pays, et le seigneur de Rohan en particulier alla, sur son invitation, la rejoindre à Nantes, pour de là l'accompagner dans cette grande chevauchée à travers la province. Quand il entra à la suite d'Anne de Bretagne dans la ville de Saint-Pol, il n'était

donc que le suivant de sa souveraine ; or, il n'avait pas encore
pris possession de son canonicat et ne s'était pas fait rendre les
honneurs qui lui appartenaient dans la cathédrale de Saint-Pol ;
voilà pourquoi il faisait rédiger, par les notaires des cours de
Lesneven et de Saint-Pol, l'acte qui résumait ses droits et privilèges. J'ignore si son installation eut lieu postérieurement, mais
je constate qu'il ne fut pas seul dans sa famille à réclamer des
garanties pour le maintien du lien qui unissait les Rohan à l'église
de Saint-Pol.

Le 8 août 1641, « Très hautte et très illustre Damoiselle Marga-
ritte, Duchesse de Rohan, Princesse de Léon, etc. » fournit au
Roy l'*aveu* portant inféodation des honneurs deutz aux seigneurs
de Rohan en la cathédrale de Léon. » Le texte de l'*aveu* fait allusion aux droits des mêmes seigneurs « dans l'église de saint
Caourentin en Cornouaille ». La duchesse ne réclama point cependant pour elle-même le canonicat.

En revanche, le 7 mai 1696, Louis de Rohan-Chabot, duc
de Rohan, Pair de France, produit une nouvelle déclaration des
terres, chatteaux, fieffs, juridictions, noblesses, etc., qu'il tient
du Roy. A l'occasion de la réformation des domaines du roi, il fait
donc valoir ses titres sur les domaines proprement dits, mais il
rappelle aussi « ses droits de patronage, barres, tombes, enfeus,
sepultures, armoiries et eccusson tant en bosse et relieff, vitres,
que plattes peintures, ceintures, lizierres, et notamment dans
l'église cathédrale de Saint-Paul-de-Léon le droit d'y estre reçu
comme premier chanoine honoraire et hereditaire avec les cérémonies suivantes. »

Avant de citer ce qui en est dit plus loin, disons que la réception de ses ancêtres avait été plus solennelle encore. En effet, ce
n'était pas seulement à la porte de l'église que le vicaire capitulaire (1), le Chapitre et le reste du clergé étaient allés recevoir le
vicomte Jean en 1503, mais bien jusqu'à la croix érigée au milieu
de la place entre l'église et le Porzmeur ; devant le clergé mar-

---

(1) Le siège était vacant en octobre 1503.

chaient non-seulement la croix, mais les bannières de l'église, comme aux jours de grande solennité.

Mais venons-en au cérémonial simplifié, en usage à la fin du XVIIe siècle ; voici comment il est exposé par les notaires de la Cour royale de Lesneven et celle des Reguaires de Saint-Pol : « Ce jour 1er de septembre 1667, nous aurions esté mandé d'aller trouver très haut et très puissant Seigneur, Monseigneur Louis de Rohan-Chabot, duc de Rohan, Pair de France, Prince de Léon, comte de Porhoët, etc. au porticle occidental et entrée principalle de l'église de Saint-Paul, cathédrale dudit Léon, où etant arrivez environ les neuf a dix heures du matin de ce dit jour, le dit Seigneur nous auroit déclaré qu'il alloit prendre possession réelle et personnelle au canonicat honnoraire et hereditaire qu'il a de fondation ancienne faite par les Seigneurs, ses predecesseurs en la ditte église cathédralle de Léon, et incontinent Messieurs du Chapitre, chanoines, les vicaires, choristes et autres suppots de la ditte église seroient venus processionnellement, la croix levée, depuis le cœur jusqu'au dit porticle rencontrer le dit Seigneur duc, auquel lieu Monsieur le Chantre (1) luy aurait présenté l'aumusse (2) et le surplis et de là, tenant ledit aumusse sur le bras, conduit aussy processionnellement au stal cantoral (3) du Cœur de la ditte église ou avec les cérémonies accoûtumées en pareil cas il auroit assisté à la grand'messe y ditte et cellebrée le dit jour, du quel stal le dit Seigneur auroit esté reconduit jusques au dit porctique par les dits sieurs du Chapitre et ont estez presens à la ditte prise de possession Illustrissime et Reverendissime Père en Dieu, Messire François Visdelou, Seigneur Evecque, Comte du dit Leon et plusieurs autres Seigneurs et notables personnages, de tout quoy le dit Seigneur duc de Rohan nous a requis acte, ce que lui rapportons par ces présentes à valloir et servir ainsy qu'il appartiendra... »

----

(1) Dans les anciens Chapitres, le premier dignitaire était désigné par cette appellation de *Chantre* ou *Grand-Chantre.*

(2) Ornement de fourrure qui dans l'origine servait de coiffure ou de capuchon aux chanoines ; plus tard on le plia pour le porter sur le bras.

(3) C'est-à-dire à la stalle du *Chantre,* la place la plus honorable du chœur après celle de l'évêque.

Comme on aura pu le remarquer, l'acte qui vient d'être transcrit est de 1677, par conséquent antérieur de 19 ans à l'acte qui précède dans le manuscrit.

Vient maintenant un autre procès-verbal de 1696. Quelques mois avant l'acte par lequel il avait affirmé ses droits sur ses anciens domaines et sur ses privilèges honorifiques, comme nous l'avons établi, le duc Louis de Rohan résigna en faveur de son fils le canonicat qu'il possédait depuis 18 ans ; cette démission fut signée au Chatelet de Paris le 27 septembre 1695. En conséquence la veille de la Fête de Dieu, 20 juin de l'année suivante, Louis-Bretagne Allain de Rohan-Chabot, prince de Léon partit de Landerneau, siège principal de la principauté de Léon, pour se rendre à Saint-Pol ; il était accompagné de son gouverneur, de son sénéchal, du gouverneur de Pontivy et de plusieurs autres seigneurs et gentilshommes. La noblesse du lieu sortit à sa rencontre, et il fut reçu à son entrée par « les sieurs bourgeois et habittans sous les armes.

« Et à son arrivée on fit sonner toutes les cloches jusqu'à ce qu'il eut mis pied à terre et descendu au palais épiscopal, où Illustrissime et Reverendissime père en Dieu Messire Pierre Le Neboux de la Brosse, Evesque et Comte de Léon... l'aiant reçu et fait entrer dans le principal appartement du dit palais, il y a été complimenté par Messieurs les juges, maire et echevins et par les communautés regullieres de la ditte ville ; après quoy mon dit seigneur aurait déclaré qu'il entendait prendre la possession du dit canonicat le jour de demain et a pris son logement au dit palais épiscopal. »

Suivent les formules ordinaires aux notaires du temps, mais j'y remarque cette clause : « Et ont estées les réceptions logemens et honneurs cy devant mentionnés faits par honesteté. » Le lendemain le prince et sa suite se rendoient pour attendre le chapitre, non au portique occidental de l'église, mais près de la croix située sur le cloître, du côté du Porzmeur.

C'était revenir à l'ancienne coutume. Le cérémonial fut à peu près le même qu'il avait été pour le père du prince Louis Bretagne ; « Le Chantre apprès avoir complimenté mon dit Seigneur et luy avoir présenté l'eau benite luy a aussi presenté et mis le surplis et l'aumusse sur le bras gauche, et ensuitte a esté antonné le *Te deum laudamus,* en chantant le quel pseaume (1), les cloches et les orgues sonantes, a esté mon dit Seigneur le Prince de Léon conduit au Chœur et mis dans la place d'honneur sçavoir dans le stal cantoral lequel estoit orné et couvert d'un tapis de velour rouge avec les carreaux de même scitué à la main gauche en entrant dans le dit chœur, et de l'autre costé estoit mon dit Seigneur l'Evecque et Comte de Léon avec pareil tapis et carreaux sans aucun day ; auquel stal mon dit Seigneur et prince de Léon a assisté à la Grand'messe, à l'issüe de la quelle il a esté conduit par mon dit sieur le Chantre jusque au maître autel qu'il a baisé et ouvert le Missel et de là reconduit processionnellement hors la porte de la dite Eglise, durant la cellebration de laquelle Grand'messe, mon dit Seigneur le Prince de Léon a eû l'encensement l'Evangile et la Paix à baizer ; et luy ont estés rendus en son logement de la part de mes dits sieurs du Chapitre les douze pains luy deubz... »

Deux jours après cette cérémonie d'installation, le Seigneur de Penhoat, sénéchal de la principauté de Léon, ayant reçu mandement du prince, faisait reconnaître une fois de plus par les notaires royaux les droits honorifiques de la famille de Rohan dans la cathédrale de Saint-Pol, et à sa requête il était reconnu « apparé et adveré que dans le plus haut lieu du portique qui est dans la principalle entrée de la dite église il y a deux ecussons en bosse l'un desquels du costé droit porte les armes de Rohan et l'autre du côté gauche celles de la maison de Léon. » Ceci se passait le 22 juin.

Le lendemain 23, « le Duc de Rohan estant en son hostel en la ville de Landerneau proteste... en ce qu'on n'a donné le day requis à Monseigneur le Prince de Léon ainsy que Monseigneur le Duc l'a eû lorsqu'il fit sa prise de possession au même canonicat en 1667 et ainsy qu'il luy est deub comme premier chanoine de

---

(1) Le *Te Deum* n'est pas un psaume, mais les notaires du xviie siècle faisaient quelquefois des fautes de liturgie et des fautes d'orthographe.

la ditte Eglise, et de plus a pareillement protesté en ce que par les dits actes on a donné à Monseigneur l'Evecque la qualité de Comte de Léon, de quoy il a requis acte à nous nottaires royaux et appostoliques. Lesquelles protestations mon dit Seigneur le Duc de Rohan a déclaré faire comme Pere Garde et Bien veillant de mon dit Seigneur le Prince attendû sa minorité et non encore instruit de ses droits. »

Le 26 août suivant, la protestation fut notifiée à l'évêque ; dans l'acte notarié reviennent les récriminations pour le refus du dais ; ici on voit que Mgr le Neboux de la Brosse en refusant le dais au prince n'avait pas voulu en faire usage pour lui-même. Le prélat refusa de répondre à la notification des notaires et de signer l'acte qu'ils lui présentaient. Le 27 juin 1728, Louis Bretagne Allain revient à Saint-Pol ; il a succédé à son père comme duc de Rohan, et il se fait rendre les honneurs auxquels il a droit comme chanoine. Messieurs du Chapitre vont le prendre et devancer à l'entrée de la cathédrale joignant le palais épiscopal du côté du Couchant ; là il est complimenté par vénérable Messire Pierre Louis Le Sparfel, grand archidiacre, grand vicaire, chanoine théologal de Léon, qui lui présente ensuite l'eau bénite, lui met le surplis, et l'aumusse sur le bras gauche ; les autres cérémonies se font comme en 1696. Le duc prend place dans le *stal cantoral* à gauche ; l'évêque Jean-Louis de la Bourdonaye occupe une stalle semblable à droite ; il n'y eut pas de dais, mais cette fois la chose ne donna pas lieu à un conflit.

Quatre jours après, le duc fit rédiger un nouvel acte notarié relatif à l'existence de ses armoiries, comme cela avait eu lieu trente-deux ans auparavant.

C'est tout ce que nous connaissons sur les rapports de la première famille de Bretagne avec le Chapitre de l'église de Léon. Elle n'a pas cru avoir assez de ses gloires nobiliaires et militaires; le soin avec lequel ses chefs réclamaient ce qu'ils croyaient leur droit ne peint pas seulement les mœurs d'une longue période historique, il montre aussi en quelle estime et vénération ils tenaient cette église, et cela, comme le disent les premiers actes cités, en raison de la dévotion des Rohan pour saint Pol-Aurélien.

Nous croyons que toutes ces choses entretenaient le souvenir de l'Apôtre du pays dans toutes les classes de la société.

Est-ce à dire que nous regrettons de voir disparu tout ce passé si curieux ? Non certes, ce qui était très bien du XIVe au XVIIIe siècle n'aurait plus de raison d'être dans notre société démocratisée ; mais que chacun dans sa sphère travaille à l'œuvre commune et apporte sa pierre à l'édifice, prêtre, gentilhomme, ouvrier ou paysan ! S'il y a encore des seigneurs et même des seigneurs de Rohan (et plaise à Dieu que ces grandes races ne disparaissent jamais), elles n'ont plus à convoquer les classes populaires pour des fêtes comme celles que nous avons décrites, et cependant nous osons croire que ces solennités se renouvelleront comme aux meilleures époques.

Un *lai* du XIIIe siècle, tiré d'une précieuse collection du duc d'Aumale, et cité par M. de la Villemarqué, nous représente la fête annuelle de Saint-Pol-de-Léon comme le rendez-vous de la plus haute noblesse :

> Jadis, à Saint-Paul de Lion,
> — Ce nos racontent li Breton, —
> Soloient granz genz assembler
> Por la feste au saint honorer...

« Plusieurs mois à l'avance, le comte de Léon avait convoqué à la grand'cour et fête solennelle qui devait se tenir chez lui, non-seulement ses vassaux, mais encore tous les barons et nobles de Bretagne, les conseils des bonnes villes et de toutes les cités.

« Le jour venu, on eût vu, dans la cathédrale de Saint-Pol, à part les hommes d'armes appelés par le comte, les invitées de la comtesse de Léon, non moins intéressantes pour elle. » (1)

> Les plus nobles et les plus beles
> Du païs, dames et puceles
> Qui toute estoient el païs ;
> N'i avoit dame de nul pris
> Qui n'i venist à icel jor ;
> Mult estoient de riche ator...
> Là estoient tenu li plet,
> Et là èrent conté li fet
> Des amors et des drueries
> Et des nobles chevaleries ;

____

(1) *Les anciens Poètes du Léon*, par M. le vicomte Hersart de la Ville-marqué.

> Ce que l'àn estoit avenu
> Tot ert oï et retenu :
> Lor aventure racontoient :
> Et li autre les escoutoient
> Tote la meillor retenoient
> Et recordoient et disoient :
> Sovent ert dite et racontée
> Tant que de touz estoit loée ;
> Un lai en fesoient entr'eus ;
> Ce fu la costume d'iceus..,
> Puis estoit li lais maintenuz
> Tant que partout estoit séuz ;
> Car cil qui savoient de note,
> En viele, en harpe et en rote,
> Lors de la terre le portoient
> Es roiaumes où il aloient.

Ainsi donc, ce n'était pas seulement la fleur de la chevalerie, mais c'étaient aussi les trouvères, gais successeurs des anciens bardes, qui venaient chercher à la fête de saint Pol un aliment pour la poésie, des inspirations pour leurs chants. Dans ces temps de vaillance guerrière, pouvaient-ils en trouver de plus digne que l'histoire du chevalier Nuz, celui que la reconnaissance publique surnomma *Gour-na-dec'h,* et dont le château s'appela *Ker-gour-na-dec'h !* A la procession solennelle autour des murailles de la ville, « quand paraissait la bannière de cette maison, quand venait à briller l'écusson « échiqueté d'or et de gueule » avec la devise EN DIEX EST, la foule saluait avec respect, car il était de tradition que, depuis le temps de saint Pol, tous les seigneurs de Kergournadec'h avaient porté l'épée (1).

Et que de nobles bannières à côté de celle-là !

Mais, lorsqu'après tous les représentants des grandes familles du pays s'avançait le clergé, que de trésors pour la piété, que de précieux souvenirs, et quelle étonnante richesse pouvait contempler la foule : une grande croix en vermeil et deux croix d'argent ; l'évangéliaire du comte Withur dans un riche écrin d'argent ; le chef de Mgr saint Edme dans une châsse d'argent ; deux bras d'argent renfermant l'un le bras de saint Pol, l'autre la relique de saint Hervé ; deux châsses d'argent doré, dont l'une contenait la relique de saint Laurent, l'autre le chef de Mgr saint Pol ; la

---

(1) M. de la Villemarqué observe que Wulson de la Colombière a fait cette remarque d'après une enquête de 1434.

monstrance enfermant le tube de cristal où se conserve la Sainte
Épine de la couronne du Sauveur. Les reliques des martyrs sont
portées par des diacres en dalmatiques rouges à fleurs d'or ; les
reliques de saint Pol et la Sainte Épine sont portées par les dignitaires (1). Les quinze chanoines, le grand chantre, les trois archidiacres de Léon, d'Ack et de Quemenet - Illy, se partagent cet
honneur. Derrière la statue d'argent de saint Pol marchent le
Révérendissime abbé du Relecq, de l'ordre de Citeaux, le Révérendissime abbé de Daoulas, de l'ordre de saint Augustin, enfin, le
Seigneur évêque bénissant son peuple. Si nous prenons une date
moins ancienne, plus de chefs d'abbayes ; Daoulas et le Relecq
sont tombés en commende, mais les prêtres de Saint-Lazare, les
capucins de Roscoff, les religieux minimes se joignent au clergé
de la cathédrale pour glorifier saint Pol-Aurélien.

Les temps changent, les institutions se modifient ou disparaissent, Dieu seul est immuable et son Église est immortelle. A ses
fils qu'elle a glorifiés, elle donne, même sur la terre, quelque
chose de son immortalité. Vivez donc toujours au milieu de nous
dans la vénération de vos fils du Léon et aussi de vos serviteurs
de la Cornouailles, vivez toujours, ô saint Pol, saint Joévin, saint
Goulven, saint Ténénan, saint Houardon, saint Gouesnou, saint
Hervé, saint Tanguy et sainte Haude ! Que vos images demeurent
dans nos églises, reparaissent là où elles ont disparu ; que vos
noms vénérés soient portés par les petits enfants du pays, et que
vos louanges retentissent jusqu'à la fin des temps et dans la
langue de l'Église et dans la langue de nos pères !

---

(1) L'orfévrerie de la cathédrale de Léon était splendide ; nous empruntons
l'énumération qui précède à un *inventaire* de 1791, préliminaire de la spolia-
tion.

FIN.

APPENDICE

I.

Dans la vie de saint Goulven qui vient d'être publiée par Dom Plaine, on lit ce qui suit : « ....Notre patron saint Paul que le roi très chrétien Childebert réussit, partie par ses prières, partie par une pieuse ruse, à faire ordonner évêque de Léon. »

A cela Dom Plaine ajoute dans une note : « On doit remarquer ici, à l'encontre de ceux qui prétendent que saint Paul-Aurélien a été le premier évêque du siège qu'il occupait, que, si la chose était vraie, l'écrivain n'aurait pas manqué de l'affirmer en toutes lettres. »

Nous ne voulons pas entrer dans le débat ; il serait d'ailleurs trop tard, mais la bonne foi exigeait l'intercalation de ce qui précède.

Que les lecteurs, curieux d'élucider ces sortes de questions, fassent leurs investigations eux-mêmes.

II.

Bien souvent l'archéologie a rendu service à l'histoire, c'est ce que tout le monde admet ; ce qui n'est pas moins conforme à la vérité, c'est que la même science a plus d'une fois aidé à placer parmi les documents historiques ce qui était regardé comme pure légende.

Les débris du passé, tels qu'on les trouve enfouis dans le sol, viennent-ils corroborer nos assertions sur les pérégrinations de saint Pol-Aurélien ?

A cette question nous pouvons sans hésitation répondre affirmativement (1).

Il est parlé de trois voyages de saint Pol sur le continent : le premier du village de Melon (entre Porspoder et Lanildut) au bras de mer qui sépare aujourd'hui Roscoff de l'île de Batz, le second de l'île à Paris, le

---

(1) Étranger à l'étude des antiquités gallo-romaines, j'ai eu recours pour cette note aux connaissances de M. l'abbé Abgrall ; c'est dire que les présentes assertions peuvent être acceptées en toute confiance.

troisième, mentionné par Albert-le-Grand, nous montre le Saint allant de Brasparts à sa ville épiscopale.

Dans le premier de ces voyages, saint Pol se rendit à Lampol-Ploudalmézeau, à Plouguerneau ; il n'y a pas entre ces deux points de vestiges certains de voies romaines, ou du moins de tronçons bien marqués d'une pareille voie. Cependant des indices assez importants semblent indiquer qu'il en existait une, suivant à peu près la direction du chemin actuel de Ploudalmézeau à Tréglonou. Les restes de tuyaux d'aqueduc qui se trouvent près du manoir de Mesnaot, non loin de la chapelle de Loc-Majan, le trésor de monnaies de bronze et de vases d'argent enfoui dans la lande de Méjou-Radénoc, disent que les Romains ont opéré dans ces parages et y possédaient même un établissement considérable.

Pour traverser la rivière d'Aber-Vrac'h et se rendre à Plouguerneau, saint Pol a passé sur un vieux *gué* romain ou gaulois existant toujours et portant le nom de Pont-Crac'h. C'est tout près de ce pont que se trouve la chapelle de Prat-Paol, avec les trois sources que le Saint fit sourdre en cet endroit.

De Plouguerneau au Folgoët, belle voie romaine. Il est probable que saint Pol la suivit jusqu'à l'établissement très important de Kerilien où se trouvait un embranchement vers Saint-Pol par Lanhouarneau et Berven, car sur ce parcours on trouve des tuiles à rebord à Coat-Merret et à Kermorvan.

Pour le deuxième voyage, ni l'historien anonyme, ni Albert-le-Grand ne nous en indiquant le parcours, nous n'avons donc pas à nous en occuper.

Reste donc le troisième. Près du pont du Faou, la tradition locale a gardé encore à un point de la rivière le nom de *Toul-ar-Sarpant ;* or on trouve des vestiges romains, des restes de camp et de retranchements, le long du chemin qui part du Faou passant par Hanvec, Saint-Éloy, Sizun, Loc-Mélar, Lampaul-Guimiliau. A 500 mètres de ce dernier bourg est Croas-Paol, à l'embranchement de deux voies romaines. (Nous avons dit quel souvenir rappelle cette croix.) L'une de ces voies va tout droit vers Saint-Pol-de-Léon, en suivant les hauts plateaux sur le terrain de Guiclan, Mespaul et Plouénan. Elle était très fréquentée encore il y a environ cinquante ans, et porte le nom de *Bali-Gastel* (allée de Castel, c'est-à-dire de Saint-Pol). Sur le parcours il y a deux fontaines portant le nom de *Feunteun-Bol,* l'une déjà signalée comme spécialement vénérée à Lampaul, l'autre à Guiclan.

III.

Presque toutes les principales stations de saint Pol dans le pays de Léon ont été marquées par des constructions d'églises et même de mo-

nastères. Aujourd'hui tous ces prieurés ont disparu et leurs églises sont
devenues paroissiales ; à Mespaul, il a même cessé d'être patron, bien
que la localité ait retenu son nom ; le bon saint Eloi a été moins hon-
nête envers lui qu'il ne le fut jadis à l'égard du bon roi Dagobert. Mais
ce que l'on ne saurait trop déplorer, c'est que le lieu consacré par la
vie claustrale de saint Pol n'offre plus aujourd'hui que des ruines. Les
restes de l'ancienne église abbatiale de l'île de Batz sont encore considérables ; ils sont à une assez grande distance de la principale agglomé-
ration, où s'élève l'église paroissiale, et tout à l'opposite des rochers au
milieu desquels était le *trou du serpent*.

Sur un autre point du Léon, une autre église de saint Pol a disparu,
c'est celle de Lampaul-Plouarzel. Depuis 1760, une chapelle dédiée à
saint Sébastien est devenue, en fait, église paroissiale. L'église de saint
Pol se trouvait sur des dunes près Porspaol, et par conséquent ne pouvait être centrale ; ce n'était pas l'église du prieuré, puisqu'elle en était
éloignée de deux ou trois cents mètres ; elle était assez vaste, mais elle
tombait en ruines. Outre que les paroissiens manquaient de ressources
pour la reconstruire ou la restaurer, ils n'en avaient guère l'envie à
cause de la situation incommode qu'elle occupait. Le prieur du monastère n'était guère plus disposé à prendre pour lui et ses religieux une
semblable dépense. Donc, à partir de 1760, moyennant permission de
l'évêque, le service paroissial se fit à Saint-Sébastien. En 1771, les habitants régularisèrent la situation, et moyennant la consultation de trois
avocats de Rennes auxquels ils avaient fait part de leur inquiétude de
voir le sable envahir prochainement la partie Nord de l'église des dunes,
ils obtinrent probablement arrêt définitif, car les choses restèrent en
l'état.

En 1838, le recteur de Lampaul-Plouarzel fit bâtir une chapelle à la
place de l'ancienne église; mais au lieu de la consacrer à saint Pol, dont
le culte était probablement localisé dans le nouveau centre de la paroisse,
il la dédia à saint Égarec, qui avait eu autrefois sa chapelle dans le
cimetière voisin (1). Le petit clocher de la nouvelle construction paraît
plus ancien que le reste de l'édifice. De l'ancienne église il ne reste
qu'un pan de mur, mais le prieuré subsiste toujours. Il est la propriété
des cultivateurs qui l'habitent.

---

(1) Ce Saint, très peu connu, est honoré aussi dans quelques lieux de la
Cornouailles. Il a une statue dans l'église de La Forest-Fouesnant.

TABLE DES MATIÈRES

FIN DE LA TABLE.

QUIMPER, TYP. DE KERANGAL, IMPR. DE L'ÉVÊCHÉ.